国家社会科学基金项目"清代北方地区的城乡关系研究"
（批准号：17BZS136）

国家社科基金项目结项成果

中原智库丛书·学者系列

清代北方地区的城乡关系

A Study on the Urban Rural Relations in the Northern Regions of the Qing Dynasty

徐春燕 朱宇强 田 冰 / 著

社会科学文献出版社
SOCIAL SCIENCES ACADEMIC PRESS (CHINA)

目　录

绪　论

一　选题的价值和意义

20世纪以来，随着人们对封建社会后期经济和社会问题研究的不断深入和细化，清代的城乡关系日益受到学者们的关注，成为中国历史多个专门领域的重点研究方向之一。众所周知，城乡关系是社会生产力发展和社会大分工的产物，自城市出现那一刻起城乡关系便产生了。正如马克思所说："一切发达的、以商品交换为中介的分工的基础，都是城乡的分离。可以说，社会的全部经济史，都概括为这种对立的运动。"① 不过中国早期的城乡关系相对简单，因为此时的城主要具有的是军事防御功能，与社会生产关系不大，故而城乡之间的对立并不明显。其实一直到春秋战国以前，城乡分离的格局还没有完全形成。周代虽然有国野之别，但他们主要是统治阶级为维护阶层利益而分割出的有等级差别的地理空间，"城堡的生活、生产状况与乡村无大差别，边长一、二百米的城堡，规模小、人口少……都鄙、国野的对立——城和乡村，只是一郊之隔，这样，在地域和经济关系上不可能处在一个某种程度上的浑然一体的状态"②，在这样的状况之下，"虽然有了城乡的区分，但无论从经济关系还是政治关系、社会关系上，都无法真正将这

---

① 〔德〕马克思：《资本论》第1卷，人民出版社，2004，第408页。
② 张鸿雁：《春秋战国城市经济发展史论》，辽宁大学出版社，1988，第42页。

两者分清；虽然有了各种地缘行政组织，但也无法将它与宗法血缘组织区分。"① 也就是说城乡之间虽然形式上是分离的，但在社会的认同中二者并没有本质的差异，更形不成鲜明的城乡对立。春秋战国以后，城市工商业的兴起使得城市性质发生了空前变化，一场轰轰烈烈的"大规模的筑城运动"② 之后，城市数量不仅史无前例地增加，城市商业、手工业也得到了迅速发展，"新兴的工商业都市冲破了过去孤立的、静止的自然经济，从而形成新的城乡之间的分裂对立"③。此后，城邑的建设标准不再仅仅依据西周宗法分封的营国制度来确定，腹地经济开始与城市等级相对应。正如《管子》中所提到的："地之守在城，城之守在兵，兵之守在人，人之守在粟，故地不辟则城不固。"④ "夫国城大而田野浅狭者，其野不足以养其民；城域大而人民寡者，其民不足以守其城。"⑤ 此时人们已经将城市与农村视为两个完全独立的存在，二者之间有着既相互对立又互相依存的关系。一方面城市是统治者的固守之地，军事力量强大，对农村进行政治上的统治、经济上的掠夺；另一方面城市经济脆弱，单纯依靠自身产出无法满足需要，农村向城市输送粮食和其他农产品是城市维持并发展的基础。城市对于农村经济发展的作用也不能忽视，城市的需求是农业生产技术不断提高的动力，城市工商业发达，手工业者集聚，冶炼、制陶、制骨等技术的提升使得城市可以源源不断地通过商业的方式向农村提供生产资料和生活用品。城市和农村就是在这种对立统一中获得发展，所谓"无君子莫治野人，无野人莫养君子"⑥正是对此时期城乡关系的最好概括。值得注意的是，当时的城乡体系还是局部的、较为封闭的状态，各个城邑之间是彼此独立的存在，城市和农村只是在某一区域内满足自身的交易而已，割裂的城邑之间很少进行互动和联系，

---

① 马新：《乡遂之制与西周春秋之乡村形态》，《文史哲》2010 年第 3 期。

② 马世之：《关于春秋战国城市的探讨》，《考古与文物》1981 年第 4 期。

③ 任吉东：《历史的城乡与城乡的历史：中国传统城乡关系演变浅析》，《福建论坛》（人文社会科学版）2013 年第 4 期。

④ 黎翔凤撰，梁运华整理《管子校注》卷 1《权修第三》，中华书局，2004，第 52 页。

⑤ 黎翔凤撰，梁运华整理《管子校注》卷 5《八观第十三》，中华书局，2004，第 259 页。

⑥ 焦循撰，沈文倬点校《孟子正义》卷 10《滕文公上》，中华书局，1987，第 350 页。

这就使得商业发展的余地并不大，城市和农村更像某一区域下一元体系的两个聚落而已，这种情况直到秦代大一统政权建立后才真正发生改变。

秦代的统一在中国古代城乡关系发展中具有划时代的意义。秦朝建立后，在强大的中央集权统治的保障下，全国范围内建立起一套自上而下的行政管理体系，郡下设县，县以下又有乡、亭、里等管理层级，这种以行政中心城市为核心的分级管理模式对中国传统城乡关系影响深远。此后，随着封建城市体系的不断完善，各级城市得到了相应发展，具体来说就是城市级别越高，其面积和人口规模越大，经济实力越强，对周边的吸附能力也越强。这种唯中心城市发展的局面一直延续到明清时期商业城镇的蓬勃兴起才有所改变，但是颠覆性的变化还是出现在近代以后。可以说鸦片战争之前，"农业时代城市大多为封建性的统治中心和军事重镇，城市以行政职能为主，并按照行政级别的高低形成了中国传统的城市体系模式"①。而在鸦片战争之后，西方工业化国家陆续以不平等条约敲开了中国的大门，一系列或被迫或主动开辟的通商口岸为城市现代化发展提供了动力，也改变了中国传统的城乡一元化格局，到 20 世纪前期，新兴的口岸城市对内陆城市的经济影响和带动不但能够与行政中心城市匹敌，甚至还有所超越，行政城市的优先发展原则被彻底打破。可以说，清代是城乡关系发展承前启后的关键转折期，对该时段的研究对于我们厘清中国古代城市与乡村的发展脉络、了解城市和乡村进入转型期所经历的阻滞和曲折、探讨当代城乡关系的未来发展意义深远。

以黄河流域为中心的北方地区是中国早期城市文明的核心区域，在漫长的发展过程中，这里长期作为中央王朝的统治中心名存史册，城市的兴衰更替可以说是中国城市化进程的真实写照。尤其是在清代人口急剧增加、人地关系不断恶化、南北方差距不断拉大的社会大背景之下，加之鸦片战争以后，中国的自然经济面临西方工业文明和市场经济双重碾压，北方地区的城乡情势和发展异常艰难和复杂，可以说是传统社会关系剧变期中国苦难历史的真实写照。探讨以受封建传统影响深重的北方地区为核心的处于新旧变革

---

① 何一民主编《近代中国衰落城市研究》，巴蜀书社，2007，第 223 页。

之际的清代城乡关系，对于我们认识自然经济下城乡关系的发展以及自然经济遭遇西方资本主义侵袭后社会所面临的冲击与挑战，了解近代城镇化变革的内在因素及经过，把握中国社会形态发展方向和规律无疑大有裨益。

需要说明的是，清代的北方在地域上与前代略有不同。中国通常所说的南北方地理分界大致以淮河、秦岭、昆仑山脉为线，此线以北属温带气候，为旱作农区，主要种植小麦和杂粮；此线以南为亚热带气候，为稻作农区，主要种植稻米、甘蔗、茶叶等。因为地理人文环境不同，南、北方人在经济生活、风俗习惯、思想观念等方面也千差万别，故而民间有"北麦南稻，南船北马"的说法。本书所关注的北方，以华北地区为核心，具体包括东北（辽宁、吉林、黑龙江）、西北（陕西、宁夏、甘肃、青海、新疆）、华北（北京、天津、河北、河南、山东、山西、内蒙古）在内的"三北地区"。① 在清代对应的则是康熙时期18行省中的直隶、山西、陕西、甘肃、河南和山东6省；光绪时期在直隶、山西、陕西、甘肃、河南和山东之外，5个将军辖区以及内蒙古6盟等特殊政区也在本书的探讨范畴之内。

二　城乡关系研究现状

作为一个学术概念，城乡关系内涵复杂，外延广阔，迄今为止还没有一个严格的、统一的定义为大家所接受。学术界常用城乡二分法或城乡连续体来概括传统社会的城乡关系。前者将城市和农村割裂开来，从规模形态、人口密度和社会异质性的角度分而述之；后者则将二者有机结合起来，研究某区域内城乡群体各要素的组成、变化和发展，认为各有其存在的功能和价值，城乡共同组成了一个完整的社会体系。随着城市理论研究的深入，城乡连续体说成为学术界的主流，在这种理念影响下，从农村这一级向城市这一级的变化被认为是一个可持续转化的过程。鉴于城乡之间互相依存、互相促进又彼此对立的关系，学者们从政治、经济、文化、社会等多个专业领域对之进行探讨。

市镇作为城乡之间联系的中介和过渡地带，往往被归于经济范畴。关于

---

① 程民生：《中国北方经济史》，人民出版社，2004，第2~3页。

市镇研究学术界起步甚早，发端于 20 世纪 30 年代全汉昇发表的《中国庙市之史的考察》①，此后学术界陆续有《清代村镇的定期市》②《集的研究》③等文章问世，虽然成果数量不多，但对后世颇具启发作用。中华人民共和国成立后，伴随着学界对封建社会晚期经济史、社会史研究的深入，市镇也引起了中外学者的极大兴趣，代表学者有傅衣凌、施坚雅、刘石吉等，他们"开始自觉确立学术规范，注重史料爬梳和理性思考，研究视野较之以前更加宏阔，研究层次更加深入，尤其在研究的理论框架方面取得了重大突破"④。20 世纪 80 年代之后，关于市镇经济的研究日臻成熟，研究范围日益广泛。就区域来说，学者们早期对商品经济较为发达的江南地区关注较多，如任放聚焦长江中游地区的市镇类型和经济水平，樊树志、张海英、范金民、吴韬等人对江南市镇的历史变迁、管理模式、商品流通等进行了深入浅出的探讨。对于北方市镇的研究开始相对较晚，但是近年来成果丰硕，成绩也非常显著。研究内容大致可分为三类。（1）基于宏观视角的北方市镇研究。在这方面许檀女史做出了巨大努力，她耗费 20 年心力写就《明清华北的商业城镇与市场层级》⑤一书，对明清时期冀、鲁、豫三省 50 多个较重要的城、镇进行了系统考察，对城、镇的不同等级和规模进行梳理，并开创性地以商人会馆集资的"抽厘率"折算经营规模，利用商人捐款的地域分布考察商镇腹地范围，并且对传统城市研究探索新的指标体系，这些对于传统商业城镇研究的量化和深入大有裨益。王兴亚在《对明清时期北方五省商业镇市之研究》⑥一文中提出镇市是城市与乡村集市之间的纽带，清代乾隆、嘉庆年间五省镇市达到鼎盛，在商品流通过程中形成商业市场、集贸市场和手工业市场，为沟通城乡商品流通、互通有无起到了不可忽视的作用。

---

① 全汉昇：《中国庙市之史的考察》，《食货》1934 年第 1 卷第 2 期。
② 〔日〕加藤繁：《清代村镇的定期市》，王兴瑞译，《食货》1937 年第 5 卷第 1 期。
③ 庄泽宣、邱璧光、潘凤韶：《集的研究：中国社会组织研究之一》，《中山文化教育馆季刊》1936 年第 3 期。
④ 任放：《明清长江中游市镇经济研究》，武汉大学出版社，2003，第 2 页。
⑤ 许檀：《明清华北的商业城镇与市场层级》，科学出版社，2021。
⑥ 王兴亚：《对明清时期北方五省商业镇市之研究》，《许昌师专学报》2000 年第 1 期。

（2）基于微观视角的北方市镇研究。此方面的成果甚丰，有的以省为研究对象，有的进行省内分区研究或者具体到单独的个体镇市。如王兴亚的《明清河南集市庙会会馆》① 一书，对河南集市、庙会和会馆进行了细致探讨，奠定了河南城乡商品经济研究的基础。牛建强、姬明明的《明清时期河南集镇管理体系初探》② 从官方与民间两方面着手探讨集镇的管理问题，并与江南进行比较，认为河南民间管理力量相对孱弱，具有对官方依附性极强的特征。徐春燕在《明清时期中原城镇发展研究》③ 一书中将河南城镇放在全国大背景下考量，认为明清时期中原城镇在全国地位有下降趋势，这固然受整个北方地区经济增速放缓和南北方差异加大的外部环境影响，但中原城镇固有的活力不足却是更深层次的原因。王社教的《明清时期山西地区城镇的发展》④ 探讨了山西城镇发展的整体规模、体系和结构，分析了山西人口发展、整体经济与全国经济社会环境的密切关系。梁四宝、武芳梅的《明清时期山西市镇的崛起与区域经济发展》⑤ 认为市镇发展归根结底是受生产力和经济发展水平制约的。此外还有邓亦兵、邓玉娜、李刚、康欣平等学者从不同角度对北方城镇史研究做出了重要贡献。⑥（3）区域比较研究。傅春晖在《明清以来的市镇：中国城镇化发展的历史因缘》⑦ 中对明清江南地区与北方市镇发展

---

① 王兴亚：《明清河南集市庙会会馆》，中州古籍出版社，1998。

② 牛建强、姬明明：《明清时期河南集镇管理体系初探》，《黄河文明与可持续发展》2017 年第 1 期。

③ 徐春燕：《明清时期中原城镇发展研究》，社会科学文献出版社，2017。

④ 王社教：《明清时期山西地区城镇的发展》，《西北大学学报》（自然科学版）2007 年第 2 期。

⑤ 梁四宝、武芳梅：《明清时期山西市镇的崛起与区域经济发展》，《晋中师范高等专科学校学报》2003 年第 3 期。

⑥ 参见邓亦兵《清前期开封城经济初探》，《史学月刊》1986 年第 2 期；《清代南阳府名镇的经济性质》，《中州学刊》1986 年第 4 期；《清代孟县经济的演变》，《河南财经学院学报》1987 年第 4 期；《清代的朱仙镇和周家口》，《中州学刊》1988 年第 2 期。邓玉娜：《清代河南集镇的发展特征》，《陕西师范大学学报》（哲学社会科学版）2005 年第 4 期；《清代河南的城镇化发展》，《中国经济史研究》2005 年第 3 期；《清代河南集镇的集期》，《清史研究》2005 年第 3 期；《清代河南集镇的空间分布——基于距县里程方面的分析》，《中国社会经济史研究》2006 年第 1 期。李刚、康欣平：《明清陕北市镇初探》，《延安大学学报》（社会科学版）2004 年第 2 期。

⑦ 傅春晖：《明清以来的市镇：中国城镇化发展的历史因缘》，《社会》2020 年第 1 期。

做了比较，并指出自明代开始江南地区大量"非传统市镇"涌现，是江南"早期工业化"的结果，而此时的华北市集还是以定期市为主，专业化程度较低。刘景纯在《清代黄土高原地区城镇地理研究》① 一书中论述了黄土高原地区城镇的时空变迁、结构特征及功能特点，并对不同区域的城镇分布与功能进行了分析比较。程民生的专著《中国北方经济史》②、蒋正华的文章《略论明清河南集镇与江南市镇之异同》③ 等成果中对不同省份和城市的人口、经济等也多有比较。可以说，学界对清代北方市镇的研究已经取得了诸多成就，尤其在历史变迁、行政管理、经济发展等方面，不过市镇经济与城乡之间的关联、市镇在城乡发展中的地位和作用仍存在着不少争议，还有继续深入探讨的必要。

祭祀和庙会为城乡所共举，是从宗教和社会角度解读城市和农村文化联系的重要窗口。关于祭祀、庙会与明清社会关系的研究日益为学者们所重视。美国学者韩书瑞从 20 世纪 70 年代就开始致力于中国清代的民间宗教研究，先后出版了《山东叛乱：1774 年王伦起义》《千年末世之乱：1813 年八卦教起义》等著作。此外她还将视角投向清代北京民间宗教方面，2000 年推出《北京：公共空间和城市生活（1400～1900）》一书，该书以北京佛寺、道观，甚至教堂作为切入点，围绕寺院与城市生活这个主题，从公共职能、节日庆典、商业功能以及城市融合等诸多方面，探讨寺院与城市生活之间的相互影响，并指出从发展角度讲，国家推行的世俗化运动最终削弱了寺庙在人民日常生活中的作用，但是也必须承认，在很长一段时间里，宗教场所充当了国家治理之外的一个民间场域。英国汉学人类学家王斯福依据在河北赵县、江苏吴江等地村落调查的情况，于 2000 年出版了《帝国的隐喻：中国民间宗教》（*Popular Religion in China：The Imperial Metaphor*）一书。他直接利用民间宗教实践来理解中国社会的组织形式，通过引用民俗生活中习以为常的事件，如烧冥币、城隍崇拜等，揭示它们背后隐喻的逻辑。他认为

---

① 刘景纯：《清代黄土高原地区城镇地理研究》，中华书局，2005。
② 程民生：《中国北方经济史》，人民出版社，2004。
③ 蒋正华：《略论明清河南集镇与江南市镇之异同》，《中州学刊》1994 年第 3 期。

"帝国的隐喻"是国家统治的一种表象，与实际生活、政治以及历史事件之间保持着联系，其内所包含的逻辑，"一直是中华帝国与民间社会之间能够进行沟通的主要途径"。赵世瑜先生长期致力于民间信仰和基层社会研究，他的《狂欢与日常——明清以来的庙会与民间社会》①一书，对华北庙会和民间祭祀多有述及。罗丹妮的《唐宋以来高平地区寺庙系统与村社组织之变迁——以二仙信仰为例》②，以晋东南地区独有的二仙崇拜为线索，通过整理碑刻资料，对二仙庙的初创背景及其后来发展方向、信仰传统继承等问题做出探讨，并试图透过神庙系统的演变，透析明清之际村落社会整合模式的转变。此外，日本的中村哲夫、滨岛敦俊、松本浩一、小岛毅等，中国的王兴亚、陈春生、郑振满、程民生、牛建强、王庆成、单磊、王铭铭、刘铁梁等对中国社会神灵崇拜和祭祀仪式的研究都有不同的贡献，为民间信仰纳入社会史研究提供了新的视野。

士绅是中国封建制度下一个独特的社会集团，是城市与农村之间的重要纽带。关于士绅在城乡结构中的作用问题，学者们意见纷纭。费孝通认为，中国传统社会的政治结构为双轨制，一方面是自上而下的皇权，另一方面是自下而上的族权和绅权，二者平行运作，互相作用，形成"皇帝无为而天下治"的局面。当然"在传统结构中自下而上的轨道是脆弱的；利用无形的组织，绅士之间的社会关系，去防止权力的滥用，不但并不能限制皇权本身，而且并不是常常有效的。这也是绅士自身腐化的原因"③。瞿同祖认为，皇权与绅权的争斗，或者说州县官员与士绅间的冲突，应该是"同一权力集团或社会阶级的内部的冲突，而不是两个不同集团或阶级间的冲突。因为士绅和官员同属于一个特权阶级，他们要相互依赖以维持现状"，因此"这

---

① 赵世瑜：《狂欢与日常——明清以来的庙会与民间社会》，生活·读书·新知三联书店，2002。
② 罗丹妮：《唐宋以来高平地区寺庙系统与村社组织之变迁——以二仙信仰为例》，《历史人类学学刊》2010年第1期。
③ 费孝通：《乡土中国 生育制度 乡土重建》，商务印书馆，2015，第396页。

种冲突从未严重到足以引起权力结构和既定社会政治秩序发生变化的程度"。① 王先明认为，士绅虽然与官员有着合作关系，但他们也有着不同的利益追求，"在皇权羽翼下生长起来的绅士阶层，既是皇权向基层社区延伸的中介，也是皇权力量在民间的阻隔"，士绅除了依附皇权，也有着"广厚和深刻的社会文化根基"，因此总是利用自己在基层社会的"权威"不断试探统治者的底线以为自身争取更大的利益。特别是咸丰以后，一直由政府负责的跨县区水利工程的营建和维修管理等工作也主要由士绅来完成，虽然政府也出面协调、辅助，但是从这些变化中不难看出士绅对于基层的控制史无前例地增强。②

对于近代城乡关系问题，中外学者也给予了充分关注。马克思对于中国的城乡关系给予过高度概括，他说"亚细亚的历史是城市和乡村无差别的统一"③。西方学者普遍认为中国近代城市没有担起现代化的重任，城乡发展不均衡，城市显现畸形发展的特征。美国学者费正清和利文森认为中国社会长期处于一种循环往复或者停滞的状态，直到 19 世纪中叶遭遇西方列强冲击后才逐渐向近代社会转变，城市与乡村呈现分离、对立的特征。罗兹·墨菲对中西方城市进行了比较，以上海为切入点展开讨论，他认为近代中国城市对乡村影响极小，城市犹如农村汪洋中的孤岛，"传统的中国绵亘不断，差不多伸展到外国租界的边缘为止。在乡村，人们看不到上海影响的任何迹象"④。以施坚雅、罗威廉为首的不少西方学者对此持反对意见，他们从层级市场角度进行论述，认为中国的城市和乡村是由网络联结起来的层级结构，中心城市对于农村有着一定的辐射作用，不过"城市与其紧邻的周围农村的联系，要比它与更为宽广的内地网络的联系少得多——无论是在人

---

① 瞿同祖著，何鹏校《清代地方政府》，范忠信、晏锋译，法律出版社，2003，第 329、330 页。
② 王先明：《清代社会结构中绅士阶层的地位与角色》，《中国史研究》1995 年第 4 期。
③ 〔德〕马克思、〔德〕恩格斯：《马克思恩格斯全集》第 46 卷（上），人民出版社，1979，第 480 页。
④ 〔美〕罗兹·墨菲：《上海——现代中国的钥匙》，章克生等译，上海人民出版社，1986，第 14 页。

口、产业乃至食品的供应方面"①。作为近代城市与乡村剧烈变化的亲历者，民国时期的中国学者对于城乡失衡、乡村日趋衰败等问题深有体悟，并积极寻求解决途径。梁启超是较早对近代城乡关系进行探讨的学者，他说欧洲各国多由自由市扩展而来，市政相对独立，中国城市则不然，它们历来处于国家行政统治之下，"只有乡自治之史迹，而无市自治之史迹"②。坚瓠、蓝梦九、黄宪章、顾凤城、常燕生等学者从经济学角度分析了城市勃兴给乡村带来的负面作用，认为少数城市吸收了社会上大量的资本和劳力，造成"田野荒芜，食粮匮乏。而农村之自治与教育，皆无人过问"③，此外都市在经济、政治和文化上受困于帝国主义的统治、操纵和麻醉，"帝国主义者以剥削中国劳苦民众利益的尾数，繁荣了中国的都市；又借着这些都市的势力，加紧剥削全中国劳苦民众的利益"④，从而得出城乡对立的结论。梁漱溟也认同近代城乡之间存在此消彼长的状况，他受同时期欧美国家田园都市思想影响，提出乡村建设是国家建设的基础和主体，"现在中国社会，其显然有厚薄之分舒惨之异者，唯都市与乡村耳"，"中国的建设问题便应当是'乡村建设'"⑤的主张，从而引发近代乡村建设思潮。步毓森、陈序经、陶希圣等人不赞同城市剥削乡村、压迫乡村的观点，认为这是没有注意到机器发明与交通便利带动乡村进步的结果。陶希圣说："历史发达的趋势，必定是乡村依赖都市。生产的技术越高，都市的重要性越大，农村对于政治经济社会各方面的地位便越趋于次要了。并且都市发达了，才有改革农村的实力，才谈得到改革农村。"⑥ 陈序经说都市的发展带动了乡村的进步，交通的发展使得近代的乡村和都市界限已经不像过去那样清楚，"与其说是有益于都

---

① 〔美〕罗威廉：《汉口：一个中国城市的商业和社会（1796~1889）》，江溶等译，中国人民大学出版社，2005，第47页。

② 梁启超：《梁启超论中国文化史》，商务印书馆，2012，第124页。

③ 坚瓠：《都市集中与农村改造》，《湖北省农会农报》1922年第3期。

④ 黄宪章：《中国都市的过去与今后》，《新中华》1934年第2卷第1期。

⑤ 梁漱溟：《山东乡村建设研究院设立旨趣及办法概要》，收入《梁漱溟全集》第5卷，山东人民出版社，2005，第216、222页。

⑥ 陶希圣：《都市与农村——哪一个是解决中国问题的基点》，《独立评论》1935年第137期。

市，不如说是更有益于乡村"①。言心哲、顾凤城、常燕生、费孝通等进一步认为城乡之间是互相依赖的关系，社会越发展，二者之间的连带关系越密切，不能顾此失彼。总之，从这些探讨中不难看出，在 20 世纪上半叶，学者们已经意识到城市"涸泽而渔"式的掠夺是导致乡村衰败、城市工业停滞的重要因素，他们关于如何解决城乡之间不和谐发展问题的探讨至今仍具有现实意义。中华人民共和国成立以后，特别是 20 世纪 80 年代以来，近代城市史研究方兴未艾，城乡关系成为其重要内容，学界不仅对之极为重视而且提出了更高要求，"在近代中国城市史研究中，不能仅局限于探讨城市本身的发展，而必须从城乡关系的更广阔的背景来探讨城市的发展；也不能局限于个别城市的研究，应在个别研究的基础上，进而对一个区域甚至全国的有代表性的城市做比较研究，对城市体系、城乡网络进行整体的宏观的考察，由点及面来弄清近代中国城市的历史、特点和发展规律。这也是我们研究国情，促进城乡改革、城乡结合共同发展所需要的"②。与此相关的成果不断问世，既有立足宏观的《近代中国城市发展与社会变迁（1840～1949年）》③《中国近代城乡关系简论》④ 等论著，也有针对不同城乡和区域城乡发展的微观性研究，如《近代华北农村社会变迁》⑤《近代山东市场经济的变迁》⑥《近代冀鲁豫乡村》⑦《城市化视阈下的近代华北城乡关系：1860～1937——以京津冀为中心》⑧ 等，此外关于城乡关系理论、城乡层级市场、近代城乡人口关系等方面的探讨也颇为热烈，为我们鉴于历史、资于治道提供了方法和路径。

---

① 陈序经：《乡村文化与都市文化》，《独立评论》1934 年第 126 期。
② 隗瀛涛：《近代重庆城市史研究》，《近代史研究》1991 年第 4 期。
③ 何一民主编《近代中国城市发展与社会变迁（1840～1949 年）》，科学出版社，2004。
④ 宫玉松：《中国近代城乡关系简论》，《文史哲》1994 年第 6 期。
⑤ 乔志强主编《近代华北农村社会变迁》，人民出版社，1998。
⑥ 庄维民：《近代山东市场经济的变迁》，中华书局，2000。
⑦ 从翰香：《近代冀鲁豫乡村》，中国社会科学出版社，1995。
⑧ 任吉东：《城市化视阈下的近代华北城乡关系：1860～1937——以京津冀为中心》，天津社会科学院出版社，2003。

三　研究的思路和方法

清代城乡关系的问题已经为中国历史研究中的多个专门领域所关注，从诸多的研究成果中可以看出对这个课题的研究已经达到了相当的深度和广度。由于江南地区是明清时期全国商品经济最发达的地区，其市镇经济在当时占有举足轻重的地位，因此对江南地区城乡关系研究长期以来吸引了学者们的广泛关注，大部分的研究成果也是围绕江南展开。而对经济相对落后的北方地区的研究则相对薄弱，尤其是多角度多方位透视的成果更不多见，本书希冀在此方面能够有所补充和完善。作者团队在研究过程中对城乡关系演变中的南北方差异也有探讨，力图在揭示影响城乡关系变化的内在因素之余，对我国城镇化发展的地域差异以及近代开始出现的"乡村都市化"问题能够有所思考。此外，本书对鸦片战争前后城乡关系的对比，不是只从政治、经济角度考量，而是努力深入到文化和民众心理层面，希望通过这些努力，能够为北方地区城乡关系研究贡献绵薄之力。

本书以历史学为研究基础，同时结合经济学、社会学、人类学、宗教学等的概念和方法，通过历史和区域的纵向与横向的对比和分析，多角度、多层面透视城乡关系。坚持理论和实际相结合，在广泛搜集史料、数据和其他资料之余，兼顾考察和走访相关遗迹遗存，在掌握一手资料的基础上去伪存真、小心求证，以保证研究成果的真实可信度。市镇是城乡关系研究中的重要环节，对于其应归属于城市还是农村，学界一直存在着争议，笔者认为应当结合当时情境和民众的认知进行判定，而不是单纯用现代理念和标准简单概化，市镇在城乡关系发展中的地位及作用要放在当时经济、社会发展的情境中去阐释。

四　主要的内容和观点

本书除绪论外，主要内容分为七章，第一、二章是对清代农业和城市发展状况的分析和总结；第三、四、五、六章，分别从经济、管理、民俗和社会等方面分析城乡之间的对立与统一；结语部分探讨晚清至民国时期城乡关系的转型轨迹并阐释其近代化意义。主要内容及观点如下。

1. 蓬勃发展的市镇是城乡的中介和过渡地带

清代是北方市镇数量增长最为迅速的一个时期，虽然不同地区的城镇发展程度不同，但是在经济与非经济因素的共同作用下，各地市镇普遍呈现出快速发展的态势。市镇是介于县城和村落之间的有着相对独立性质的商业实体，是城乡之间的中介和过渡地带。从经济角度来说，市镇的兴起是顺应农村经济发展的需要，也是城市商贸职能的延伸，市镇是没有实现高度城市化发展的基层市场，虽然与农村密切相连，但其社会形态已经发生变化，成为城市经济发展的重要组成部分。从市镇的活跃人口来看，市与镇又截然不同。北方农村的"市"多为"朝实暮虚"型交易，以间隔性的定期市为主，市中极少有固定经营的店铺，从事商品交易的人员几乎都为流动人口，这种市与乡村没有鲜明界限，很大程度上可以视作乡村的一部分。"镇"则不同，它是规模仅次于县的商品交易市场，有固定经营的店铺，一些规模较大的镇，一定条件下繁华程度甚至会超越城市，从这些特征看，镇更接近于城市。镇中人口虽与乡村保持着千丝万缕的联系，但从其谋生方式看，大多已脱离农业劳动，尽管时人习惯将其归为农业人口，但毋庸置疑，他们已经成为市镇发展的中坚力量。因为清代的镇聚集了大量"非农业劳动人口"，故而后世研究者常常将其视作封建社会后期城市化发展的重要组成部分，更准确地说，传统意义上的城市化此时已经应该被称作城镇化了。

2. 传统的士绅是联结城市与乡村的纽带

中国封建统治的运行可以理解为自上而下的皇权和自下而上的族权和绅权平行运作、互相作用的结果。皇权由中央向下传递，一般到县级行政区为止，而县下面的乡村，士绅则是实际的统治力量。士绅是封建中央政权在地方力量的延伸，以士绅为主导的乡村社会是维系传统中国发展的重要基石。如果将封建社会分为官僚、士绅和民众三个阶层的话，士绅无疑处在中间阶层，他们的地位可以用"进可为官，退可为民"来形象地表达。对官方来说，士绅拥有统治阶级赋予的政治和经济上的特权，其对乡村的治理是统治阶级意愿向下的传递和表达；对地方来说，士绅拥有文化知识和高于普通民众的影响力，在乡村教化、伦理、祭祀等方面享有绝对的权威性，这种近于官而非官、近于民而非民的角色使得士绅在乡村建设中拥有举足轻重的地位。

绅权与皇权在封建统治下相伴而生、互相依存，但是因为地方与中央的矛盾始终存在，绅权与皇权的博弈也经久不息。清代前中期，因为皇权力量强大，绅权处于被压制状态，绅权服从皇权。迨至 19 世纪后半期，随着太平天国运动和捻军运动的爆发，皇权颓势尽显，统治阶级对基层的控制日渐弱化，而绅权在地方的影响力和控制力却不断增强。绅权大张的背后是封建社会制度管理的失序，由此引发了城乡关系从"无差别统一"向"二元对立"转变。在这个转变过程中，统治者取消科举，士绅进阶之路被阻断，进而农村社会因为缺少管理而陷入全面困顿，随之清代统治大厦崩塌，绅权与皇权几乎同时被埋入历史。

3. 祭祀和庙会是城乡共举的民俗盛宴

在封建等级制度下，无论是城隍祭祀还是土地祭祀都是统治者管理国家的工具，与朝廷祭祀遥相呼应，形成一套完整的上下有序的信仰体系。城乡祭祀的对象除了地域之神不尽相同，其他的神灵保持了高度的一致性。文化的共通代表了区域间的文化认同，在共同的信仰体系下，城乡民众很容易在精神世界产生文化共鸣，促进彼此在现实世界中文化的交流与交融。庙会是民间社会以信仰为基础而进行的一系列祭祀、娱乐、交易等集会活动。因为庙会具有宗教色彩，所以很容易吸引有着精神诉求的民众的广泛参与。通过祭祀、朝拜和娱神等活动，民众不但可以获得巨大的精神满足，也加深了彼此间的交往和交流。清代庙会无论是数量还是规模，较之明代均有了大幅提升，这是经济发展和贸易需求使然。城市和乡村的祭祀和庙会虽各有其界限，却不是隔绝的，从根本上讲两者是交融与互动的，具有一致性。就组织运作而言，人神交流、娱神娱人活动的举办，有助于人们内心归属感和认同感的提升，对城乡社会的整合具有重要影响。

4. 流动的人口以"留着一个根在乡村里"为信念

清代城乡之间的流动大体为单向，即农村向城市转移，虽然特殊时期也会有城市向农村回流的现象出现，但基本都是暂时的。大量农村人口流向城市，在弥补城市劳动力不足的同时，还使得城市经济功能日趋重要。此外，值得关注的还有中国的早期城镇化问题。随着外来人口的大量涌入，许多交通便利、资源丰富的市集或乡村，成长为具有较强经济影响力和辐射能力的商业城镇，在这个过程中许多人的身份实现了由农业人口向非农业人口的转变。

中国人大多安土重迁，即使流入城市，他们也不会同农村切断联系。由于血缘、经济以及社会关系等原因，他们大概率还会与农村保持着或远或近的关系。"留着一个根在乡村里"的乡土情结盘桓在每个离乡游子的心中，这就使得在城居住者，尤其是富裕家庭并不会将留居城市作为唯一的、必要的选择，他们中的很多人本身就是在农村拥有土地的城居地主，依旧处于与乡村社会类似的宗族与村落组织网络之中，换言之，传统中国的城市并没有发展出一套独立于农业文明的城市文明，依然是乡土中国的组成部分。

5. 近代城乡关系发生剧变

近代的中国处于一个大变动的时代，西方资本主义国家的入侵为社会带来巨大震荡的同时也改变了中国城镇化的进程。近代以来，中国社会政治发展的不平衡使得城乡发展日益被裹挟在国际市场的大潮中。在这场跨时代的变革中，城市无疑是最先受到影响的。沿海开埠城市先后崛起，经济功能迅速增强，城市规模不断扩大，在沿海城市的影响和带动下，内陆地区经过一系列经济和社会结构重组之后，开始迈入近代化时代，不过与中国近代化一样，城市发展极不充分。城市的影响也通过城市腹地向乡村延伸，在封建主义与殖民主义夹击下，农村逐步沦为城市工业和外国商品原料的供应地和产品倾销市场。近代中国以农为本的自然经济开始转向以商为用的市场经济，传统的城乡关系受到破坏，城乡之间呈现联系性加强而又发展背离的特征。

第一章

农业的恢复：清代城乡格局建立的经济基础

在传统的小农社会里，农业是国计民生的根本、社会大厦的基石，古往今来皆是如此。清朝建国伊始，面临百废待兴的局面，要想稳固统治，实现社会长治久安，当务之急就是恢复发展农业生产，为城乡格局的建立打下坚实的物质基础。

第一节　清初北方农业生产的恢复与发展

清朝统治者入关后，为了扭转北方田地大面积撂荒以及无可役之人的破败局面，同时为了稳定社会秩序、巩固政权，采取了一系列恢复和发展农业生产的措施，使得农作物种植面积进一步扩大，粮食商品化程度不断提升，经济作物得到普遍种植。

一　清初北方农业生产恢复与发展的背景

明末清初的北方诸省，尤其是陕西、河南、山东、河北等地经历了长时间的战乱、瘟疫、灾荒，农业生产遭到严重破坏，人口锐减，大片土地荒芜，到处呈现凋敝破败的景象。

在明末农民起义的发源地陕北，百姓经历了连年不断的自然灾害和战乱，境况惨不忍睹。崇祯元年（1628）陕西大饥，饿殍枕藉。身为朝廷大臣的马懋才（陕西省延安府安塞县人），奉命入陕调查，目睹故乡人吃人的惨景，于是将沿途见闻写成《备陈大饥疏》，其中云：

> 臣乡延安府，自去岁一年无雨，草木枯焦。八九月间，民争采山间蓬草而食，其粒类糠皮，其味苦而涩，食之仅可延以不死。至十月以后，而蓬尽矣，则剥树皮而食，诸树惟榆皮差善，杂他树皮以为食，亦可稍缓其死。迨年终而树皮又尽矣，则又掘其山中石块（实为白色土，俗名观音土）而食。石性冷而味腥，少食辄饱，不数日则腹胀下坠而死。民有不甘于食石而死者，始相聚为盗，而一二稍有积贮之民，遂为所劫，而抢掠无遗矣，有司亦不能禁治。间有获者，亦恬不知且曰："死于饥与死于盗等耳，与其坐而饥死，何不为盗而死？犹得为饱死鬼也。"最可悯者，如安塞城（在延安城北约二十五公里）西有冀城之处，每日必弃一二婴儿于其中。有号泣者，有呼其父母者，有食其粪土者，至次晨，所弃之子已无一生，而又有弃之者矣。更可异者，童稚辈及独行者，一出城外便无踪迹。后见门外之人，炊人骨以为薪，煮人肉以为食，始知前之人皆为其所食。而食人之人，亦不免数日后面目赤肿，内发燥热而死矣。于是，死者枕藉，臭气熏天。县城外掘数坑，每坑可容数百人，用以掩其遗骸。臣来之时已满三坑有余，而数里以外不及掩者，又不知几许矣。[1]

同疏中还揭露了官吏不体恤百姓之苦，逼百姓缴纳赋税，百姓只得铤而走险相聚为"盗"等问题。此外，陕西又是边防重镇，附近有延绥、宁夏、固原等边镇，屯驻大量军队，这些兵卒经常得不到兵饷，有的甚至缺饷达三年之久。缺饷的兵士生计无着，不得不逃亡甚或揭竿而起，有的成为饥民起义的重要组织者与领导者，如明末农民起义领袖李自成、张献忠等便是如此。自天启七年（1627）陕西白水农民王二起义至清朝建立初年，陕西、山西、

---

① 计六奇：《明季北略》卷5《备陈大饥疏》，商务印书馆，1936，第77页。

河南以及都城北京都是明末农民起义以及明清（金）之间长期军事对峙的
主战场，加上连年的天灾，这几省的百姓都处于水深火热之中。《明史·庄
烈帝本纪》载：九年（1636）"二月，山西大饥，人相食。乙酉，宁夏饥，
兵变"。十年（1637）"六月，戊申，温体仁致仕。是夏，两畿、山西大
旱"；"七月，山东、河南蝗，民大饥"。① 《临沂县志》载："崇祯十三年
（1640），蝗遍野盈尺，百树无叶，赤地千里，斗麦两千。民掘草根剥树皮，
父子相食，骸骨纵横，婴儿捐弃满道，人多自竖草标求售，辗转沟壑者无
算。此年春，复疫疠继起，死亡过半。突变之异未有甚于此者。"② 《博平县
志》亦载："崇祯十四年（1641），大饥，人相食。夏，瘟疫盛行，有全家
尽绝者。死伤十分之四。"③ 更为严重的是，这年"六月，两畿、山东、河
南、浙江、湖广旱，蝗，山东寇起"④。连年的天灾叠加人祸，崇祯十一年
（1638）冬，清军大举进关，连陷山东、河北七十余城。崇祯十二年
（1639）春，围攻济南，明政府需要集中财力兵力抵抗清军，不得不暂缓对
农民起义军的镇压，却又于辽饷之外，陆续增派了剿饷和练饷，三饷合计每
年征银达一千六百七十万两，农民在如此沉重的负担下纷纷逃亡。到清朝初
年，地处黄河流域的省份人口锐减，土地荒芜，不少地区都呈现"百姓逃
亡十之八九"，"所遗残民，十仅存一"，"村落萧条、荒芜弥望"等凄惨景
象。正如《清世祖实录》所载：当时的北方，直隶"极目荒凉"，"百姓流
亡十居六七"，山东"一户之中止存一二人，十亩之田止种一二亩"。⑤ 尤其
是地处中原的河南是明末农民大起义的主战场，其遭受的摧残最为严重。自
崇祯八年（1635）正月，明末农民军十三家七十二营的首领群聚河南荥阳
商讨作战方略后，李自成农民军于崇祯十三年（1640）来到河南，河南随
之成为明末清初的主战场，饥民随从李自成农民军的达数十万人，至崇祯十

---

① 《明史》卷 23《庄烈帝本纪》，中华书局，1974，第 319、321 页。

② 王景佑等：《临沂县志》卷 1《通纪》，民国 6 年（1917）刻本，第 63、64 页。

③ 堵巖：《博平县志》卷 1《机祥考》，康熙三年（1664）刻本，第 16 页。

④ 《明史》卷 24《庄烈帝本纪》，中华书局，1974，第 329 页。

⑤ 《清世祖实录》卷 12 "顺治元年十二月庚申"，中华书局，1985，第 114 页。

五年（1642）号称百万，偌大的河南成了农民起义军与明军、清军交锋的战场。中原地区大量人口或战死，或逃亡，城乡大面积萧条。顺治初年，黄河以北"积荒之地，无如河南最甚……满目榛芜，人丁稀少"①。战争最主要的目的是攻城略地，因而城镇遭受的破坏最为严重，人口大量减少。"大河以南，南阳、河（南）二府，汝州一州，臣马首所瞻，荒残遮径，蒿莱满眼。据各属详情，有一城不满数十家，有一邑不过仅百家者。"② 以致中州"五郡八十余城尽为瓦砾"③，城市发展受到打击沉重。河南府治所洛阳于崇祯十四年（1641）遭到李自成农民军的围攻，"士民被杀数十万"④，其辖县嵩县也在次年遭到李自成农民军的屠戮，"流寇破嵩城，土寇盘踞处掳杀最惨，城市蒿莱可没人"⑤，还有伊阳县在崇祯末年，"城无长吏，村绝烟火，市断人迹，为寇兵往来充斥者五六年"⑥。省会开封在明代是全国最繁华的都市之一，但是明崇祯十五年（1642）黄河特大水患使开封遭受了灭顶之灾，城内"悉为潦水泥沙，官民不能栖止"，芦苇杂草遍地丛生，偶尔还有野狼狐狸出没，昔日繁华的都市，变得冷落萧条，"无风三尺土，微雨一街泥"⑦，尽显破落荒凉。开封府治所祥符县更是"兵残河决，地土全荒"，"村芜野棘，篝火探刃者遍河南北"⑧；其辖县鄢陵也是"城市之间，无虑白骨如莽"⑨；密县在清初，"城郭丘墟，居民四散十九，城内并无一屋。知县

---

① 《皇清奏议》卷 4《垦田宜宽民力疏》，续修《四库全书》本，第 56 页。
② 叶志如：《顺治六年整饬盐务课税题本〈巡按河东盐政监察御史刘达为暂行宽减引额以复中土元气事题本〉》，《历史档案》1984 年第 13 期。
③ 《崇祯实录》卷 16"崇祯十六年五月丙申"，台湾"中央研究院"历史语言研究所，1962，第 473 页。
④ 谷应泰：《明史纪事本末》卷 78《李自成之乱》，中华书局，1977，第 1340 页。
⑤ 《嵩县志》卷 6《星野》，乾隆三十二年（1767）刻本，第 6 页。
⑥ 《重修伊阳县志》卷 4《杂纪》，收录于《稀见地方志汇刊》第 35 册，中国书店，2007，第 821 页。
⑦ 广东南雄珠玑巷后裔联谊会、南雄市政协文史资料委员会：《南雄文史资料》第 15 辑《南雄珠玑巷南迁氏族谱·志选集》，南雄县人民印刷厂，1994，第 170 页。
⑧ 李同亨、张俊哲：《祥符县志》卷 2《田土》，顺治十八年（1661）刻本，第 12 页；管竭忠修，张沐纂《开封府志》卷 22《名宦》，同治二年（1863）刻本，第 12 页。
⑨ 何鄂联：《鄢陵县志》卷 11《丽藻志·鄢邑灾荒揭》，道光十二年（1832）刻本，第 8 页。

崔养重冒险莅任，劝民进城，覆茅为庐，寥寥数十家而已"①；禹州"汉世以阳翟领郡，历代号为裕饶。自明季兵燹，一空如洗，清兴安辑，依然萧条"②。

清兵入关后，统治者虽然下令只圈占"近京各州县无主荒田及前明皇亲贵戚大臣内监殁于寇乱无主荒田，并百姓带地投充之田"③，但实际上将很多农民的土地也圈占进去，只拨给他们一些离京较远的盐碱不毛之地耕种，导致北京附近许多农民四散逃亡，河南、口外均有，另有部分农民沦为满洲贵族或八旗旗丁的庄客。圈地从开始的无主土地发展到后来大量有主土地；圈占范围由京畿三百里扩展到五百里，不仅圈占直隶的土地，而且随着八旗驻防，范围扩大到山东、山西一些州县，被圈占的州县内，民地所剩无几。为了隔断沿海人民与郑成功和其他反清力量的联系，清朝统治者颁布"迁海令"，强制山东、江浙、福建等省的沿海居民内迁。在"迁海"的过程中，堕毁城郭，焚烧庐舍，"老弱转死于沟壑，少壮流离于四方"④，给山东等地的沿海居民带来了沉重灾难。

鉴于以上情况，因时制宜恢复和发展农业生产成为清政府稳固政权、发展经济迫在眉睫的任务。

二 农业生产的恢复与发展

清入关后，为消弭持续数十年之久的战乱创伤，安抚百姓，保证农业劳动力，政府承认开垦荒地所有权，免除所垦荒地数年赋税，以鼓励百姓垦荒；通过改革赋役制度促进人口快速增长；改进和引进农作物品种，提高农业技术，使农业多产高产，以促进北方诸省农业的恢复与发展。经过数年发展，清代在农业生产方面取得了长足进展，边地开发使得耕地面积大幅增加；采取多熟种植和提高复种指数、实行多种经营、提高土地收入等措施，促进了北方地区经济发展。

---

① 刘永之、耿瑞玲：《河南地方志提要》，河南大学出版社，1990，第82页。
② 王琴林等：《禹县志》卷18《官师传》，民国20年（1931）刊本，第34页。
③ 《清朝通典》卷2《食货二》，商务印书馆，1935，第2029页。
④ 王沄：《漫游纪略》卷2，上海进步书局，民国20年（1931）石印本，第6页。

（一）促进农业生产发展的政策与措施

统治者首先采取有利于恢复农业生产的安民利民措施，以保证农业劳动力。清军入关后，中央政府宣布以明代的一条鞭法征派赋役，赋税除正额以外，一切加派如辽饷、练饷和剿饷等全部免除。雍正时实行的"摊丁入亩"和康熙时的"滋生人丁，永不加赋"等政策措施，刺激了农业生产的恢复与发展。清政府颁布招民垦荒的政策，于顺治年间多次下令，允许各地流亡百姓开垦"无主荒田"，且所垦土地由州县官给以"印信执照"，"永准为业"。凡农民垦荒，一般可以免税三年，个别的还可以免税五年或六年。由于顺治年间统一战争所需军费开支急如星火，清廷一面宣布招民垦荒，一面又严令地方官吏追逼赋税，以致三年或六年起科（征税）之令得不到兑现，结果往往是农民垦荒未熟而税吏已经至门，因此农民视垦荒为畏途，裹足不前。康熙帝为了加速恢复农业生产，开辟荒田，自康熙十年（1671）开始，陆续放宽起科年限，将三年宽至四年，又宽至六年，再宽至十年，而且在平定三藩之乱后，因为释去沉重的军费负担，康熙帝更进一步放松起科，对农民开垦成熟应该按限起科的田地，常常是"未令起课""不事加征"。此外，康熙帝还以赏给官职来鼓励地主乡绅垦荒。除去清政府招民垦荒，还有民间的自动垦荒，如河南、山东、河北人民多往长城以外垦荒，促进了边疆之地的开发。加之"盛世滋生人丁，永不加赋"，到康熙末年，全国荒地基本上得到开辟，所谓天下田土"开垦无遗""尽皆耕种"。由于土地政策和赋役政策的不断调整，人口持续增加，荒地次第开辟，耕地面积不断扩大，经济得到发展。统治者还下令停止八旗军民圈占土地。康熙八年（1669）在北京诏令停止圈地，宣称满汉军民应一律对待，凡该年所圈旗地，立即退还汉民，另由山海关、张家口等处旷土换补。康熙二十四年（1685）规定民间所垦田亩，"自后永不许圈"。直隶、山东、山西、河南、陕西、甘肃等地的明朝王公勋戚庄田，除直隶的一部分在清初被清政府圈占外，其余的仍由原来的佃农耕作，这些佃农实际上已摆脱了王公勋戚的奴役而成了自耕农。清政府将这些庄田改名为"更名田"，承认它们属于农民所有，"与民田一例输粮"。这些政策顺应历史趋势，解放了农业劳动力，促进了农业生产的恢复与发展。

其次，水利是农业生产的命脉，清代北方内地几个省份都注重农田水利建设，尤其是京畿地区，大兴农田水利建设。雍正四年（1726），皇帝指派怡亲王在滦州（今河北滦州）、玉田等地疏浚圩岸，建闸挖渠，开辟稻田一百五十顷。而霸州（今河北霸州）、文安、大城等地民间闻风自行播种水稻，且都获得丰收。于是朝廷于次年设立京东局、京西局、京南局、天津局四处专职机构，统辖三十五县，至雍正七年（1729）建成水田六千余顷，再获丰收，以致"秔稻溢于市廛"。清世宗担心北方人不习惯食用大米，难以销售，伤害其生产积极性，因而动用库银收籴，"民获厚利，向所称淤莱沮汝之乡，率富完安乐，豳吹蜡鼓相闻，可谓极一时之盛矣"①。天津自康熙年间开辟水田，其中以蓝理在天津任职期间修建河渠圩岸种植水稻最有成效，当地人称之为"蓝田"或"小江南"。但好景不长，蓝理离任后不久，便"圩坍河淤，数年废为荒壤"②。雍正年间设置的天津局，又在"蓝田"的基础上恢复种植水稻，历经乾隆、嘉庆、道光三朝不懈的努力，天津农业以兴修水利、种植水稻为主，终于获得大发展。道光年间的直隶总督讷尔经额报告说："天津至山海关，户口殷繁，地无遗利。"③ 直隶东南地区处于海河、漳河等河流下游地带，水患大于水利。面对水患，一些地方善于利用水源，大力发展水稻种植。如玉田、丰润、满城、涿州以及广平（今河北永年西南）、真定（今河北正定）等地，"所属不乏水田，何尝不岁岁成熟乎?"④ 尤其是涿州低洼的"水占之田，一亩鬻钱二百，尚无售者，后开为水田，一亩典银十两"⑤，增产幅度相当大。又如广平府引滏水灌田种稻，

---

① 唐执玉、李卫:《畿辅通志》卷46《水利营田》，雍正十三年（1735）刻本，第3页。
② 吴惠元、蒋玉虹等:《续天津县志》卷7《河渠》，同治九年（1870）刻本，第13页。
③ 赵尔巽等:《清史稿》卷129《河渠四》，中华书局，1976，第3844页。
④ 贺长龄、魏源等辑《皇朝经世文编》卷108《畿南请设营田疏》，道光六年（1826）刻本，第34页。
⑤ 唐执玉、李卫:《畿辅通志》卷94《请开河间府水田疏》，雍正十三年（1735）刻本，第9、56页。

所产稻米"白粲不减江浙"①。雍正年间的顺德府（今河北邢台），各县新
开稻田少者四五十顷，多者百余顷。到乾隆年间，稻还被排在当地物产的第
一位。② 与东南部相反，河北西部、北部的山区丘陵地带以及其他一些不经
河流的地方，农业面临的问题是缺水。当地农民在明代井灌的基础上，充分
利用山麓冲积扇地带和古河道地带丰富而优良的地下水资源，掀起打井高
潮，发展井灌农业，提高单位面积产量。到光绪年间，河北中部农用水井更
多，辘轳井一眼灌田十亩，水车井一眼灌田五十亩，张之洞说井灌土地的收
成是其他土地的三倍。③ 山东农田水利建设一是借助运河水系自流灌溉田
地，如康熙五十七年（1718）疏通了荆山口十字河，再于十字河上筑草坝，
解决了附近低洼田经常被淹的问题，"若遇运河水浅，即令堵塞，俾水全归
微山湖，出湖口闸以济运，则民田漕运两有裨益"④。但是，官方把确保运
河水量充足放在首位。好在与周边省份相比，山东有泉水丰沛的优势，发展
泉水灌溉农业很有成效。还有乾隆年间山东巡抚阿尔泰先后修浚兖州、沂州
（今山东临沂）支渠三十九条，引导章丘珍珠、麻塘二泉和新城（今山东桓
台西）五龙河浇灌民田。又在小清河沿岸的高苑（今山东高清）、博兴和沙
河沿岸的惠民等县开辟稻田，并开汶上稻田数百顷，疏浚徒骇河、马颊河及
其支河哨马营河、四女寺河，疏浚卫河自德州至馆陶三百余里，开支河三十
余条。⑤ 河南大部分是平原，农田水利相对于山东来说较差，尤其是豫东平
原原有的渠道和农田水利设施由于黄河水患等原因多湮废，而且不间断的黄
河水患淹没大量农田。因此，开挖新河道以杀黄河水势是解决黄河水患、雨
季积水问题，发展灌溉农业的最有效措施。开封府的惠济河就是在此背景下
开挖的新河道，沿河各州县"潦水有归，均免旁溢，商船亦可直抵汴梁
（今河南开封），是不惟祛水之患，而兼可收水之利"⑥。修复开发灌溉渠道

①　宋大章等：《涿县志》第一编卷2《植物》，民国25年（1936）铅印本，第2页。
②　徐景曾：《顺德府志》卷6《物产》，乾隆十五年（1750）刻本，第15页。
③　张之洞：《张文襄公全集·奏议一》卷1《畿辅旱灾请速筹荒政折》，中国书店，1990，第28页。
④　赵尔巽等：《清史稿》卷129《河渠志四》，中华书局，1976，第3825页。
⑤　赵尔巽等：《清史稿》卷326《阿尔泰传》，中华书局，1977，第10876页。
⑥　阿思哈：《续河南通志》卷80《惠济河碑记》，民国3年（1914）刻本，第39页。

也是河南恢复和发展农业生产的措施之一。清初的郑州水患较多，自因势利导种植水稻以来，修建了许多水渠，"而水患以息"[1]，一举两得。彰德府（今河南安阳）万金渠、山区嵩县伊水河畔的十一条水渠等都对当地农业发展起到了重要作用。卫辉府因预防卫河泛滥而修筑堤坝不能引水浇灌农田，只好开掘井灌。道光年间的辉县、修武、武陟等地仍只是"间有量地掘井，辘轳灌田之处"[2]。陕西农田水利建设以关中地区为主，在清代得到一定程度的恢复和发展。在三白渠基础上改建的龙洞渠先后于顺治九年（1652）、康熙八年（1669）以及雍正五年（1727）多次修缮，凡灌泾阳、醴泉（今陕西礼泉）、三原、高陵四县田七万余亩。[3] 乾隆四十一年（1776），修建西安府四十七州县渠堰共一千一百余处。乾隆四十七年（1782），经陕西巡抚毕沅的修浚，灌溉面积增加到十万余亩。[4] 道光五年（1825），陕西巡抚卢坤组织修浚了省城所在的咸宁（今陕西西安）龙首渠和长安苍龙河，泾阳的清河、冶河，盩厔（今陕西周至）的涝河、峪河等，郿县（今陕西眉县）的井田渠等，岐山的石头河，宝鸡的利民渠等，华州（今陕西华县）的方山河等，榆林的榆溪河、芹河，"开复水田百余顷至数百顷不等"[5]。水稻生产因而得以继续。为弥补水利的不足，清代陕西因地制宜，大力开展井灌事业。乾隆初，陕西巡抚崔纪一方面组织修缮了"上承泾水，中受诸泉"的龙洞渠，另一方面在地势较低的西安、同州、凤翔、汉中四府和渭南九州县发动农民凿井，请求将地丁羡银借给农民充当经费，分三年归还，并免以水田升科。此举共计新开井七万余眼，"民间食其利者三万二千余，遇旱，井效乃见。民益私凿井，岁岁增广矣"[6]。乾隆九年（1744）

---

① 王毓瑚辑《区种十种·增订教稼书》，财政经济出版社，1955，第103页。
② 王凤生：《河北采风录·凡例》，道光六年（1826）刻本，第1页。
③ 蒋廷锡、王安国：《大清一统志》卷137《西安府一》，道光九年（1829）活字本，第48页。
④ 贺长龄、魏源等辑《皇朝经世文编》卷36《陕省农田水利畜牧疏》，道光七年（1827）刻本，第11页。
⑤ 赵尔巽等：《清史稿》卷129《河渠志四》，中华书局，1976，第3833、3839页。
⑥ 赵尔巽等：《清史稿》卷309《崔纪传》，中华书局，1977，第10596页。

出任陕西巡抚的陈宏谋，又继续发展井灌，打井两万八千余眼。① 光绪年间的泾阳县，也是一方面修缮龙洞渠，另一方面在渠水不及的地方开凿水井五百余眼，使得该县不忧旱灾。② 道光时的韩城县，大得井灌之利，"民之勤者，或凿井浇灌，以故地多肥沃，户有盖藏"③。由此可见，井灌事业的大发展对旱地农业的贡献巨大，陕西农业因此获得了新的活力。康熙巡视渡过黄河到达陕西，曾看到"山之上无不耕之土"④ 的景象。山多土少地瘠的山西在农田水利建设方面也取得了一定成效。雍正《山西通志》卷二十三至三十四，详细地记载了各地的水利设施，虽然绝大多数只是灌溉数顷、数村，极少超过百顷者，但数量众多，正是山区水利的特点。尤其可贵的是，山西在开发地下水资源、发展井灌方面成绩突出。王心敬指出，山西"井利甲于诸省"⑤。蒲州（今山西永济西）也多井灌之利。⑥ 多山、多荒漠的甘肃在农田水利建设的规模上超过了山西，开发出一片片绿洲。康熙中，田呈瑞在兰州西石佛湾凿渠，教导农民制造使用水车，引水溉田，"岁增粟十余万石，民为建生祠"⑦。雍正三年（1725）修浚了狄道州（今甘肃临洮）北部河渠，引洮河水灌田三百顷。⑧ 雍正时，肃州（今甘肃酒泉）凿通九家窑五山，引水穿渠，溉田一万顷。⑨ 雍正《甘肃通志》卷十五《水利》，记载有各府河渠等水利。有的规模很大，如平凉府的利民渠有分渠六十二道，灌田三千余顷。许多地方利用这些水利资源种植水稻，如顺治中，平凉府崇信县引汭水教民种稻，"上自铜城，下迄于家湾，四十余里，稻畦相望"；甘州"渠口百十余道，广种稻田"；巩昌府安定（今甘肃定西）的西河、东

---

① 赵尔巽等：《清史稿》卷 307《陈宏谋传》，中华书局，1977，第 10561 页。
② 赵尔巽等：《清史稿》卷 479《涂官俊传》，中华书局，1977，第 13090 页。
③ 卢坤：《秦疆治略》，道光七年（1827）刻本，第 62 页。
④ 《圣祖仁皇帝御制文第二集》卷 23 康熙三十六年三月初四日《谕皇太子》，文渊阁《四库全书》第 1298 册，台湾商务印书馆，1983，第 7 页。
⑤ 王心敬：《井利说》，收入《皇朝经世文编》卷 38，道光七年（1827）刻本，第 11 页。
⑥ 赵尔巽等：《清史稿》卷 309《崔纪传》，中华书局，1977，第 10596 页。
⑦ 赵尔巽等：《清史稿》卷 285《田呈瑞传》，中华书局，1977，第 10205 页。
⑧ 赵尔巽等：《清史稿》卷 64《地理志十一》，中华书局，1976，第 2111 页。
⑨ 赵尔巽等：《清史稿》卷 477《童华传》，中华书局，1977，第 13017 页。

河二水交汇之处，东西二十里，南北三十里间，"通渠流水，以资灌溉，物产繁甚，实为民利"。① 甘、肃两州北部长城一带，有黑河沿长城南穿流，农业较兴旺。其中介于甘、肃的高台是个绿洲："田土腴润，涧泉流处，土木小桥，树林葱蔚。其地产大米，兼多种秫……颇为丰稔"②，有"鱼米之乡"③ 的美誉。附近的边防诸堡多称富足。清代的宁夏隶属甘肃，除有天然的黄河灌溉外，大兴农田水利建设。雍正时，宁夏府有水利设施二十八项，既修复了汉唐古渠，也有新建之渠。如雍正四年（1726）建设的昌润渠，"两旁良田万顷，比户千家，为万年之乐"④。雍正六年（1728）清世宗得意地说："悉心经理，浚治渠道，设县筑城，募民垦种，次第修举，行见人民乐业，饶沃殷阜，渐成西北蕃庶之区。此朕经国裕民之至计，欲使地无遗力，而亦宁夏一方人，数千百年，未兴之乐利也。"⑤ 雍正八年（1730）甘肃巡抚许容奏："窃惟宁夏富饶，甲于甘省，诚以渠流畅达，尺土皆属膏腴。近者荷蒙圣恩，开浚惠农、昌润二渠，添设新渠（今宁夏平罗一带）、宝丰（今宁夏惠农）二县，金城沃野，利用益充。"⑥ 乾隆年间的农田水利进一步发展，如乾隆四十九年（1784），修浚中卫县的七星渠，改筑石坝，又浚常乐、镇静诸渠，重修红柳沟环洞等水利设施，溉田共三十万亩，"民享其利"⑦。清末光绪二十六年（1900），再次修复七星渠，上接白马通滩，全长一百八十余里，灌田六万余亩，"硗确变为沃壤，逃亡复业"，"尤为民所利赖"⑧。大规模的水稻种植是农田水利建设的必然产物，也是宁夏农业生产恢复发展的一个标志。得黄河肥水之利，"宁夏稻田最多，

---

① 《甘肃通志》卷 15《水利》，乾隆元年（1736）刻本，第 4、10、40 页。
② 林则徐：《荷戈纪程》，载《西征续录》，甘肃人民出版社，2002，第 50 页。
③ 方士淦：《东归日记》，载《西征续录》，甘肃人民出版社，2002，第 36 页。
④ 《甘肃通志》卷 15《水利》，乾隆元年（1736）刻本，第 33 页。
⑤ 《大清十朝圣训·清世宗圣训》卷 25《重农桑》，雍正六年十二月丁亥，北京燕山出版社，1998，第 1035 页。
⑥ 《世宗宪皇帝朱批谕旨》卷 212 下，文渊阁《四库全书》第 424 册，第 843 页上。
⑦ 赵尔巽等：《清史稿》卷 478《龚景瀚传》，中华书局，1977，第 13041 页。
⑧ 赵尔巽等：《清史稿》卷 448《菘蕃传》，中华书局，1977，第 12520 页。

专恃黄河水灌注，水浊而肥，所至禾苗、蔬果无不滋发，不必粪田也"[①]。地处青藏高原东北部的青海，唯有西宁府所在的河湟谷地是青海海拔最低处和农区。雍正《甘肃通志》卷十五《水利》载，西宁府西宁县有干渠十五条、支渠四十六条，其中记载灌溉面积的十四条干渠，灌田二千一百七十余顷。最多的车卜鲁川渠灌田五百七十七顷，最少的大河渠灌田十二顷。对于西北高原的一个县来说，可谓成绩不小。其他县、卫有干渠四条、支渠二十二条。乾隆年间又有大发展，如原来的伯颜川渠灌溉五百四十七顷，乾隆时增至一千零二十八顷，那孩川由原来的二百八十四顷增至九百三十八顷，新建周屯、水磨、巴燕戎格等渠，使更多的农田得到灌溉。

再次，农作物品种的改良和推广有了长足的进步。康熙帝亲自在宫中用十余年时间反复试验，培育出早熟的优良稻种"御稻米"。同时，南方一些农作物品种也推广到了北方。康熙三十年（1691），北京玉泉山种稻始获成功，后发展为享誉北方的京西稻。康熙四十三年（1704），天津总兵蓝理招募闽中农民并安插江南等处无业之民，给予牛、种，限年起科，使之在天津宝坻、丰润等县低洼处开田植稻。经过数十年的反复试种，于雍正五年（1727）获得成功。乾隆初年，北方各省引进并推广了福建耐旱的"无须浸灌"早稻品种"畲粟"，在稻谷杂粮均不宜种的"高阜斜坡"试种，颇有成效。农作物品种方面最重大且最具革命性的事件是推广了明代中后期自国外引进的高产农作物品种番薯、玉米。明清之际，内地逐渐引种，乾隆以后得到迅速推广。陕西巡抚陈宏谋曾颁布《劝种甘薯檄》，后在河南又招募闽人前来教种红薯。直隶总督方观承购买薯种并雇觅浙江能种者二十人来直隶，将番薯分配津属各州县，劝民种植，以佐食用。山东布政使李渭颁布《种植红薯法则十二》，各县纷纷劝种。后山东按察使陆耀又颁刻《甘薯录》，以广劝种。乾隆五十年（1785），黄河中下游亢旱成灾，福建有一位八十多岁的老人陈世元，自愿携带薯种、仆人前往教种，著《金薯传习录》，乾隆

---

① 徐珂：《清稗类钞》第 1 册《地理类·甘肃少水》，中华书局，1984，第 93 页。

帝特加褒奖，并下诏倡导种植，从此番薯就地留秧，大量推广。其中声势最大、范围最广的"劝种"活动当在乾隆五十年至五十一年间（1785～1786），由清廷下诏推广。到乾隆末年，全国除甘肃及边疆地区外，各省都先后引种。玉米也是明代中后期引进的农作物品种，到康熙年间在内地各省以及盛京（今辽宁沈阳）等地都已得到推广，但是大规模推广种植却是在乾隆中期至道光年间。乾隆中期，在一些传统农业区，"人浮于地"的情况已日渐明显，再加上土地兼并加剧，大批农民因失去生产手段，被迫离开故土，迁到边疆和广阔的山区。他们在开发山区的过程中，也把适合山地种植的玉米带到那里，形成种植高潮。其中发展最快的，当推陕西的陕南地区，这里是外地流民迁居最集中的地区。陕南在"乾隆三十年以前，秋收以粟谷为大庄，与山外无异，其后川楚人多，遍山漫谷皆包谷矣"①。陕南客民广种玉米之风，对省内其他地方起着推动作用。嘉庆《扶风县志》载："近则瘠地皆种包谷，盖南山客民所植，浸及于平地矣。"② 正是由于玉米对自然环境要求不高，具有抗干旱、耐贫瘠、适应性强、种植方法简单的特点。在砂砾丘陵、山头地角等薄瘠土壤上都可以种植，且产量高，平时活口，歉时救人，逐步转化为北方地区重要的粮食作物，可与传统的稻麦黍稷并列，成为我国南北方人民的主要粮食之一。

此外，农业技术的应用和改良对农业生产的恢复和发展也起着重要作用。地广人稀、习惯于粗放式生产的北方地区，由于户口日繁、地不加广，也开始注重耕作技术，有的地区发展了东汉氾胜之的区田法，进行深耕、早种、稀种，一亩之收，五倍于常田。同时，各地均注意土地的改良，一是对盐碱地进行改造，除了引水洗盐、种稻洗盐的传统方法，也开始采取深翻换土的技术；二是对普通农田的改良，主要是因"土宜"施肥。还讲求根据不同季节、节气及不同作物而斟酌变化，如春宜人粪、牲畜粪，夏宜草粪、泥粪、苗粪，秋宜大粪，冬宜骨蛤、皮毛粪；如蔬菜宜施人粪；麦粟第一次

---

① 舒均纂修《石泉县志》卷4《事宜附录》，道光二十九年（1849）刻本，第66页。
② 宋世荦：《扶风县志》卷4《赋役》，嘉庆二十四年（1819）刻本，第7页。

用绿肥，第二次用猪粪，第三次用豆饼等也是确保农业生产丰收的重要
措施。

（二）农业生产的高度发展

清朝统治者采取一系列有效措施，使北方内地几省的农业生产得到恢复
与发展，在很多方面都超越了前代。

首先，清代北方农业区扩大，主要表现为对边疆地区耕地的垦辟，成绩
最大的是关外东北和口外蒙古。关外东北地区是清朝的龙兴之地，经营时间
最长，"有清崛起东方，历世五六。太祖、太宗力征经营，奄有东土，首定
哈达、辉发、乌拉、叶赫及宁古塔（今黑龙江宁安）诸地，于是旧藩札萨
克二十五部五十一旗，悉入版图"①。定都北京后，清政府以盛京为留都，
设将军统辖东北，到清中后期东北地区得到蓬勃发展，成为全国的一个重
要农业生产区。其实，清室入关后，将大量农民带进关内，造成东北地区
大片土地荒芜。顺治至康熙初年，清政府曾允许和鼓励关内人民到辽东开
荒，旋即由于各种原因又阻止移民垦荒。然而在关内人口压力愈来愈大的
背景下，山东、河北等地农民冲破政策壁垒，闯进关东禁区，形成了历史
上第一次大规模流民北上的浪潮，"直隶、山东无业贫民，出口垦种者不
啻亿万，此汉、唐、宋、明所无"②。他们与当地各族人民一道恢复开发东
北经济，创造出当地前所未有的农业生产奇迹。清代辽宁称奉天，是东北地
区的政治、经济中心。由于开发时间最早，地理位置相对靠南，气候较温
暖，所以入清以后，山东、河北很多无地农民就涌向东北谋生，使那里的农
业生产很快得到恢复发展。康熙中期起，成批的山东农民浮海到关外谋求生
计。登州府，"与辽东对峙仅隔海，而土瘠民无恒业，多航海种地为生"，
"倚辽阳觅食者，邑以千计"。③ 乾隆以后，统治者实行"封禁"和"限制"
政策，但犯禁者仍源源不绝。这些来到关外的流民主要耕种庄田、旗地或自
行垦辟田土。康熙十八年（1679），奉天东自抚顺，西至宁远州（今辽宁兴

① 赵尔巽等：《清史稿》卷54《地理志》，中华书局，1976，第1891页。
② 海忠等：《承德府志》卷27《风土》，光绪十三年（1887）刻本，第3页。
③ 欧阳英等：《闽侯县志》卷84《循吏五下》，民国22年（1933）刻本，第5页。

城）老天屯，南至盖平（今辽宁盖州）拦石，北至开平（今辽宁开原南）的广大地区，除马厂羊草地外，清政府实际丈量出农田三十二万九千零四十九顷。乾隆三十一年（1766），清政府又丈量出余地四十一万零八百垧，按一垧六亩计①，为二百四十六万四千八百亩。同治二年（1863）盛京自东边门外至浑江（今浑河）东西两岸，在宽一百里或三百里不等、南北斜长一千余里的范围内"多有垦田、建房、栽参、伐木等"；浑江至瑷江（今爱河）东西宽数十里或三四百里不等、南北斜长两千余里的范围内的开发情况基本相同，均是流民聚集之地②，再加上土地肥沃，适宜耕种，正如乾隆年间的和其衷所说，奉天"土厚泉甘，深宜稼穑，收获之多既倍于他省，粮价之贱亦半于内地"，丰收之年，常有"熟荒之虑"。③ 农业生产的发展，使奉天很快成为产粮大省。清代的吉林开发较晚，直到道光年间才开始招民耕垦，且局限于个别地方。新一轮的开发兴起于三十多年后的同治五年（1866）。新任吉林将军富明阿，招抚流民开辟闲田数万顷。④ 新开垦的吉林黑土地，在东三省中是最肥沃的，"吉林膏腴沃壤，为东三省冠"⑤，为农业生产发展提供了优越的条件，而且"农人力田，少嗜好，终岁辛勤，不敢少休……土地肥饶，收获自倍，新垦之荒，得粟尤多"⑥。以嘉庆年间为例，每十亩为一大垧，每垧产粮少者四五石，多者七八石，而其"一石准仓石二石有半"⑦，则亩产少者一石，多者二石。如此高产，更激起当地农民的生产积极性，同时吸引着更多流民前来耕种。清代的黑龙江在嘉庆、道光以后得到大开发，开发的土地多属"土脉上腴"，而且"无粪土耕耨一切

---

① 嵇璜等：《钦定皇朝文献通考》卷5《田赋考五》，文渊阁《四库全书》第632册，第56页。据《清朝续文献通考》卷2《田赋考二》（商务印书馆影印十通本，1936），有的地方以一垧为十亩。

② 刘锦藻：《清朝续文献通考》卷3《田赋考三》，商务印书馆影印十通本，1936，考7520。

③ 贺长龄、魏源等辑《皇朝经世文编》卷35《根本四计疏》，道光七年（1827）刻本，第2页。

④ 赵尔巽等：《清史稿》卷417《富明阿传》，中华书局，1977，第12101页。

⑤ 刘锦藻：《清朝续文献通考》卷17《田赋十七》，商务印书馆影印十通本，1936，考7668。

⑥ 长顺、讷钦等：《吉林通志》卷27《风俗》，光绪十七年（1891）刻本，第2页。

⑦ 刘锦藻：《清朝续文献通考》卷8《田赋八》，商务印书馆影印十通本，1936，考7568。

工费，壮健单夫治二三垧地，供八口家食，绰有余裕，以故内省游民嚣然赴之"。① 一些富于地方特色的优质农产品随之被培育出来，乾隆时，土产荞麦、稗、秔稗等，"凡荞麦及稗，皆以黑龙江种为良"②。其小麦为全国最佳品种，清圣祖赞扬道：　"黑龙江所产之麦最佳，色洁白，性复宜人……较他处尤胜也"③，并且产量很高，出口欧洲。清代的内蒙古，新垦农田主要集中在沿长城北边一线、归化城土默特旗、察哈尔等地。雍正二年（1724），清政府曾对察哈尔右翼四旗的私垦土地进行了一次丈量，发现已有熟地二万九千七百零九顷二十五亩，另张家口至镶蓝旗察哈尔西界的"各处山谷僻隅"万余户居民所垦田土，还未统计在内。④ 为了便于管理，清政府于雍正时起，在此设张家口、多伦诺尔和独石口三厅，此后，这里的农业发展更快了，凡大山以南的"坝内之田，皆已招民垦种"⑤。归化城土默特旗也是耕垦历史较早的地区，据乾隆初统计，这一带草地，五分中有四分已成农田，剩下牧场不足一分。陕西边外伊克昭盟，每遇春耕，边内农民便出口种地。康熙时官府曾规定，出口者以长城外二十至三十里为界，乾隆初扩展至五十里，到中期，神木县边外，已延伸至二百五十余里了。⑥ 察哈尔东边的热河地区，原本也是蒙古牧场，康熙中，清廷在此建立行宫，于是开垦定居的汉人不断增多，雍正元年（1723），清政府特设热河厅，乾隆四十三年（1778）又升承德府，下辖滦平（原属喀喇河屯厅）、丰宁（原属四旗厅）、平原（原属八沟厅）、赤峰（原属乌兰哈达厅）、建昌（原属塔子沟厅）、朝阳（原属喀喇河屯厅）六州县。乾隆十四年（1749），皇帝出塞到热河避暑，沿途目击人户辏集、田畴纵横，曾高兴地写诗："万家烟火较前增，井邑纷填有卖蒸。可识圣人弘爱育，

① 徐宗亮：《黑龙江述略》（外六种），黑龙江人民出版社，1985，第90页。
② 和珅等：乾隆《大清一统志》卷48《黑龙江》，光绪二十八年（1902）石印本，第5页。
③ 康熙撰，陈生玺、贾乃谦注释《庭训格言 几暇格物编》，浙江古籍出版社，2013，第188页。
④ 黄可润等：《口北三厅志》卷1《疆域》，乾隆二十三年（1758）刻本，第11页。
⑤ 孙嘉淦：《孙文定公奏疏》卷4《口外驻兵疏》，敦和堂刻本，第42页。
⑥ 《神木乡土志》卷1《边外属地疆域》，民国26年（1937）铅印本，第6页。

山庄小试有明征。""避赋避灾离里闬，垦原垦隰艺桑麻。惭无为养因无禁，中外由来久一家。"[①] 清代新疆天山以北的广阔草原，原来多是厄鲁特蒙古的牧场，自康熙二十年代起，清廷推行屯田开荒，农田迅速增多，到康熙四十四年（1705），已有各类屯田一百五十余万亩。嘉庆末年，北路民屯地亩已增加到一百零八万亩。[②]

其次，发展多熟种植，提高复种指数，实行多种经营。扩大耕地面积是增加农业产量的重要途径，但在当时，相当一部分新垦农业区自然条件差，平均亩产不高，因此还得依靠在传统农业区发展多熟种植，提高复种指数，实行精耕细作来解决更多人的吃饭问题。清代的北方地区，人们仍多以麦、谷、稷、黍和豆类实行轮换复种，达到多产的目的。大致在直隶、山东、河南等地，广泛采用以冬麦为主，或以麦、豆、秋谷为主的轮作复种方式，可两年三收。如河南扶沟县，"若好地则割麦种豆，次年种秋，最少两年三收"[③]。丁宜曾在《农圃便览》中谈到山东日照一带，"割麦后，麦既要速打，又必须趁雨种豆"，也是麦秋轮作复种，两年三收。在平原地区，山东农民一般是先种麦，麦后种豆，豆后再种蜀黍、谷子、稷之类杂粮；在涝地则于麦后栽穄子，以符合土宜。在山西寿阳县，人们创造了以豆类为中心，以豆、谷轮作为主要形式的两年三收制，并总结出豆谷不重茬的原则，用以维持地力，提高产量。在某些土肥水沃的地区，还有一年两收的。陕西咸阳县"农民于麦收后复种秋谷，可望两收"[④]。其中最足称道的是杨灿在《修齐直指》中说的，通过间套复种，实现一年三收和两年收十三料，种植的作物有大蓝、小蓝、谷子、小麦、粟、菠菜、萝卜、蒜，是粮食、蔬菜和经济作物混种。书中说："一岁三收，地力并不衰乏，而获利甚多也"；又说："二年可收十三料，乃人多地少，救贫济急

---

① 和珅、梁国治等：乾隆《钦定热河志》卷 3《览热河井邑之盛知皇祖煦姬之深即目九秋断章三首》，辽海书社，民国 23 年（1934）铅印本，第 9 页。
② 王希隆：《清代西北屯田研究》，兰州大学出版社，1990，第 179 页。
③ 王德瑛等：《扶沟县志》卷 7《风土志》，道光十三年（1833）刻本，第 7 页。
④ 卢坤：《秦疆治略》，道光七年（1827）刻本，第 13 页。

之要法也。"① 当然，这需要充足的肥料，投入大量的劳动力，无法普遍实施，但确实说明了清人在提高土地使用效能上，已达到了非常高的水平。② 此外，在北方一些有条件的地区，常常通过养羊、放柞蚕等，实现有效的多种经营。山西寿阳县农民，"春则出山，牧之于辽州诸山中；秋则还家，牧之于近地；禾稼既登，牧之于空田。夜圈羊于田中，谓之圈粪，可以肥田"③。放养柞蚕、实行农蚕结合以山东为最盛。山东邹平县"大峪中，柞树遍山谷"，人们用它放蚕，一年可"收茧数万"。④ 寿光县虽不属于山区，但"椒、椿、樗、柞，所在有之"，春秋之间，农民多放蚕取利。⑤ 又如宁海州（今山东烟台市牟平区），也是放蚕特盛。在清代，山东的柞蚕技术先后被引入辽东、陕西及内蒙古等一些地方，都起到了很好的作用。

最后，改造低产田以挖掘耕地增产潜力。陕西、甘肃、山西、河北的高寒山区的耕地属于劣等田，还有黄淮平原的盐碱地，清人在继承前人的基础上，也有新的创造。正如张英在《恒产琐言》中说："瘠田如善经理，则下田可使之为中田，中田则可使之为上田，故但视后人之能保与不能保，不在田之瘠与不瘠。"⑥ 乾隆时，河南巡抚尹会一在总结南北农业生产存在的差距时说：北方土地辽阔，"农民惟图广种"，以为"多种多收"，实际上，"地多则粪土不能厚壅，而地力薄矣，工作不能遍及，而人事疏矣"。所以他的结论是，不在于多种，而在于精耕，使地尽其力。⑦ 从中可以看出清人已经重视在有限的土地上，配合有效的水和肥，增加劳动投入，以达到增产的目的。

---

① 杨灿：《修齐直指》，收录于王毓瑚《区种十种》，财政经济出版社，1955，第81页。
② 参见郭文韬《中国古代的农作制和耕作法》，农业出版社，1981，第23、24页。
③ 祁寯藻：《马首农言》，咸丰五年（1855）刻本，第29页。
④ 程素期等：《邹平县志》卷8《物产》，康熙三十四年（1695）刻本，第17页。
⑤ 毛永柏等：《青州府志》卷32《风土考》，咸丰九年（1859）刻本，第12页。
⑥ 贺长龄、魏源辑《皇朝经世文编》卷36《恒产琐言》，道光七年（1827）刻本，第46页。
⑦ 尹会一撰，张受长编《尹少宰奏议》卷3《敬陈农桑四事疏》，商务印书馆，1936，第26页。

（三）农产品商品化程度进一步提高，经济作物种植面积扩大

随着清代北方地区土地垦殖范围的扩大，农作物种植范围更广、品种更多，加之玉米、红薯的普遍种植有力地促进了粮食商品化程度的进一步提高，经济作物种植面积扩大。

北方各地区农产品商品化程度不一。河北因邻近都城北京，其农产品主要供应京城所需。山西、陕西由于地瘠民稠，许多地方的粮食生产不能满足当地需要，"查山陕二省，地瘠民稠，即丰年亦不足本省食用"[①]，有赖于东南漕运。相对而言，河南、山东农产品商品化程度较高，边疆一些地区粮食商品化程度也较高。清代河南的小麦产量在全国首屈一指，有"豫省麦为秋，麦收天下足"[②]之誉。雍正时可以大量供应周边省份。如雍正十年（1732）麦熟，外地客商云集河南，"四方辐辏，商贩群集，甫得收获之时，即络绎贩运他往……他省客商来豫籴麦者，陆则车运，水则船装，往来如织，不绝于道"[③]，由此可见，这时河南的小麦商品化程度极高。河南还大量出产加工过的小麦制品——酒曲，成为全国酒曲最主要的产地。如乾隆年间河南巡抚尹会一指出，直隶、山西、陕西等省使用的酒曲，都取自河南。每至麦收后，富商大贾即在各水陆码头广泛收购，就地加工成酒曲，每年耗麦多达数千万石。[④]清代山东豆类大量外销，成为最主要的出境商品粮。"山东各属，产豆素多，向例许从海口运赴江南。"[⑤]雍正时，"惟东省豆货为江省民食所资"，由当地贩江南者约三分之一，由江南商人前来贩运者约三分之二。[⑥]光绪十年（1884），日本公使榎本武扬甚至要求通过登州（今

---

① 朱轼：《朱文端公文集补编》卷4《咨户兵二部河南巡抚禁遏籴》，同治朱氏古欢堂刻本，第1页。

② 《清高宗御制诗集二集》卷18《河南收麦志慰》，文渊阁《四库全书》第1303册，第415页。

③ 《世宗宪皇帝朱批谕旨》卷126"雍正十年五月十八日"，文渊阁《四库全书》第421册，第713页。

④ 尹会一撰，张受长编《尹少宰奏议》卷2《议禁酒曲疏》，商务印书馆，1936，第17页。

⑤ 嵇璜等：《钦定皇朝文献通考》卷27《征榷考二》，文渊阁《四库全书》第632册，第48页下。

⑥ 《世宗宪皇帝朱批谕旨》卷201《备筹稽查海口豆船事宜奏请》，文渊阁《四库全书》第421册，第318页。

山东蓬莱）向日本出口豆饼。① 热销的行情，刺激着山东豆类的商品化生产。此外，北京官兵牧养的马、驼需用大量黑豆，主要由山东、河南供应，"豫、东二省，向为出产黑豆之地，自雍正十年以来，已于二省漕粮粟米内，节次改征，每年合计额解黑豆二十万九千余石，以供支放八旗马驼之用，该省小民乐于翰将，至今称便"②。后来需求量增加，乾隆十六年（1751），山东增加三万石，河南增加两万石。③ 甘肃兰州府的河州（今甘肃临夏）"麦、豆、杂粮随地皆有，囤粮多至二万六百八十石，可以知之矣"，而且"麦、豆、杂粮辇载驴驮，以往西宁者，不绝于路"。④ 旱地作物产量很大，商品率较高。清代边疆地区的农业大开发大大提高了粮食生产的商品率，辽宁成为东北地区最重要的商品粮生产基地。乾隆三十一年（1766）清高宗谕内阁道："向来奉天粮石充裕，准令直隶、山东毗连省分，就近贩运。"⑤ 其中直隶临榆（今河北山海关）紧邻辽宁，"境内向赖奉省商贩粮船接济"⑥。黑龙江自宣统以后，仅瑷珲（今黑龙江爱辉）一地，每年通过西伯利亚铁路向欧洲出口数百万石。⑦ 内蒙古呼和浩特一带的土默特部在康熙时已经有余粮向内地输出，"大都京城之米，自口外来者甚多。口外米价虽极贵之时，秫米一石，不过值银二钱，小米一石，不过值银三钱，京师亦常赖之"⑧。雍正初年，土默特部连年五谷丰登，粮价甚贱，朝廷因而要求附近及陕西等地造船通航，搬运土默特粮食，修建粮仓以储备，如此"则外而蒙古，内而百姓大有裨益"⑨。雍正六

---

① 赵尔巽等：《清史稿》卷158《邦交志六》，中华书局，1976，第4627页。
② 《大清十朝圣训·清高宗圣训》卷180《牧政一》"乾隆十六年五月癸亥"，北京燕山出版社，1998，第3407页。
③ 赵尔巽等：《清史稿》卷122《食货志三》，中华书局，1976，第3568页。
④ 梁份著，赵盛世等校注《秦边纪略》卷1《河州（卫）》，青海人民出版社，1987，第35页。
⑤ 阿桂等：乾隆《钦定盛京通志》卷9《纶音二》，民国6年（1917）铅印本，第4页。
⑥ 赵允祜：《临榆县志》卷14《武备编·海运》，光绪四年（1878）刻本，第11页。
⑦ 孙蓉图：《瑷珲县志》卷11《物产志》，民国9年（1920）铅印本，第1页。
⑧ 《清圣祖实录》卷240"康熙四十八年十一月庚寅"，中华书局，1985，第393页。
⑨ 《大清十朝圣训·清世宗圣训》卷30《积贮》"雍正三年七月癸亥"，北京燕山出版社，1998，第1086页。

年（1728），再次商讨运输土默特粮食的办法。[①] 乾隆年间，陕西同州府（今陕西大荔）等地商贩们不远千里奔赴归化贩运粮食。[②] 嘉庆时，陕西榆林、绥德等州县的济官仓也是“资蒙古粮食接济”[③]。由上可知，内蒙古的粮食生产发达，余粮甚多，对缓解内地粮食市场的紧张状况起到不小的作用。

随着粮食生产商品化程度的不断提高，经济作物如棉花、烟草、花生等都在北方地区得到广泛种植。清代的河北是北方棉花及棉织业最发达的地方。乾隆年间直隶总督方观承说，河北土地，有十分之二三用于种棉，“岁恒充羡，输溉四方”[④]。尤其冀州、赵州（今河北赵县）、正定一带发达，十之八九的农民种植棉花，“产量超过东南地区棉业胜地，质量则与松娄（今上海松江）匹”。产品畅销国内，甚至朝鲜也“仰资贾贩，以供楮布之用”。[⑤] 束鹿盛产棉布，县西北的和睦井集专有布市，布匹“排集如山，商贾尤为云集，称巨镇云”[⑥]。山东棉业以鲁西北最为发达。乾隆年间的郓城“地广衍沃饶，沃土宜木棉，贾人转鬻江商，为市肆居焉。五谷之利，不及其半……其利颇盛”。可见此地是用沃土植棉，以此为主要产业。产品有半头、长头、庄布，“闾阎生计多赖焉”[⑦]。东昌府（今山东聊城）各县均产棉花，北部的高唐、恩县（今山东平原西）最发达，江淮客商多来此贩卖，“居人以此致富”[⑧]。清末的东昌府棉业为全省最兴盛之地，武定府（今山东惠民）次之，“往往由海道远售他省，故烟台洋税，以棉花为大宗”[⑨]。济南

---

① 《世宗宪皇帝朱批谕旨》卷 217“雍正六年十一月初八日”，文渊阁《四库全书》第 425 册，第 653 页。

② 乔光烈：《最乐堂文集》卷 1《上陈大中丞论黄河运米赈灾书》，乾隆二十一年（1756）刻本，第 15 页。

③ 赵尔巽等：《清史稿》卷 354《韩鼎晋传》，中华书局，1977，第 11295 页。

④ 《棉花收贩图并系文及诗》，载王潮生《中国古代耕织图》，中国农业出版社，1995，第 122 页。

⑤ 方观承：《棉花图·跋》，载王潮生《中国古代耕织图》，中国农业出版社，1995，第 117 页。

⑥ 李文耀：《束鹿县志》卷 2《市集》，民国 26 年（1937）铅印本，第 16 页。

⑦ 严文典：《蒲台县志》卷 2《物产》，乾隆二十八年（1763）刻本，第 33 页。

⑧ 胡德琳等：《东昌府志》卷 5《地域二·方产》，乾隆四十二年（1777）刻本，第 10 页。

⑨ 王锡祺：《小方壶斋舆地丛钞》第 6 帙《历下志游》，杭州古籍出版社，1985，第 236 页。

府妇女"专务纺绩，一切公赋及终岁经费，多取办于布棉"①，成为家庭收支的主要来源。尤以首县历城最突出，"乡间妇女，最勤纺织，七八龄女子，既优为之……故布帛之利，不减吴中"②。齐东（今山东济阳东北）的棉纺织业地位，仅次于粮食种植业，"是以远方大贾，往往携重资购布于此，而士民赖以活"③。青州府的博兴，"其货物广为民赖者，尤以棉花、白酒为最"④。山东东北部的武定府滨州（今山东滨州北），嘉庆年间棉农占了总户数的十分之八九⑤，几乎成了专业植棉区。河南的情况不亚于山东，也是广种棉花的省份。早在顺治年间，温县棉业就很兴旺，"温产惟木棉为多，民间纺织无问男女……远商来货，累千累百，指日而足。贫民赋役，全赖于是"⑥。康熙《兰阳县志》载："中州土宜棉花，自有此种，赋税易完，用度易辨，诚为至宝。"⑦乾隆初，河南成为全国最主要的产棉区之一，全省各地都有种植，产量高、范围广，有的地方棉花种植已经超过了粮食，成为农民收入的主要来源。杞县农民"于五谷外"最喜种植的棉花成为"杞邑之宝"⑧之一。河南巡抚尹会一称："今棉花产自豫省，而商贾贩于江南。"⑨怀庆府的孟县（今河南孟州）由于地狭人稠，"通邑男妇，惟赖纺织营生糊口"，县内所产棉花不能满足纺织需求，需要从省内州县以及河北、山东、湖广等外省大量输入，生产的孟布名气很大，"自陕、甘以至边墙一带，远商云集。每日城镇、市集收布特多，车马辐辏，廛市填咽"⑩。嘉庆时，孟津（今河南孟津东）"无不织之家，秦陇巨商终岁坐贩，邑中贫民资以为

---

① 王赠芳：《济南府志》卷 13《风俗》，道光二十年（1840）刻本，第 3 页。

② 王锡祺：《小方壶斋舆地丛钞》第 6 帙《历下志游》，杭州古籍出版社，1985，第 233 页。

③ 余为霖等：《新修齐东县志》卷 8《杂录编·游牧马处题辞》，康熙二十四年（1685）刻本，第 34 页。

④ 周壬福等：《重修博兴县志》卷 5《风土志》，道光二十年（1840）刻本，第 3 页。

⑤ 李熙龄等：《滨州志》卷 6《风俗志》，咸丰十年（1860）刻本，第 7 页。

⑥ 李若廣等：《温县志》卷上《集市》，顺治十五年（1658）刻本，第 39 页。

⑦ 高士琦：《兰阳县志》卷 2《田赋志·土产》，民国 24 年（1935）铅印本，第 19 页。

⑧ 周玑等：《杞县志》卷 8《风土志·物产》，乾隆五十三年（1788）刻本，第 3 页。

⑨ 尹会一撰，张受长编《尹少宰奏议》卷 3《敬陈农桑四事疏》，商务印书馆，1936，第 27 页。

⑩ 冯敏昌、仇汝瑚：《孟县志》卷 4《物产》，乾隆五十五年（1790）刻本，第 20 页。

业"，每至收成，"则食用皆足"。① 彰德府内黄物产中，"独木棉最多"②。
当时，西起陕州，沿黄河东向，如河南、怀庆、开封、卫辉、彰德等府，均
遍植棉花。像灵宝县，"木棉、桃实、蚕茧、蜂酿可以贡赋税……给民生之
利"③。巩县"收花之利倍于二麦，民食资焉"，"巩民资生之策，强半以棉
花为主，多则贸易他乡，少则自行纺织，上纳公租，下完婚嫁，胥赖于
是"；④ 偃师也如此，居民"以种棉花为急务，收花之利，与五谷等"⑤。乾
隆之后，很多地方仰赖棉花收益，太康"邑多种木棉，其利赖之"⑥。宁陵
县"地沙瘠，宜木棉"⑦；太康"农以木棉为主"，"其利最长"。⑧ 河南省植
棉业不断扩大，其原因主要是收益高于粮食数倍不等，如延津县地宜植棉，
"地利颇厚，较稻麦获利几倍……棉花大有收成"，"新年后必有客至，穷民
稍可舒眉也"。⑨ 有的地方仅凭种棉花"民食用皆足矣"⑩。可见，河南许多
地区有着发达的植棉业和棉纺织业，棉花以及棉布大量贩卖南北各省。据
道光年间游历中国的德国人李希霍芬记载，河南棉花"主要是输往陕西和
甘肃，输往山西和湖北的数量较小"⑪。不及河南棉花种植的陕西、山西、
甘肃，在清代也有发展。接邻河南的山西平陆县，"广植木棉，以花易银，
为正供所出"⑫。陕西棉花多产于以咸阳、长安为中心的关中地区，嘉道之
际逐渐扩及陕北，不过多数只限于本地区的自给自用。北方边疆地区的棉花

① 赵擢彤修，宋缙纂《孟津县志》卷4《土产》，嘉庆二十一年（1816）刻本，第33页。
② 董庆恩等修，陈熙春纂《内黄县志》卷4《土产》，光绪十八年（1892）刻本，第6页。
③ 霍潆远：《灵宝县志》卷2《土产志》，康熙三十年（1691）刻本，第46页。
④ 李述武：《巩县志》卷7《物产志》，乾隆五十四年（1789）刻本，第1页。
⑤ 汤毓倬修，孙星衍纂《偃师县志》卷5《风土记·风俗》，乾隆五十四年（1789）刻本，
   第3页。
⑥ 戴凤翔修，高崧纂《太康县志》卷3《物产》，道光八年（1828）刻本，第5页。
⑦ 陈锡辂：《归德府志》卷10《地理下·形势》，光绪十九年（1893）刻本，第12页。
⑧ 戴凤翔修，高崧纂《太康县志》卷3《风俗》，道光八年（1828）刻本，第1页。
⑨ 余心孺：《延津县志》卷9《条陈》，康熙四十一年（1702）刻本，第50页。
⑩ 赵擢彤修，宋缙纂《孟津县志》卷4《土产》，嘉庆二十一年（1816）刻本，第33页。
⑪ 〔德〕李希霍芬：《李希霍芬书信集》第三篇《关于河南及陕西的报告》，载《中国近代农
   业史资料》第1辑，生活·读书·新知三联书店，1957，第426页。
⑫ 言如泗修，韩蔓典纂《平陆县志》卷2《物产》，乾隆二十九年（1764）刻本，第10页。

种植也得到了推广和普及，尤其是东北地区成就最为突出。乾隆前期，东北地区官方设有棉花庄三十处，岁征棉二万九千七百余斤。[①] 二十余年后，盛京内务府广储司所属三旗织造库有棉花庄二十五处，岁征棉花二万六千二百余斤。[②] 海城、盖平（今辽宁盖州）种棉者最多，"收时尚行远省"[③]。清代的新疆棉花种植规模大、质量高，以吐鲁番为最，但是新疆棉纺织业比较落后。道光时，林则徐在新疆"教民制纺车，学织布，民号曰林公车"，以和阗（今新疆和田）、洛浦、于阗（今新疆和田一带）为佳，"所制洁白绵密"，年产二十二万五千余匹，并向俄国出口十二万匹，向内地关陇地区输出二万余匹。[④]

　　除棉花普遍种植外，其他经济作物的栽种也受到统治者的重视和鼓励。清人檀萃言："今棉花种于南北，几压桑麻。"[⑤] 由此可以看出，桑蚕业不同程度地被棉业取代，但是在清政府的重视和鼓励下，一些地区的桑蚕业还是有所发展的。雍正皇帝就大力提倡说："种植树木，桑柘可以饲养蚕，枣栗可以佐食，柏桐可以资用，即榛木杂木，亦足以供炊……于生计咸有裨益。"[⑥] 尹会一抚豫期间就规劝全省百姓广植经济林木，并且把地方官的政绩与之挂钩，规定"如乡耆保长，有能于一年之内劝民种桑五百株，梨枣等树一千株者，据实册报印官，给以花红；三年内能每年添种如前数者，给匾奖励……地方官有能令民种成桑树五千株、枣梨一万株者，核实报册，即记功一次。多者照数悉递"[⑦]。河南土产丝"各府州多有"。开封府"汴梁四野之桑，高大沃若，吴、越远不逮也"[⑧]。广泛的桑树种植，必然促进当

---

①　和珅等：乾隆《大清一统志》卷35《盛京》，光绪二十八年（1902）石印本，第4页。

②　阿桂等：乾隆《钦定盛京通志》卷38《田赋二》，民国6年（1917）铅印本，第9页。

③　阿桂等：乾隆《钦定盛京通志》卷106《物产一》，民国6年（1917）铅印本，第3页。

④　袁大化修，王树枏、王学增纂《新疆图志》卷29《实业二·工》，民国12年（1923）铅印本，第12页。

⑤　檀萃：《滇海虞衡志》卷10《志果》，光绪三十四年（1908）铅印本，第5页。

⑥　《大清十朝圣训·清世宗圣训》卷25《重农桑》"雍正二年二月癸丑"，北京燕山出版社，1998，第1031页。

⑦　尹会一撰，张受长编《尹少宰奏议》卷3《敬陈农桑四事疏》，商务印书馆，1936，第27页。

⑧　唐侍陛：《新修怀庆府志》卷31《艺文志》，乾隆五十四年（1789）刻本，第36页。

地丝织业的发展。汴京以所产汴绫闻名，这种绫"似缯，差薄而光亮"①，
是宋代方文绫的"遗制"。据载，汴绫最大的生产商是景文州汴绫庄，该庄
在乾隆年间曾拥有九十九张织机，是当时中原地区最大的丝织企业之一。归
德府的丝织业也有发展，鹿邑县的杜绢，由观音堂集人士杜三奇首创，有
红、白二色，"体质轻细，冬、夏俱宜"②。河南北部的清丰县，此时属于直
隶大名府，清初这里丝织业兴盛，有"清丰县蚕事特盛"的记载。汤阴县
的汤绸也非常出名，康熙时这里"地饶桑麻，勤杼机，绵细密、布佳。一
时男妇多精制暑袜，皆他邑所难"③。虽然如此，但是总体说来，河南桑织
业并不是很发达，生产出来的产品质量较南方还有一定差距。虽然政府屡屡
劝导"各邑之民种桑育蚕"，但"无如豫省之民，狃于习俗所安，而莫肯务
此。此即山茧之利，亦甘委之外省之人，良可惜也"④。这大体反映了以河
南省为典型代表的北方内地丝织业水平，虽远不如江南丝织业水平，但对北
方地区商品经济的发展和城乡经济繁荣起到一定的促进作用。河北只有深州
的蚕桑业比较发达，光绪年间曾任深州长官的吴汝纶言："深州有丝旧矣。
今州之西鄙诸村蚕桑利最饶，所获岁可十余万金。饶阳绸本不多，若安平之
绢往时但用为筛底，近则远贩海外，利既倍蓰。"⑤ 桑蚕之利是深州西部农
民致富的主要产业，丝织品畅销海内外，利润自然翻倍。山东经营桑蚕丝织
业较河北普遍。据乾隆《大清一统志》，济南、东昌（今山东聊城）二府，
济宁、临清二州等地，都生产丝绵或丝。青州产绫、绢，以寿光所出为佳；
莱州府潍县（今山东潍坊）、临清生产绢；武定府阳信生产绵绸，"色不甚
白，然坚细匀净，故以'信绸'著名"⑥。济南府齐河将微黄的生丝加工变

① 沈传义等修，黄舒昺等纂《祥符县志》卷5《地理志·物产》，光绪二十四年（1898）刻本，第17页。
② 许葵：《鹿邑县志》卷1《物产》，康熙十八年（1679）刻本，第15页。
③ 刘陛朝：《清丰县志》卷2《风土》，民国3年（1914）铅印本，第10页。
④ 戴凤翔修，高崧纂《太康县志》卷3《物产》，道光八年（1828）刻本，第6页。
⑤ 吴汝纶：《深州风土记》卷21《物产》，光绪二十六年（1900）刻本，第1页。
⑥ 穆彰阿：《大清一统志》卷176《武定府》，商务印书馆，民国23年（1934），第29页。

白，出产著名的光绢，又名齐河绢。① 临清出产的帛、粉绢、哈达远销北京、内蒙古、西藏等地。② 光绪年间的青州临朐，丝仍是土产货物之最，获利甚大，"货之属，丝为冠。巨洋以西，所产尤坚韧……土人所贸，皆生丝也。远方大贾皆集益都（今山东青州），逐末者转鬻就之。贸迁之远，兼及泰西诸国。其走上京者，制为纶巾、韬穗、带绅之属，行于八方。美利孔溥，他县所无，岁计其通常获银百数十万"③。山西的桑蚕丝织业整体上处于下滑趋势，个别地方商品化程度较高，如解州（今山西运城南）生产的黄丝，"妇女勤者，饲蚕作茧，取丝成绢，朴素无花"，每逢六月二十三日关帝庙会，此绢"贸鬻成市"。④ 陕西的桑蚕丝织业在乾隆年间得到发展，巡抚陈宏谋先在省城西安设立蚕局，种桑养蚕以为示范。在此引导下，"民间渐知仿效养蚕，各处出丝不少"⑤。乾隆十一年（1746），全省增种桑树已达数十万棵，并在西安开始丝织生产，织成缣进呈皇帝。⑥ 之后的秦缎、秦土绸、秦绵绸、秦缣纱等产品不仅年年进贡朝廷，而且"通行远近"⑦，从中可以看出产量较大且较畅销。清代新疆的桑蚕丝织业集中的和阗（今新疆和田）和洛浦，所谓"和阗、洛浦之蚕桑……类皆垂名西域"⑧。清末的和阗境内有桑树二百万株，每年出口英、俄蚕茧二十七万余斤、丝八万斤，创汇八万二千二百五十两白银。整个南疆地区，约年产茧丝七十万斤。⑨ 东北奉天的复州（今辽宁瓦房店西北）、宁海（今辽宁大连西北）等沿海之地，"间有养蚕织绢者"⑩。光绪六年（1880），牛庄城（今辽宁海城西北）

---

① 岳浚、法敏：《山东通志》卷24《物产》，乾隆元年（1736）刻本，第8页。
② 张度：《临清直隶州志》卷1《物产》，乾隆五十年（1785）刻本，第77页。
③ 姚延福修，邓嘉辑，蒋师辙纂《临朐县志》卷8《风土》，光绪十年（1884）刻本，第14页。
④ 如泗：《解州全志》卷2《物产》，嘉庆六年（1801）刻本，第14页。
⑤ 贺长龄、魏源辑《皇朝经世文编》卷37《劝种桑树檄》，道光七年（1827）刻本，第10页。
⑥ 《清高宗实录》卷265"乾隆十一年四月乙未"，中华书局，1985，第445页。
⑦ 贺长龄、魏源辑《皇朝经世文编》卷37《劝种桑树檄》，道光七年（1827）刻本，第10页。
⑧ 袁大化修，王树枏、王学增纂《新疆图志》卷65《土壤一》，民国7年（1918）铅印本，第2页。
⑨ 袁大化修，王树枏、王学增纂《新疆图志》卷28《蚕》，民国7年（1918）铅印本，第7页。
⑩ 阿桂等：乾隆《钦定盛京通志》卷106《物产》，民国6年（1917）铅印本，第3页。

年产桑蚕丝约四十担（即二千四百一十八公斤）。① 清末，吉林府也设立了
官办的桑蚕机构。② 烟草是明代后期从美洲传入的农作物。康熙中期以后，
随着全国经济的恢复发展，加上种烟经济效益可观，一般"获利过稻麦三
倍"③，或"数倍于谷"④。北方种烟稍晚于南方，但乾隆初亦遍及大河南
北。康熙十八年（1679）河南《鹿邑县志》将烟草放入"货类"记载，并
用"遍地栽之"形容，可见烟草种植已成规模，并有"近与桑麻争地力，
高低陇畔绿油油"的趋势。道光年间，太康县烟草种植也是"处处有之"，
种植面积应该比较大。烟草种植需要上等肥美之田，它的大量种植必然影响
农作物的生产，嘉庆时已有人谈及此事。如禹县（今河南禹州）就因为烟
草种植引起稻田减产，以致人民不得不卖烟买粮。烟"今北转盛，一家男
妇无虑数口，尽解吃烟，上地膏腴，豆饼粪田，悉为烟叶"⑤。郑昌淦先生
根据地方志的记载，统计出北方诸省种植烟草的州县：直隶十三、山东二
十五、河南七、陕西十三、甘肃四、山西二州县及汾州府与代州直隶州。⑥
这个统计很不完全，河南省远不止七个州县。山东的济宁烟、山西的青
烟、陕西的汉中烟和甘肃的兰州水烟，均被列为全国的名产。

　　综上所述，清初政府实施的恢复与发展农业生产的政策法令，尤其摊丁
入亩使赋役完全货币化，不仅促进了北方地区农业生产的快速恢复与发展，
而且进一步推动了农产品、手工业品及劳动力等商品化程度的提高，使北方
地区与全国各地经济联系加强，这为清代北方地区城乡市场网络的形成与发
展奠定了物质基础。

---

① 彭泽益编《中国近代手工业史资料（1840~1949）》第2卷，生活·读书·新知三联书店，1957，第98页。
② 赵尔巽等：《清史稿》卷56《地理志三》，中华书局，1976，第1947页。
③ 常明等修，杨芳灿、谭光祜等纂嘉庆《四川通志》卷75《蜀中烟说》，嘉庆二十一年（1816）刻本，第18页。
④ 余沧澜、马家彦修，蒋师辙纂《鹿邑县志》卷9《风俗物产》，光绪二十二年（1896）刻本，第15页。
⑤ 郝懿行：《证俗文》卷1，光绪十年（1884）刻本，第2页。
⑥ 郑昌淦：《明清农村商品经济》，中国人民大学出版社，1989，第341、342页。

第二节 北方城乡市场网络的形成

在清代北方内地几省农业生产恢复发展以及北部边疆大开发的基础上，区域经济的发展特色逐渐显现，互通有无的需求进一步加强，推动着商业交通向四方快速延伸，也推动着商业城镇的发展，并且在一些水陆交通便利的地方崛起一批著名的市镇，它们连接着城市和广大农村，促使北方地区城乡市场网络的形成和发展。

一 城乡市场网络格局的形成

城乡发展，交通先行。清代商业交通在明代基础上继续向四方延伸，从当时全国每一个繁荣的市镇都有遥远外省商品的事实可以推测，此时期商业交通网络可以说延伸到边远地区，把城镇与乡村连接起来，进一步促进了北方地区城乡之间的经济发展及市场网络的形成和发展。

（一）全国经济联系的加强

清代商业交通东起上海、宁波，西至察木多、玉树，南起北海、海口，北至恰克图、库伦，东北至乌苏里江口，西北至伊犁、塔城，商人的足迹遍布全国各地，长途贩运贸易有了更大发展。

就全国各地的水陆交通而言，大的水运线路有贯通南北的京杭大运河，起自北京，南达杭州，长达一千七百九十四公里，连接了海河、黄河、淮河、长江和钱塘江五大水系，对南北物流产生了重要影响。还有自江西鄱阳湖到广东沿海的水陆联运交通路线，自江西鄱阳湖口出发南行，循赣江水路至南安府大庾县（今江西省赣州市大余县）横浦驿，进入广东境内。自广州出发北行至横石矶驿，再水运抵南雄府保昌县（现位于广东省韶关南雄市）陵江驿，进入江西境内。这一线路以大庾县横浦驿和保昌县陵江驿之间的一百二十里山路最为难行，但这也阻挡不了南北货物的交换，可以说该路线是南北商路最为繁忙的路段，也是连接长江中下游地区与广东沿海的重要通道。更为重要的是明代开辟的自北京至东北地区的陆路交通，到清代更为发达。明代为加强对东北地区的管理和运输物资的便利，在东北设置了很多驿站。这条陆路交通线路自北京出发，经山海关、沈阳到开原，全长二千零四十余里，再以开原为中心，分途可至海西、朝鲜和奴儿干都司等地。天顺八年（1464），明政府开设抚顺关，专门与建州女真部进行贸易。每到朝贡之季，由奴儿干都指挥使司经辽东都指挥使司通往北京的道路上使节和商人络绎不绝。东北是清统治者的发迹之地，有清一代，这条道路更加繁忙，商品交易更加繁荣。此外，有"黄金水道"之称的长江航运在历史上就是我国东西交通的大动脉，航程范围包括四川、湖广、江西、南直隶等地区。支流通航范围有陕南、贵州、河南等地区。长江水道对于东西物资交换起到了举足轻重的作用，湖广的大米，长江中下游的淮盐，湖北的棉，四川的木材、药材，长江三角洲的丝织品、布匹、瓷器、蔗糖、纸张等，都是通过长江水运转售内地。还有贯通东西的国际交通大动脉（即由江浙地区西行到达新疆及中亚的陆路运输通道——由江浙地区出发，经扬州、泗州、永城至汴梁，然后西行经郑州、洛阳、西安，沿丝绸之路到达新疆及中亚）是明清东西方向最长的一条陆路交通要道，中国东南和中原地区所产的茶叶、蔗糖、纸张、布匹、丝织品、瓷器、药材以及各种手工业品通过商队运抵嘉峪关以外和中亚地区，而中亚及中国西北所产毛皮、玉石、药材等也通过此路东运至内地和沿海地区。

（二）城乡市场网络体系的形成

全国四通八达的水陆交通，使全国的经济联系得以加强，进一步促进了北方城乡之间的经济发展。加之北方地区农业生产的恢复发展以及农产品商品化程度的提高，到康乾年间，都城北京成为全国最大的商业中心城市，区域性的商业城镇也得到了空前发展，连接城市与乡村的市镇蓬勃发展，农村集市网也基本形成，使得北方城乡市场联结成为一个整体。

清代的直隶地区是都城所在地，商业城镇以及农村集市都得到较快发展。北京是全国商品经济最发达的城市，尤以商业地位最突出。前门外是北京最繁华的商贸区。大街东边，"市房后有里街曰肉市，曰布市，曰瓜子店。迤南至猪市口，其横胡同曰打磨厂，内稍北为东河沿，曰鲜鱼口，内有南北孝顺胡同，长巷上下头条、二条、三条、四条胡同，曰大蒋家胡同。东南斜出三里河大街，内有小蒋家胡同、冰窖胡同。此皆商贾、匠作、货栈之地也"。"大街西边，市房后有里街曰珠宝市，曰粮食店，南至猪市口。又西半里许有里街曰煤市街，南至西猪市口。其横胡同曰西河沿，曰大栅栏，曰大齐家胡同……此皆市廛、旅店、商贩、优伶丛集之所，较东城则繁华矣。"① 尤其是大栅栏，更是名店林立、商客如云，时人有"画楼林立望重重，金碧辉煌瑞气浓"之赞叹。② 最能体现其全国商业中心的是，北京汇集了全国各地的会馆。不仅"各省争建会馆，甚至大县亦建一馆"③。据道光十八年（1838）的《北京颜料行会馆碑》记载，当时"货行会馆之多，不啻什百倍于天下各外省"。各地商人如百川归海，在北京这个最大市场大显身手。如乾隆中北京的徽商，"茶行七家，银行业之列名捐册者十七人，茶商各字号共一百六十六家，银楼六家，小茶店数千"④。从中可以窥见各地在北京的商行之多以及北京商业的繁荣。北京市场上的商品有来自各地的，其中较大宗的主要有粮食、绸缎、布匹、纸张、茶叶、糖、瓷器、洋广杂货以及毛皮、牲畜等。这些商品除满足本城居民消费外，也有相当一部分转销华北和西北，特别是西北的新疆、内外蒙古与俄国。清代中叶的北京实际上已成为华北地区重要的商品集散地之一，成为对西北诸省及俄国贸易的中心。位于渤海湾内的天津，原为运河漕运码头，随着清代海运的发展，天津与东南沿海诸省以及东北地区的经济联系均得到加强，发展成为北方地区最大的商业中心和港口城市。道光年间有"天津卫，好地方，繁荣热闹胜两江，河路码头买卖广"的歌谣，"虽大都会莫能过也"。此时的天津已发展成为一个有 20 万人口的港口城市，在城市人口中经商人口所占比例高达 50% 以上。⑤ 天津从江浙、闽广输入

① 吴长元：《宸垣识略》卷 9《外城一》、卷 10《外城二》，北京古籍出版社，1982，第 164、182 页。
② 杨米人：《清代北京竹枝词》，北京古籍出版社，1982，第 81 页。
③ 汪启淑：《水曹清暇录》卷 10，乾隆五十七年（1792）刻本，第 15 页。
④ 许承尧：《歙事闲谭》卷 11《北京歙县义庄》，黄山书社，2001，第 357 页。
⑤ 许檀：《清代前期的沿海贸易与天津城市的崛起》，《城市史研究》1997 年第 Z1 期。

的商品以糖、茶、纸张、瓷器、洋广杂货为大宗，从东北输入的主要是粮食；这些商品除供本地消费外，绝大部分转运至北京，也有一部分销往直隶、山东各地。① 河间府交河的泊头虽是个镇，但由于在运河之畔，"商贾辐辏"，居然成为"南北大都会也"。② 另一座新兴城市是热河（今河北承德），其在清初只是个小山村，自康熙四十一年（1702）在此建避暑山庄后，无比强大的政治带动力使之迅速成长为口外重要城市，"热河自皇祖缔构山庄以来，迄今六十余年，民物恬熙，井里殷富，五厅隶属，咸臻阜宁，俨然一大都会"③。乾隆年间的朝鲜人柳得恭在《滦阳录》中将热河的商业繁盛描述为："民物渐殷，商贾辐辏，酒旗茶旌，辉映相望，里闾栉比，吹弹之声，彻宵不休。康熙时万家，今不啻数倍……番王蛮客，四方毕集，何其盛也！"④ 避暑山庄内大量出产的薏米品质优良，销售于关内。⑤ 直隶西北部的张家口厅、独石口厅（今河北沽源南）和多伦诺尔厅（今内蒙古多伦）三厅在康熙年间逐渐开禁，重新得到发展。张家口是塞北地区最重要的商业城市，也是汉蒙贸易、中俄贸易的转运枢纽。该城位于长城沿线，明代隆庆年间被定为与蒙古各部互市之地，清初设关榷税。乾隆年间张家口—库伦商道成为中俄恰克图贸易最主要的通道。在该城从事贸易者以晋商为多，输出以茶叶、丝绸、棉布为大宗，尤以茶叶为最；输入则以俄国所产毛皮为主。⑥ 多伦诺尔位于直隶北部，是漠南蒙古的商业中心。乾隆十五年（1750）清政府在此设立税关，经由该关输出的商品以茶叶和纺织品为大宗，输入以牲畜、皮毛、木材为主。多伦诺尔的腹地范围大体包括直隶的口

---

① 参见许檀《清代前期的沿海贸易与天津城市的崛起》，《城市史研究》1997 年第 Z1 期；许檀、高福美《乾隆至道光年间天津的关税与海税》，《中国史研究》2011 年第 2 期。

② 《笔记小说大观》七编，新兴书局，1982，第 4605 页。

③ 和珅、梁国治：乾隆《钦定热河志》卷 80《寺庙四》，辽海书社，民国 23 年（1934）铅印本，第 17 页。

④ 柳得恭：《滦阳录》卷 1《热河》，辽海书社，民国 23 年（1934）铅印本，第 9 页。

⑤ 和珅、梁国治：乾隆《钦定热河志》卷 92《物产一》，辽海书社，民国 23 年（1934）铅印本，第 2 页。

⑥ 参见许檀《清代前期的北方商城张家口的崛起》，《北方论丛》1998 年第 5 期；《清代后期晋商在张家口的经营活动》，《山西大学学报》（哲学社会科学版）2007 年第 3 期。

北地区、漠南的锡林郭勒草原以及喀尔喀蒙古库伦以东地区，同时它也是张家口—库伦商道上一个重要的转运码头。[①] 祁州是华北最重要的药材贸易中心，每年春冬两季举办药材大会，为"大江以北发兑药材之总汇"。药材贸易也带动了其他商品的汇集，交易月"百货辐辏商贾云集，药材极海山之产，布帛尽东南之美"[②]。道光初年重修药王庙，参与集资的药材帮有山西、陕西、关东、山东、京通卫、古北口外、五台厂、蔚州厂、四路众客商，以及甘草行、黄茂帮等。同光之际重修药王庙，参与捐款的外来药商又增加了天津卫帮、武安帮、怀庆帮、江西帮、宁波帮、广昌帮等，还有南大会、南药市、北大会，以及食店、估衣、皮货、杂货、山货等行和周边各县商号，至少有两千多家商人商号参与集资。[③] 束鹿县辛集镇以皮毛贸易著称，县志记载"辛集镇为天下商贾云集之地"，"绵亘五六里，货广人稠，坐贾行商往来如织"[④]，乾隆年间山西商人已在此建立了会馆。[⑤] 大名县龙王庙镇位于大名县东南十八里卫河沿岸，是临清至河南道口镇的重要码头，该镇也建有山西会馆。省城保定在光绪三十一年（1905）的《保定府城图》中标有三晋、两江、湖广、浙绍等多座会馆。与此同时，直隶地区的农村集市也得到快速发展。有学者统计，顺治至雍正年间，52 州县共有集市 527 个；到乾隆至道光年间，49 州县共有集市 637 个；到咸丰至宣统年间，59 州县共有集市 826 个。[⑥] 从长时间段看，农村集市数量呈现持续增长的势头。

山东因京杭大运河穿越全境，运河干流及其支流沿岸的商业和商品经济发展起来，与运河共命运的临清、聊城、济宁等城市也随之繁荣起来。临清

---

① 参见许檀、何勇《清代多伦诺尔的商业》，《天津师范大学学报》（社会科学版）2007 年第 6 期。
② 罗以桂等修，张万铨等纂《乾隆祁州志》卷 2《建置·坛庙》，光绪年间刻本，第 22 页；卷 7《艺文志》，第 71 页。
③ 许檀：《清代的祁州药市与药材商帮——以碑刻资料为中心的考察》，《中国经济史研究》2019 年第 2 期。
④ 沈乐善：《束鹿县志》卷 1《地理·庄疃》，嘉庆四年（1799）刻本，第 26 页。
⑤ 参见张慧芝《天子脚下与殖民阴影——清代直隶地区的城市》，上海三联书店，2013，第 239 页。
⑥ 许檀：《明清时期农村集市的发展》，《中国经济史研究》1997 年第 2 期。

市场上交易的最大宗商品是粮食。档案记载："临清一关原系水路通津……惟赖米粮商贩船只通过，始得钱粮丰裕；又必直隶与豫、东两省彼此粮价贵贱不同，或北收南贩，南收北贩，米粮通行过关，船料粮税方克丰盈。"①乾隆年间，临清经营粮食的店铺多达百余家，年交易量达五六百万至千万石，是当时山东，可能也是华北最大的粮食市场。汇集临清的粮食绝大部分是转销外地的，冀鲁豫三省间的丰歉调剂是其中的主要内容。此外，经由临清转运的大宗商品还有茶叶、纸张、瓷器等。聊城位于临清以南约 120 里，大概是离临清较近的缘故，明代聊城商业并不繁荣。清代各地商人纷纷来此贸易，聊城渐成为运河沿线的重要码头，乾隆年间聊城已取代临清成为运河沿线重要的绸缎转销地之一，临清所用绸缎反要从聊城批发。棉布的销售也有变化，明代聊城是山东最重要的棉花产区，所产棉花多由"江淮贾客列肆赍收"沿运河南下，而从江南返销棉布。清代聊城成为山东的商品布输出区，嘉庆年间聊城有布店多家，其中丰泰、文盛两家布店的年经营额约为5000 两白银，信成、重盛两家更高达万两。这些布店当系山陕商人为收购本地土布而开设，商品主要销往西北或口外。临清是茶叶转运西北的重要码头，乾隆年间经营茶叶的店铺"大者二十八家，小者不计"②，尤以晋商经营的边茶转运贸易最盛。不过，在嘉庆年间聊城重修山陕会馆的集资中有来自张家口的德盛玉、合盛全、兴太和等商号的捐款。合盛全、德盛玉都是经营中俄茶叶贸易的晋商字号，曾出现在嘉庆四年（1799）进入恰克图的商号名册之中；特别是合盛全号，从嘉庆直到咸丰始终在恰克图的商号名册中。③ 可见聊城也是恰克图茶路的重要转运站之一。此外，皮毛、纸张、烟

---

① 《山东巡抚喀尔吉善奏报临清户关盈余银两事》"乾隆八年七月二十四日"，中国第一历史档案馆藏关税档案，04-01-35-0315-023；《山东巡抚准泰奏报确查临清户关税银盈余较少缘由事》"乾隆十六年六月十三日"，中国第一历史档案馆藏关税档案，04-01-35-0327-037。

② 临清市人民政府编《临清州志》，山东省地图出版社，2001，第 459 页。

③ 参见赖惠敏《十九世纪晋商在恰克图的茶叶贸易》，载《覆案的历史——档案考掘与清史研究》下册，台湾"中央研究院"历史语言研究所，2013，第 597、598 页，以及附录一、附录二。

草、海味等也是经由聊城转运的较大宗的商品。位于运河沿线的济宁是鲁西南的商业中心，明代中叶已相当繁荣，清代进一步发展。乾隆年间该城有布店 25 家、绸缎店 21 家、杂货店 35 家、竹木店 14 家等，每年征收商税 7900 余两白银。济宁从江南输入绸缎布匹、竹木、杂货分销兖州、曹州二府，又汇集本地所产粮食、大豆、烟草、果品等输往江南、直隶以及北部的东昌府。周村是山东中部的商业中心，有"旱码头"之称，兴起于康熙年间，乾隆至嘉庆年间迅速发展。云集周村的客商来自山西、河南、直隶、奉天、福建、江西等省，其中北方商人以晋商实力最强，南方商人以福建为多，在周村分别建有山陕和福建会馆。道光四年（1824）周村重修山陕会馆，仅十余日即"募钱万余缗"①，其经济实力由此可见。周村从南方输入的商品以绸缎、杂货为大宗，在本地集散的商品主要是棉布、生丝、丝绸、茧绸等，其销售范围除山东中部各府外，还远及直隶、河南、山西以及东北。位于山东半岛南岸的胶州，是东部沿海兴起较早的港口城镇，明代隆庆至万历年间已是山东大豆、海产输往江南的重要码头。清代海禁开放之后，江浙、闽广商船大量北上，贸易量迅速增长。雍正年间重定船税，胶州每年征银 7540 两，相当于清初山东沿海船税总额的 9.6 倍，其海贸发展之迅速由此可见一斑。乾隆以后，随着北洋贸易的发展和东北的开发，位于山东半岛北岸的烟台迅速崛起，"逮道光之末则商号已千余家矣，维时帆船有广帮、潮帮、建帮、宁波帮、关里帮、锦帮之目"②，并取代胶州成为山东沿海最重要的港口。咸丰九年（1859）郭嵩焘为筹办山东厘局所做的调查显示："烟台为南北之冲，海船经过收泊较多于他处，故以此一口为较盛"；在此次调查汇总的山东沿海 14 州县所征海税总额中，烟台所在的福山县为 12123 两白银，而胶州所征仅 6071 两白银。③ 与此同时，山东农村集市也在快速发展。有学者统计，顺治至雍正年间，山东 64 州县共有集市 1126 个；乾隆至

① 《关帝庙重修碑记》，转引自许檀《清代山东周村镇的商业》，《史学月刊》2007 年第 8 期。
② 王陵基：《福山县志稿》卷 5《商埠志》，烟台福裕东书局，民国 20 年（1931）铅印本，第 2 页。
③ 丁抒明主编《烟台港史》，人民交通出版社，1988，第 22、24 页。

道光年间，74 州县共有集市 1580 个；咸丰至宣统年间，56 州县共有集市 1555 个。在集市数量增长的同时，集市开市频率也呈增长趋势。譬如，山东金乡县康熙年间共有乡集 19 处，其中每旬开市 2 次的 9 集、开市 4 次的 9 集，另有 1 集每旬只开市 1 次，总计每月开市 165 次；乾隆年间该县乡集增至 23 处，并全部改为"十日四集"，总计每月共开市 276 次。① 相邻的若干集市开市日期往往相互错开，互不重叠。而相邻集期的交叉编排更使得这种时间选择与就近贸易能够互相兼顾。显而易见，这种集期安排方式便于居民在一年中的几乎任何一天都可在附近范围内赴集贸易，商人也可充分利用各集交错开设之便，穿梭往返于各圩集之间，从而在既定的集市密度下为买卖双方提供最大的便利和时空选择余地。

地处中原的河南，商业交通网络遍布全国，正如乾隆初年的河南巡抚尹会一所说："河南地居天中，四方商贾络绎不绝，凡水陆可通之地，无不车载船装，往来贩运。"② 在此背景下，河南大大小小的商品市场也非常活跃。清代的开封仍是河南省会，也是河南最大的城市，商业持续发展，各地特色商品在开封市场上都能见到。除了店铺经营，城内还有许多挑担或推车沿街叫卖的小商贩。据乾隆《祥符县志》记载："有摇小鼓两旁自击，卖簪珥女笄胭脂胡粉之属者；有鳞砌铁叶进退有声，磨镜洗剪刀者；有摇郎当卖彩线绣金者；有小旗招占携巾箱卖零星缯帛者；有关阁柝声执杓卖油者；有拍小铜钹卖豆末者；有驱辘辘小车卖蒸羊者；有煮豆入酒肆，撒豆胡床以求卖者；有挑卖团圆饼、薄夜、牢丸、毕罗、寒具、萧家馄饨、庾家粽子如古人食品之妙者；有肩挑卖各种瓜果菜者，有入夜击小钲卖饧者；有悬便面于担易新者；有求残金笺扇等器熔出金者；有买肆中柜底土及掏市沟刷街泥以搜遗钱银屑者；又有攒花于筐璨然锦色卖与人种植者：往来梭织，莫可殚纪。"③ 在省会开封城商业发展的带动下，府县级治所城市的商业也繁荣起

① 许檀：《明清时期农村集市的发展》，《中国经济史研究》1997 年第 2 期。
② 尹会一撰，张受长编《尹少宰奏议》卷 5《再议禁曲疏》，商务印书馆，1936，第 44 页。
③ 沈传义等修，黄舒昺等纂《祥符县志》卷 9《建置志·市集》，光绪二十四年（1898）刻本，第 59~60 页。

来。汝阳县是当时汝南府府治所在地，水路交通发达，"通淮河，稍集商旅，聚南货，觉文物"，成为豫南地区货物的集散地，南北商人会聚，商业贸易活跃。鄢陵县"贾区毗邻，田多荒秽，子弟出入裘马纷华"。辉县城内集市非常繁荣，除了北街、南街、东关街、西关街、南关街，还有专门的炭市、柴市等，可见商业之繁华。另外豫西南的裕州（今河南方城），"地居天下之中，路当南北之要，市杂百货邸具，五民笙歌沸天，廛闬扑地，如是者已百余年矣"①。城内专门设有马市、驴牛市、板市、米市、盐市、布花市等，贸易活动十分活跃。随着经济的发展和商品贸易的推动，河南还出现了一批连接城市与乡村的商业重镇。朱仙镇"商贾辐辏，户口殷实，清嘉道以前，商业之盛甲于全省"②。周家口成为豫东南"水路交汇之乡，材货堆积之薮"。开州（今河南濮阳）古定镇因"商贾鳞集"而有"小濮州"之称。河内县（今河南沁阳）清化镇"居秦晋之交，商贾辐辏，廛市棋列，实此邦一大都会"③。更为重要的是南北物资的交流不仅丰富了北方市场，也给沿线城镇带来了千载难逢的机遇。周家口是凭借交通运输优势兴起的商业城镇，这里是河南与江南商货的转运贸易中心，从这里输出的商品主要是陈州、开封等府所产农副产品，而输入则以江南所产绸布、杂货为主。因为南北货物交流数量庞大，乾隆时期这里"人烟聚杂……三面夹河，舟车辐辏，烟火万家，樯桅树密，水陆交会之乡，财货堆积之薮"，成为"豫省一大都会"。④ 同样因为交通兴隆的还有赊店（今河南省社旗县），其为南北九省商品集散地，镇内商品包括粮食、药材、白酒、生漆、桐油、茶叶、木材、布匹、食盐等均来自大河南北。因为商业繁华，当地还有"金汉口，银赊店""拉不完的北舞渡，载不完的赊旗店"的俗语。以上提到的诸镇，

---

① 《裕州修城记》，收入《古今图书集成》第98册《方舆汇编·职方典》卷461《南阳府部艺文二》，中华书局，1934，第41页。

② 民国《河南通志稿》卷554，转引自《清代的朱仙镇和周家口》，《中州学刊》1988年第2期。

③ 清同治三年《重筑清化镇城碑记》，现存于博爱县石佛寺。

④ 董榕修，郭熙纂，牛问仁续纂修《商水县志》卷1《舆地·集市镇店》，乾隆四十八年（1783）刻本，第12页。

是河南商业发展的一个缩影，正是通过它们，北方各地商品才得以流通到其他地方的大小市场上，外地商品也是通过它们能够在北方市场占据一席之地，它们的繁华既是物资交流极大丰富的成果，也为北方经济发展做出了莫大的贡献。与此同时，河南农村集市也逐渐恢复与发展起来。有学者就清代不同时期河南集镇估算：早期集镇共有 1963 个，中期共有 2531 个，晚期共有 3552 个。从中可以看出地处中原的河南，农村集镇数量增长是非常迅速的。①

对直隶、山东、河南来说，陕西、山西、甘肃、青海、新疆、内蒙古以及东三省商业城镇及农村集市发展相对滞后，但也有亮点，个别地方城镇发展还是相当繁华的。如甘肃的凉州"商旅贸易辐辏，米粟足支"②，其所属平番县（今甘肃永登）地处交通要道，"车马络绎，毂击肩摩，乃诸郡之统会，九达之庄逵也"③。青海的西宁是西北各民族经济往来的重要城市，同时也是官方与少数民族进行茶马贸易的中心，商业比较发达，"（西宁）卫之辐辏殷繁，不但河西莫及，虽秦塞犹多让焉。自汉人、土人而外，有黑蕃，有回回，有西夷，有黄衣僧，而蕃回特众，岂非互市之故哉？城之中牝牡骊黄，伏枥常以万计，四方之至，四境之牧不与焉。羽毛齿革，珠玉布帛，茗烟麦豆之属，负提辇载，交错于道路。出其东门，有不举袂成云，挥汗成雨乎？"④ 清代的内蒙古归化城（今内蒙古呼和浩特）到康熙时已是"商贾丛集"⑤；雍正年间更是"商民往来交易日盛……商旅云集于此，外藩、蒙古往来进贡，络绎不绝"⑥，作为草原上的商业中心，地位日益突出。新疆城市商业也发展起来。乾隆年间的巴里坤周边"屯田甚广，颇为丰

---

① 参见徐春燕《明清时期中原城镇发展研究》，社会科学文献出版社，2017，第 182 页。

② 梁份著，赵盛世等校注《秦边纪略》卷 2《凉州卫》，青海人民出版社，1987，第 117 页。

③ 梁份著，赵盛世等校注《秦边纪略》卷 1《庄浪卫》，青海人民出版社，1987，第 87 页。

④ 梁份著，赵盛世等校注《秦边纪略》卷 1《西宁边堡》，青海人民出版社，1987，第 63、64 页。

⑤ 《大清十朝圣训·清圣祖圣训》卷 26《严法纪二》"康熙三十五年十月乙未"，北京燕山出版社，1998，第 420 页。

⑥ 《世宗宪皇帝朱批谕旨》卷 217"雍正六年正月二十二日"，文渊阁《四库全书》第 425 册，第 636 页。

美"，带动了城市商业发展，"城关内外，烟户铺面，比栉而居，商贾毕集，晋民尤多"①。伊犁（今新疆霍城）是清代新疆的政治中心，相应地成为商业中心，"内地之民争趋之……商贾辐辏"，在此甚至可以喝到浙江绍兴酒，欣赏到昆曲。② 叶尔羌（今新疆莎车）聚集了山西、陕西和江浙等省的商人，他们"不辞险远，货贩其地……货若云屯，人如蜂聚，奇珍异宝，往往有之，牲畜、果品，尤不可枚举"③。由于此地"地广而腴"，还有英国商人麇集，于是光绪二十八年（1902）升为府治。④ 乌鲁木齐东北的济木萨城（今新疆吉木萨尔）"万家烟火，市肆无物不有"；其西北的绥来县（今新疆玛纳斯）"城乡富庶"，有"金绥来"之誉。⑤ 嘉庆时"商民辐辏，庐舍如云，景象明润，丰饶与内地无异"⑥。道光时的绥来"人物之繁，不亚兰州"⑦，居然达到了内地省会商业繁盛程度。清代东北三省的大开发也促进了这一地区商业中心城镇的崛起和发展。盛京是清入关以前的都城，经营时间最长，发展也最快，成为东北最大的商业都会。雍正初，盛京城内酒铺即有1000家⑧；乾隆四十五年（1780），盛京城内有当铺130家⑨，这一数量超过了当时繁华的山东临清，当时的天津府当铺也不过40多家，足见盛京商业的发达程度。长春厅地处奉天、吉林、黑龙江三省之中，"商贾辐辏，遂成三省一大都会"⑩。陕西、山西、甘肃、青海、新疆、内蒙古以及东三

---

① 贺长龄、魏源等辑《皇朝经世文编》卷81《陈嘉峪关外情形疏》，道光七年（1827）刻本，第12页。

② 赵翼：《皇朝武功纪盛》卷2《评定准格尔正编述略》，乾隆五十七年（1792）刻本，第17、18页。

③ 《西域闻见录》卷2《新疆纪略下·叶尔羌》，乾隆四十二年（1777）抄本，第14页。

④ 赵尔巽等：《清史稿》卷448《饶应祺传》，中华书局，1977，第12528页。

⑤ 方土淦：《东归日记》，载《西征续录》，甘肃人民出版社，2002，第32页。

⑥ 祁韵士：《万里行程记》，载《西征续录》，甘肃人民出版社，2002，第23页。

⑦ 林则徐：《荷戈纪程》，载《西征续录》，甘肃人民出版社，2002，第59页。

⑧ 《世宗宪皇帝上谕内阁》卷31"雍正三年四月十二日"，文渊阁《四库全书》第414册，第7页。

⑨ 阿桂等修，刘谨之、程维岳纂《钦定盛京通志》卷38《田赋二》，民国6年（1917）铅印本，第26页。

⑩ 徐世昌：《东三省政略》卷2《蒙务上》，吉林文史出版社，1989，第429页。

省发展起来的市镇,如山西介休张兰镇"商贾丛集",为"山右第一富庶之区"。① 此镇地当冲要,因商业发达而繁荣,"烟火万家,素称富庶,为晋省第一大镇,与湖北汉口无异"②。这些省份的农村集市发展缓慢,但是自乾隆年间进入一个全面稳定的增长阶段。如陕西,顺治至雍正年间,21 州县共有集市 238 个;乾隆至道光年间 28 州县共有集市 264 个;咸丰至宣统年间 37 州县共有集市 351 个。新开发的东北地区农村集市也在发展,这可以从全国集镇数量来窥视。有学者对全国集市数量进行过总体估算:清代中叶全国集市总数至少 2.2 万个,清末可能超过 3 万个。③ 总而言之,北方地区发展起来的大中城市以及一些商业市镇和农村集市,都是北方地区城乡市场网络乃至全国城乡市场网络发展链条中不可或缺的一个部分。

总之,清代的北方地区,有全国最大的商业中心城市北京,也有更多区域中心的商业城镇以及边疆地区发展起来的商业城镇,更有蓬勃发展起来的连接城市与乡村的市镇,以及各主要省份农村集市大规模的发展,陆续形成各自的网络体系。而农村集市网在其中起着十分关键的作用,它是各种农产品、手工业品的集散市场,是大规模的商品流通起点和源泉,使商品流通几乎覆盖全国每一个角落,从而将处于不同发展阶段的各个经济区域联结为一个整体,使北方地区城乡市场网络成为全国市场网络的一个有机组成部分。

二 城乡网络体系的发展——商业中心市镇的崛起

随着商品经济的发展,城市和农村的商贸互动无论在范围上还是在规模上都不断提升,府州县城的商业贸易已经无法满足人们的消费欲望和需求,明代中后期在水陆交通要道发展起来的市镇在明末战乱中被破坏,在清初经济恢复发展的基础上,随着全国经济联系的加强以及四通八达交通网络的深入发展,北方市镇也得到了恢复,并且获得迅猛发展,有些市镇的经济繁荣

---

① 祁韵士:《万里行程记》,载《西征续录》,甘肃人民出版社,2002,第 4 页。
② 台湾故宫博物院图书文献处文献股编《宫中档乾隆朝奏折》第 15 辑 "乾隆二十一年十月十二日山西巡抚明德奏",台湾故宫博物院,第 714 页。
③ 许檀:《明清时期农村集市的发展》,《中国经济史研究》1997 年第 2 期。

程度不逊于府县城，甚至超过了府州县城，成为北方城乡市场网络体系发展的一个亮点。

以河南蓬勃发展的商业中心市镇为例，来管窥北方地区商业中心市镇在促进北方地区市场网络发展过程中的重要作用。地处中原的河南因水陆交通便利，商业市镇较北方其他省份发展都快，这些市镇在全国城乡市场网络发展中都发挥着重要作用，是架起南北城乡商品流通的桥梁。朱仙镇位于河南省会开封南边的贾鲁河两岸，贾鲁河连通着京杭大运河，江淮物资经常由长江入淮，溯贾鲁河，至黄河流域以及华北各地。朱仙镇除了发达的水运环境，还有四通八达的陆路交通。朱仙镇南关大街有连接尉氏、许昌、汉口的驿道，北关大街有贯通开封的大道，经汴城能够直达京师，此大道是江北通往京师最便捷的道路。加之朱仙镇毗邻省会开封，可以说优越的地理位置和交通环境对其境内经济的繁荣发展起到了非常重要的作用，明代后期兴起，至清为"商贩辐辏之区"①，"商贾贸易最盛"②。乾隆年间更是盛极一时，"朱仙镇，天下四大镇之一也。食货富于南而输于北，由广东佛山镇至湖广汉口镇，则不止广东一路矣；由湖广汉口镇至河南朱仙镇，则又不止湖广一路矣，朱仙镇最为繁夥"③。经过朱仙镇运输的货物，除煤为河南所产外，大多由外地输入，其中茶叶、桐油、麻等来自南方，铁货来自山西。朱仙镇既是全国较大的水陆码头，也是河南最重要的商贸城镇。朱仙镇南面大约205里的周家口，位于贾鲁河与沙河、颍河三河交汇处，水陆交通极为便利，入清以来得到重大发展，周围十余里，"舟车辐辏，烟火万家，墙椳树密，水陆交汇之乡，财货堆积之薮，北通燕赵，南接楚越，西连秦晋，东达淮扬，豫省一大都会也"④。其地位虽逊于当时的朱仙镇，但仍持续发展，现已经成为省辖的周口市，而朱仙镇自清后期衰落，至今已沦为一个普通乡

---

① 朱云锦：《豫乘识小录》卷上《贾鲁河说》，同治十二年（1873）刻本，第67页。

② 管竭忠修，张沐纂《开封府志》卷9《城池》，同治二年（1863）刻本，第6页。

③ 沈传义等修，黄舒昺纂《祥符县志》卷9《建置志·市集》，光绪二十四年（1898）刻本，第59页。

④ 董榕修，郭熙纂，牛问仁续纂修《商水县志》卷1《舆地志》，乾隆四十八年（1783）刻本，第12页。

镇。位于河南西北部的怀庆府清化镇，"为三晋咽喉，乃财货堆积之乡，凡商之自南而北者莫不居停于此"，地理位置重要，交通条件优越。清化镇陆路交通干道主要有两条：一条由北京出发，经邯郸入河南境内，经彰德、卫辉两府，入清化镇境。在清化镇由陆运转河运，经丹河、沁河，到达怀庆府，然后继续西行，可达陕西、四川、宁夏等地，是北京与西南地区联系的必经之路。另一条道路是晋豫之间著名的经济走廊。怀庆府与山西省毗邻，怀庆府有一条平坦的大道穿过清化镇，沿此路一直北上，穿越太行山脉，可以到达山西省东南端的泽州县。清光绪八年（1882）《义桥碑记》中提到的"晋商必由之路"即指此。清化镇的水路也非常便利，小丹河从清化镇流过，西北与沁水、丹河相连，在清化镇南折而东行，在新乡与卫河交汇，然后通过卫河航运直达山东临清、天津。小丹河曾是隋唐大运河永济渠的组成部分，是沟通海河流域和黄河流域的桥梁纽带。此外，怀庆府毗邻山西南部，号称太行八陉之一的太行陉是怀庆府与山西联系的重要通道。受晋地重商风气的影响，清代的清化镇因为优越的地理位置和便利的水陆交通，商贸运输继续发展。清化镇固有的资源优势也是助推清化镇商贸发展的重要力量。清化镇盛产的粮食、药材、竹器、丝绸等物产，成为当地市场上销售的主要商品。怀庆府是河南省的重要粮食产地，而清化镇又"为各乡粮食聚集之所"，是南北粮食运输的中转市场，如山东临清州"地产麦谷不敷用，犹取资于商贩，从卫河泛舟东下者豫省为多"，商人常年穿梭两地，年运粮"不下数百万石"。① 怀药是清化镇又一独具特色的商品。清代初期，成群结队的清化贩夫推着独轮车，或者北上河北安国参加祁州药会，或者南下湖北广陵、汉口，输送药材，怀药影响日益扩大。至清朝末年，怀药被运至香港，然后转运海外。清化镇西北二里之七方村所产丝绸称"清化绢"，有"七方丝绸赛苏杭"的美名。清化镇竹园很多，年产竹子可达1000多万斤。商人们将竹子贩运至省内各地或捆束成筏，由水路运至山西、山东、天津等

---

① 张度：《临清直隶州志》卷2《建置·市衢》，乾隆五十年（1785）刻本，第35页。

地。民国《临清县志》就有"竹由河南清化束筏运至"① 的记载。清化镇作为南北货物转运集散地，大量外地物品流入本地市场。北舞渡镇是位于周口与赊店两大商镇之间的水陆过载码头，既是本地粮油等农副产品的集散地，也是南方杂货的转运贸易中心。清代中叶，北舞渡鼎盛时期，镇内行商坐贾可达四五百家。豫北三府的粮食集中在内黄的楚旺镇，在这里沿卫河下临清，销往山东、直隶、天津等地。如史料有"京师所赖者，山东、河南之麦"②，河南与山西相邻，晋南的平阳、汾州、蒲州和解州等地，"人稠土狭，本地所出之粟，不足供居民之用，必仰给于河南、陕西二省"③。豫北彰德府林县合涧市，"为县属杂粮所聚"④ 之处，主要向山西运销粮食。洛阳的韩城镇西进的方向是陕西。豫西、陕西每遇岁歉，都需"河南府属及陕州属运米接济"，"自康熙四十二年以后，节经著有成例"。⑤ 商贩常行的小路，由河南"自陕州硖石驿，东至汝州"，中经洛阳韩城镇，"为山陕江楚商贾要道，行旅络绎"，"他省客商来豫籴麦者，陆则车运，水则船装，往来如织，不绝于道"。⑥ 内乡马山口镇地处豫西南，地产多种中药材，是全国四大中药材集散地之一，北通京津，南连湖广，东达汉口，西去秦晋，川陕甘青冀皖浙粤桂湘鄂苏和京津地区的药商皆常年来此采购，有"旱码头"之称。此外，山西介休的张兰镇、陕西北部的榆林镇、直隶的张家湾等商业城镇的兴起都和交通密切关联在一起，尤其是影响大、辐射力强、规模大的城镇往往都处于交通枢纽之地，是城市与乡村交往深度与广度的重要标志。

北方地区蓬勃发展起来的商业市镇，以地处中原的河南商业市镇为中心，联结着毗邻的陕西、山西、山东、天津等北方诸省份的商品贸易，也

---

① 徐子尚：《临清县志》卷 8《经济志·商业》，民国 23 年（1934）铅印本，第 49 页。
② 《大清十朝圣训·清圣祖圣训》卷 42《积贮》"康熙三十八年五月壬申"，北京燕山出版社，1998，第 495 页。
③ 孙嘉淦：《孙文定公奏疏》卷 3《请开籴禁疏》，敕和堂刻本，第 26 页。
④ 杨潮观纂修：《林县志》卷 5《风土记·集场记》，乾隆十七年（1752）刻本，第 15 页。
⑤ 《清代诗文集汇编 280》，陈宏谋《培远堂偶存稿》文檄卷 26《酌拨西同等府米石谕》，上海古籍出版社，2010，第 620 页。
⑥ 台湾故宫博物院图书文献处文献股编《宫中档雍正朝奏折》第 19 辑"雍正十年五月十八日河东总督田文镜奏"，台湾故宫博物院，第 741 页。

联结着南方地区的商品贸易，与县城、州城、府城、省城一样，都是全国商品流通网络上的一个节点。通过市镇与各级城市和周围农村建立的广泛的经济联系，在促进北方城乡社会经济发展上发挥着重要作用。正是这些市镇沟通了农村和城市、小农和市场以及与全国性的商品流通乃至与世界市场的联系。

三　城乡市场网络体系与城乡行政管理体系的区别与联系

城乡市场网络体系与城乡行政管理体系之间既有区别，也有密不可分的联系。城乡市场网络体系注重的是城镇在市场运行中的实际地位，突破了以行政建制等级为中心的城乡行政管理体系。可以说水陆交通延伸到什么地方，全国各地的商人和商品就会云集到什么地方。而以行政区划为标准划分的不同层级的城市只能在本辖区行使行政管理职能，二者有联系，但更多的是差异。城市市场网络体系是基于商品经济而言的，而城乡行政管理体系是基于每一个城市的行政职能及管辖范围而言的。

（一）城乡市场网络体系与城乡行政管理体系的区别

城乡市场网络体系是在全国各区域间经济联系和商品流通的基础上形成的，城乡行政管理体系是在国家和地方管理需要及行政区划需要的基础上形成的。

清代全国各区域间经济联系随着海禁的开放不断加强，华北平原，长江中上游各省，东北地区以及沿海、沿江地区贸易都有大规模的发展。据《中国资本主义的萌芽》一书估计，清代中叶我国内河航运里程已达五万公里以上，沿海航线一万公里，基本达到近代的规模。[①] 同时，随着清代国家版图的扩大和边疆贸易的发展，新疆、内蒙古等地与内地的贸易也有大规模的发展，山西商人开辟的从蒙古草原直抵俄罗斯的北疆陆路贸易线也长达万里。清代全国商品流通的品种和数量都空前增长。首先，粮食流通量的增长

---

① 许涤新、吴承明主编《中国资本主义发展史》第 1 卷《中国资本主义的萌芽》，人民出版社，1985，第 271 页。

十分显著，运河、长江的粮食流通量都从明代的数百万石增至上千万石，沿海的粮食流通量更是大幅增长。其次，棉花、烟草等经济作物，花生、番薯等粮食作物都成为清代流通中的大宗商品。随着外贸的发展，呢绒制品、钟表、眼镜等洋货的输入也大为增加。豆饼、麻饼、芦苇、荆条、桑皮、香屑等低值商品成为长距离流通中的大宗商品，更是明代所罕见的。税收的增长可从另一个方面反映流通规模的扩大。康熙二十二年（1683）全国关税总额为一百二十二万两白银，到乾嘉年间已增至四五百万两白银，一百二十余年翻了两番；关税在全国财政收入中所占比重也从康熙年间的 3.6% 上升到12% 左右。[①] 商品流通的作用并不仅仅在于各区域之间的物资交流、有无互易，更重要的是流通使原本互不相关的一个个自然条件、发展程度各异的地区连结起来，成为一个整体，从而可以在更大范围和更高层面上形成地区分工，有利于发挥各自的优势，取长补短。从表面上看，这种分工似乎更有利于发展程度较高的地区，但从较长的历史时段来看，流通也促进了后起地区的发展，为它们迎头赶上提供了机会。因地制宜的地区发展和大规模的商品流通，使二者之间相互促进。一方面，各区域自身的发展使其对市场的依赖不断增加，区域间的交流日益频繁，市场网络逐渐形成；另一方面，区域之间经济联系的加强、商品流通的扩大，又使各区域可以扬长避短，因地制宜地发展，从而形成各自的经济特色，并获得较高的收益。二者之间的互动过程也是市场网络和市场机制的形成过程。因地制宜的地区发展有赖于区域之间的商品流通和优势互补；而商品流通的发展，又有赖于一个畅通的、有相当规模的市场网络。清代城乡市场网络的形成，既是区域经济发展的结果，又是大规模商品流通的产物。到清代中叶，在全国范围内已经形成一个涵盖广阔、运作自如的城乡市场网络体系。沿海、沿江地区贸易的发展逐渐取代运河成为最重要的流通干线，在沿海地区和长江沿线一批重要的流通枢纽城市相继崛起，如天津、上海、厦门、广州、九江、汉口、重庆等等，这些港口城市大多成为鸦片战争后最早的一批通商口岸。而在广大农村，最迟在乾

---

①　许檀、经君建：《清代前期商税问题新探》，《中国经济史研究》1990 年第 2 期。

隆至道光年间，一个具有相当密度的集市网已经形成，这一基层集市网与处于流通干线上的商业城镇相联系，沟通城乡市场，使商品流通几乎可以覆盖全国每个州县，甚至每个村落，从而将自然条件、发展程度各异的各经济区域连结成为一个整体，使地区之间分工互补、调整经济布局、优化资源配置成为可能。清代中国传统经济在生产力和生产关系没有重大突破的条件下，仍然保持着内在的动力与活力，主要就是市场机制在起作用。由此可以看出，城乡之间的市场网络体系是不同区域之间的横向联系，以商品流通为媒介，互通有无，促进各区域之间的经济发展。

然而，城乡行政管理体系是一个从中央到地方纵向联系的体系，以行政区划的层级及其职能对其管辖范围实施有效管理，并且通过中央政府赋予各级城市的权力来对广大农村进行治理，实现国家的长治久安。清代地方行政区划按其级别从高到低依次为省、道、府（与府平行的直隶州、直隶厅）、县（与县同级的散州或称属州、散厅）四级。清代地方最高行政区划为省，省的最高行政长官称总督或巡抚。大致两省或三省设一总督，每省设一巡抚，无巡抚省份，例由总督兼理。总督和巡抚同为地方封疆大吏。总督为正二品，职权极大，即所谓"掌厘治军民，综制文武，察举官吏，修饬封疆"。巡抚职务大致与总督同，其职责"掌宣布德意，抚安齐民，修明政刑，兴革利弊，考核群吏，会总督以诏废置"。① 督抚之下，各省均设承宣布政使司和提刑按察使司，设布政使、按察使各一人。布政使又称藩司或藩台，也称方伯，意为地方官，为从二品，与巡抚同，主管一省的民政、财政和人事大权。按察使又称臬司或臬台（司法之意），为正三品，地位略低于布政使，主管一省的司法、刑狱、纠察，并兼管驿传事务。② 省下有道，道设道员。道有守道与巡道之分，大致由布政使的辅佐官参政、参议，驻守在一定地方，称为守道；由按察使的辅佐官副使、佥事，分巡某一地方，称为巡道。③ 守道、巡道员本来和明代一样，是一种临时性的差使，本身没有品

① 赵尔巽等：《清史稿》卷116《职官三》，中华书局，1976，第3336页。
② 按察使至清末改称提法使。
③ 乾隆《大清会典则例》卷3《官制》，文渊阁《四库全书》第620册，第92、93页。

级，完全看他所带的是什么衔，如带参政衔是从三品，带参议衔是从四品，带副使衔是正四品，带佥事衔是正五品。而乾隆十八年（1753），取消参政、参议、副使、佥事诸衔，道员一律定为正四品，于是道员就不是差使而是实官了，逐渐演变成为分辖三四府州地方，是省与府之间的地方长官，所在机构也演化成为省与府之间的地方行政机构。如雍正五年（1727），河南巡抚田文镜上奏朝廷，以"河北三府共辖二十三县，幅员甚广，与直隶、山东、山西三省接壤。虽系内地，但与两司各道俱驻扎河南，中隔黄河，鞭长不及，一切仓库、钱粮与夫吏治民生，全赖知府督率，而知府无道员统辖，则勤惰得以自由。且河北大堤延袤数百余里，河南道驻扎省城，一至汛水涨发，南北奔驰，呼应不及"，建议"必得一大员兼辖料理，方与地方有益。应请复设守道一员，统辖三府，稽查吏治并负责巡防，仍照管河道之例，加以兵备职衔"。[1] 这一建议得到清廷准允，遂设河北守巡道，"兼理河务，驻札怀庆府（今焦作）武陟县"[2]。乾隆以后，道作为一级行政机构正式固定下来。道下为府，府设知府（又称太守、太尊）一人，知府主要职权为掌管一府刑名钱谷事务，监督所属厅州县的事务。知府掌"一府之政，教养百姓，为州县表率"[3]；知府掌"一府之政，统辖属县，宣理风化，平其赋役，听其狱讼，以教养百姓。凡阖府属吏，皆总领而稽核之"[4]。州级行政区划分为直隶州、散州二种。设知州（又称刺史、州牧）一人。直隶州与府同级，但无属县，直属于省。散州隶于府，与县同级。清代独有的厅制行政区划，一般设在边远地区，分直隶厅、属（散）厅二种，设同知或通判一人。直隶厅与府同级，隶于省，属（散）厅隶于府。县是基层统治机构，有县、散州二种形式，散州与县同隶于府，只是散州辖区较县略大，官职设置与直隶州同，但级别基本同县。县设知县（又称县太爷、县宰、

---

① 田文镜：《抚豫宣化录》卷 2《恭请复设河北道员以资政治事》，雍正五年（1727）刻本，第 32 页。
② 田文镜：雍正《河南通志》卷 35《职官六》，光绪二十八年（1902）刻本，第 14 页。
③ 嵇璜等：《钦定皇朝文献通考》卷 85《职官考九》，文渊阁《四库全书》第 633 册，第 11 页。
④ 《钦定历代职官表》卷 53，文渊阁《四库全书》第 602 册，第 220 页。

县尊、邑令、邑侯等）一人，多是七品，是国家政权在县境的最高代表。知县统理全县政治、财政、司法，其具体职责是"掌一县治理，决讼断辟，劝农赈贫，讨猾除奸，兴养立教。凡贡士、读法、养老、祀神，靡所不综"①。这样，由省—道—府—县组建的统治机构中，道治所与省治所，或府治所，或县治所有同城，省、道、府、县四级城市互相配合，共同对省辖范围内的广大乡村进行有效治理。

（二）城乡市场网络体系与城乡行政管理体系的联系

各级行政区划治所所在地都是城乡市场网络体系中的一个节点，也就是城乡市场网络中的一个商业城镇。随着商品流通的发展，原本荒凉的地区农业生产得到发展，人口增多，行政建制开始完善，城市随之诞生；随着商品经济的发展，行政建制城市也逐渐发展成为该地甚至区域性的商业中心。随着商品流通的发展，不少行政级别较低的城镇在市场层级中处于较高的位置，这些商业城镇的崛起反映的正是发展中的市场体系对原有行政体系的突破。

北方地区内陆几省的各级行政区划治所都是城乡市场网络体系中的一个构成部分。前文所述都城北京是全国最大的商业中心，全国各地的物产在北京市场上都能找到。在广大内地经济步履艰难向前发展的同时，清代的边疆地区得到有效开发，促进了边疆建制城市的产生和发展。许多地方行政区划机构从无到有，从小到大。如昌图（今辽宁昌图西）就是科尔沁草原上因垦殖而新兴的城市。嘉庆十一年（1806），盛京将军富俊等在昌图额勒克地方招垦闲荒土地，经过四年，聚集农民四万余人，至光绪二年（1876），遂升为昌图府，以原垦达尔汉王旗之梨树城、八面城地置奉化（今吉林梨树）、怀德（今吉林怀德）二县隶之，七年，又设康平县于康家屯。② 直隶的朝阳府原为明代营州卫，乾隆三年（1738），置塔子沟厅（今辽宁凌源），四十三年（1778），置朝阳县。光绪三十年（1904），"以垦地多熟"，升格为府。③ 盛

---

① 赵尔巽等：《清史稿》卷116《职官三》，中华书局，1976，第3357页。
② 赵尔巽等：《清史稿》卷518《科尔沁部传》，中华书局，1977，第14325页。
③ 赵尔巽等：《清史稿》卷54《地理志一》，中华书局，1976，第1911页。

京（今辽宁沈阳）随着周边腹地经济的兴旺，在明代基础上更加繁荣，成为东北最大的商业都会。雍正初，盛京城内酒铺即有 1000 家；① 乾隆四十五年（1780），盛京城内有当铺 130 家，② 这一数量超过了当时繁华的山东临清，当时的天津府当铺也不过 40 多家，由此足见盛京城市经济和商业的发达程度。吉林于同治五年（1866）兴起新一轮的开发，新任吉林将军富明阿，先从整治社会治安入手，又招抚非法采金的流民，开辟闲田数万顷，"不及十年，遂开建郡县焉"。清光绪年间，迅速壮大起来的伯都讷升为新城府（今吉林扶余），成为"川原广衍，水陆辐辏，富庶甲全省"的发达地区。③ 属于奉天的海龙府（今吉林梅河口）也是由于"流民垦鲜围场地"于光绪五年（1879）设置海龙厅，至二十八年（1902）即升为海龙府。④ 科尔沁草原东部洮儿河南北一带，光绪年间有已垦未垦之地 1000 余万亩，朝廷派员设局丈放，至光绪三十年（1904），即以其地置洮南府（今吉林洮南）。⑤ 吉林省省会长春，清初属蒙古郭尔罗斯前旗的宽城子，地势平坦，膏腴弥望。乾隆时的河北、山东流民在此开垦，至乾隆五十六年（1791）开放荒地，嘉庆五年（1800）便置长春厅，光绪十五年（1889）遂升府。此处地当奉天、吉林、黑龙江三省之中，开放较早，"商贾辐辏，遂成三省一大都会"⑥。清末的吉林有 11 府和 1 直隶州。清代的黑龙江也因经济发展带动了城市的发展。清代的黑龙江省开发最晚，康熙中，令索伦、达呼尔官兵耕种墨尔根（今黑龙江嫩江）土地，奉天官兵耕种黑龙江（今黑龙江黑河南）土地。乾隆初，设黑龙江屯庄，在当时黑龙江最南端的呼兰设四十庄，选调盛京旗户屯驻，由官方提供资装、工具、住房，开垦了二千四百余

---

① 《世宗宪皇帝上谕内阁》卷 31 "雍正三年四月十二日"，文渊阁《四库全书》第 414 册，第 7 页。

② 阿桂等修，刘谨之、程维岳纂《钦定盛京通志》卷 38《田赋二》，民国 6 年（1917）铅印本，第 26 页。

③ 赵尔巽等：《清史稿》卷 56《地理三》，中华书局，1976，第 1938 页。

④ 赵尔巽等：《清史稿》卷 55《地理志二》，中华书局，1976，第 1952 页。

⑤ 赵尔巽等：《清史稿》卷 518《科尔沁部传》，中华书局，1977，第 14326 页。

⑥ 徐世昌：《东三省政略》卷 2《蒙务上》，吉林文史出版社，1989，第 420 页。

亩。同时还在黑龙江和松花江交汇之处的温德亨、都尔图（二地约在今黑龙江鹤岗一带）实行旗丁屯田。乾隆五年（1740），宁古塔（今黑龙江宁安）、阿勒楚喀（今黑龙江阿城）、三姓（今黑龙江依兰）等地，"俱事垦殖，贫无力者，发官帑相贷"①。这些地方都是土沃水足之区，经过不懈努力，此后逐渐发展壮大起来。如呼兰据呼兰河下游入松花江之处，"长河支港，足资灌溉，土味膏沃，号为产粮之区"。咸丰同治之际，直隶、山东游民流徙关外者，竞相赴屯庄当佣工，"积日既久，私相售卖，占地日广，聚徒日繁，历任将军乃奏办民垦，增改民官"，清末升为呼兰府，"行省规模，府为先导焉"。墨尔根为水陆通衢，沿江两岸水土沃饶，"屯地之腴，稍逊呼兰，犹驾诸城之上"，清末升为嫩江府。② 清代的内蒙古开发更晚，直到光绪年间才在河套地区修建水渠，发展农业，凡垦放十余万顷，"绝塞大漠，蔚成村落"③。到光绪末，科尔沁六旗"垦地几遍，郡县亦最多"④。与河北接壤的多伦，"昔为蒙人游牧之场，康乾以来，均由汉人陆续开垦，时移业进，渐成巨镇矣"⑤。而归化城（今内蒙古呼和浩特）则迅速发展成商贾云集的大城市。康熙时的归化城，即已是"商贾丛集"⑥，雍正年间，"商民往来交易日盛……商旅云集于此，外藩、蒙古往来进贡，络绎不绝"⑦，成为草原上的商业中心。清代的新疆建制和城市发展更快。乌鲁木齐原来是准噶尔台吉游牧之地，乾隆二十年（1755）平定准噶尔后内属，建筑土城。至二十八年（1763），土城北部修筑新城，并迅速成长壮大起来，"为四达之区，以故字号店铺，鳞次栉比，市衢宽敞，人民辐辏，

---

① 赵尔巽等：《清史稿》卷 120《食货志一》，中华书局，1976，第 3514 页。
② 赵尔巽等：《清史稿》卷 57《地理志四》，中华书局，1976，第 1967、1970 页。
③ 赵尔巽等：《清史稿》卷 453《贻谷传》，中华书局，1977，第 12604 页。
④ 赵尔巽等：《清史稿》卷 518《科尔沁部传》，中华书局，1977，第 14326 页。
⑤ 徐珂：《清稗类钞》第 1 册《地理类·多伦》，中华书局，1984，第 116 页。
⑥ 《大清十朝圣训·清圣祖圣训》卷 26《严法纪二》"康熙三十五年十月乙未"，北京燕山出版社，1998，第 420 页。
⑦ 《世宗宪皇帝朱批谕旨》卷 217"雍正六年正月二十二日"，文渊阁《四库全书》第 425 册，第 636 页。

茶寮酒肆、优伶歌童、工艺技巧之人，无一不备，繁华富庶，甲与关外"①，清末遂升为新疆省会。

随着商品流通的发展，不少行政级别较低的城镇在市场层级中处于较高的位置，这些商业城镇的崛起反映的正是发展中的市场体系对原有行政体系的突破。一个城市所处的城乡市场网络体系的不断延伸与扩大、城市人口的增多、商品交易的频繁，使城市行政管理事务日益繁杂，就会增加城市管理职能，提升城市的层级，扩大城市的知名度，清代河南的周家口就是一个明显例子。周家口在明代以前还是个名不见经传的地方，最早出现在明代隆庆四年（1570）黄汴所著的《明一统路程图记》里。贾鲁河疏浚后，便利的水运给周家口带来了大量的商人和物资，使其迅速崛起。翰林学士熊廷弼于万历二十六年（1598）路过此地时，挥笔写下了"万家灯火侔江浦，千帆云集似汉皋"的诗句，从中可以推测出明代中后期的周家口已经颇具规模。但是熊廷弼时的周家口无论是从人口密集度还是从商业繁荣度看，都无法与清代的周家口相提并论。清代的周家口迎来了繁荣发展的黄金期。可以说明代中后期的周家口尚处于起步阶段，这从顺治年间编写的《商水县志》中可以得到印证。明代的周家口仅有子午街一道，"居民不过百家"，即使到了清初，其繁华与对岸的永宁集相比也逊色不少。永宁集位于沙河北岸，明初时成集；清顺治时这里居民"依砦结庐"，"东西五里，南北二里，商贾辐辏，称巨镇云"。康熙时商水县设"二十四地方"中有"永兴集市"，这意味着政府在永兴集市单独设有税收点并进行管理，而周家口却没有，只是将后者列在"乡村集镇"条的"新兴"集市中。到雍正时，周家口的发展速度应该是超过了永宁集，成为商贾辐辏的大镇，这从雍正十一年（1733）陈州知州黄起盛在申请将陈州改升为府的奏折中能够得到印证。黄起盛在陈述陈州升格的理由时特意提到了周家口，"陈州幅员辽阔，绵亘数百余里，界连八邑，犬牙相错，河通淮泗，路达江楚。更有所属周家口一带地方，水陆交冲，五方杂处。

---

① 《西域闻见录》卷2《新疆纪略上·乌鲁木齐》，乾隆四十二年（1777）刻本，第6页。

一切刑名钱谷，稽查保甲，各处验勘，类以悉举，事本繁多"①。次年，陈州即升为府，朝廷还下令将管粮州判及军捕同知署移驻周家口，由此可见周家口商业的繁盛已经受到了中央政府的关注。乾隆时的周家口发展到鼎盛，街道纵横，居民稠密，商贾辐辏，成为"豫省一大都会"。市镇发展受到中央政府的关注，派驻机构和官员对其进行管理。市镇距离府、州、县城比较远，成为各级地方政府鞭长莫及、无暇顾及之地。市镇商业的发展，成为政府的税收来源之一。为保证市镇正常的经济运行，政府派驻行政机构和官员对其进行全面管理。常见的机构有巡检司署、府同知（简称同知）、府通判（简称通判）、州同知（简称州同）、州通判（简称州判）、县丞、县主簿等衙署，其官员的品秩分别为巡检从九品、同知正五品、通判正六品、州同从六品、州判从七品、县丞正八品、主簿正九品。同知、通判是府佐官，职责"或理事；或理饷、督粮、监兑，或清军，或总捕，或驿，或茶，或马，或营田，或水利，或抚边、抚彝、抚番、抚瑶、抚黎"。州同、州判是州佐官。县丞、主簿是县佐官。其"所管或粮，或捕，或水利"，"其杂职内之巡检，皆分防管捕，或兼管水利。"这些机构和官员的驻地，"凡府、州、县之佐贰，或同城，或分防"。②佐官通常是"因事而设"。派驻的方式，有的是改变原有机构的设置地点，即文献中称"改驻""移驻"。乾隆年间，山西"祁县向设有龙舟峪巡检"，"查该处并非隘口，又无市集。惟县属子洪镇，在县南适中之地，人烟凑集，路当豫楚孔道，崇山叠嶂，宵小易于窃发"，政府将龙舟峪改驻子洪镇。③市镇大小不同，经济繁荣程度也不一样，因此，政府派驻市镇官员品秩也不相同。当时，全国四大名镇的汉口、朱仙镇、景德镇、佛山镇都是同知驻镇，这是派驻官员等级最高的市镇。山西张兰镇乾隆十七年（1752）将静乐巡检移驻，二十一年（1756）又将汾州同知移驻。在奏请改变驻镇官员的级别时，巡抚指出："巡检品秩卑微，此等

① 崔应阶修，姚之琅纂《陈州府志》卷1《沿革·附陈州改府原由》，乾隆十二年（1747）刻本，第14页。
② 昆冈等：光绪《钦定大清会典》卷4《吏部》，光绪二十五年（1899）京师官书局石印本。
③ 《清高宗实录》卷176"乾隆七年十月己亥"，中华书局，1985，第271页。

富商巨贾会集之所，或有奸牙蠹棍妄行滋事，既不足以弹压。"① 陈州周家口经济繁荣，雍正十二年（1734），朝廷下令将管粮州判及军捕同知署移驻此地。稍小的市镇，派驻的官员级别较低。陕西富平县美原镇、周至县祖庵镇都是县丞驻镇。② 大多数地方是巡检驻镇。官员的职责有时也是因市镇的情况而定。一般政府在批准巡抚奏请派驻机构的公文中，都具体说明了该官员的管辖职权范围。康熙五十八年（1719），议准河南清化镇河捕通判"专管河务，为管河通判"③。到乾隆年间，通判的职责变成"巡缉奸匪，兼管税务"④。山西张兰镇派驻巡检时，"除命盗大案仍归该县审理外，其一切奸匪逃窃，以及赌博、斗殴、追比客欠等事，悉令该巡检稽查办理"⑤。所谓客欠，邓亦兵解释为"即商贾控告牙行欠客商款项"⑥。此后，山西巡抚在申请张兰镇派驻同知的奏折中称："汉口镇系将汉阳府同知移驻，就近准理客欠，及查拿赌博逃盗等事。"张兰镇与汉口镇情形相同，所以也请派驻同知。⑦ 河内清化镇是明清时期河南著名的商业城镇之一，位于河南省西北部。明代政府在这里设置巡检司，清代乾隆年间，丹、沁河决口，怀庆府又于乾隆二十九年（1764）将通判署移驻此地。通判是掌握粮运、督捕、水利、理事诸务的实权官员，地位在县级之上，从中能够判断清化镇的政治地位在上升。政治地位的提升一般与经济地位有着密切关系。变更官员等级的市镇，多是经济发展较快的市镇。有一些驿站，政府命"驿丞兼巡检职衔"；或者反之，令巡检、县丞兼管驿务，这类驿站实际属于市镇，如直隶

---

① 台湾故宫博物院图书文献处文献股编《宫中档乾隆朝奏折》第 15 辑 "乾隆二十一年十月十二日山西巡抚明德奏折"，台湾故宫博物院，1982，第 715 页。

② 《清高宗实录》卷 253 "乾隆十年十一月戊子"，中华书局，1985，第 272 页。

③ 昆冈等：光绪《钦定大清会典事例》卷 26《吏部·官制》，光绪内务府抄本。

④ 台湾故宫博物院图书文献处文献股编《宫中档乾隆朝奏折》第 48 辑 "乾隆四十六年九月十四日河南巡抚富勒浑奏折"，台湾故宫博物院，1982，第 61 页。

⑤ 台湾故宫博物院图书文献处文献股编《宫中档乾隆朝奏折》第 2 辑 "乾隆十七年四月二十五日山西按察使唐绥祖奏折"，台湾故宫博物院，1982，第 792 页。

⑥ 邓亦兵：《清代前期商品流通研究》，天津古籍出版社，2009，第 261 页。

⑦ 台湾故宫博物院图书文献处文献股编《宫中档乾隆朝奏折》第 15 辑 "乾隆二十一年十月十二日山西巡抚明德奏折"，台湾故宫博物院，1982，第 715 页。

沧州砖河驿、通州和合驿、河南汤阴宜沟驿和渑池硖石驿等。还有一些驿站的驿丞，虽然没有兼巡检职衔，但驿站驻地也是商品交易区，这类地方实际上也是市镇；或者驿铺驻地本来就是市镇，如河南确山县的驻马店、竹沟镇等处即是如此。① 从政府派出行政机构和官员对市镇进行管理看，市镇商品经济的发展已经突破了原有的行政体系。

总之，各商业城镇的辐射范围、市场级别与其行政等级差异较大。除京城的商业规模基本符合其行政地位外，其他省城、府城的经济功能和商业规模许多与它们的行政级别不相匹配。如山东的 16 个商业城镇中，聊城、益都、泰安为府城，济宁为直隶州，其他诸如德州、胶州、黄县、莱阳、潍县、博山等是一般的州县城，而张秋、周村、烟台、大汉口、台儿庄等在行政建制上只不过是个镇。但烟台的经济影响力超过登州府城，周村的市场甚至超过省城济南。河南也是如此，商业市镇朱仙镇的经济功能超过省城开封，县级城市周口的商业市场超过上级行政机构陈州府城，赊旗镇的繁华全国瞩目，府城南阳难以望其项背。在直隶的商业城镇中，天津为府城，张家口、多伦诺尔为直隶厅，通州、祁州为散州，而省城保定的商业规模与它们相比则逊色得多。诸多行政级别较低的商业城镇的崛起反映的正是明清时期发展中的市场体系对原有行政体系的突破。②

第三节　生态环境对城乡发展的制约

生态环境对农业生产及城镇存在着相互依赖、相互作用的关系。良好的生态环境可为农作物正常生长创造有利条件，是城镇繁荣发展的物质基础；恶劣的生态环境不利于农作物的生长，严重制约着城镇的发展，甚至使城镇走向衰落。清代北方地区生态环境相对于南方来说是比较脆弱的。具体来说，河南东南部、山东西南部和直隶辖境内部分地区水灾

---

① 周之琦修，严克巘纂《确山县志》卷 1《建置·镇店》，乾隆十一年（1746）刻本，第 62 页。
② 许檀：《明清时期华北的商业城镇与市场层级》，《中国社会科学》2016 年第 11 期。

严重，制约着这一区域的城乡发展；多山的山西和地处黄土高原的陕西、甘肃干旱少雨，东北三省、内蒙古、新疆、宁夏、青海因气候寒冷，农作物生长都受到限制，城乡发展处于相对缓慢的状态。可以说，清代北方各地面临的自然灾害虽然各异，但是都影响到城乡发展的步伐。

一　以水灾为主的自然灾害对农业生产及城乡发展的制约

黄河是中华民族的发祥地，宋代以前中国的政治中心一直在黄河中下游地区东西迁移，这一地区城乡发展水平都处于全国的前列。然而，黄河中下游地区长期是政治中心和经济重心，农田过度垦辟，人口增长过快，物质生产生活资料过度消耗，森林面积日益减少。已故历史地理学家史念海先生的研究表明，黄河中下游地区的森林过度消耗过程经历了西周春秋战国、秦汉魏晋、唐宋与明清四个时期，屯垦不断向山区和边疆地区拓展，特别是明代中叶以后，黄土高原森林受到摧残性的破坏，除了少数深山，一般说来，各地都已达到难以恢复的地步。[①]这样，黄土高原的水土流失日益严重，造成黄河下游河道严重淤积，黄河决溢泛滥日益严重。地处黄河下游地区的河南东部及山东因黄河河道的决溢、迁徙带来的环境灾变最为显著，严重影响了这一地区的城乡发展。还有直隶东部处于海河、漳河等河流下游地区，水灾比较严重，也制约着直隶城乡的发展。

明清易代数十年间，社会动荡，黄河疏于治理，决溢漫流频繁发生，决溢地点多在河南开封府与归德府。清顺治朝，黄河经开封、徐州、清河入淮，[②]回归故道。但战争未消，河道不稳，河南还是决溢多发地。乾隆至咸丰间，黄河淤积开始严重，河决地点逐步上移豫东。[③]咸丰五年（1855），黄河改道入山东大清河并北流入海，决溢的中心地移至山东境内。有学者统计，从嘉庆元年（1796）到宣统三年（1911），115年间，黄河共决堤91次，几乎一年一次。光绪皇帝自己也曾说："黄河自铜瓦厢决口后，迄今三

---

①　史念海：《河山集》，生活·读书·新知三联书店，1981，第279页。
②　赵尔巽等：《清史稿》卷126《河渠一》，中华书局，1976，第3716页。
③　魏源：《魏源集·筹河篇上》，中华书局，1976，第367、368页。

十余年，河身淤垫日高，夺溜旁趋，年年漫决。"①

地处黄河中下游的河南可以说是受黄河水患影响最严重的省份，尤其是给省会所在地开封府城乡人民生产生活带来了沉重灾难，通过崇祯十五年（1642）与道光二十一年（1841）两次大的水患来可以看出黄河决溢对开封府的危害。崇祯十五年（1642），李自成农民军与明官军激战于开封，双方都以水代兵，决开黄河大堤，使开封遭遇空前的特大洪水，据参与守城的李光壂描述，九月十六日，"南门先坏，北门冲开，至夜曹门、东门相继沦没，一夜水声如数万钟齐鸣"，十七日黎明，"满城俱成河汉，止存钟鼓两楼及各王府屋脊、相国寺寺顶、周府紫金城"。② 同时参与守城的白愚也说："及至夜半，水深数丈，浮尸如鱼。……举目汪洋，抬头触浪。其仅存者：钟鼓二楼、周府紫禁城、郡王假山、延庆观，大城止存半耳。至宫殿、衙门、民舍、高楼略露屋脊。"③ 这次河决对开封的影响是深远的。清顺治十二年（1655），开封人王沄回到家乡，目睹的仍是河决带来的"城郭都非"的境况，"予策马行，见道上有二鸱吻出地，问之则文庙也。南至相国寺，大殿檐溜当胸，迦释巨像裁露肩肘。北至虚左台，相传古夷门也，铁塔岿然，傍空而立，黄沙白草，残照颓城，徘徊久之，凄然魂断"④。从中可以看出，开封城内仍是黄沙苇地，满目疮痍，荒凉一片。康熙至雍正年间（1662~1735），查慎行在开封看到的也是"旧日楼台埋井底"⑤。直到乾隆至嘉庆年间（1736~1820），舒位依然能够见到水淹后的灾情，"踏破宫墙万瓦烟，夕阳红似靖康年。欲听箫鼓空流水，更指榛芜作弄田。彼黍茫茫乾净土，此都渺渺别离天。金床玉几无消息，一角灵光尚宛然"⑥。此次河决给开封城带来的破坏是空前的，以致清朝建立一百多年后，开封城仍然破败不

① 《清德宗实录》卷220"光绪十一年十一月下"，中华书局，1987，第1080页。
② 李光壂：《守汴日志》卷26，道光六年（1826）刻本，第42页。
③ 白愚撰，刘益安校注《汴围湿襟录校注》，中州书画社，1982，第57页。
④ 王沄：《漫游纪略》卷2，上海进步书局，民国20年（1931）石印本，第1页。
⑤ 查慎行：《敬业堂诗集》卷20《汴梁杂诗八首》，文渊阁《四库全书》第1326册，第269页。
⑥ 舒位：《瓶水斋诗集》卷6《汴梁寻宋故宫遗址》，嘉庆二十一年（1816）刻本，第6页。

堪。就是这样残破不堪的开封城，黄河水患也没有停止对它的肆虐。据程子良、李清银统计，顺治四年（1647）至光绪二十七年（1901），黄河在开封辖区内共决溢78次，其中有16次处于开封城的近郊，① 其中最严重的是道光二十一年（1841）的黄河决口，从该年6月决口到翌年2月合龙，河水围城8个月，使开封的城乡饱受摧残。道光二十一年（1841）6月16日午时，黄河水在祥符县三十一堡处决开大堤，并于傍晚时分抵达开封城郊，护城堤内很快"平地皆深丈余"。翌日早，城外"黄水弥望无际，四顾不见村落"②，此后河水又多次上涨，冲击开封城。河决后，城外民溺死无算③，大水经过村庄人烟断绝，"有全村数百家不存一家者，有一家数十口不存一人者"。即使幸运活命者也历尽艰辛。史载城外灾民"无家可归，颠沛流离，莫可名状"，城内被水者"辗转迁徙，房屋多倒，家室荡然"。④开封及其周边的环境受到很大破坏，城外"沃壤悉变为沙卤之区"⑤，城垣"此修彼坏，百孔千疮"，城内"坑塘尽溢，街市成渠"。⑥ 可以说，灾民盈城、衣食匮乏、奸宄横肆、满目疮痍成为开封最切实的境况。依照清代的荒政措施，灾害发生后，政府要对灾情及时进行查勘，以便确知灾区实情，厘定受灾等级，分别加以施救。譬如道光二年（1822），原武、武陟等县因河决被淹，巡抚姚祖同立派官员奔赴灾区，分别查清受灾轻重，作为办赈凭据。⑦ 但此次黄河水患比以往严重很多，非但众多州县被淹没，开封城更是有倾覆之虞。由于开封为河南省的政治、经济、文化中心，财物所聚，人口麇集，全力保城也成为救灾的重中之重。巡抚牛鉴甚至以正

---

① 程子良、李清银：《开封城市史》，社会科学文献出版社，1993，第200页。

② 痛定思痛居士著，李景文等点校《汴梁水灾纪略》，河南大学出版社，2006，第2页。

③ 沈传义等修，黄舒昺纂《祥符县志》卷7《河渠志》，光绪二十四年（1898）刻本，第85页。

④ 水利委员会：《再续行水金鉴》卷153《河水》，1942年铅印本，第4028页。

⑤ 沈传义等修，黄舒昺纂《祥符县志》卷6《河渠志》，光绪二十四年（1898）刻本，第36页。

⑥ 沈传义等修，黄舒昺纂《祥符县志》卷7《河渠志》，光绪二十四年（1898）刻本，第69、70页。

⑦ 水利委员会：《再续行水金鉴》卷58《河水》，1942年铅印本，第1497页。

河断流，无工可施，护堤缺口难以抢堵为由，荒唐地奏请"惟以保守省城为要"①，置其他灾区及黄河决口于不顾。这不但反映了开封城所面临的严峻形势，也从另一角度折射出政府应灾不力的现实，因为灾害持续了 8 个月之久。

与开封毗邻的东部归德府（今河南商丘南）也是黄河水患肆虐严重的地区。顺治时的知府宋国荣，将归德府与河南其他七府相比，列举了归德府的四大劣势："地以滨（黄）河而污下……地之不如七郡一也；田以荒芜而减值，民贫土旷，亩钱值不逾数百，较覃怀（怀庆府）、邺下（彰德府）亩可数金且二十金者，相什伯焉，田之不如七郡二也；民以饥馑而流散，无复成帷成雨之象焉，民之不如七郡三也；俗素古朴，近请张健讼，百无一实，奸宄难御，俗之不如七郡四也。"② 概括地说，就是河患频繁，地势低洼而且土质劣下，人口稀少，民风嚣薄，贫穷落后。这是清初的情况，其中有的是实情，有的也不乏夸张。

此外，咸丰五年（1855）黄河在河南兰阳铜瓦厢决口改道北流和光绪十三年（1887）八月黄河在郑州决口也是河南遭遇的两次比较严重的水患。咸丰五年（1855）六月，黄河在河南兰阳铜瓦厢决口，水势恣肆，下游正河断流，主流先向西北斜注，淹没封丘、祥符二县村庄，再折向东北，漫兰阳、仪封、考城及直隶长垣等村庄，这次黄河决口改道淹没范围最大、造成灾害最严重的当数山东省西南部地区，在后面详述之。光绪十三年（1887）八月黄河郑州段决口，一直持续到次年十二月才宣告合龙，决口之水"全溜东趋，由沙河、陈州经安徽之颖、泗，挟淮水入洪泽湖，直抵江南扬州府，至所属之东台县入海，三省地面约二三十州县尽在洪流巨浸之中，田庐人口漂没无算"③。由郑州东北流出的黄水淹及中牟县城及周围三百余村庄、鄢陵县四十余村庄、通许数十村庄、淮宁县一千五百数十村庄等，大水所至

①　《清宣宗实录》卷 354 "道光二十一年七月"，中华书局，1986，第 386 页。
②　陈锡辂：《归德府志》，顺治十七年知府宋国荣《旧序》，光绪十九年（1893）刻本，第 2 页。
③　李文海等：《近代中国灾荒纪年》，湖南教育出版社，1990，第 501 页。

之地，"人民庐舍多被沉沦，有幸而获生者，率迁徙高阜，栖息树枝，以待救援"①。此次水患河南受灾最重，以"中牟、尉氏、扶沟、西华、淮宁、祥符、郑州七州县为最重，太康、项城、沈丘、鄢陵、通许次之，商水、杞县、鹿邑又次之"，待赈者总数达一百八九十万人。② 可以说光绪十三年黄河在郑州决口为祸惨烈程度与铜瓦厢改道不相上下，导致生民涂炭，小农经济再次受到严重冲击。

水灾是暂时的，水灾过后留下的次生灾害却是持久和深远的。河南豫东地区土壤沙化非常严重，极大地影响了河南经济的发展。水灾的频繁发生，造成耕地大量被淹，桑田变为沙滩或盐碱地，如康熙二十八年（1689），孟县"黄河水溢决堤，漂没民田，及水退，田尽变为沙卤"③。据估计，道光二十一年至二十三年的连续三次大决口，死亡不下 100 万人，且"膏腴之地，均被沙压，村庄庐舍，荡然无存"。十年后，河南祥符至中牟一带"地宽六十余里，长逾数倍，地皆不毛。居民无养生之路"。④ 同样，旱灾、震灾、蝗灾、雹灾也是清代河南主要的自然灾害。而且这些灾害又具有群发性和伴生性，如雍正元年（1723），怀庆府（今沁阳）的修武"春旱"，温县"大旱，飞蝗蔽天"⑤。这些都极大地影响着河南城乡经济的发展。

山东西南部与东北部也是受黄河水患肆虐严重的地区之一，尤其是黄河自铜瓦厢改道东流山东全境时，其决口泛滥对山东的影响更大，其中以山东西南部最为严重。咸丰五年（1855）黄河自铜瓦厢改道北流，水流分三股，"一股由赵王河走山东曹州府迤南下注，两股由直隶东明县南北二门分注，经山东濮州、范县至张秋镇汇流穿运，总归大清河入海"⑥。河水在山东所

---

① 水利电力部水管司、科技司、水利水电科学研究院编《清代黄河流域洪涝档案史料》，中华书局，1993，第 759 页。

② 水利电力部水管司、科技司、水利水电科学研究院编《清代黄河流域洪涝档案史料》，中华书局，1993，第 768 页。

③ 冯敏昌修，仇汝瑚纂《孟县志》卷 10《祥异》，乾隆五十五年（1790）刻本，第 5 页。

④ 《清文宗实录》卷 26 "咸丰元年正月下"，中华书局，1986，第 370 页。

⑤ 唐侍陛、布颜、杜琮纂《新修怀庆府志》卷 32《杂记》，乾隆五十四年（1789）刻本，第 18 页。

⑥ 《清文宗实录》卷 173 "咸丰五年七月下"，中华书局，1986，第 927 页。

流经州县计有菏泽、濮州、范县、寿张、阳谷、郓城、东平、东阿、平阴、肥城、长清、齐河、历城、章丘、济阳、惠民、青城、滨州、蒲台、利津20个。濮州、范县以下，寿张以上尽遭淹没，其他如东平、平阴、长清、肥城、齐河、历城、济阳、惠民、滨州、蒲台、利津等州县，凡运河及大清河所经之地均被波及。山东全省有五府二十州县受灾。鲁西南、鲁西北广大地区黄水横流，民不聊生。但是，当时清政府正忙于镇压太平天国运动，"军书旁午，无暇顾及河工"①，对铜瓦厢决口既不堵口，也不筑堤，因此，自铜瓦厢至张秋，洪水平地漫流，溜势乱变，到处泛滥。张秋以东，黄水虽经大清河入海，但大清河河宽不过一里左右，堤防残缺不堪，难以容纳大量的黄河洪水，也普遍决溢。从此，黄河在山东境内漫流泛滥达二十余年，直到光绪元年（1875）贾庄工程告竣才结束。就鲁西南一带灾情在史籍中几乎随处可见，尤其铜瓦厢决口后，"菏泽、濮州以下，寿张、东阿以上尽被淹没，他如东平等数十州县亦均被波及，遍野哀鸿"②。其中巨野黄水分流间隙，"新柳蔽空，芦草没人"③，菏泽境"尽为鼍窟"④。同治二年（1863），河决兰阳，"直、东境内涸出村庄，复被淹没，菏泽、东明、濮、范、齐河、利津等州县，水皆逼城下"⑤。同治十年（1871）八月，郓城侯家林民堰决。山东巡抚丁宝桢上奏折称："灾民之田庐既经漂没，资粮悉已无存，荡析离居，极为可悯。"⑥ 有人统计，自咸丰五年（1855）至同治十三年（1874）20年间，仅咸丰十一年没有出现灾情，其余各年或多或少皆有灾情发生。

黄河水患给山东广大人民带来巨大的灾难，破坏了正常的社会秩序，加剧了社会动荡，使社会矛盾更加激化。在晚清的奏折、上谕中，黄河决口后类似"淹毙人口甚重""居民村庄，尽被水淹""庐舍被淹，居民迁徙"等

---

① 林修竹：《历代治黄史》卷 5《同治十三年条》，民国 15 年（1926）铅印本，第 25 页。
② 《清文宗实录》卷 174 "咸丰五年八月上"，中华书局，1986，第 939 页。
③ 郁濬生修，毕鸿宝纂《续修巨野县志》卷 8《杂抄》，民国 10 年（1921）刻本，第 9 页。
④ 汪鸿孙修，杨兆焕纂《菏泽县乡土志》，光绪三十三年（1907）石印本，第 52 页。
⑤ 赵尔巽等：《清史稿》卷 126《黄河》，中华书局，1976，第 3743 页。
⑥ 水利委员会：《再续行水金鉴》卷 99《河水》，1942 年铅印本，第 2574 页。

的记载屡见不鲜。铜瓦厢决口黄流一泻千里，"大溜浩瀚奔腾，水面横宽数十里至百余里不等，致河南、直隶、山东被淹四十余州县之多"①。此后，山东濮州城沦于水底十余年。位于产盐要区利津县的永阜盐场，自从黄水改道以来，大溜由该场附近奔腾而下，"以致滩池节年被淹，堤坝冲决，且复顶托纳潮，卤气不升"②，致使产盐短少。黄河水患不仅夺去了千百万人的生命，破坏了社会生产力，而且吞没了农田民舍，使"黎民不能复业"。如光绪八九年，山东黄河数决，泛滥数百里，14 州县大小灾民 75 万流离，就食省垣者就有 10 余万口，"归耕无期，日日待哺"③。这种形式的流民人数最多，严重制约着城乡的发展。

　　清代直隶水患甚为频繁，严重地影响了农业生产的发展，给人民带来巨大灾难，同时也直接威胁着清廷的统治和京师的安全。清代直隶所辖范围，大致相当于现在的河北省、北京市、天津市的全部及河南省北部部分地区。在这一广大区域内，除北部、西部山区外，多数地方地势低平，河流湖淀众多，历史上就是水患多发地区。特别是元代大规模改造运河后，海河水系南支的滹沱河、漳河分别在献县、馆陶附近注入卫河北流，在天津直沽与北来的永定河和北运河等一起合流入海。海河遂成为几条大河共同的出海口，形成"合一省大小七十余泉一处入海"的局面，造成河水宣泄困难。而元明以来对太行山、燕山山地森林的严重破坏引起的水土流失，更使各河泥沙含量增加，河道淤积加快，因此，清代海河水系各河每遇"骤雨急涨，泛滥横溢，为民生患也"④。有人统计，仅从乾隆元年（1736）至宣统三年（1911）的 175 年中，永定河流域的宛平、武清、沧州等地，发生洪涝多达100 次以上，位于大青河、滹沱河、子牙河等流域的各州县，洪涝也十分频

---

① 《录副档》"咸丰六年七月十七日瑞麟、庆祺折"，转引自李文海等编《近代中国灾荒纪年》，湖南教育出版社，1990，第 159 页。

② 朱寿朋编，张静庐等校点《光绪朝东华录》，中华书局，1958，第 288 页，"光绪二年八月甲寅"条。

③ 《录副档》"光绪九年十二月初七日陈士杰折"，转引自李文海、周源编《灾荒与饥馑：1840-1919》，湖南教育出版社，1991，第 159 页。

④ 贺长龄编《皇朝经世文编》卷 107《工政十三》，道光七年（1827）刻本，第 10 页。

繁，每次灾害都给人民的生产和生活带来极大破坏，如顺治元年（1644），滹沱河决泛，冲毁深州、束鹿县城。① 当时正值麦收，洪水至处，"麦皆漂没，自这年后，水壅滞不去遂成湖泊"②。道光《新城县志》载，康熙七年（1668），"浑河涨，毁民舍千余，溺死者三百余人"③。附近的雄县"平地如钱塘江潮……泛滥四溢，村庄陆沉殆尽"④。类似记载直隶各州县的方志中还有很多，水患严重的地方影响着农业生产正常发展。更为严重的是，水患也直接威胁着清王朝的生命线——运河和京师的安全。清代永定河曾数次冲至北京城下。如光绪十六年（1890）夏，永定河在卢沟桥一带决口，洪水危围了京师的东、南、西三面，城外"构成泽国"，城内"家家存水，墙倒屋塌，道路因以阻滞……大清门内左右部院寺等各衙门，亦皆浸灌水中，墙垣间有坍塌"⑤。无论是为了确保漕运畅通和京师安全，还是着眼于发展直隶的农业生产，直隶水患的治理始终受到清王朝的高度重视。康、雍、乾几朝，由于最高统治者的重视，直隶不少地方官吏对水利工程也颇为尽力。大量水利工程的兴建，对防止洪涝害灾起了重要的作用，康、雍、乾时期直隶农业发展较为迅速，显然与此有直接关系。然而清朝后期尤其是鸦片战争后社会动荡、经济衰退，国家财政状况日益恶化，已经无力组织大型的水利建设工程。除了对直接危及京师的永定河略做整治外，其他如滹沱河、子牙河等，则认为"迁既无定，修亦徒劳"，任其泛滥而不再整治。在此情况下，直隶各地"即例定岁修之费层叠折减"，使水利多年不修。至同治时，"凡永定、大清、滹沱、北运、南运五大河，又附丽五大河之六十余支河，原有闸坝堤埝，无一不坏，减河引河，无一不塞"。"是以每遇积潦盛涨，横冲四溢，连成一片，顺、保、津、河各属，水患时重。"⑥ 到光绪年间，

① 李辅斌：《清代直隶地区的水患和治理》，《中国农史》1994 年第 4 期。
② 史红霞、戴建兵编《滏阳河史料集》，天津古籍出版社，2012，第 40 页。
③ 张雨苍等修，王树相纂《新城县志》卷 22《灾祸》，民国 24 年（1935）铅印本，第 8 页。
④ 姚文燮纂修《雄县志》卷上《疆域》，康熙十年（1661）刻本，第 15 页。
⑤ 水利水电科学研究院水利史研究室：《清代海河、滦河洪涝档案史料》，中华书局，1981，第 539 页。
⑥ 黄彭年：光绪《畿辅通志》卷 84《河渠十·治河说三》，商务印书馆，1934，第 3439 页。

直隶许多州县几乎频年被水。光绪十六年（1890）夏季，海河流域大水，受灾面积达 73 州县，属重灾的就不下 40 州县，占直隶全属的 1/3 以上。不少灾区"上下数百里间，一片汪洋，有平地水深二丈余者，庐舍民田，尽成泽国。人口牲畜，淹毙颇多。满目秋禾，悉遭漂泊，实为数十年所未有"①。还有清代统治者推行的"确保漕运"的政策，清廷视运河为生命线，在治水中特别强调运河的维护，逐年不断加高南北运河的河堤，使河床抬升，成为高出平原的地上河，极易决溢成灾。像北运河"往往水高于堤，随处皆堪漫溢"，常为害京东。② 更为严重的是，不断加高的南北运河大堤犹如一道长城，纵贯于河北平原东部，使运西诸河的下泄和地面沥水排除受阻，人为地加剧了平原地的洪涝灾害。③

由上可知，就城乡经济而言，河道的频繁决徙使得水运能力低下，也阻碍了农业经济的发展。

二　恶劣的自然环境对农业生产及城乡发展的制约

地处边塞陕西北部高原地带以及多山的山西与边疆地带，东北三省、内蒙古、新疆、宁夏、青海受寒冷气候与山地的影响，农作物生长受到限制，城乡发展相对缓慢。

陕西北部的高原地带长期以来自然植被稀少，土壤沙化严重，高寒缺水，对明清两代的农业开发造成了十分严重的影响。在土地被大量开垦的同时，大片森林、草原随之消失，无论军屯、民屯大都粗放式耕作，所谓"官向民要，民向地要"，"不种百垧地，难打百石粮"④，滥垦滥伐，广种薄收，导致生态环境日益恶化。特别是对草滩地区的屯垦破坏草丛，耕种使表土疏松，导致流沙随风而起，淹没农田，造成沙漠扩大。康熙帝

① 水利水电科学研究院水利史研究室：《再续行水金鉴·永定河卷》，湖北人民出版社，2004，第 247 页。
② 李文海等：《近代中国灾荒纪年》，湖南教育出版社，1990，第 537 页。
③ 邹逸麟：《从地理环境角度考察我国运河的历史作用》，《中国史研究》1982 年第 3 期。
④ 靖边县地方志编纂委员会编《靖边县志》，陕西人民出版社，1993，第 109 页。

西巡时亲眼看到："陕西缘边一路地皆沙碛，难事耕耘，人多穴居，类鲜恒业。其土壤硗瘠，固已生计维艰，而地方辽远疾苦无由上闻，大小官吏不能子爱小民，更恣横索，遂使里井日渐虚耗。"① 到了道光年间，陕北沿边的榆林、神木、府谷、怀远、葭州等地"地多沙碛"，"土瘠沙深"，而且怀远县等地，虽四面重山，已全无树木。② 光绪时，靖边县也已是"明沙、扒拉碱滩、柳勃居十之七八，有草之地仅十之二……并无深林茂树软草肥美之地，惟硬沙梁、草地滩"③。由此可见，清末陕北沿边一带沙漠化的情况已相当严重，不但自然环境恶劣，政治经济环境同样不尽如人意。嘉庆时的延安府"气候苦寒，境内陂陁沙碛，十居八九，土脉枯瘠，岁运多歉，青草鲜毓。其生苦，其俗惰"④。由于地瘠民稠，许多地方的粮食产量不能满足当地的需要，这一点与山西有相似之处。"查山、陕二省，地瘠民稠，即丰年亦不足本省食用"，需有赖于东南漕运。⑤ 大批贫苦农民不得不背井离乡，到省外谋生。既有"走西口""闯关东"者，也有到西北者，"秦陇多流民，移来就边地"⑥，更多的是流向四川。康熙年间，"陕西人多地少，故百姓皆往四川开垦"⑦。同治年间，四川各极贫之地的盐井等手工业场所，"秦人十居七八，蜀人十居二三"⑧。由此折射出清代陕西北部依然是陕西最落后的地区。

清代的山西以贫困著称。"查晋省州县，多处山谷之中，民鲜素封，地

---

① 《大清十朝圣训·清圣祖圣训》卷22《恤民二》"康熙三十六年五月戊戌"，北京燕山出版社，1998，第372页。
② 卢坤：《秦疆治略》，道光七年（1827）刻本，第185页。
③ 丁锡奎：《靖边志稿》卷4《艺文志》，民国24年（1935）铅印本，第32页。
④ 洪蕙：《延安府志》卷首，嘉庆七年（1802）刻本，第1页。
⑤ 朱轼：《朱文端公文集补编》卷4《咨户兵二部河南巡抚禁遏籴》，同治朱氏古欢堂刻本，第1页。
⑥ 洪亮吉：《洪北江全集二十一种·更生斋诗》卷2《百日赐环集》，清光绪洪用勤授经堂刻本，第8页。
⑦ 《大清十朝圣训·清圣祖圣训》卷8《圣治三》"康熙五十二年十月丙子"，北京燕山出版社，1998，第233页。
⑧ 刘锦藻：《清朝续文献通考》卷37《征榷考九》，商务印书馆影印十通本，1936，考7907。

多沙碛。南逼诸河，有浸塌之虞；北邻沙漠，有风霾之患，素称疲敝之省。"① 由于土少地瘠，农业面临着危机，尤其是北部的自然环境最为恶劣。一方面是气候高寒，作物生长期短，如大同、朔平（今山西右玉）等府，"地气寒冷，麦熟较迟"②；另一方面是土壤沙化严重，"地皆沙碛，难事耕耘，人多穴居，类鲜恒业，其土壤硗瘠，固已生计维艰"③。一般情况下亩产普遍低下。如大同府，"地土沙碛硗薄，风高气寒，丰岁亩不满斗，故中人日仅再食"④。口粮缺少，一天只能吃上两顿饭。黄河岸边的保德境内多山坡陡地，而日寒冷期长，庄稼只能一年一熟，"犹有不能告成者，至于穷远山谷更是十年九荒，遇丰岁计亩所获不过一二斗"⑤。晋中、晋南的大部分地区，农田所产仅够自家食用。乾隆时清高宗言："山西交城等四十州县……商贩稀少，本地所产，仅供民仓。"⑥ 潞安府的黎城"地瘠民贫，不习商贾，粟、稷、麦惟一熟，终岁所入，尚不足以供赋"⑦。平定州等地"山多田少，粒食恒艰，小民向赖陶冶器具，输运直省，易米以供朝夕"⑧。隰州（今山西隰县）僻在深山，"既无显宦，亦少富商，惟恃力农糊口。而地无水利，全凭雨泽"。同治七年（1868）以来，连遭旱灾，"民间已十室九空"，光绪初期又受大灾袭击，"而民力愈不可支矣"⑨。社会经济和生存环境每况愈下。晋东南的汾河流域是山西环境优良地区，但其所产粮食同样

① 觉罗石麟修，储大文纂《山西通志》卷 187《艺文》，雍正十二年（1734）刻本，第 21 页。

② 《清高宗御制诗集五集》卷 82《西安巡抚秦承恩报收麦八分有余诗以志慰》，文渊阁《四库全书》第 1311 册，第 224 页。

③ 《大清十朝圣训·清圣祖圣训》卷 22《恤民二》"康熙三十六年五月戊戌"，北京燕山出版社，1998，第 372 页。

④ 曾国荃等修，王轩、杨笃纂《山西通志》卷 99《风土记上》，光绪十八年（1892）刻本，第 22 页。

⑤ 王克昌修，殷梦高纂《保德州志》卷 4《田赋》，民国 21 年（1932）铅印本，第 5 页。

⑥ 《大清十朝圣训·清高宗圣训》卷 157《蠲赈二十》"乾隆二十三年二月庚午"，北京燕山出版社，1998，第 3085 页。

⑦ 程大夏修，李御等纂《黎城县志》卷 2《风俗》，康熙二十一年（1682）刻本，第 1 页。

⑧ 《大清十朝圣训·清世宗圣训》卷 15《爱民一》"雍正元年五月戊戌"，北京燕山出版社，1998，第 928 页。

⑨ 崔澄寰修，王嘉会纂《续修隰州志》卷 2《户口》，光绪二十四年（1898）刻本，第 49 页。

不能满足当地需要。清前期孙嘉淦披露道：平阳（今山西临汾）、汾州（今山西汾阳）、蒲州（今山西永济西）、解州（今山西运城东南）等府州，"人稠地狭，本地所出之粟，不足供居民之用，必仰给于河南、陕西二省"①。蒲州是历史上经济发达地区，至清代明显落后，"古有蚕桑，今之州户，稀闻功茧。冀州本宜畜扰，今之氓俗，不考维群……然则产陋不赢，非唯种土，盖人事计拙，亦居其半焉"②。虽然未必果真都是如此之低，但粮食不足以自给自足倒属实情，"平阳府至蒲州一带，地方辽阔，向从陕西贩粮来粜"③，官方还时常调运东南地区的粮贾食水运至河南怀庆府（今河南沁阳），然后陆运入山西接济。④ 在这种经济背景下，为了谋生，和从前一样，山西人纷纷外出经商。甘肃多山多荒漠，气候寒冷干燥，"甘省由来旱岁多"⑤，更多地方是贫困地区。如清后期的兰州，"地多瘠卤，又鲜水泉种植之利，视天下为薄。至耕之外，惟资于牧"⑥。武威土质坚硬，"田家作苦倍他处，耕必壮牛曳大铧……浇灌渐难，岁惟一获，且多间年歇种者。又地气寒凉，获每迟……人工牛力，终岁弗少息。外无蚕桑、贸易佐繁费，一切婚嫁丧祭，应酬往来，惟资粮米，粜买以济用。往往中户以下，农事一毕，吃种两缺，虽丰岁犹有不免者"⑦。镇番（今甘肃民勤）沙漠化严重，"十地九沙"，自然条件恶劣，农民"无耘锄之具"，仍用手工除草，生产力极为低下，所以"田不两收"，很少有积蓄。⑧ 秦州（今甘肃天水）"山田硗瘠，地亩畸零"⑨。清末的河州（今甘肃临夏）环境恶化严重，"瘠壤尽荒

① 孙嘉淦：《孙文定公奏疏》卷3《请开籴禁疏》，敦和堂刻本，第26页。
② 周景柱纂修《蒲州府志》卷3《物产》，光绪二十九年（1903）刻本，第53页。
③ 《满汉名臣传·伊都立列传》，黑龙江人民出版社，1991，第1079页。
④ 朱轼：《朱文端公文集补编》卷4《咨户兵二部河南巡抚禁遏籴》，同治朱氏古欢堂刻本，第1页。
⑤ 《清高宗御制诗集五集》卷16《陕甘总督福康安奏报甘省得雨诗以志慰》，文渊阁《四库全书》第1309册，第505页。
⑥ 陈士桢修，涂鸿仪纂《兰州府志》卷5《物产》，道光十三年（1833）刻本，第30页。
⑦ 张之浚：《五凉考治六德集全志》卷1《武威县志·风俗志》，民国年间抄本，第32页。
⑧ 张之浚：《五凉考治六德集全志》卷2《镇番县志·风俗志》，民国年间抄本，第23页。
⑨ 费廷珍修，胡钊纂《直隶秦州新志》卷4《食货》，乾隆二十九年（1764）刻本，第1页。

山……浮沙被岗陵"①。康熙三十年（1691），甘肃提督孙思克言："甘肃地瘠民贫，布种收获，与腹地迥别。纵遇丰年，输将国赋，仅赡八口，并无盖藏。"② 乾隆元年（1736），大学士兼川陕总督查郎阿指出："甘省民人，素无盖藏，每遇丰收之年，民间尽出所有以市卖，则粮价顿减。若稍有歉收，百姓素无积蓄，粮食稀少，则价值顿昂。甘属通省皆然，而平（凉）、庆（阳）二府尤甚。盖因地瘠民贫，一切费用皆仰给于所收之粮，有不得不粜之势，迨至争欲粜卖，价值平贱，所得无几。是以丰收之年，转受粮贱之累，名为熟荒。"③ 单纯依赖粮食种植业的农区，无论歉收还是丰收，都会造成不同形式的困窘，根本谈不上发展。至清末宣统时，度支部报告说"甘省贫瘠异常"④，则是其必然的衰退结果。

青海位于青藏高原的东北部，高寒缺氧，西部多是无人区，历来是经济落后地区。青海省属于牧区，清初禁止汉、回民垦田，雍正时年羹尧建议开屯，发北五省徒人能种者往布隆吉尔河一带兴垦。但是直到宣统时才开局放荒，在东部的黄河以南开荒一万余亩，黄河以北五万余亩。然而效益并不高，"番地僻，山峻且寒，仅燕麦、菜籽，虽岁穰，亩收不过升四五，课务取轻，以次推行……冀其地无弃利，人靡余力，盖犹有待焉"⑤。

宁夏灌区之外沿长城一带的边区，自然环境较差，经济相对落后。康熙三十六年（1697）清圣祖西巡，自与宁夏接壤的陕西定边至宁夏途中，看到"沿路皆沙碛，无草，咸蒿、咸刺、沙蒿、度笈草之外，皆斥卤地也"⑥。一些地方"有似蒙古，所种惟青稞，遇岁不收，民即流散"⑦，都是贫瘠荒

---

① 王全臣：《河州志》卷6《艺文》，康熙四十六年（1707）刻本，第16、17页。
② 赵尔巽等：《清史稿》卷255《孙思克传》，中华书局，1977，第9784页。
③ 嵇璜等：《钦定皇朝文献通考》卷36《市籴考五》，文渊阁《四库全书》第632册，第771、772页。
④ 刘锦藻：《清朝续文献通考》卷40《征榷考十二》，商务印书馆影印十通本，1936，考7950。
⑤ 赵尔巽等：《清史稿》卷120《食货志》，中华书局，1976，第3524页。
⑥ 故宫博物院编《万寿诗　清圣祖御制诗文》第3册，海南出版社，2006，第423页。
⑦ 《大清十朝圣训·清圣祖圣训》卷22《恤民二》"康熙五十三年三月癸丑"，北京燕山出版社，1998，第378页。

凉之地，农业生产发展异常艰难。

　　此外，东北三省部分地区和内蒙古纬度较高，冬季寒冷漫长，夏季温暖而短促，农作物生长期短，一年一熟。新疆除此之外，还有全国面积最大的塔克拉玛干沙漠和戈壁滩，地处西北内陆，干旱少雨也制约着农业生产及城乡发展。

　　由上可知，清代北方地区各省份都面临着程度不同的恶劣自然环境，严重地制约着农业生产发展，使处于乡村的百姓生活极其困难，直接造成农村人口增加缓慢，城乡发展处于相对缓慢的状况。

第二章

圈起来的城：中心城市的
发展与清代城市化

　　城市和乡村都是人类的聚落形式。早在 7000 年前的新石器时代，中国农业已经较为发达，种植成为人类的主要生活来源，由之而来的定居生活使得村落和城市的出现成为可能。通过文献记载和近年来考古发掘提供的资料，我们推断最早的城可以追溯到原始社会军事民主制时期，建城的目的是军事防御，正如《礼记·礼运》所说："城，郭也，都邑之地，筑此以资保障也。"以黄河流域为主的北方地区是中国早期城市文明的核心区域，夏都二里头、偃师商城、郑州商城、安阳殷墟等遗址的密集分布反映了夏商时期城市文明的繁盛。最早的城市主要具有军事、政治功能，所谓"筑城以卫君，造郭以守民"[1]。虽然不能以是否具有城墙作为判断是不是城市的单一标准，但新石器晚期形制上的城墙与功能上的"城"已实现了统一。[2] "围起来的城"开始成为中国古代城市的形象表达。

　　春秋战国以前，我国城乡分离的格局还没有形成，周代虽然有"国""野""都""鄙"的区别，但它们主要是统治者为维护阶层利益而分割出的有等级差别的地理空间。秦大一统政权建立后，随着郡县体制的确立，作

---

　　① 徐坚等：《初学记》卷 24《城郭第二》，中华书局，1962，第 565 页。
　　② 刘庆柱：《中国古代都城遗址布局形制的考古发现所反映的社会形态变化研究》，《考古学报》2006 年第 3 期。

为独立有机体而存在的城市和农村才真正形成，二者往往以城池为界，相互分离而又互相依赖，中国两千多年的封建专制社会也是在城乡分离的基础建立的。汉代，随着政治稳定、经济恢复、社会安定，自中央至地方的分级城市体系不断完善，各级城市纷纷发展成区域军事、政治、经济和文化的中心。城市行政等级不同，其对周边地域的吸附力也不同，相对来说，行政级别越高的城市，经济越发达，人口也更为集中。这种以行政城市为中心，也可以称作唯行政城市发展的局面一直延续到明清时期商业城镇的兴起才有所转变，但是真正的变革还是近代以后。

第一节　清初北方城市体系的建立

明朝末年，自然灾害、战乱、瘟疫再加上政治腐败、经济凋敝、社会动荡、矛盾激化，农民起义接连不断，北方城市体系受到极大破坏，许多城市破落不堪。崇祯元年（1628），陕西大旱，"一年无雨，草木枯焦"[1]，民无所食，安塞城附近甚至出现了炊煮童稚的现象。崇祯七年（1634），河南连续发生旱灾，"野无青草，十室九空"[2]。而此时，明王朝又深陷与后金的连年战争中。崇祯二年（1629）至崇祯十五年（1642），后金（清）军五次南下发动战争，肆虐京畿。北京附近的涿州、通州、昌平、怀柔、顺义、遵化、河间、雄县等州县被清军劫掠，"纵兵驰突，凡克城十二，摧敌阵五十八，俘获人畜十八万"[3]。兵锋南抵山东、河南境内。灾荒和战乱为瘟疫的发生、传播、流行提供了温床。崇祯十六年（1643）发生的瘟疫中，北京死亡人数达到 20 多万，约是整个城市人口的 1/5 到 1/4。[4] 崇祯十七年（1644），天津暴发鼠疫，大量人口死亡，"有一、二日亡者，有朝染夕亡

---

① 马懋才：《备陈大饥疏》，收入《明季北略》卷5，商务印书馆，1936，第77页。
② 郑廉：《豫变纪略》卷1《天启六年至崇祯十一年》，收入《三怡堂丛书》，河南官书局民国11年（1922）铅印本，第18页。
③ 《清太宗实录》卷31"崇德元年九月己巳"，中华书局，1985，第394页。
④ 邱仲麟：《明代北京的瘟疫与帝国医疗体系的应变》，《中央研究院历史语言研究所集刊》2004年第3期。

者，日每不下数百人，甚有全家全亡不留一人者，排门逐户，无一保全"①。可以说，明王朝是在灾荒、民变、瘟疫和清兵的联合作用下灭亡的，而这四个因素也对北方城市造成巨大破坏。清军入关后，统治者为巩固政权，采取了诸如奖励开垦、减免赋税等一系列措施缓和民族矛盾，争取前明官僚士绅支持，笼络民心。经过二十多年的巩固和发展，康熙三年（1664），除台湾和福建沿海地区外，全国大部分地区的反清斗争基本结束，社会趋于稳定，经济得到恢复，为城市的重建和发展奠定了基础。

一· 清中前期北方的行政建制

随着战争的结束、局势的稳定，清王朝统治者开始着手城市恢复和重建工作。与前明相比，清代的疆域进一步扩大。清初，统治者在东北地区设府建州，尊沈阳为盛京，与北京并称"两京"，实行与关内同样的行政体制。其后，蒙古诸部、西藏、新疆、青海也逐步成为清王朝有效统治区域，设将军、大臣管辖，地位相当于省。雍正二年（1724），全国形成直隶、山东、山西、河南、陕西等 18 个行省，光绪年间，台湾、新疆、奉天、吉林、黑龙江也先后设省。

顺天府是首都的最高行政机关，府尹地位显赫，品级为正三品，高出一般的知府二至三级，由尚书、侍郎级大臣兼任，位同封疆大吏的总督、巡抚。顺天府领 24 县，虽在直隶总督辖区内，但府尹和总督不存在隶属关系。北京城垣之外的地区接受直隶总督衙门和顺天府衙门双重领导。北京城垣之内，总督无权过问。康熙二十七年（1688），顺天府所辖州县按其方位设东、西、南、北四路同知，负责州县政务。四路同知后来发展为四路厅，地位介于府和县之间，顺天府也因此发展成为与其他省类似的三级行政建置。

奉天府作为龙兴之地，是满族的发祥地。清初实行八旗驻防城制度，由盛京将军统辖全境。顺治十年（1653），开始设置州县。顺治十四年

---

① 骆养性：《揭报开津地方瘟疫流行伏乞垂察亟赐轸恤》，载《明清史料》丙05，北京图书馆出版社，2008 年影印本，第 439 页。

（1657）设置奉天府，府治沈阳，下辖辽阳、海城两县。至嘉庆末年，奉天府领6县、2州、4厅，但仍保留八旗驻防，实行八旗与其他民族双重管理。

直隶、山东、河南、山西、陕西等直省最初行政建置为三级，即省、府（直隶州）、县（州），同时在一些重要地区或因事派出设置了守巡道。乾隆初年，为解决政区数量增加与新增官缺有限的矛盾，又增设了厅。清代延续并进一步发展了明代的督抚制度。总督总辖一省或数省的军务、民事等，节制巡抚、提督。巡抚"综理教养刑政"①，专辖本省。鸦片战争后，中国逐渐成为半殖民地半封建社会，为了应对内外矛盾，清政府对各直省行政建置进行调整。

清代在蒙古诸部、青海、新疆等藩部设置将军、大臣、都统等进行管辖，形成具有地方特色的行政制度。蒙古地区设置盟旗作为地方行政建置。旗具有军事和行政双重职能。盟，即会盟，原为蒙古部族领主的集会。清代改为具有相对固定的区域、固定的组织机构及固定的旗的职能部门，相当于统辖各旗的一级行政机构。青海设置西宁办事大臣管理地方事务。乾隆二十四年（1759），清王朝平定新疆各部后，设置办事大臣、参赞大臣、领队大臣及伊犁将军等对当地实施有效管理。南疆等一些地区依然沿用回部管理方式，设置阿奇木伯克，对驻地大臣负责。雍正、乾隆时期，边疆一些地区还新增了厅，处理"蒙汉交涉事务"，管理沿边移民。察哈尔、热河、归化城以及北疆等地区厅的设置较为常见，反映了这些地区移民人口的增加和农业经济的发展，也是区域城市化的表现之一。

二　北方城池的重建

古代中国，城市遭遇的破坏往往是摧枯拉朽式的，但建设却不会一蹴而就。清代北方城市的重建亦是如此。清朝建立后，面临的第一个问题就是在饱受战争荼毒的前朝城市的断瓦残垣上恢复或者重建围墙、建筑以及其他城市基础设施。

城墙是古代军事防御设施，是由墙体和其他辅助军事设施构成的军事防

---

① 《钦定大清会典（乾隆朝）》卷4《吏部·文选清吏司》，内府抄本，第6页。

线。为了国家的安定和稳固，清政府非常重视城墙的修葺和建设。顺治时期，政府就要求地方设置专门机构负责城墙修建工作，从京师到直省无一例外，"凡有损坏，即行修葺"。为了减少人为损害，还有针对性的立法对客观造成城墙破损或盗取墙砖的人予以处罚。积极鼓励地方官民参与到城墙的建设中来。顺治十一年（1654），清政府规定：各省有"城垣倾圮"等情况的，"地方官能设法修葺，不致累民者，该督抚具题叙录"。顺治十五年（1658），准许各地官员捐修城垣。康熙元年（1662），"题准捐修城垣"，要求"务照旧式，监造完固。"对于城墙修造不符合要求的，也有相关处罚。如三年之内出现倾塌损坏等情况，地方官员轻则销去捐助记录、赔修、罚俸，重则降级留任，甚至革职。雍正七年（1729），朝廷进一步明确地方官升转离任时，与接任者之间在城墙维护方面的交接问题和相关责任。乾隆元年（1736），再次明确地方官员修缮城墙的责任，要求各处城墙如有"些小坍塌，令地方官于农隙时修补"，如"坍塌已多，需浩费繁者，该督抚分别缓急报部，有必应急修者，一并妥议具题"，如果官员放任坍塌，"即行参奏"。①

清代中期，各府县的城墙重修或修缮工作基本完成。《嘉庆重修一统志》详细统计了嘉庆前18个省的城墙重建、修缮情况。北方各省中，直隶、山东、山西、河南、陕西、甘肃等省情况如下。

表 2-1　清嘉庆前北方地区府级城市城墙重建或修缮情况统计②

单位：次

省级	顺治	康熙	雍正	乾隆	嘉庆	合计
直隶统部	4	7	3	1	0	15
盛京统部	0	5	1	15	7	28
山西统部	7	6	5	1	0	19

---

① 《钦定大清会典则例》卷127《工部》，文渊阁《四库全书》第624册，第35~38页。
② 参照何一民《清代前中期十八行省府级城市城墙重建修葺的年代及次数统计表》绘制。见何一民《清代前中期城墙重建修葺及特点》，《福建论坛》（人文社会科学版）2019年第4期。

续表

省级	顺治	康熙	雍正	乾隆	嘉庆	合计
山东统部	1	5	6	0	0	12
河南统部	8	5	0	0	0	13
陕西统部	6	0	6	0	0	12
甘肃统部	3	3	5	0	0	11
新疆统部	0	0	0	1	0	1
蒙古统部	—	—	—	—	—	—
合计	29	31	26	18	7	111
百分比	26.2%	27.9%	23.4%	16.2%	6.3%	100%

表 2-2 清嘉庆前北方地区县级城市城墙重建或修缮情况统计

单位：次

省级	顺治	康熙	雍正	乾隆	嘉庆	合计
直隶统部	18	51	1	35	0	105
盛京统部	0	—	—	11	12	23
山西统部	33	28	3	15	2	81
山东统部	18	21	3	41	0	83
河南统部	58	21	6	8	0	93
陕西统部	24	17	7	23	4	75
甘肃统部	7	13	2	23	0	45
新疆统部	0	0	1	14	0	15
蒙古统部	—	—	—	—	—	—
合计	158	151	23	170	18	520
百分比	30.4%	29.0%	4.4%	32.7%	3.5%	100%

　　从表 2-1 和表 2-2 可以看出，顺治、康熙时期各级城市的重修或修缮次数最多，占比最高，其中，直隶、山西、河南、陕西四省居前，应该是这些省份在明清鼎革之际城墙受损最为严重。河南、山西两省府级中心城市重建或修葺均为 13 次，分别占到这一时期总量的 21.7%，加在一起占到了北方总量的 43.3%，接近一半。河南、直隶和山西三省县级城市城墙重建或修缮次数较多，分别为 79 次、69 次和 61 次，占这一时期北方总量的

25.6％、22.3％和19.7％。甘肃最少，这与明时并未沿袭甘肃行省设置，而是在此地设立甘肃镇，作为军事防区管理，人口数量和城镇数量均不多有关。

明朝政府对东北地区的管理范围有限，一度在黑龙江设置的奴儿干都司也仅是派驻官员留守，没有编制内的军队驻扎，后来改由当地部落领袖世袭，与军事体系支柱的正规卫所大不相同。因此，这里的城市化程度有限，战争对城市的破坏更是少之又少，故而清初修缮和重建总量也就不多。至乾隆时期，随着经济恢复、人口增加和东北地区的开发，城市发展起来，城墙修建便被提上日程。

新疆与东北地区有点类似，直到乾隆二十四年（1759），清王朝对他实行有效管理之后，在伊犁、库尔喀喇乌苏、塔尔巴哈台、哈密、和阗等地才开始修建城池。

蒙古地区则由于其独特的自然环境和城市形态，无法形成中原地区那样人口规模的城市，故而有人说，由明至清，蒙古地区没有完全意义上的城市。因为这里游牧民族居多，即使修建城墙圈定城市，在当时生产力的情况下，也很难聚居成规模，而且这些圈定城市一旦失去政治、军事作用，也将很快衰落下去，所以清廷从实际出发，没有费时耗力在这里大修城墙。

八旗驻防制度是随着清军入关在各直省地区和藩部地区推行开来的。顺治二年（1645），先是在西安和江宁派驻八旗，随后又"遣八旗驻防顺德、济南、德州、临清、徐州、潞安、平阳、蒲州八城，每旗分驻一城"①。此时，八旗驻防更多是一种临时性质的，八旗兵分派驻守在区域中心城市和军事要地，主要是应对突出的满汉矛盾。政局相对稳定之后，八旗驻防的满城作用仍然以军事职能为主，负责防控关隘和重点城市，一些满城驻地本身就位于山川险要、战守利害之处。《八旗通志·营建志》记载了清代满城和驻

---

① 蒋良骐著，林树惠、傅贵九校注《东华录》卷5"顺治二年十月"，中华书局，1980，第82页。

防城的基本情况。一般认为，至嘉庆元年（1796），清代共有满城20座①，北方地区主要有西安满城，建于顺治二年（1645）；太原满城，建于顺治六年（1649）；德州满城，建于顺治十一年（1654）；开封满城，建于康熙五十八年（1719）；宁夏满城，建于雍正二年（1724）设；潼关满城，建于雍正五年（1727）；青州满城，建于雍正七年（1729）；绥远满城，建于乾隆二年（1737）；凉州满城，建于乾隆二年（1737）；庄浪满城，建于乾隆二年（1737）；惠远满城，建于乾隆二十八年（1763）；会宁满城，建于乾隆三十八年（1773）；巩宁满城，建于乾隆三十八年（1773）。除此之外，清代还设置了大量的驻防城，主要分布在盛京、新疆等地。

满城和驻防城既有利用原有城市结构划区而置的，如西安满城、太原满城等；也有在府州城附近另行设置建造的，如宁夏满城、青州满城等；还有就地新建的，如巩宁满城、会宁满城等。最后一种类型多分布在新疆地区。满城和驻防城内除了满洲八旗、蒙古八旗、汉军八旗等官兵外，还有他们的家眷，因此，城内除了衙署、营房、军械库、火药库、教场等军事设施，还有居民房、学校、寺庙、手工作坊及一些商铺等。总体来说，满城的军事职能远大于经济职能，可以定义为消费型城市，日常生活依赖其他城市和地区的供给。

三　北方城市活力的恢复

清代农业、手工业、交通的发展，市场网络的建立为城市建设奠定了基础。清初政府十分重视发展农业生产，大力推行垦荒政策，扩大耕地面积；兴修水利，加强河道治理；改进种植技术，推广高产作物等，积极恢复农业生产力，提升粮食产量，为城市发展提供了有力支撑。手工业是传统城市最主要的经济门类之一，清朝统治者废除前代匠籍制度，"令各省俱除匠籍为民"②，此后又将"班匠银"合并到田亩，或随地丁带征，解除手工业者的

---

① 关于满城的数量，学界有20座、48座、27座、34座、24座和11座等不同观点。参见韩效、叶皓然等《清代满城概念研究》，《西安交通大学学报》（社会科学版）2018年第3期。
② 《清世祖实录》卷16"顺治二年五月庚子"，中华书局，1985，第146页。

经济负担和人身束缚，提高劳动者的生产积极性。在这些政策影响下，官营手工业无论是数量还是规模都呈萎缩趋势，私营手工业蓬勃兴起。清时官府所需手工业品多以市价自手工业者手中购买，或招募工匠制造，手工业产品货币化和市场化程度越来越高。明代一些被官府垄断或限制的行业逐渐放开，手工业生产结构出现变化，"民间手工业行业种类增多"①。如山西解州解池在明代商民自备工本参与生产的基础上，产权进一步放松，演进为"畦归商种"的生产模式，刺激了商人经营池盐的积极性，解池成为清初恢复和发展较快的产盐地之一，对解州区域经济发展促进良多。②

　　清代交通运输仍以水运为主，近海航道、黄河、运河、长江等内河成为运输主干道，舟楫不通之处辅以驿道等陆路运输，全国性交通网络和市场体系就在此基础上形成。清代商品流通能力较之前代大为增强，不仅存在城乡之间的双向流动，即农村向城市提供粮食和其他农副产品的同时城市也向农村提供手工业品和其他商品，不同区域间的商品流通也非常活跃，尤其是大中城市和一些新兴的商业城镇，各地商品的互相交流日益成为常态。清代钞关收入远远超过明盛时，资料显示，明万历年间（1573~1620）钞关收入40.7万余两白银，乾隆六十年（1795）增至846万两③，两组数字对比的悬殊反映了清代长途运输业的繁荣。

　　清代交通枢纽型城市发展迅速。张家口是沟通京津、河北一带对恰克图、库伦商贸的物资集散市场和储运基地，地位举足轻重，经济发展迅速。以旅蒙业（办理去库伦蒙区贸易、运输业务的行业）为例，康熙年间，这里仅30余家，中俄贸易开展后，急剧增多，乾隆年间，达到百余家，同治年间，继续增至350余家，到光绪年间，已经逾400家。张家口—库伦—恰克图这一国际运输线年运量在250万公斤以上，张家口中外商户云集，年贸

---

①　徐建青：《清前期手工业的发展水平与特点》，《中国经济史研究》1998年第1期。

②　黄天庆、夏维中：《"牵辗不易"：清中期解盐运销自由化探析》，《盐业史研究》2014年第4期。

③　刘秀生：《清代商品经济和商业资本》，中国商业出版社，1998，第27页。

易量可达 1.5 亿两白银，被称为华北第二商埠。① 顺治时期，大运河沿岸的临清商业经济已有较快发展，仅"户、工二部分榷商税船料，岁额二万余。"② 来自山东、河南及临清周边地区的粮食汇集于此，再转运至北京等地。乾隆年间，甚至每年有数万、数十万石来自盛京的粮食经临清沿大运河南下。周家口位于贾鲁河、沙河交汇处。沙河注入颍河，继而向东南流，汇入淮河，再经由运河，可以南达江浙。周家口上通河南开封，下达江浙，是河南与江南地区之间的重要交通枢纽。明代，周家口就已迅速崛起，"万家灯火俘江浦，千帆云集似汉皋"。顺治时，与周家口隔沙河相望的永宁集已是"商贾辐辏，称巨镇云"③。至乾隆时，周家口与永宁集合二为一。周家口原来在沙河南岸，"国朝治平百年以来，人烟聚杂，街道纵横延及淮宁境，连接永宁集，周围十余里，三面夹河，舟车辐辏，烟火万家，樯桅树密，水陆交会之乡，财货堆积之薮。北连燕赵，南接楚越，西连秦晋，东达淮扬，豫省一大都会也"④。

　　虽然此时期北方经济以农业为主，种植结构尚处于调整之中，江浙地区的专业型工商业镇市还没有大量出现，但具有优势资源特色的城镇建设还是取得了前所未有的成就。巩县产煤，清乾隆年间，有成百上千的煤窑主聚集于此，雇佣周边贫困百姓为其劳作，深挖浅掏，日无宁晷。清朝末年，规模更大，"县中产煤地颇多，约分为两大部：曰南山，曰东山。南山如涉村、曹河、圣水、应山川等处；东山如黑龙潭、楼子沟、老君庙等处"。巩义之煤在黄淮地区销售很广，以本地商贩为主，"东抵山东，南至湖北，北达直隶。第就开封一埠论，清季煤业近百廛，而非巩人者仅三数家"⑤。山东颜神镇不仅煤炭资源丰富，还是山东陶瓷重镇，全国玻璃生产制造中心。康熙年间，四方商贩咸聚于此。船舶将这里的煤炭、陶器和玻璃运送出去，又将

---

① 韩祥瑞、王秉成：《张家口古代史话》，内蒙古人民出版社，1998，第 114 页。

② 张度：《临清直隶州志》卷 9《关榷》，乾隆五十年（1785）刻本，第 4 页。

③ 高珵等：《商水县志》卷 2《集市店镇》，顺治十六年（1659）刻本，第 4 页。

④ 董榕修，郭熙纂，牛问仁续纂修《商水县志》卷 1《集市镇店》，乾隆四十八年（1783）刻本，第 12 页。

⑤ 巩县志编纂委员会：《巩县志》，民国 18 年（1929）重印本，1989，第 91 页。

外地的粮食、农副产品及其他商品运至这里。乾隆五年（1740），政府允许民间自行开采煤矿后，颜神镇的民营采矿业迅速发展。在本地产业带动下，这里的饮食、服务等行业也日渐繁荣，成为方圆数百里重要的贸易中心城市。

清代，商人实力大为增强，富商巨贾层出，他们根据籍贯、血缘、行业等关系组织起来，形成不可忽视的社会力量，影响区域经济的发展。直隶饶阳以粗布闻名天下，其地所产粗厚大布，在塞外可做帐幕之用，时称"荅布"，也写作"褡布"，境内一批商户因为贩运褡布发家致富。如深常氏家族靠此发迹，后来"常氏稍衰"，"张冈刘氏，官厅李氏，城坊田氏、韩氏继兴，皆安坐里间，而塞外、东三省、内外蒙古，持一纸书，数千里赍送银币来取布，银币陆行，辐辏于北鄙尹村，尹村虽在郊外，其殷富十倍城郭"①。天津商人是新疆境内最有势力的商人："津人植基最先，故根本深固，分枝遍南北疆，肆无常货，居无常贾，五都之会，海国所供，莫不备致，因时俯仰，动不失宜"②。在河南经营的外地商人以山、陕、江、浙等为主，晋商最为活跃，不但实力强，而且人数多，"且不说在交通发达的大城市，就是在交通闭塞的农村，异常活跃的却是以山西商人为代表的客商而非土著商人，河南市场几乎为其垄断"③。

到清代中期，北方地区的市场网络逐步完善，形成了诸多规模不一、分布错落的商业中心城市，它们的辐射范围和市场级别差距很大，与其行政等级并不完全相符。直隶地区，北京为首都，天津为府城，经济功能和商业规模均非常大；但行政地位仅次于保定，与前两座城市相比，无论是商业规模还是经济辐射能力都要逊色很多；而诸如直隶厅张家口、散州通州和祁州等，商业发展较快，经济水平不弱于保定。山东济南虽然行政级别在省内最高，但是市场辐射能力却并不排在前列，甚至行政建制仅为镇的周村的市场

① 吴汝纶：《精刊吴挚甫文集5》之《物产后叙》，国学扶轮社石印本，宣统二年（1910），第5页。
② 张其昀：《中国地理下》第21章《准噶尔盆地》，商务印书馆，1920，第425页。
③ 陈连营：《客商与清代河南农村经济》，《中州学刊》1992年第2期。

层级也要超过济南；府城登州也同济南一样，虽然行政建制不低，但市场级别弱于其治下的烟台镇；临清清初一直是东昌府的一个散州，乾隆后期才升格为直隶州，但其经济辐射能力不容小觑，乾隆年间，境内粮食年交易量高达 500 万至 1000 万石，是华北地区最大的粮食贸易中心。清代河南省内商业城镇也得到了快速发展，除河南府城洛阳市场辐射功能强大，周边没有出现较大新兴城镇外，其他区域均有市场辐射范围超过所属行政中心城市。如开封的商业水平和市场等级在全省居于首位，但东部朱仙镇作为南北水陆转运中心，其市场功能一度媲美开封。南阳府境内水运发达，荆子关、北舞渡、赊旗镇等先后繁荣发展，清代中期它们的市场功能不弱于府城，清末淅川升直隶厅，县城驻荆子关。此外周口、清化等商业城镇的经济水平也分别超过所属府城陈州和河内。清代，区域行政中心与商业中心相背离的情况在北方许多地区出现，不仅说明经济的进步使得国家与地方的发展目标不完全兼容，也是中小城市发展充满活力和生机的表现。

第二节　清代北方中心城市及其周边的经济发展

北方地区的中心城市包括两京、省级城市（省会）、府级城市（府城、直隶州城、直隶厅城）和县级城市（县城、散州城、散厅城），还有蒙古和新疆的将军、大臣、都统和王公治所。这些城市多具有深厚的历史积淀，政治上的优势以及优越的地理位置往往在地域发展中发挥着关键作用。北京是全国政治、文化中心，也是当时全国最为繁华的大都市之一。因为交通和经济的推动，不少行政级别较低的城市获得了长足发展，其对周边区域的经济辐射能力要超过上一级城市，这是清代北方城市发展的重要特点，反映了市场体系对行政体系的突破。入清以后，随着内河漕运的兴盛，山东德州、临清、聊城、东平、济宁等运河经济带城市经济水平普遍超越济南，临清甚至有"富庶甲齐郡""繁华压两京"的美誉。天津是海上丝绸之路的战略支点，经济、交通、军事地位极为重要，其城市繁荣程度可与北京比肩。

一　北方中心城市的发展

顺治元年（1644）八月，皇帝驾车从盛京（今沈阳）出发，九月到达北京，十月发布祭天地文，宣布"定鼎燕京，以绥中国"①，为满洲统一大业的完成奠定了政治基础。

清代的北京是皇都所在，人口多、规模大，经济恢复和发展较快。清初，设置八旗驻防内城，内城的商业区全部移至外城。原前门外大街及宣武门、崇文门外商业区兴盛起来，"前三门外货连行，茶市金珠集巨商"②。各商业区主要是为北京的宗室贵族、驻军眷属、工商业人口和其他城市居民服务。商品种类繁多，产地遍布全国，殷商巨贾汇聚。乾隆时期，正阳门前已是"棚房比栉，百货云集，较前代尤盛"③。琉璃厂自正阳门外延伸至宣武门外，"市中多书籍、碑版、鼎彝、古董"④，是主要交易文化商品的特色商业区。而崇文门自明代即为重要税关，万历时更成为全国八大钞关之一。清代规定，崇文门为直省商货进京税关。康熙五年（1666），出京货物税不再征收。外地商货进京主要有两条通道："水路经运河至通州起岸，由朝阳门外大道入京，至崇文门纳税"；陆路"俱由卢沟桥税局查明件数，送广宁门转押崇文门税署查验有无输税，分别放行"⑤。由于是重要税关，崇文门外形成了繁华的商业区。粮食以及纸张、瓷器、糖、醋、油、酒、杂货、竹木器、绸缎、布匹、茶叶、烟草等日用必需物品经过崇文门计货取税，输入京师。

北京商业会馆林立，散布于外城的主要商业区，"京师称天下首善地，货行会馆之多，不啻什百倍于天下各外省；且正阳、崇文、宣武门三门外货

---

① 周家楣、缪荃孙：《顺天府志》，北京古籍出版社，1987，第 113 页。

② 前因居士：《日下新讴》，《文献》第 11 辑，书目文献出版社，1982，第 212 页。

③ 于敏中等：《日下旧闻考》卷 55《城市·外城中城》，北京古籍出版社，1985，第 887 页。

④ 洪大容：《湛轩燕行杂记·琉璃厂》，《韩国汉文燕行文献选编》（第十八册），复旦大学出版社，2011，第 355 页。

⑤ 中国第一历史档案馆档案：《录副奏折》，乾隆四十六年七月，"请将擅闯门关之海兰察押送行李家人交部严训治罪事"，档案号：03-0170-003。

行会馆之多，又不啻什百倍于京师各门外"①。据李华统计，这类"掌握在工商业者手中"的会馆，或称行馆，有五十多个，涉及颜料、纸张、干果、杂货、银号、绸缎、布匹、珠宝、药材、香料、茶叶、洋货等行业。会馆创建者除行业商人外，还有来自山西、陕西、山东、浙江、福建等地的商人，有的会馆就是以商人籍贯命名。此外北京城的寺院众多，庙会经济也蓬勃发展。最开始外城庙会比较热闹，到清中叶，内城也形成了一些极具影响力的庙会，如隆福寺庙会，雍正元年重修，至乾隆中期已是"百货骈集，为诸市之冠"②。虽然庙会经营的多是一些与城市居民日常生活相关的"小买卖"，但是涉及人数多、交易量大，因此"庙市成为北京最基本、最重要的商业形态和消费场所之一。这些内外城的庙市一起组成了一个独特而重要的京城商业网络"③，共同推动了社会经济的发展。

盛京（含沈阳）是清朝两京之一，曾做过后金政权二十年的都城，在体制上虽然不如明代陪都南京那样体制健全，规模也相对较小，但这里始终是东北地区的政治、经济、文化中心，其发展具有自己的特色。清王朝定鼎北京后，作为满洲贵族的龙兴之地，清廷对这里城镇经济的恢复非常重视。顺治十年（1653），颁布了著名的辽东招民开垦令，积极鼓励关内汉人前来开垦。随着移民的大量涌入，以盛京为首的辽东城镇迅速兴起。以粮、豆为基础的东北粮食生产发展很快，使得东北与内地之间的粮食贸易发生了重大变化，并出现了"关内之民以银易粟得赖资生"，"关外之民以谷易银益见饶裕"④ 的局面。以粮食为原料的烧锅业（用高粱等杂粮酿酒）、榨油业也得到了很好发展。康熙五十六年（1717），胤禛（后来的雍正帝）来盛京祭祖，"见盛京城内，酒肆几千家，平素但以演饮酒为事情"⑤。此后烧锅数量

① 《颜料行会馆碑记》，收录于《明清以来北京工商会馆碑刻选编》，文物出版社，1980，第7页。
② 于敏中等：《日下旧闻考》卷45《城市·内城东城一》，北京古籍出版社，1985，第710页。
③ 杜正贞：《从护国寺庙市的起源看北京庙市在明末清初的演变》，《中国文化研究所学报》2005年第46期。
④ 郑川水、陈磊：《大清陪都盛京》，沈阳出版社，2004，第59页。
⑤ 阿桂等：《乾隆盛京通志》卷六，《中国地方志集成》，凤凰出版社，2021，第121页。

不断增加，分布范围也不断扩大，到嘉庆五年（1800），盛京地区烧锅已达400余座。道光年间，政府加强了对酿酒业的限制，课以重税，酿酒业发展的步伐才有所放缓。榨油业是盛京城镇经济的另一个支柱产业。乾隆年间，从东北经浑河、辽河，再由海上运往南方的大豆与豆饼高达120余万担，其中相当一部分来自盛京。盛京还是东北地区重要的商品转运地，关内、蒙古、朝鲜等处商品汇聚于此，满足生产生活需要或转运至其他地区。东北地区的粮食、大豆、水产等农产品也自沈阳经沈水、辽河由海上转运至天津、江南等地，或由山海关运至京师。林木采伐业也是盛京经济的一个特色。雍正元年（1723），朝廷准许"盛京本处民人，有自备资本采伐木植者，亦于盛京工部领取执照。该监督确查照例征收，折银交纳"①。这项政策促进了盛京木材贸易的兴盛，商人将从辽东地区采伐的商品木材经由浑河"放木排"，水运到杨官河口上木场（今沈阳市东陵区杨官河口），然后通过资本雄厚的木材商人设立的"木局"批发或转售。杨官河口上木场成为清代东北地区最大的木材码头，周围木材商号云集，著名的有义盛庸、义源庸、广吉庆、福胜茂等。随着盛京特色产业的发展，盛京城内形成了以井字街和东、西、南、北四个门脸为中心的商业区，汇集了各种类型的不同店铺，如"城中有钟、鼓二楼，百货集其下"②，大东门有各式各样的风味食品，如果茶、凉粉、丝饼和肉丁包子等；大西门，是铁工业、手工艺品集中的地方，还有各种杂货摊位和小旅店；大南门，古玩商品、器具作坊扎堆，吸引了不少商客；大北门，经营各类小店、小摊床，以及一些低级妓院；城西北转角处，集中着一些经营原木、成材或木制家具的店铺。虽然总体而言，沈阳的城市规模和经济水平不能与关内诸省会城市相比，但清王朝的大一统无论对东北地区的开发以及国内商品交易市场的完善还是对沈阳经济发展都起到了巨大的推动作用。

省会城市是省域乃至大区重要的文化中心和经济中心。保定是直隶省

① 《钦定大清会典事例》卷942，清光绪二十五年刻本影印本，沈阳故宫藏，第16550页。
② 杨宾：《柳边纪略》（辽海丛书本）卷1，辽沈书社，1985，第236页。

会，处于太行山东麓的南北大道上。明代的太慈阁和南关、北关依然是商业活动较为集中的地区。而西大街以及与西大街相邻的城隍庙街，因衙署众多，成为最主要的商业中心。城内商户数量极为庞大，除了直隶本省，来自江西、山西、陕西、浙江等地的外地商户数量更多，他们的经营以南纸、药材、瓷器、鞋帽、绸缎、洋货、银号等为主，其中以晋商实力最强。

清代济南城的政治、军事职能较为突出。城内会馆密集，除明代已修建的江西会馆外，还有山陕会馆、湖广会馆、浙闽会馆、中州会馆、江南会馆等。根据光绪二年（1876）《重修山陕会馆碑记》统计，修建会馆的捐款中有 60% 以上来自金店、银楼和银号的经营者，可见金融从业者的经济实力不可小觑。此外，参与捐资的药店、盐商、茶店、烟店、漆店、皮店、锅店、铁店等商户数量也不少。许檀在结合其他资料进行分析后认为，与天津、临清、周村、朱仙镇等相比，济南的晋商比重并不算高，但经营特色鲜明，首饰业和药业比例明显高于其他城镇。"晋商的这一行业选择，显然是为适应该城高端消费群体相对庞大而采取的策略，同时也从一个侧面反映出济南商业的重要特点：其一，济南商业主要是为本城居民服务的，转运贸易十分有限；其二，该城商业中奢侈性消费占比较大。"①

清代河南省会、开封府治、祥符县治同在今开封一城。经历过明末清初的兵燹，开封城市受破坏严重，康熙时期，虽然"市廛辐辏处，唯汴桥隅、大隅首、贡院前、关王庙、鱼市口、火神庙、寺角隅、鼓楼隅为最盛"②，但其他地方仍未从萧条中恢复过来。乾隆时期，经过百余年的发展，开封才又现繁荣。与明代相比，开封市场上专门为上层统治阶级服务的奢侈品比重明显下降，而为民生服务的粮食、日用品等的比重相应提高。有学者曾将《如梦录》与乾隆、光绪两个时期所修《祥符县志》中涉及的明清两代商业店铺的种类及其分布做了一番比较，进而认为"明代数量众多的倾销银铺

---

① 许檀、张林峰：《清代中叶晋商在济南的经营特色——以山陕会馆碑刻资料为中心的考察》，《中国社会经济史研究》2019 年第 1 期。
② 陈梦雷：《古今图书集成·方舆汇编职方典》卷 373《开封府部汇考四》（第 92 册），中华书局，1934，第 8 页。

已查无踪迹，布帛店也有明显变化，专为王公贵族消费的高档商品减少，为普通百姓消费的民生日用品成为开封商业的主体。从商业分布看，明代集中在繁华商业区——大小山货店街、钟楼、鼓楼、大隅首、城隍庙街的店铺，清代逐渐散布于城内各街。商业布局的分散化趋势从另一个侧面反映出开封商业的主要功能已从满足王公贵族、外来客商的需要为主，向满足一般居民日常消费为主转化"①。但是需要补充的是，清代各种商业门类依然很齐全，比如铸造金银器皿、首饰的金银铺子仍然存在，可能只是规模、数量和影响力大不如前，因而不见于方志记载。清代中期问世的社会小说《歧路灯》中曾提到，开封本地有打造银片子的铺面，但是"打造的死相"，不如"北京正经金银首饰头面"，本地的珠翠质量也不高，"正经滚圆珠翠，唯京里铺子有"，就连衣服绸缎，开封本城里的"人家都见俗了"，得派人"向南京置买几套衣服"。②虽然小说语言可能在某些方面有夸张之处，但这也足以反映清代开封在全国的城市中的地位已经衰落的事实，其商业和手工业发展水平应该与北京、南京、苏杭等城市存在着不小的差距。

经过一系列恢复和发展，太原城经济在清代又恢复了活力。康熙时期，南关附近的大南门街和一些街巷已成为商业繁盛区域，此后位于城中，临近鼓楼和衙署的大钟寺附近也发展成为商业中心，"寺内及东西街，货列五都，商贾云集，踞街巷之胜。"③但与济南、开封、天津、西安等北方省会或重要府城城市相比，清代太原的城市经济发展水平和速度都不算高。清代晋商在全国范围都较为活跃，但在太原的活动较少。晋商在太原设立的商号和票号，仅合盛元票号有分号。在全国设置的124地总号和467家分号，也仅有12家在太原。④清末民初，太原城内记载较为明确的会馆共23所，其中省内各地设立的会馆16所，外省设立的会馆6所，工商业会馆1所。外

---

① 许檀：《明清时期的开封商业》，《中国史研究》2006年第1期。
② 李绿园著，栾星校注《歧路灯》，中州书画社，1980，第260页。
③ 李培谦：《阳曲县志》卷3《建置图》，道光二十三年（1843）刻本，第12页。
④ 王社教：《明清时期太原城市的发展》，《陕西师范大学学报》（哲学社会科学版）2004年第9期。

省的 6 所会馆主要是中州会馆、四川会馆、浙江会馆、湖广会馆、两江会馆和旗举燕鲁会馆。工商业会馆为干果行会馆。① 太原是山西的政治中心、经济重心，是北方地区重要的军事重镇，但难以成为更大区域范围内的经济中心，"一是太原所在的山西中北部地区经济发展整体来说比较落后，供需两方面都不是很旺盛；二是太原所处的地理位置不利于其发挥经济中心的功能"②。

　　西安在清代经济也得到了一定程度的发展，虽然就其经济活跃度来说，与保定、开封、济南相比应该存在一定差距，但却是当之无愧的西北地区经济中心。城市内行业众多，以饮食、车马店、银器加工、牲畜和布匹等行业最为兴盛。往来客商数量众多，客商所建会馆林立。史红帅利用光绪十九年（1893）《清西安府图》、民国《咸宁长安两县续志》及其他资料考订，认为"清西安城计有商业（含行业）会馆 26 所，其中外省籍会馆 18 所、本地会馆 8 所"③。除云南外，各直省和奉天、吉林、黑龙江等均在西安设有会馆，部分地区甚至设置不止一处，如河南设置中州会馆和中州西馆，安徽设置安徽会馆和安徽东馆，山西设置山西会馆和三晋会馆等，可见其与全国各地商业联系的紧密。据说浙江会馆客居在西安的商人已达 4000 余人，可见规模之大。此外，西安庙会、赛会市场发达，不仅数量大，而且参与人次多。如都城隍庙位于西大街北侧，临近官署区和北院门商业区，"长安、咸宁两县旧俗，岁有赛会四，而以四月初八等日都城隍之会为最大。商贾联集，蔚成钜观"④，是城市经济功能的重要补充。

　　兰州是新疆、青海、西藏等地与中原地区交通的枢纽，也是西北地区重要的商贸都会。兰州商业繁盛区在东西大街两侧，皋兰县衙署前的县门街和东关、南关、西关附近地区。除甘肃省外，山西、直隶、陕西、河南、四川、云贵以

---

① 山西陆军测量局制《山西省城详图》，1919 年 8 月实测，1920 年 6 月印制。
② 王社教：《明清时期太原城市的发展》，《陕西师范大学学报》（哲学社会科学版）2004 年第 9 期。
③ 史红帅：《明清时期西安城市地理研究》，中国社会科学出版社，2008，第 329 页。
④ 杨虎城、邵力子：《续修陕西通志稿》卷 198《风俗四》，民国 23 年（1934）铅印本，第 20 页。

及湖南等地商人到兰州经营票号、钱庄、布庄、木行等，贩卖茶叶、绸缎、皮毛、水烟、药材等。其中以山陕商人实力最强，他们不仅财力丰厚，由山陕商人集资兴建的山陕会馆早在康熙四十七年（1708）已落成，规模为兰州会馆之最；而且数量众多，到乾隆年间，山陕商人在兰州开设的商号已达四五百家，仅绸缎铺就有 11 家，衣铺有 19 家。①

如果说京师和省会城市人口多、规模大，总辐射区的覆盖面广，构成了北方城市体系的钢骨，那么府级及其以下城镇的作用也不可忽视，特别是清代大量商业市镇是联通城乡商业网络的脉络，其作用不可小觑。关于市镇的作用下章还要详细介绍，在这里选取部分府级、县级城市，就其商业发展以及在区域经济发展中的影响和作用进行探讨。

天津位于渤海之滨、海河尾闾，清初海禁开放后，这里趁势发展起来，是清代北方地区最大的海港城市和商业中心城市。道光年间，天津人口密集，商户众多，总居住人口有数十万之多。城内有 1 大街、4 小街、4 衔巷，106 铺，9914 户。关厢共有街巷 387 条，共有 22943 户；其中东门外有 7077 户，北门外有街巷 162 条，为最多。北门外过浮桥就是通往京师的大道，且"运河逶迤其间，商旅辐辏，屋瓦鳞次，津门外第一繁华区也"②。此外，山西会馆、闽粤会馆、江西会馆等天津规模较大的会馆均在北门外。天津海运发达，雍正以后，每年往返天津与福建、广东的海船不断增多，至乾隆八年（1743）抵津船只就已达到 105 只。③ 南方的糖、果品、茶叶、纸张、药材、杂货等通过船只运载而来，然后带回北方的枣、梨、核桃、大豆、花生等农副产品。与闽广海船一起的还有西洋商船，主要贩运苏木、胡椒等商品。东北与天津的海运联系也日渐紧密。雍正初年，户部遣官至东北地区运送十万石粮食，总会于天津，以备京师之用。因为政府此时对海运商品、数量、港

---

① 许檀：《清代中叶山陕商人在甘肃的经营活动——以碑刻资料为中心的考察》，《中国经济史研究》2022 年第 1 期。
② 佚名：《津门保甲图说》，载《天津通志·旧志点校卷》（下册），南开大学出版社，2001，第 435~441、439 页。
③ 中国第一历史档案馆：《乾隆朝朱批奏折》，乾隆九年七月二十五日伊拉齐奏折，档案号 04-01-35-0317-010。

口等有诸多限制，故而这种运输还多属特例。清中期以后，随着海运禁令的松弛，贸易量不断增加，但贩运商品仍以粮食为主。乾隆时期，天津依靠贩卖东北粮食营生者"每岁约船六百余只，每船往返各四五次或五六次不等。不但船户藉以养生，沿海贫民以搬运粮食生活者，不下数万人"①。天津的漕运也很发达。清政府允许漕船携带"土宜"，沿途进行交易而免征其税，还将漕运的官备驳船 1200 只交由运河沿线及附近地区的州县，供雇船户驳运，船户"如有商货、盐斤，均准揽载"②，这些政策的实施促进了天津与北方内陆地区之间的经济联系，进一步提升了天津作为漕运枢纽的重要地位。虽然清代后期，受黄河决口、运河淤塞以及新式轮船应用到交通运输中等的影响，漕粮改为海运，但是因为海运和内河航运等优势还在，天津的交通枢纽地位并没有改变。

洛阳在河南城市中的区域影响力仅次于省会开封。据《河南府志》记载，清初洛阳县只有牙税银 3 两，到乾隆时期新增税钱 208 两，盈余税钱 1038.488 两，并新增当铺 14 座，共纳税钱 70 两。③ 百余年间商业税额增加了数百倍，这固然和清初洛阳处于恢复重建阶段税额基数设立过低有关，但从数额迅猛增加中也的确可以看到洛阳的城市经济发展在清代取得了相当大的成就。洛阳商业大概兴起于康熙时期，到清中叶达到鼎盛。当时洛阳南关是城市最繁华的商业区，其中仅马市街就有商业店铺数百家，铁锅巷还有定期集市，非常热闹。洛阳不仅是河南府的商业中心，也是陕甘地区通过中原，同南北各省商品流通的重要通道。早在清朝建立之初就有客商前来经营贸易，至嘉道年间，洛阳城中外地行商坐贾汇聚一堂。这些客商中以秦、晋商人最多，而在秦、晋商人中又以山西潞泽府商人最强。据山陕会馆所存《捐款碑》记录，嘉道年间参与集资修建会馆的秦、晋商号多达 652 家，而潞泽会馆所存乾隆二十一年（1756）《关帝庙新建碑文》记载，当时在洛阳

① 卫芃等：《栖霞县续志》卷 9《艺文志上》，《条陈时政疏》，光绪五年（1879）刻本，第 13、14 页。
② 沈家本、荣铨：《重修天津府志》卷 29《漕运》，光绪二十五年（1899）刻本，第 13 页。
③ 施诚等：乾隆《河南府志》卷 24《田赋志》，同治六年（1867）刻本，第 16 页。

经营的山西潞泽府商号有 225 家，这还只是坐贾的数量。因此，许檀先生结合其他资料分析认为，"嘉道年间汇聚于洛阳的山陕两省行商、坐贾当有千家，如果加上其他省份的商人，为数更重"①，从这一数据看，直到清代洛阳仍然是中原地位较为重要的一个城市，但是其地位已经和唐宋及以前不可同日而语了。

大同位于山西省北部，明代这里是连接蒙古诸部与京师、山西、直隶、河南等地的重要枢纽城市，"其繁华富庶不下江南"②。清代，随着边境的统一，大同的部分商贸职能为归化、绥远等城市分担，故而经济辐射范围缩小，经济中心地位削弱，不过直到清末民初这里仍然是大同、阳高、朔平、平鲁等地的商品交易中心市场，人口两万，商业繁荣，主要的货栈 17 家，经营北京、天津、张家口等地运来的各种商品，或经此转运省内外各地；拥有广东会馆、八旗会馆、榆次会馆和湖南会馆等。

清代多数时期，乌鲁木齐是重要的府级城市，主要发挥军事和政治职能。清末，成为省会后，城市经济得到迅速发展，"旧城南北买卖商贩市肆繁华，俨成都会"③。来自直隶、湖南、山西、甘肃、河南、四川等地的官兵、眷属等，与家乡保持着联系，促进了各地商人在乌鲁木齐的活动。"从1884 年以后，各省会馆在乌鲁木齐相继出现，如两湖会馆（地址在今天山大厦南面）、甘肃会馆（地址在今北门医院对面）、中州会馆（地址在今人民广场西侧）、川云贵会馆（地址为今民主路商店）、江浙会馆（地址在原小东门内）、晋陕会馆（地址远在大西门外关帝庙内）。"④ 各地商人主要在城内大小十字一带从事经营活动，形成城内的商业区。

---

① 许檀：《清代中叶的洛阳商业——以山陕会馆碑刻资料为中心的考察》，《天津师范大学学报》（社会科学版）2003 年第 4 期。

② 谢肇淛：《五杂组》卷 4《地部二》，中华书局，1959，第 117 页。

③ 永保：《乌鲁木齐事宜》，载《新疆文献四种辑注考述》，甘肃文化出版社，1995，第 102 页。

④ 昝玉林：《会馆漫记》，载《乌鲁木齐文史资料》第 8 辑，中国人民政治协商会议乌鲁木齐市委员会文史资料研究委员会编印，1984，第 81 页。

二　北方中心城市的辐射区域

作为非农业人口的聚集地，城市主要担负政治、军事、文化以及经济领域中的手工业、商业等职能。城市除了"必须从外界取得足够的粮食，供养城市人口之生活"①，还通过人员、信息、货币及其他物资等与外界发生着各种联系，既满足自身生存发展需要，又为周边地区提供服务。中心城市的辐射区域有一定限度和边界，"人文地理学的普遍现象告诉我们，除非有高大的山脉阻挡两侧气流的交换并阻碍彼此的交通，导致自然地理和人文地理景观的差异，一般说来不同地区的人文地理现象呈一定的过渡性，即在某一区域成为主导的某种人文现象，在边线以外的区域也有一定的存在，只不过这种现象在这一区域内不占主导地位，并随着离边线距离的加大而不断减少罢了"②。

传统社会，行政等级越高的城市对周边地区的辐射能力越强、范围越广，不过这种情况在清代有所变化。此时的北方地区已经有不少城市突破城墙限制，很多地方的商业经营区域延伸到城郊。也有一些城市，因为商业济发展速度较快，经济辐射能力和范围已经超越上一级城市，成为新兴的中心城市，以之为中心的商业网络体系也随之建立，这从清代天津、临清、朱仙镇等城市的发展中可看出端倪。值得一提的是，中心城市带动了周边城市群内大小城市、小城镇和乡村的振兴，而这些腹地也为中心城市提供了多种支持性资源，对中心城市的发展起着举足轻重的作用。需要指明的是，城市对周边地区的辐射能力和范围不是一成不变的，而是始终处于变化之中。本章选取北京、天津、开封、洛阳、兰州等城市作为标本，分析不同地域、不同行政等级、不同类型中心城市与辐射区域之间的关系，希望对清代北方城乡关系研究有所裨益。

清代北京是全国的政治、文化、经济中心，其城市辐射地区广泛。北京

---

① 赵冈：《中国城市发展史论集》，新星出版社，2006，第 8 页。
② 复旦大学历史地理研究中心：《港口－腹地和中国现代化进程》，齐鲁书社，2005，第 11 页。

城的辐射核心区主要集中在顺天府。明末清初，顺天府领 5 州 22 县，"大兴、宛平京县二，通州、昌平州、涿州、霸州、蓟州等州五，良乡、固安、永清、东安、香河、三河、武清、宝坻、顺义、密云、怀柔、房山、文安、大城、保定、平谷、遵化、玉田、丰润等县十有九"①，以及顺治十六年（1659）裁撤的漷县都在其统辖区域。大兴和宛平为京县，附郭，与五城察院和五城兵马司分壤而治，管辖除城属之外的各里。顺天府的 5 州 22 县均位于北京小平原内，即由太行山脉北段和燕山山脉，自西、北、东北三面环绕，面向华北大平原的区域，也称为北京湾。自西南向东北，涿州、房山、昌平、怀柔、密云、平谷、三河、蓟州、遵化、玉田、丰润等州县位于西山、军都山、燕山等山麓地区；大城、文安、保定、霸州、永清、固安、良乡、宛平、大兴、顺义、通州、漷县、香河、宝坻、武清、东安则分布在北京湾的平原地区。各州县城均分布在海河支流大大小小的河川沿岸或附近。通州、漷县、香河、武清等县在北运河沿岸或附近。山麓诸县构成北京城的防御屏障，同时通过山间峡谷隘口与蒙古和东北地区相连通，如房山、昌平、怀柔、密云、平谷、蓟州、遵化等县的西北边、北边基本上以长城为界，有大龙门口、南口、古北口、罗文峪关等。北京湾内平原各县则为北京城提供了最基本的物资，是其核心腹地。有清一代，顺天府所辖区域多有变化，但多数时间内，其辖内州县保持在 24 个。

京畿地区是王朝都城管理的核心区域，历朝历代选址建都时，首先都会考虑周边地区能否较为稳定地为都城巨量人口提供生存所需要的粮食，也因此，唐代长安、北宋开封以及元明清的北京都拥有面积广阔、土地肥沃的畿辅之地。清代自然也不例外。虽然清朝历代政府都非常重视农业生产，但其间还是走了不少弯路。如前所述，清军入关之后，统治者施行圈田政策，大量的京籍土地被强占，变为旗地、庄田，面积三百里、五百里不等，以顺天府各州县被占比例最高，"顺天府境之地，被圈为多"②，大兴、通州、顺义

---

① 《钦定大清会典则例》卷 31《户部》，文渊阁《四库全书》第 620 册，第 590 页。
② 李鸿章、万青黎：《顺天府志》卷 53《食货志五》，光绪十年至十二年（1884~1886）刻本，第 1 页。

等近京平原各州县被圈占比例更高，往往是"田在官不在民"，"实在民地无"，"民地无几"。而山麓地区的山林也有被圈占者，"昌平山多壤狭，可耕之地无多，以故穷民率皆仰给于樵采"，但"各王分山，势必禁其樵采，今且满洲人，看见入山伐木挑柴者，夺斧鞭笞，樵夫抱头奔窜"。① 这种侵占农村土地的行为对京畿地区的农业产生了不利影响，一方面限制了土地交易；另一方面大大伤害了农民生产的积极性、主动性，甚至出现大批近京农民逃亡的情况。为了增加粮食产量，清政府吸取教训，逐步采用租佃制的方式刺激农业生产。康熙二十五年（1686）四月，"辛亥，始令顺天等属旗庄屯丁，编查保甲，与民户同"②。为了发展农业，政府还用加官晋爵等手段激励地方官员重视农业生产，采取减免税收等经济措施，促使农民积极投身于农业劳作中。

农业生产离不开水利，政府专门派人对京畿地区地势较低的湖泊、洼淀附近土地进行改造，因地制宜改善区域内的水文环境，不但使得许多干旱土地变为高产良田，而且使南方优良稻种在北方种植推广。③ 其实北京种植水田的历史非常悠久。这里海河支流众多，湖泊、洼淀星罗棋布。东汉时，渔阳太守张堪就曾在今顺义一带引白河水发展稻田。明代，徐光启在北京、天津一带开垦田地，引进南方稻种，推广水田。入清之后，统治者曾尝试大力发展畿辅农田水利，推广水田，以缓解康雍以后人口暴增的压力，降低对东南漕粮的依赖，"积漕利国、富旗安民，莫有过于大兴畿辅水利者也"④。康雍之际，蓝鼎元"渡江淮，过齐鲁，抵京师"，见"北方不习水利，惟苦水害，低回顾惜，恨不得胼手胝足于其间"，忽闻朝廷有疏导畿辅河渠，"肇兴疆畎"的盛事，于是上《论北直水利书》，认为在畿辅地区发展水田，是"根本至计"，虽然可能劳费较多，但"他年节省漕石，获利何啻数倍"，且

① 故宫博物院明清档案部编《清代档案史料丛编》，中华书局，1978，第51页。
② 赵尔巽等：《清史稿》卷7《本纪第七》，中华书局，1976，第220页。
③ 李成燕：《清代雍正时期的京畿水利营田》，中央民族大学出版社，2011，第288~293页。
④ 贺长龄编《皇朝经世文编》卷108《工政十四》，《畿辅水利疏》，道光七年（1827）刻本，第20页。

"不特北直之水利可兴，而山东、河南、淮徐上下数千里，亦可以次第举行"。① 雍正四年（1726），在雍正帝的大力支持下，以怡亲王允祥总理其事，设京东、京西、京南、天津四局，掌管水利营田工程。京东局统辖顺天府丰润、玉田、蓟州、宝坻、平谷、武清、宁河及直隶永平府部分州县；京西局统辖顺天府宛平、涿州、房山、霸州、文安、大成等县及直隶保定府、易州、定州部分州县；京南局统辖直隶中南部部分州县；天津局统辖直隶天津府部分州县及兴国场和富国场。设局发展水田，是以行政手段自中央到地方强力推动的。京畿发展水田本身就是为了满足京师粮食需要，四局统辖范围也从侧面反映了北京城核心粮食来源的范围，"自五年分局至于七年，营成水田六千顷有奇，天心助顺，岁以屡丰，穗秸积于场圃，秔稻溢于市廛"②，取得较好收益。雍正八年（1730）九月，皇上诏谕中就提到，京城各仓米粟有余积，同时"有直隶营田所产稻米可以采买贮仓"，可以"将山东被水州县之漕粮全行蠲免，直隶、江南、河南被水州县之漕粮按成灾之分数蠲免"。③

　　虽然京畿各州县确实有适宜发展水田的地区，但受自然条件的限制，需要投入大量人力、物力经营营田事务，且易受水旱灾害的影响。乾隆之后，畿辅水利营田不再由中央负责，改为地方官员专办，推动力度大为减小。乾隆中期以后，除玉田、房山、磁州、永年、迁安等处仍有较大面积水田外，其他地方仅存部分水稻种植，多数水田改为旱田。然而，一旦京畿地区出现较大规模的水旱灾害，或是漕运出现问题，兴修畿辅水利、发展水田等建议又会被提出。道光后期，内外时局恶化，吴邦庆、林则徐、唐鉴等人纷纷印刻或编写《畿辅河道水利丛书》《畿辅水利议》《畿辅水利备览》等书，在肯定雍正时期水利建设的成就之外，继续提出在北方发展水田、改变南粮北

① 贺长龄编《皇朝经世文编》卷108《工政十四》，《论北直水利书》，道光七年（1827）刻本，第17页。
② 唐执玉、李卫：《畿辅通志》卷46《水利营田》，雍正十三年（1735）刻本，第2页。
③ 《世宗宪皇帝上谕内阁》卷97，"雍正八年八月初十日"条，光绪二十一年（1895）浙江官书局重刻本，第4页。

运局面的主张。之后，讷尔经额、崇厚、李鸿章等尝试在天津、遵化、宁河、永平等地开垦稻田。然而，此时清王朝已经走向穷途末路，再无力大规模推动农田水利建设。

需要说明的是，京畿地区虽然粮食亩产不低，但清朝是中国古代人口大爆发的一个时期，全国人口总量在清朝后期已经突破四亿大关。而首都北京更是人口密集之地，"京城人民辐辏，就食者多"，至康熙末年"太平日久，人口滋生，多至数倍"①，乾隆末年人口已达到清代峰值986978人②。面对人口如此快速的增长，顺天府及直隶近京地区所产粮食已经越来越无法满足京师人口对粮食的需求。在这样的背景下，为粮食运输而发展起来的漕运及陆运线路日渐繁忙，与之相关的城市也成为北京城辐射区的组成部分。

清代漕粮以大米为主，"占总数的百分之九十左右"③。产地以江、浙为主，运输路线由南向北，故而有"南漕北运"之说。清代对漕粮运输的管理延续前朝制度，并有所发展，具体来说，就是置漕运总督一员，"驻扎淮安"，"直隶、山东、河南、江南、江西、浙江、湖广七省文武官员经理漕务者，咸属管辖"。④ 在通州、天津、济宁、淮安等处，设巡漕御史，稽查漕运官吏及各项事务。因为涉及省份多、管理严格，其政治意义不亚于经济意义。早在唐宋时期，我国的经济重心已经转移到南方，这在一定程度上标志着政治中心与经济发达地区的分离。漕运则将南北两地连接在了一起，南方地区也被有效地纳入京师的辐射范围。此外，清代"朝廷已经十分重视对于漕粮的利用，并呈现出利用越来越频繁、范围越来越广泛、解决问题越来越多的趋势"⑤，将漕粮用于地方军饷、仓储、调控粮价、赈灾备荒等等，固然支撑了北方经济发展，但是也必须认识到，通过漕运或者陆运输送粮

---

① 《清圣祖实录》卷268"康熙五十五年五月壬戌"，中华书局，1985，第633页。
② 韩光辉：《北京历史人口地理》，北京大学出版社，1996，第128页。
③ 孙健主编《北京古代经济史》，北京燕山出版社，1996，第313页。
④ 《钦定户部漕运全书》卷21《督运职掌》，收入《清代漕运全书》第2册，北京图书馆出版社，2004，第465页。
⑤ 吴琦：《南漕北运：中国古代漕运转向及其意义》，《华中师范大学学报》（人文社会科学版）2016年第6期。

食，在扩大首都城市辐射范围的同时，也成为中央政府对地方实施政治管理和经济调控的方式和手段。更值得一提的是，明清时期就不断有商人、船户以及地方官绅利用漕运渠道开展贸易活动，沿岸市镇也随之发展，这使得自京师至扬州，商业往来交流不断，影响广泛的漕运经济带也因此形成。

伴随着国内商业贸易和交通运输的齐头并进，以京师为核心的陆路交通网也日渐完善。"国家定鼎燕京，东发通、蓟，趋山海关，以达盛京。北起昌平、宣化，出居庸，由蔚州，以达三晋；出张家口，逾长城，以通蒙古。南下良乡、涿州，分两大岐，其东南由河间，以达齐鲁、吴越、闽广；其西南由保定，历正、顺、广、大四府，迳中州，以缘川陕，又南历湖南北，以尽滇黔"①，与漕运互为补充，陆路交通将各地物资、人员、信息等整合在一起，进行有效的传输和传递，对实现北京与辐射区域之间的相互作用和影响不可忽视。

天津是北京的东大门、拱卫北京的天堑，在北京辐射圈内，作为北方地区经济繁荣度仅弱于首都的城市，它的经济辐射范围也相当广。天津有"九河下稍"之称，在新式交通方式发展之前，内河航运是天津与辐射地区连通的重要方式。西汉以前，黄河经太行山东麓平原至渤海入海，今海河水系中的多数河流属黄河水系。黄河改徙后，海河流域水文环境也发生了较大变化。先秦时期，人们便改造、利用今海河流域内的河流、湖泊等。建安九年（204），曹操开凿人工渠，引淇水入黄河故道——白沟，后来又开凿利漕渠，沟通漳水与白沟，以增加漕运水量，从而使得白沟成为连接黄河与江淮的交通要道。隋代，又在这条线路上，引沁水入清水（白河上游），向南北两端拓展，形成永济渠。宋、金、元的御河，明、清的卫河皆是不断对河流、渠道修整、利用的结果。此外，历史时期人们还改造、利用海河水系的漳河、大清河、子牙河、潮白河、永定河、滦河等河流及其支流。这些河流、渠道如大小血管一般，分布在华北平原。通过南运河和卫河，船只可直达河南的道口镇、山东的临清，进而抵达河南怀庆府和江南地区；通过大清

---

① 唐执玉、李卫：《畿辅通志》卷43《驿站》，雍正十三年（1735）刻本，第1页。

河及支流府河等，船只可抵达保定府及直隶中部地区；通过子牙河及支流滹沱河、滏阳河等，船只可抵达河间府、献县、冀州等直隶中南部地区；通过北运河、永定河、蓟运河等，船只可抵达京城，连通京东地区。清初，由于北运河河道淤积，水深变浅，南上的漕运船只无法直抵通州，必须经停天津，改用官备驳船。康熙时，驳船的管理权交由大运河沿线的"天津、静海、青县、沧州、南皮、交河、东光、吴桥、通州、武清、香河、文安、大城、任丘、雄县、新安、霸州、安州等18州县"，所雇船户可在运送漕粮时揽载商货、盐斤等。① 天津濒临渤海，有丰富的海盐资源。长芦盐政、巡盐御史等在康熙时均驻天津。长芦盐区所产的食盐主要分销至直隶各府州县及河南开封府、彰德府、陈州和怀庆府等地。从这些商业贸易往来不难看出天津与内陆个省份贸易联系的密切。

天津位于海河入海口附近，是我国重要的港口城市，自元代起就是海运、漕运枢纽。清代我国北方的海路交通主要有两条，一是由天津至锦州、牛庄、营口等地，通往东北；二是由天津南下至江浙、闽粤等地。路线虽然不同，但相同的是都需要经过天津。海运是漕运的补充，晚清随着新式交通方式的发展，漕运地位下降，但海运地位却在提高。这主要是因为漕运需要不断的疏浚、管理，花费巨大，而海运则相对成本较低，因此越来越受到重视。雍正年间，天津进港商船主要来自福建泉州府、漳州府、福州府、兴化府，广东琼州府和浙江宁波府。乾隆以后，进港商船的出发地进一步扩展到广东、福建、江苏、台湾、浙江、山东、辽东等地港口。晚清时期，天津凭借广阔的辐射地区，已成为北方最重要的港口城市、经济中心，贸易量稳居北方各港口之首。咸丰十年（1860），天津被迫开埠，"作为通商之埠"，经济结构发生重大变化，成为列强的商品集散地和原材料掠夺口岸。

许檀依据雍正九年（1731）十二月十五日直隶总督刘于义奏折、关税档案等资料，对天津港进出口货物及来源地和目的地进行了详细分析②，借

---

① 沈家本、荣铨：《重修天津府志》卷29《漕运》，光绪二十五年（1899）刻本，第13页。
② 许檀：《清代前期的沿海贸易与天津城市的崛起》，《城市史研究》1997年第Z1期。

此可对天津与辐射区域之间的相互联系和制约的辩证关系有较为明晰的认识。

雍正九年（1731），抵达天津的海船共 53 艘，运送货物包括糖、纸张、瓷器、茶叶、苏木、胡椒，以及干鲜果品、药材、酒、鱼翅、白矾等等。运送糖的船只来自浙江宁波府鄞县，福建泉州府晋江县、同安县，漳州府龙溪县，福州府闽县，兴化府莆田县。食糖的来源地主要是福建的漳州、泉州，还有一部分"台松糖"转运自台湾。瓷器商船主要来自晋江县、莆田县和闽县，瓷器产地主要是晋江，也有部分瓷器标作"粗洋碗"，可能从国外输入。纸张商船主要来自闽县，也有少量来自莆田县，纸张的产地主要为闽县闽江上游的昭武府和延平府。茶叶商船主要来自福建各地，但每船装载数量并不多。茶叶品种以武夷茶为主，也有其他品种，还有所谓"细茶"等品质较好的茶叶。苏木和胡椒的商船主要来自闽粤，但多非当地所产，而是由东南亚进口转运而来。除此之外，其他商品，如干鲜果品、药材等多是闽粤等省当地所产。东北地区转运至天津的主要是粮食、木材等，粮食每年入港在百万石以上，木材每年约二、三百船。自闽粤、江浙、东北运送至天津的各类商品数量都比较大。显然这些商品不只是满足天津一地所需，相当一部分会经天津转运至北京、直隶、山东、河南等地。

从天津港外运的商品主要是枣、梨、核桃、大豆、花生、药材等，转运至南方各港口，甚至远至朝鲜、日本等地。这些商品主要来自顺天府、直隶、山东、河南、山西等地。部分药材甚至产于远离天津的甘肃、新疆东部等地。一些粮食和木材，由东北运出，经天津转运南方。

新式交通方式推广后，天津与辐射地区之间的联系也发生了深刻变化。清末洋务派在天津及附近地区创办了一系列近代企业，包括工矿、通信、航运、交通、军工等，促进了天津传统经济结构的转型。与此同时，天津与辐射地区之间的物资、人员、信息交流也发生了变化。西洋的棉纱、洋布、煤油、面粉等大宗商品通过天津港输入内地，内地的棉花、羊毛、煤炭、猪鬃、木材等原材料以及一些地方土特产，也会通过天津港运抵海外或者转运内陆其他省份。棉花主要来自直隶、山东、河南、山西和陕西等地；羊毛主要来自甘肃、内蒙古、山西、直隶、河南、山东等地。唐山开平煤矿的煤炭通过蓟运河（清代潮河别称）运抵天津塘沽，然后通过卫河、南运河运送怀庆、彰德等地。清末民初，津唐线、津浦线、京张线、卢汉线等铁路陆续建成通车，铁路、内河航运、海运相互配合，共同拓展了天津的辐射区域。

天津之外的运河沿岸及附近地区、沿海地区的中心城市的辐射区域，与运河及其所在区域水文环境有密切关系。如山东西部地区，因大河南北漕运之利，临清、济宁、聊城、德州、登州、胶州、东平等城市迎来了发展的黄金期，它们发挥航运枢纽的作用，成为北方商贸的流通中心区。特别是临清，为北方地区最大的税收中心之一，就经济水平而言，可以与扬州、苏州、杭州等江浙城市媲美。不过这些城市因地区水文环境的变化，如黄河决徙改道、运河淤塞等，辐射腹地也发生变化。晚清新式交通工具的出现以及交通格局的改变，使得河运趋向没落，对这些城市近代化发展影响甚大。

开封是河南省省会，全省政治、文化、经济中心。清代的开封，随着全国政治中心的北迁、经济中心的南移，政治地位已非昔日可比，但是天下之中的位置，使得这里交通网络四通八达，全国各地的客商云集于此。据统计，到光绪年间，开封城内的商业会馆就有十几座，其中以外地商人所建最多，如浙江会馆、山西会馆、安徽会馆、江苏会馆、江西会馆、两湖会馆、两广会馆、山东会馆、天后宫等。① 由此可以看出开封经济的活跃、与各地商业往来的频繁。

距离开封城东南40里的朱仙镇，是开封对外经济交往的重要门户。朱仙镇的崛起源于贾鲁河的疏浚畅流。明代嘉靖年间，政府疏通贾鲁河，以此沟通河南与江淮水道，江淮物资可以经由长江入淮，溯贾鲁河北上进入华北各地。作为南北水陆转运中枢，开封唯一的货物转运码头——朱仙镇由此兴起。明代中后期，朱仙镇已经是中原地区颇为重要的市镇，清代朱仙镇继续发展，到乾隆时期，这里已经是一座商户上千家的北方巨镇，与

---

① 沈传义等修，黄舒昺等纂《祥符县志》卷1《祥符县城图》，光绪二十四年（1898）刻本，第3~6页。

湖北汉口镇、江西景德镇、广东佛山镇齐名。朱仙镇是贾鲁河—沙颍河—淮河—运河一线商路的重要节点，辐射区域不亚于开封，这一点与天津与北京的关系颇为类似。根据朱仙镇山陕会馆收藏的乾隆三十三年（1768）《重修关帝庙碑记》和《本庙全图》所开列名单，可以明确知道参与捐款的商人或商号共计1131家，其中能够区分地域的商人、商号有399家，占总数的35.3%。其中山西籍商人、商号274家，捐银1774.49两，占捐银总额的18.1%；陕西籍商人、商号35家，捐银543.7两，占捐银总额的5.6%；河南本地商人、商号90家，捐银1468.75两，占总额的15.0%；而地域不详的商人、商号共732家，捐银5996.44两，占捐银总额的61.3%。从这组数字可以看出，在此经营的晋商数量最多，实力雄厚；河南本地商人数量也有不少，应该排第二位；陕西籍商人再次，排第三位；此外就是来自其他省份的商人，比例不详。朱仙镇的回族商人数量很多，他们将明代的清真寺进行了整修，增修东寺、西寺、南寺、中心寺和两座女寺，共6座清真寺，数量之多为中原之冠，这充分说明当时的朱仙镇是回族商人集聚的地区，且回族商人实力应该比较雄厚。从山陕会馆碑刻的记述中可以看出：经过朱仙镇运输的货品，除煤为河南所产外，大多由外地输入，其中茶叶、麻、桐油等来自南方，铁货来自山西。朱仙镇既是全国较大的水陆码头，同时也是河南最重要的商贸城市。它一方面为开封城市消费提供各种商品，另一方面是河南北部的商业中心，其流通范围大致可以覆盖开封府属各州县以及河南北部的归德、彰德、卫辉及河南等府。此外，安徽、福建、江西、湖北等地商人在此也较为活跃。①

　　洛阳曾是隋唐大运河的核心、全国漕运的枢纽。然而到清代，洛阳已基本上不具备大规模航运的条件，成为一座以陆运为主的商业中心城市。一方面，洛阳是河南府的府城，对河南府各州县及周边地区具有一定的辐射作用。另一方面，洛阳交通区位优势明显，"东都四达之府，西接崤函，北望

---

① 许檀：《清代河南朱仙镇的商业——以山陕会馆碑刻资料为中心的考察》，《史学月刊》2005年第6期。

太行，为秦晋门户，两省懋迁之畴盖萃于兹"①。从洛阳山陕会馆、潞泽会馆等碑刻相关资料可以看出，商人在洛阳经营、转运的商品主要有绸缎、布匹、皮货、药材、茶叶、纸张、瓷器、糖等，除了河南本地外，还有相当一部分来自或转运至湖北、安徽、山西、陕西、两广，以及甘肃、新疆等地区。

西北、东北等地区人口较少，城市规模与其他北方地区相比较小，且中心城市，如盛京、兰州、西宁、乌鲁木齐、归化城、绥远城等首先是地区的政治枢纽、军事重镇，经济职能弱于北方其他地区。康乾时期，为了用兵新疆，先后分省设置甘肃，定兰州为省会，"我朝疆宇日辟，以遥隶陕西，不免鞭长莫及。特于此地，建立会城，移设府志，酌全陇适中之地。壮区夏控制之形，规模计虑，大而远矣"②。这就注定了兰州的城市功能首先是军事方面和政治方面的。兰州自古就是中原地区与西北地区、青藏地区连通的枢纽城市，发挥着商贸转运的重要作用。清初沿用明制，在西北地区实行茶马互市，设甘州茶马司于兰州。此后，虽然茶马互市被废止，但兰州仍然是西北茶叶贸易的中心地区。商人由湖南、四川等地采购茶叶，运至兰州，再转销至甘肃各府州县、新疆、青海、西藏及蒙古等地。此外，甘肃、新疆、青海等地的水烟、皮货、干鲜果品、药材等也经兰州转运至陕西、四川、河南等地。可见在内地与西北边陲的商贸中，兰州的作用是不容忽视的。

光绪五年（1879）十二月初三，德国人福克同奥地利人满德等人自上海出发向西北行进。他们经西安、兰州，出嘉峪关，到达哈密。福克在其所著《西行琐录》中记载了沿途见闻。书中说，他们于光绪六年（1880）三月初四抵达兰州，这里是西部地区物资运往内地的交通要道。不仅汇集了西藏的藏红花、藏香、红白脑砂、猞猁等物品，青海所产的羊皮、锦文、大黄、麝香、西牛黄等也是应有尽有，还有来自新疆哈密的土产，经由河西走

---

① 《东都山陕西会馆碑记》（道光十五年），收录于许檀编《清代河南、山东等省商人会馆碑刻资料选辑》，天津古籍出版社，2013，第60页。

② 陈士桢修，涂鸿仪纂《兰州府志》卷1《地理志上》，道光十三年（1833）刻本，第15、16页。

廊运至兰州。这些商品，或者经平凉、泾州至西安，再转运至中原和江南地区，或者经宁夏府至宣化府，进而至京师、天津，又或者经秦州、阶州至巴蜀地区。[①]

第三节　清代北方的城市化

城市化是一个国家或地区范围内，城市人口比重不断增加，城市用地规模不断扩大，城市人口占总人口比重不断增长的发展过程。清代高产粮食作物的传入、边疆地区的开发、丘陵滩涂土地的利用、传统粮食亩产量的提升以及人口统计方式的变革等，都为这个时期全国人口增长提供了支撑。顺治时期，全国人口仅7000万，乾隆四十一年（1776），人口增至2.7亿，到咸丰元年（1851），全国城乡人口总量更是冲破4亿大关，达到4.361亿的历史峰值。从顺治时期的7000万到咸丰元年的4.361亿，短短100余年，人口增加了5倍多，人口增长之快可以想见。在全国人口大幅增长的背景下，城市人口规模自然也随之扩大，不过清代大型城市数量并不多。美国学者吉尔伯特·罗兹曼（G. Rozman）在《清代中国和德川幕府时代日本的城市网络》一书中分析认为，封建社会后期的中国社会人口集中于城镇和乡村，百万人口以上的大城市寥寥可数，因而金字塔的形状是"上小下大"的锥形结构，这种城市网络，使中国难以形成一体化的城市体系，从而削弱了中央集权的统治。[②]

城市化率是城市人口与总人口的比值，单纯的城市人口的增长并不能直接带动城市化水平的提升。乾隆四十一年（1776），中国城市化率为7.4%，光绪十九年（1893），城市化率下降到7.1%，从数值的变化不难看出，清代中后期城市人口的增长落后于总人口的增长，在城市就业缺口有限的情况下，乡村人口的增长比例高于城市，传统社会农村对社会剩余人口蓄水池的

---

① 《西北稀见丛书文献》第4卷《西行琐录》，兰州古籍书店，1990，第425、426页。
② 行龙：《人口流动与近代中国城市化研究述评》，《清史研究》1998年第4期。

作用仍在显现。不可否认的是，清代人口的增加为城市手工业、商业、服务业等的进步提供了强有力的支撑，是城市社会发展不可或缺的动力。

一 北方城市人口规模扩大

以秦岭—淮河一线作为南北分界点，南北人口比例的反转出现在宋金对峙时期，在此之前，北方人口在全国的比重高于南方，随着靖康之变带来的人口大举南迁，南方人口开始赶超北方。元、明、清时期，虽然政治中心仍在北方，但南方生产力提升，经济贸易活跃，以及由此产生的对人口吸引力的增强，都使得人口南多北少的格局日益巩固。

城市是人口相对密集的聚落，城市的产生、发展、衰落、消亡过程，都与人口的变化密切相关。城市规模属于现代城市地理学概念，是衡量城市大小的数量概念，包括人口规模、用地规模、经济规模、基础设施以及城市职能等，其中人口规模又常作为衡量城市规模的决定性指标。对于人口统计，古代中国政府历来都非常重视，只是因为统计目的不同，许多册籍显示的人口数字与实际偏差很大。如北宋的丁籍制度，专为征役催税而设，只调查每户家中壮丁数量，"男夫二十为丁，六十为老，女口不须通勘"①，就是说只有 20~60 岁男子才会被录入籍册，老人、小孩和女子均不在其中。后来王安石提出保甲簿统计，但也只录入男性人口，故而册籍中记载的数字只代表部分人群，远低于实际人口。明代的人口统计依旧出于征税和派兵的需要，以"丁"为单位的做法没有改变。虽然宋、明时期也会统计"户"数，但其毕竟不是具体的人口数字，以之为标准进行的人口推测必然与实际存在偏差。清初的人口统计仍以"丁"为单位，但其意义更为复杂。因为清代在进行户口统计时，会将人口按照贫富程度的不同予以分等，不同等级的人群分摊的丁银额数不同，故而折算出的人丁额不再是实际壮年男性的数量，而是特指承纳赋税的人丁额。在这种统计方式下，被计入户籍的人口估计只占社会总人口的四分之一，漏报人口占了绝大多数。不过这一统计方式到雍正

---

① 李焘：《续资治通鉴长编》卷 4 "乾德元年十月庚辰条"，中华书局，2004，第 107 页。

时期发生了改变。众所周知，雍正帝在位时进行了几项大的改革，其中之一就是"摊丁入亩"，也就是改变过去按人丁、地亩双重标准征税的方式，将丁银统一摊入田赋中一并征收。人头税的废除使得许多隐藏人口浮出水面，之后的人丁统计才真正向现代意义上的人口统计转变，政府统计数字与实际人口趋于一致。这也是雍正之后清代人口数字突飞猛进的重要原因之一。这在第六章第一节"清代城乡人口流动的原因"中会有详细介绍，此不赘叙。需要补充的是，即使到清代中后期，人口统计数字仍然与实际存在差距。学者姜涛曾对《清朝文献通考》、户部历年《汇造各省民数谷数清册》和嘉庆《大清会典》记载的全国各直省人口进行分类整理，认为"这一时期统计人口仍较实际人口有一定程度的偏离，其中有的可能偏高，更多的却是偏低，总的趋向则是偏低"[①]。此外，受战乱、自然灾害、瘟疫等因素影响，清代后期北方人口浮动较大，这在一定程度上为人口统计带来了困难，影响了统计数字的准确性。鉴于此，学界在对此时期人口研究或比较时通常选用宣统二年（1910）民政部提供的户口调查数字。

人口统计数字与实际的偏离也直接影响了后人对城市规模的研究。从行政等级来看，清代城市可以分为京师、省、府（直隶州、直隶厅）、县（散州、散厅）四级，下面还有不列入行政等级范围的镇市。在这些城市中，除了京师因为人口统计相对翔实，更容易估测外，其他有确切人口记载的城市较少，大多只能依据地域人口数量和密度，结合与之类似等级城市的规模比较得出，因此研究标本的数量以及城市等级的划分对于估算城市规模尤为重要。

北京毋庸置疑是清代北方地区人口最多的城市。这里是元、明、清三代的政治中心，四方人口汇聚。根据明正统十三年（1448）的统计数字，这里城市居民 27.3 万户、96 万人[②]，这还只是常住人口，加上在此为官、经商、打工或旅居的人口，称北京人口过百万应该不为过。清政府对北京城市

———————

① 姜涛：《中国近代人口史》，浙江人民出版社，1993，第 55 页。
② 韩光辉：《北京历史人口地理》，北京大学出版社，1996，第 104 页。

人口进行了较为严格的管控，如疏散内城八旗闲人，限制致仕官员及胥吏寄籍京城等，一定程度上阻滞了京师人口的膨胀，但到清末，人口较之前代仍是增长不少。

北京城分为内、外和城属（四郊）三部分。内城居住的主要是八旗人口。满洲贵族入京后，为了安置大量内迁的八旗人口，将原内城居住的汉官、商人、平民等尽数迁至外城，只留投充八旗及衙属内居住的胥吏，寺庙中居住的僧侣道士。因为八旗人丁户口有独立的编审体系，不在汉人编户之内，且审严邃密，不轻以示人，故而至今没有找到确切的记载数据。韩光辉曾根据《西陂类稿》《八旗通志》《京师内外城巡警厅统计书》《大清会典则例》等记载的各时期承办宗师事务的佐领记录推算：清初内城八旗人口32万；乾隆四十六年（1781），八旗人口约56万，其中内城居住者45万；宣统二年（1910），居住于内城的八旗和汉民共约46万。① 从这个数据中可以看出内城人口数量的变化幅度不大，远低于清代人口的增长速度，究其原因，应是清廷很早就意识到八旗户口日繁，内城无处安置引起的社会问题，故而在康熙朝就开始启用建房外城及四郊、迁城内兵丁携眷居住等办法减轻京师人口压力，后来政府又通过增加直省驻防，派八旗官兵驻守各地，另有部分闲散旗人被迁回东北屯垦、少量汉军旗人出族为民、占籍州县等一系列措施，以维持内城人口稳定，尽量减少或避免因人口增长而造成的诸多风险。

外城分中、东、西、南、北五部分，习惯上又称"五城"，是汉人、汉官、商人的集聚之地，也有部分旗人居住于此。旗人的数量不多，包括康熙、雍正年间派驻崇文门、宣武门外的旗兵及其家属，还有部分由内城迁出的八旗子弟，共计2004户11900人。参考《京师内外城巡警厅统计书》等资料，推测清初外城人口在14万左右，乾隆四十六年（1781），约为19万，宣统年间，约为30万。需要补充的是，北京外城还居住着大量流动人口，他们或为流民，或为客商，或为手工业者，或是来此求学的士子，五花八

---

① 韩光辉：《清代北京地区人口的区域构成》，《中国历史地理论丛》1990年第4期。

门，贫富不等，贵贱不一，但数量却不少。康熙年间监察御史周祚显在
《驱游惰以归本业疏》中说："辇毂之下，聚数十万游手游食之徒，昼则接
踵摩肩，夜不知投归何所"①，这些"游手游食之徒"来自不同地区、不同
阶层或职业，其数量虽然有着阶段性变化，但四方辐辏，总体来说，各个时
期的人数均不会少。

城属人口由管理京师治安的步军统领、营汛和五城专管负责编审，不受
州县辖制，一并计入北京城市人口。不过现存史料并没有关于清代人口的数
字统计。只能根据民国初年四郊人口以及圆明园八旗驻军人口增长率进行推
算，其结果是清初人口大约为 9 万；乾隆四十六年（1781）大概在 22 万，
其中包括 9 万八旗军队人口；清末为 343366 人。

以上是对北京内城、外城与四郊人口的数字分析，由之可以得出清代北
京三个时期不同的城市人口：清初约 55 万、乾隆四十六年（1781）约 86
万、清末约 110 万。② 加上几十万流动人口，北京城市人口规模应该常年保
持在百万以上。

清朝初期，由于文献记载的缺乏或残缺不全，许多城市的人口记载模糊
不清。如乾隆《济源县志》对于康熙二十九年（1764）的丁数、户数和口
数的记载就比较详细，且对于人口数 61375 还明确标明是"计男妇大小"③，
可见应该是较为可信的全县人口统计。成化《河南通志》中曾记载：济源
洪武二十四年（1391）户部人口统计数字为 28981 人，计入军户人口 31357
人；成化十八年（1482）户部人口统计数字为 84458 人，计入军户有 85252
人；崇祯三年（1630）济源县人口有 203785 人。经过比较，康熙二十九年
（1690）的人口水平高于洪武二十四年（1391），但是较之成化十八年
（1482）低 28%；与崇祯三年（1630）比较，济源人口大致下降了 7 成。再
如康熙续修《长葛县志》记载，明末长葛县人口是 48263 人，康熙时期是

① 周祚显：《驱游惰以归本业疏》，收录于《中国历代奏议大典》，哈尔滨出版社，1994，第
192 页。
② 参阅韩光辉《清代北京地区人口的区域构成》，《中国历史地理论丛》1990 年第 4 期。
③ 肖应植：《济源县志》卷 7《赋役·户口》，乾隆二十六年（1761）刻本，第 1 页。

12526人，① 清初比明末人口减少了74%。洪武二十四年（1391），长葛县的人口为18711人，比康熙时期还要多。明末与清初人口相差之多，说明战争对于河南的破坏异常严重。而经过清初一段时间的发展，到康熙时期还没有恢复到明中叶的水平。通过对两座县城明代和清初人口的对比，大致能知道北方县级城市在明清鼎革之际人口损失的情况，而对于城市存留的实际人口也只能大概知道一二，缺乏史料支撑，这也是清初其他地域、其他级别城市的普遍情况。

清朝中期以后，各地关于城市人口的数据才渐渐涌现。清初，天津还主要是一座军事城市，康熙年间海禁放松以后，天津商业规模日益壮大，逐渐发展成为北方重要港口和经济中心。《嘉庆重修一统志》载，嘉庆二十五年（1820），天津城乡人口共1600822人。按4‰的年平均增长率回溯，乾隆四十一年（1776）人口大概为134.3万，城市人口大致为10万。道光二十六年（1846）的《津门保甲图说》详细记载了天津城内、北门外、东门外、东北城角、西北城角、西门外、南门外等城厢各部分的户数、口数。据此统计，道光时期天津城市人口为32761户198715口。② 在北方地区，天津的城市规模仅次于北京。

山东省会济南，嘉庆时期全府共计4014819口，道光十七年（1837）增至4202474口。③ 以3‰的年平均增长率回溯，乾隆四十一年（1776）济南府共有351.9万口。而此时其附郭县历城城乡共72624户280191口，包括城内6117户25946口；城四门外街巷及近城之村6394户23188口。④ 而后，随着济南经济的发展，到清后期，济南近城之附郭绝大部分成为城区的一部分，历城也不例外。民国十五年（1926）济南城、厢人口超过了20万，除去商埠四区的32300余口，老城和城关大约169000人，回溯道光咸

① 何鼎：《长葛县志》卷3《赋役志·户口》，康熙三十年（1691）思补堂刻本，第2、3页。
② 佚名：《津门保甲图说》，收录于《天津通志（旧志点校卷）》（下册），南开大学出版社，2001，第435~441页。
③ 王赠芳：《济南府志》卷15《户口》，道光二十年（1840年）刻本，第10、11页。
④ 胡德琳：《历城县志》卷3《地域考一》，乾隆三十八年（1773）刻本，第10~31页。

丰时期"济南的城市人口估计会增至六七万之谱"①。此外，济南府作为山东省会，除了商人云集，来自山东各府、州、县的学子也有不少。清代每三年一次乡试，道光六年（1826），山东贡院增建，共"四十三连，为号五百七十四，共八千九十余间"②，可以同时容纳八千余名举子科考。他们是济南城市流动人口重要的组成部分。③

此外，保定府为直隶省会，《清苑县志》记载同治时期保定城市人口为10132 户65301 口。民国时期，城内人口减少至 42000 多口。出现这种急剧的变化是因为保定是省会之时，政客、商贾等辐辏云集，而辛亥革命之后，保定不再是省会，地位的下降使其"几与外县等夷，或尚不及繁盛一镇"，商贾也随之凋敝。④

兰州城地处西北要冲，历来为中原王朝与周边少数民族的缓冲地带，军事和交通地位极为重要，清代是甘肃省省会。甘肃省图书馆地方文献部藏有宣统年间民政部人口普查的"地理调查表"，从其记载可知，宣统时期兰州城内关厢及附城户口数为15155 户59147 口，人口全省最多。学者路伟东还将"地理调查表"中记载的甘肃 45 个府、州、县、厅城内、关厢或附城户数、口数列表梳理、分析，得出甘肃府级城市 5 座，平均 9475 口，人口最多的是张掖，为 21508 口；州县城市 30 座，平均 5220 口，人口最多的是秦安县，达 3216 口；分州分县城 9 座，平均 1444 口，人口最多的是抚彝厅，达 5220 口。⑤ 另外兰州府附郭皋兰县，有乾隆《皋兰县志》、道光《兰州府志》、道光《皋兰县续志》、光绪《重修皋兰县志》等记载的四组人口数字：乾隆三十七年（1772），共 60276 户 400546 口；道光十年（1830），共

---

① 许檀、张林峰：《清代中叶晋商在济南的经营特色——以山陕会馆碑刻资料为中心的考察》，《中国社会经济史研究》2019 年第 1 期。

② 王赠芳：《济南府志》卷 9《公廨》，道光二十年（1840）刻本，第 3 页。

③ 许檀、张林峰：《清代中叶晋商在济南的经营特色——以山陕会馆碑刻资料为中心的考察》，《中国社会经济史研究》2019 年第 1 期。

④ 金良骥、刘云亭：《清苑县志》卷 2《赋税·户口》，民国 23 年（1934）铅印本，第 36 页。

⑤ 路伟东：《清代陕甘人口专题研究》，复旦大学出版社，2011，第 373、386 页。

73170 户 467816 口；道光二十二年（1842），共 75390 户 478671 口；光绪十三年（1887），共 92162 户 503157 口。皋兰县人口增速的变化，也反映了清代甘肃全省及城市人口增长趋势的改变。

宣化府为北京门户，在明清两代军事地位都极为重要。乾隆《宣化府志》记载了乾隆时期宣化府各州县在籍人口为 112001 户 475310 口。作为宣化府行政中心的宣化县城"本城并关厢编户七千七百三十五，内丁九千七百六十九，口一万二千一百三十"①。到宣统年间，宣化县人口为 47201 户 212465 口②，按城市化率 5%~7% 推算，县城人口为 10624~14873 人。

济宁，清代大多时间为山东一直隶州。乾隆五十年（1785）重修《济宁直隶州志》载，济宁州共 67197 户 377293 口。济宁城城内四隅共 4917 户；近城包括河东、东关、北关、南城、草桥、西关草桥各铺及冯段村、中新闸等处，共 15978 户；济宁附近乡村分为东乡、南乡、北乡，共 43785 户。③ 济宁城内和近城居民共 20895 户，占济宁州总户数的 31.1%；济宁城市户数与乡村户数比为 1∶2.1。济宁近城各处中，东关、南关及附近地区各铺、村户数最多，南关外各处总户数为 7702 户，东关外各处总户数为 5218 户，两者合计 12920 户，占城厢总户数的 61.8%。

从以上这些零星记载中大致可以看出，清代北京作为首都是北方地区，乃至全国城市人口最多的城市。省级城市人口少于首都，但是较之一般府级中心城市规模大些；府级城市人口相应少一些，县级城市更少，这充分反映了农业时代政治中心城市优先发展的规律。不过，这个规律也不是绝对的，因为行政等级本身并不能决定城市的人口规模，所以经济发展较好的城市，对人口的吸引力会很大，这从天津的城市发展就可以看出来。天津虽然只是府级城市，但是作为北方海运与河运交汇之地、北方商业贸易的中心，城市人口比一般省会城市还要多。封建社会后期，随着城市功能的日益多样，经

---

① 王者辅：《宣化府志》卷 10《乡都户口》，乾隆二十二年（1757）刻本，第 1~4 页。
② 陈继曾、陈时隽：《宣化府志》卷 6《财赋志》，民国 11 年（1922）铅印本，第 2~3 页。
③ 胡德琳、蓝应桂：《济宁直隶州志》卷 2《里社》，乾隆五十年（1785）刻本，第 24~37 页。

济型城市异军突起，越来越多的城市规模突破行政等级的樊篱，这也成为我国城市发展的一种新趋向。

二 北方城市化率的变化[①]

城市化水平（urbanization level）是衡量一个国家或地区经济发展水平的重要标准。城市化的量化指标很多，城市人口占总人口（包括农业与非农业）的比重，即城市化率，最为常用。

传统中国长期处于农业社会中，人口结构相对稳定，城市化率波动幅度不大。赵冈曾对秦汉以降不同时期的城市人口比重进行对照，发现"中国历史上的城市化过程是一个曲折的路线"，"南宋是中国城市化历史的最高峰，也是一个重要的转折点。南宋以后，直到20世纪20年代，中国境内再也没有出现过200万人口以上的大都市；直到20世纪70年代，中国的城市化人口比重也从未达到过22%"，"除了清朝曾扩大了疆界，在边陲地区新设若干郡县，内地各省的城郡总数没有太大变动，城池的数目也就没有大量增加"[②]，他的观点打破了以往许多学者认为的中国城市发展缓慢，但却持续上升的模糊认识。

清代学者包世臣试图从人地关系入手对城乡人口比重做出估算，他认为，"生齿日益，而地不加多，是以农必穷。非定论也。……以田计口，约得五亩有奇。通以中壤中岁，亩谷二石斗，除去桑田可得谷十二石。中人岁食谷七石，糠秕饲鸡豕，则耕六而余四。夏冬所获，山泽所出不与焉。且中夫治田二十亩，老弱佐之，可以精熟。以口二十而六夫计之，使三民居一，而五归农，则地无不垦，百用以给"[③]。按照他的算法，和谐的农业人口和非农业人口比例当在三民和农民之间。三民指士人、手工业者和商人，他们和农民的比例为1∶5，换算成城市化率当在16.7%左右。在以农业为主体的清代社会，影响城市化进程最关键的因素是农业生产力，因为城市人口基

---

① 参见徐春燕《明清时期中原城镇发展研究》，社会科学文献出版社，2017，第295~299页。
② 赵冈：《中国城市发展史论集》，新星出版社，2006，第58、79、80页。
③ 包世臣著，李星点校《中衢一勺》卷7《说储上篇后序》，黄山书社，1993，第222页。

本上全靠农村生产来供应，人们不可能无限制地向城市集中，因为农村生产力决定了农村所能析出的人口以及能够养活的城市人口数量。很显然，析出的人口数量要大于能够养活的城市人口数量，在这种考量下，包世臣所提出的 16.7% 的人口比重既是当时生产力水平下城市化率的上限，也是最为理想的城市化发展水平。当然这个比重也是基于全国平均生产力水平估算的，事实上许多地区应该达不到这个水平，也会有一些经济发达地区超过这个水平，比如江南地区的吴江等县，城市化率就达到了 35%[1]。不过，值得一提的是，包氏的这一理论和清末至民国时期的城市化率颇为接近[2]，1949~1978 年，我国城市化率约为 16.4%，也与包氏理论基本一致。[3] 这在说明我国城乡结构具有内在稳定性的同时，也从侧面说明清代我国人口的增长与城市发展的速度是不相协调的，城市的发展跟不上人口增长的节奏。

清代关于城市人口统计的具体数字十分有限，从方志中爬梳剔抉出来的资料大都是地区性的总人口数，专门的城、乡人口分类统计少之又少，而且如前所述，我国古代的人口统计多为了税收和征兵，故而统计数字多为政府可以掌控的人口数据，这些都为我们衡量古代城市化水平增加了难度。清代是中国人口增长迅猛的一个历史时期，因为人口的大幅增长是建立在城乡人口均增加的基础上的，所以人口的增加并不意味着城市化率的提高。相比城市，乡村对人口的容纳能力更强，更能起到人口蓄水池的作用。

以北京为例。北京是全国城市化率最高的城市，顺治时期，北京内外城人口 46 万，城属及州县人口 73 万，总计人口 119 万，城市化率 46.2%；乾隆四十六年（1781），内外城人口 64 万，城属及州县人口 140 万，总计人口 204 万，城市化率 42.1%；宣统二年（1910），内外城人口 76 万，城属及州县人口 193 万，总计人口 269 万，城市化率 40.9%。[4] 从顺治至宣统时期，

① 刘石吉：《明清时代江南市镇研究》，中国社会科学出版社，1987，第 135 页。
② 江涛：《人口与历史——中国传统人口结构研究》，人民出版社，1998，第 168、169 页。
③ 中国社会科学院人口研究中心：《中国人口年鉴（1985）》，中国社会科学出版社，1986，第 811、812 页。
④ 韩光辉：《清代北京地区人口的区域构成》，《中国历史地理论丛》1990 年第 4 期。

北京人口增加了 150 万，但城市化率不升反降，由前期的 46.2% 下降到了后期的 40.9%，由之可以看出城市化率与城市的发展繁荣程度有时是不相一致的。赵冈研究认为，清末城市化率较南宋下降很多，其间经历了很长的下行阶段，大约在 19 世纪上半期达到最低点（1820 年，6.9%），19 世纪中叶之后，城市化率又呈上升趋势，故而他将 19 世纪上半期看作中国城市化进程中的一个转折点，即从低谷逐步回升，抗战前，城市人口比重可能已经回升到 10% 左右。[①] 行龙选择 1820、1840、1893 三个年份的人口统计数据进行研究，通过甄别、比较和估测，得出城市化率分别为 6.3%、6.5%、7.9% 的论断。[②] 他的研究结果虽然与赵冈不完全相同，但是在人口变化趋势上却是殊途同归的。

　　因为我国古代地方志中记载的人口数据多为政府所掌握的人口，对于隐户、逃户等缺少记录，所以人口统计数据普遍偏低。通过同地区同时期人口统计比较得出的结论，要较之单纯的人口数据更能准确了解区域内城乡发展状况。如乾隆《宣化府志》载：宣化城内及关厢 7735 户 9769 丁 12130 口；周边各村庄 11162 户 52000 口。[③] 从在城户数和口数的对比来看，这个数据不到 1 : 2，显然口数只代表了部分人群。清代的丁为 16~60 岁男子，大概占到总人口的 1/3，由此可以大概推测出《宣化府志》记载的人口应该是男子（包括成年男子、未成年男子和老年男子）数量，未计入女子口数。同样的统计方式应该适用于同时期农村人口。故而可以确定，府志中所记载的总人口数量与实际人口数量相差较大。而通过城市人口和总人口对比得到的城市化率为 18.9%，则是因为在同一统计方式下产生的数据（即在城男子与城乡男子数量比例），大概率与真实的城市化率值接近，从而更能反映宣化县城市化水平。有些人可能认为这个城市化率数据偏大，不过考虑到宣化县是宣化府经济最活跃、人口最集中的中心城市，居住在这里的官吏、士

---

① 赵冈：《中国城市发展史论集》，新星出版社，2006，第 86、87 页。

② 行龙：《也论中国近代的城市化》，载《多学科对话的图景（下）》，中国人民大学出版社，2003，第 541 页。

③ 王者辅：《宣化府志》卷 10《乡都户口》，乾隆二十二年（1757）刻本，第 1~4 页。

子、将士及其家属不在少数，还有大量的商人、手工业者，以及其他行业从业人员，所以这个数据应该可信。

不同区域、等级的城市城市化率会相差很大。清代北京城市化率最高的时候接近50%，府级中心城市宣化县也接近20%，这么高的城市化率只出现在少数城市，尤其是行政级别较高的中心城市。行政级别低的城市，城市化率也相对较低。如咸丰年间，滑县四坊共2084户9770口，是年全县人户91959户、人丁475815口，[1] 县城人口比重不足2.1%。同治十二年（1873），灵宝县"在城三街三关厢牌民2179户，男妇大小9055名口"，全县共"牌民33256户，共计男妇大小162693名口"，[2] 县城人口比重也只有5.6%。两者均为县级城市，总体上城市化率均不高，而滑县城市化率不足灵宝城市化率的一半，可见同行政级别的城市，城市化率差距也会很大。

为了对清代城市化水平有更为清晰的认识，学者们试图用城市人口规模分级的方式进行分析统计。美国学者罗兹曼（Gilbert Rozman）从大量地方志中采撷出1820年前后各省城镇的资料，将这个时期的城市分为七个等级，即拥有百万以上人口的为一级城市；30万~100万为二级城市；3万~30万为三级城市；1万~3万为四级城市；3000~3万为五级城市；500~3000为六级城市；500以下为七级城市。[3] 罗兹曼的研究方法和理论对其他学者影响深远，施坚雅是其中非常重要的一位。他在书中依照人口标准将1893年的城市分为8个等级，每级分为中心和边缘两类。对各个城镇人口的估计，除最大的城市外，只作等级范围的确定，而不确定具体数字。级差为每一级的人口上限是下限的两倍，采用1000、2000、4000、8000、16000和32000的数列。施坚雅同罗兹曼遇到的共同问题就是由于中国古代城市人口资料极为缺乏，研究标本有限，大大影响了结果的可信度。如施坚雅经过研究后得

---

[1] 王维垣：《重修滑县志》卷5《城市第三·编户汇按》，民国21年（1932）刻本，第18、35页。

[2] 周淦、方祚勋：《重修灵宝县志》卷3《赋税·户口》，光绪二年（1876）刻本，第17页。

[3] Gilbert Roaman, *Urban Networks in Ch'ing China and Tokugawa Japan* (Princeton: Princeton University Press, 1973), P102.

出清末全国城市化率为 5.1% 的结论。不过这个数值是明显偏低的，以至于他本人在后来也有所觉察，他说："对我来说，我将不得不提高发表于《中华帝国晚期的城市》拙文中计算得出的都市化指数。因为尽管我对城市人口估计数的自信还没有动摇，但用来作为分母的地区人口总数看来是已经被夸大了，并且在某些地方，夸大得还是相当严重的。"[①]

赵冈教授在罗兹曼和施坚雅研究的基础上，按照目前世界上多数国家通行的标准，将城市人口提升到 2000 人以上，从而按照罗兹曼的计算方法得出 1820 年城市人口为 2420 万、城市人口比重为 6.9% 的结论；此外依据 1953 年人口普查结果，人口在 2000~20000 的城镇共 4426 个，合计城市人口 2469.9 万，占总人口的比重为 4.24%，按照一定的人口增长率推导出同时期小城镇人口应该有 1806.2 万左右，结合施坚雅对大中城市的人口估量，得出 1893 年城镇人口应为 3266.2 万，占该年全国总人口的比重为 7.7% 的结论。[②]

施坚雅模式对于清代人口的计算采用的都是估量路径，任何一种估量都不可能精确，只能趋向或者接近于客观真实。不过国际学者将现代城市地理学研究观念和方法引入古代城市史的做法为历史学研究开创了新的视域，尤其是以人口作为城市分级标准的做法，使得现代城市地理学理论和方法在古代史的研究中变得容易应用。后来学者在研究古代城市化发展时努力在各类城市中寻找尽可能多的样本，以便通过个别推求整体时更接近历史真实，从而建构更加准确有效的城市人口等级模型。

综合学者们的研究成果，可以知道清代城市化率大概在 6%~10% 以下。城市化率高的城市以南方为多，如表 2-3 所示，无论是乾隆四十一年（1776），还是光绪十九年（1893），全国排名前十的地区均是南方 7 个、北方 3 个。北方城市化率最高的地区是直隶，区域内有北京、天津两座大城市，还有保定这座府级城市，故而非农业人口基数庞大。乾隆时期，直隶城

---

① 〔美〕G. W. 施坚雅：《中国封建社会晚期城市研究——施坚雅模式》，王旭等译，吉林教育出版社，1991，第 301 页。

② 赵冈：《中国城市发展史论集》，新星出版社，2006，第 81~83 页。

市化率为 12.5%，全国排名第 2；光绪时期城市化率下降到 8.3%，全国排名第 5，落后于江苏、浙江、山西和湖北四省。山西城市化率排名在乾隆、光绪时期均为全国第 3，在北方地区也一度超过直隶，成为榜首。从城市人口看，乾隆时期，山西 126.4 万人，处于全国中等水平，但是这里的总人口只有 1226.2 万人，较之山东、河南、浙江、安徽、江西、广东、湖南、湖北、甘肃、福建都要少；光绪时期虽然受到旱灾的影响，城市人口损失严重，只剩 93 万人，但是全省人口也相应下降到了 1004 万人，因此城市化率在全国仍能保持较高水平。新疆城市化率排名也较为靠前，乾隆时期全国第 8、北方第 3；光绪时期全国第 6、北方地区与直隶并列第 2。新疆的情况大体与山西相同，这里地广人稀，非农业人口占比较大，与南方江苏、浙江、广东、江西、福建等地区因为经济发达而导致的城市化率高原因并不一致。清代河南的城镇虽然得到了长足发展，但是单就城市人口来说，昔日各领风骚的大都市开封和洛阳风光已不再，已沦为一般的省会或者府治城市，此时河南没有了全国性大城市，虽然诸如朱仙镇、周口、社旗、清化等商业镇市得到了空前发展，但是对城市人口贡献有限。而河南又是人口大省，乾隆时期总人口为 2315 万人，全国省份排名仅次于江苏、山东和安徽，位列第四；光绪时期总人口增加到了 2823 万人，数量仅落后于江苏、四川、直隶和山东。城市人口相对较少而总人口却居于全国前列，这就导致了清代河南的城市化率非常低，乾隆时期只有 4.6%，仅高于云南、甘肃，较之全国平均值 7.4% 落后 2.8 个百分点；光绪时期，城市人口较之乾隆时期提升了 31.0%，虽然同期人口也上涨 21.9%，但是总体来说，城市化率还是提升了 0.4 个百分点，达到了 5.0% 的水平，这与全国城市化率下降的短期趋势是相反的，这个现象颇耐人寻味，个人推测应该是由于中原人口基数大、增长快，而同时土地开发几乎殆尽，众所周知，农业人口与单位面积农业生产率密切相关，在单位面积农业生产率提升有限的情况下，农业人口也相应受到制约，由此导致农业人口析出，流入新疆、东北等地多人少地区开垦，或者进入周边城市发展，当然这个过程是漫长而复杂的，还需要更多资料予以支撑。

表 2-3　乾隆四十一年（1776）和光绪十九年（1893）分省城市人口①

单位：万人，%

省份	乾隆四十一年（1776）			光绪十九年（1893）		
	总人口	城市人口	城市化率	总人口	城市人口	城市化率
江苏	3243.6	440	13.6	3100	440	14.2
直隶	1779.9	222.8	12.5	3396	283	8.3
山西	1226.2	126.4	10.3	1004	93	9.3
浙江	2236.5	224	10.0	1705	234	13.7
江西	1878.3	159	8.5	1400	98	7.0
广东	1844.5	147.6	8.0	2771	222	8.0
湖北	1617.3	113.2	7.0	2026	172	8.5
新疆	86.2	6	7.0	169	14	8.3
四川	1681.1	117.7	7.0	4018	281	7.0
福建	1377.9	82.7	6.0	1472	100	6.8
陕西	796.5	42.3	5.3	806	53	6.6
安徽	2585.7	129.3	5.0	2297	115	5.0
湖南	1525.2	76.3	5.0	2409	104	4.3
广西	766.2	38.3	5.0	1340	67	5.0
山东	2790.2	137	4.9	4100	138	3.4
贵州	567.2	27.3	4.8	1100	53	4.8
河南	2315	106.9	4.6	2823	140	5.0
云南	788.4	32.3	4.1	1240	51	4.1
甘肃	1579.9	43.4	2.7	581	27	4.6
合计	30685.8	2272.5	7.4	37757	2685	7.1

---

① 徐春燕：《明清时期中原城镇发展研究》，社会科学文献出版社，2017，第298、299页。

第三章

蓬勃的市镇：城乡的中介和过渡地带

随着中央集权制度的进一步深化以及封建社会经济的快速发展，清代市镇经济迈入了一个崭新阶段。不同地区城镇发展不一而足，在经济与非经济因素的共同作用下，清代市镇呈现数量快速增长、规模不断扩大的趋势。从经济角度来说，市镇是城乡商业化发展的需要，是没有实现高度城市化发展的基层市场，虽然与农村密切相连，但其形式已经脱离农村，成为中国城镇体系的重要组成部分。

第一节　农村经济实力增强和北方市镇的勃兴

"市"与"镇"并称"市镇"当是在宋代以后。《世本·作篇》有"祝融作市"的记载，古人"若朝聚井汲，便将货物于井边货卖，曰市井"，可见"市"在早期就是作为商品交易的初级场所出现的。后来因为商品交易的时间或场所不同，作为物资汇集和流转中心的"市"又多了"集""圩""庙会"等名称。"镇"作为军事防御体系最早出现在北魏时期，唐代的"藩镇""方镇"都是中央抵御外族入侵的军镇。北宋削减驻军，许多军镇消失，余下的则改由文官管理，"诸镇监官，掌警逻盗窃及烟火之禁，兼征税榷酤"[1]，军镇

---

[1]　徐松：《宋会要辑稿》职官 48，中华书局，1957，第 3501 页。

军事色彩被削弱，转而成为地方工商业中心。正如《事物纪原》所说："宋朝之制……民聚不成县而有税课者则为镇。"① "镇"还出现在时人的小说中，元末明初成书的《水浒传》中提到"山寨中粮食虽少，近村远镇，可以去借"②，此处的镇应该指可以买卖粮食的较大的集市。明代商业集镇开始大批出现，运河、卫河、黄河、贾鲁河等沿岸的重要水陆码头多有设立，如交河、泊头、张秋、朱仙等镇都是此时期发展起来的。州、县城市的周边分布也相对集中，如祥符县"外又有四镇，东埽头、西瓦子坡、北金恒镇、南朱仙镇"③。"镇"还经常与"市""集"并列出现于地方志的"地理志""建置志"等条目下，光绪时期，部分县志开列"商务"专项，"集镇"位居其下，可见市镇发展与商贸经济关系的密切。需要说明的是，本章讨论的小城镇（市镇）主要集中于内陆大部分地区，对于沿边及与少数民族地区接壤省份的市镇则不列入内，因为清代的一些市镇仍然保留了前代特征，尤其是沿边地区分布的许多军镇主要具有防御性质，经济意义大都微不足道，这一点邓亦兵在《清代前期商品流通研究》④ 一书中已有解释，此不赘述。

一 北方农村经济实力的增强是市镇发展的基础

农耕文明时代，农业生产是社会进步的保证，"没有农村经济的振兴也就没有乡村市镇的勃兴。市镇勃兴是农村经济兴盛的标志"⑤。清代建立后基本沿袭明代的政治体制，而疆域则较前代有所扩大，东北地区自不必说，新疆等也纳入王朝版图。随着中央政府在这些地区建立起有效的政治管理体系，中国的城镇化发展得以由内地扩展到西北、东北等地区，可以说市镇的崛起与清政权的稳固和社会秩序的安定密不可分，而其背

① 高承：《事物纪原》卷7《州郡方域部》，商务印书馆，1937，第251页。
② 施耐庵：《水浒传》第十一回，人民文学出版社，1975，第149页。
③ 孔宪易校注《如梦录》，中州古籍出版社，1984，第4页。
④ 邓亦兵：《清代前期商品流通研究》，天津古籍出版社，2009，第267页。
⑤ 从翰香：《近代冀鲁豫乡村》，中国社会科学出版社，1995，第117页。

后更深层的原因则是农村经济实力的增强。具体说来，农村的经济实力主要体现在粮食总产量、农副产品商业化以及农村手工业、商业发展等方面。

农村经济实力的增强首先表现在粮食生产的大量增加。城镇化是农村人口转化为城镇人口的过程，而人口能够脱离或者部分脱离农业劳动进入城市必要的前提是粮食供给，只有在农村能够生产出大量余粮的情况下，城镇人口才能大量扩充，因为城镇人口基本是不从事农业生产的，准确地说，城镇虽然保留着小部分人口从事农业生产，但产量不足以供给城镇居民所需。据余也非提供的数据，宋代北方麦粟每亩约产 0.694 市石，南方产稻米，每亩约产 1.387 市石；到了明清时期，麦粟产量每亩 1.302 市石，水田每亩产 2.604 市石，从这组数字对比中可以看到明清时期粮食亩产量较之宋代有了大幅度提升。① 而清代为了保障农业高产量生产，大力兴修水利，如治理黄河、修竣永定工程等。河南在清代是全国小麦的主产区，清高宗有"豫省麦为秋，麦收天下足"的赞誉，可与明代"湖广熟，天下足"相媲美。此外，政府还积极提倡乡民开拓山丘陵地带，特别是对新疆、内蒙古和东北地区等的土地开发，使得中国耕地总面积在 1840 年达到 14 亿亩②的历史高峰，较之明朝的 10.59 亿亩③有了大幅增长。据估测我国乾隆时期粮食总产量超过 2000 亿斤（见表 3-1），是明代的两倍多。④ 除了传统粮食作物产量的稳步提升，域外引进的高产作物玉米和甘薯等在清代也得到了广泛种植。玉米是 15 世纪欧洲人哥伦布在美洲大陆发现的，此后半个世纪在世界许多地方得到种植。可能因为人们的饮食习惯，玉米开始并没有引起人们的太多注意，直到 18 世纪以后才被大规模种植，在甘肃、山东、陕西、山西、河南、河北等地均有种植的记录，其在农作物中的地位甚至超过了粟和高粱，

---

① 余也非：《中国历代粮食平均亩产量考略》，《重庆师范大学学报》（哲学社会科学版）1980 年第 3 期。
② 吴慧：《中国历代粮食亩产研究》，农业出版社，1985，第 198 页。
③ 《明神宗实录》，台湾"中研院"历史语言研究所，1962，第 12 页。
④ 参见周志初《晚清财政经济研究》，齐鲁书社，2002，第 37～39 页。

成为北方最主要的粮食作物之一。马铃薯原产自南美洲，大约在 17 世纪初传入中国福建，18 世纪推广到两河流域。由于它具有产量高、生命顽强，"不与五谷争地，凡瘠卤沙岗皆可以长"①的优点，很快成为甘肃、内蒙古、东北等地区的重要粮食作物。南北方粮食作物亩产量的提升、北方地区多产作物的广泛种植和耕种面积的大量增加为清代城镇化发展奠定了基础。

表 3-1 清代不同时期的耕地亩产、耕地面积与人口

年份	粮食亩产（市斤）	耕地面积（万亩）	人口（万人）
康熙二十四年（1685）	180	74000	10290
雍正二年（1724）	200	82000	13500
乾隆三十一年（1766）	220	94200	20810
乾隆五十五年（1790）	220	104000	30149
道光十四年（1834）	240	114000	40101

资料来源：周志初《晚清财政经济研究》，齐鲁书社，2002，第 36、39 页。

商品经济的发展使得农业生产中经济作物的种植比重不断增大，农副产品的商业化是封建社会后期市镇发展的重要推动力。作为农民收入来源重要的一部分，经济作物的种植日益受到土地经营者的重视。以棉花为例，明代之前棉花在北方种植面积不大，即使在太祖朱元璋推行"凡民田五亩至十亩者，栽桑麻棉各半亩，十亩以上倍之，又税粮亦准以棉布折米"②之后，许多地区仍未见关于棉花种植的记载。清代随着南方棉纺织业的发达以及交通运输的发展，市场对棉花的需求急剧增加，受经济利益的驱使，北方遍植木棉，直隶栽培棉花的地区十之八九，山东植棉州县占总量的 87%③，河南几乎遍布每个州县。这些棉花除了部分在北方地区消化，大量被销往南方，《巩县志》有"民资生之策强半以棉花为主，多则贸易他乡，少则自行纤

① 周亮工：《闽小纪》卷 3，福建人民出版社，1985，第 51 页。
② 张廷玉：《明史》卷 78《食货二》，中华书局，1974，第 1894 页。
③ 许檀：《明清时期山东经济的发展》，《中国经济史研究》1995 年第 3 期。

纺。上纳公租，下完婚嫁，胥赖于是"① 的记载，《栾城县志》说该县"地四千余顷，稼十之四……棉十之六"，每到收成季节"晋豫商贾云集",② 陕西咸阳是南北棉花运输的重要集散地，"水陆并至，南则荆、襄、云梦，东则临汝、宏农，北则幽、冀、三晋，运载殆无虚日"③，山东、河南的棉花通过运河水路，经淮安、宿迁、扬州、浒墅，"连舻捆载而下，市于江南"，可见棉花贸易的兴盛，农民也从中获利，巩县甚至有"收花之利，倍于二麦"④ 的说法，虽然可能存在夸张成分，但棉花收益应该很大，以至于有些棉商为了保障采购量，除了提前与棉农签订售卖合同，还会直接参与种植，如新疆的库尔勒、吐鲁番、布古尔等地区就有"商民租赁地亩，种植棉花贩卖，获利数倍"⑤ 的事。因为地形、土壤、水利等不同，北方地区的经济作物除了棉花，还有其他很多种类。如安阳县东洹水两岸，"田皆填淤，宜麦宜蓝，秋潦或连岁无成，民颇饶裕，田多者至三千亩或四千亩。自善应西皆山田，中下多种柿、梨、枣、核桃，宜菽谷，又善牧羊。县南田近岗阜，在县北者土黑多沙，又其下也"⑥。林县位于山区，"田多冈阜，有积石。惟南川平衍，宜桑、枣、黍、谷、麻、菽、木棉，喜潦恶旱，山产则甲于诸县"⑦，这些经济作物除农户自用外，其余都会进入市场销售。不少地区依靠经济作物的种植成为周边有名的富庶地区，如怀庆府盛产药材，以地黄、山药、牛膝等著名，当地农民多有种植以谋利。谈迁说："怀庆地黄，盖藉济水灌畦而肥也。不知密县东北一带，旅生实繁，苗时，怀人用青蚨贸去，每斤值五六文耳。计其所获，亩鬻十金而饶。"⑧ 北京郊区不少菜农利用"火室"

---

① 李述武：《巩县志》卷 7《物产》，乾隆五十四年（1789）刻本，第 58 页。

② 桂超万、李鈖修，高继珩纂《栾城县志》卷 2《物产》，道光二十六年（1846）刻本，第 57 页。

③ 《创建花商会馆碑记》，嘉庆二十年（1815），引自志勤《清代前期陕西植棉业的发展》，《西北历史资料》1980 年第 1 期。

④ 李述武：《巩县志》卷 7《物产》，乾隆五十四年（1789）刻本，第 57 页。

⑤ 《清宣宗实录》卷 9"嘉庆二十五年十一月辛巳"，中华书局，1986，第 195 页。

⑥ 崔铣：《彰德府志》卷 2《地理志》，嘉靖元年（1522）刻本，第 36、37 页。

⑦ 崔铣：《彰德府志》卷 2《地理志》，嘉靖元年（1522）刻本，第 37 页。

⑧ 谈迁著，罗促辉、胡明校点《枣林杂俎》中集，中华书局，2006，第 457 页。

"地窖"等在冬季种植新鲜蔬菜，然后送到市场销售，以谋取巨利。因为经济作物获利丰厚，一些州县甚至出现了经济作物排挤粮食作物的现象，如清平县"多种木棉，连顷遍塍，大约所种之地过于种豆麦"①。

此外需要一提的是，清代的税制改革使得手工业者和商人对封建国家的依附关系进一步松弛，工商业持续发展为市镇繁荣提供了助力。不仅繁华的都市工商业者云集，农村也活跃着大量的工商从业者，他们是市镇发展的重要助力。随着农村"务本者日消，逐末者日盛"②，农民"或田而稼，或圃而蔬，或园而果，或野而牧，或植木棉，或种蓝草，或给舂磨，或操版筑，或卖佣工，或涂占盖，或穿窦窖，或采樵，或渔猎，以食其力"③，谋生的方式不仅仅限于农作物的种植，全县人口"工十之二，商十之三，医、巫、僧、道、阴阳、卜筮十之一"④，也就是说县民从事工商业者达到了一半，此说或有夸张之处，但从事工商业之多却是不争的事实。再以酿酒为例，北方五省酿酒业兴盛，乾隆初方苞在《请定经制札子》中指出，五省除农民的家庭烧酿不计外，"即专计城镇之坊，大小相折，以县四十为率，每岁耗谷已千数百万石"⑤。河南酿酒业最为发达，"豫省酒多自造，比户皆然"，"豫省本系产麦之区，每至收成，西商挟其厚资，在于码头集镇，开坊踩曲"。⑥ 山西大阳镇生产的钢针销售全国，明代这里已是"人聚万家，生意兴隆，商贾云集"的工商大镇，清代列肆商户更是"屈指不能尽"，"至工一艺而资以养生，比屋而是"。⑦ 工商业的发展推动了市场经济的活跃，是清代市镇繁荣不可或缺的助力。

---

① 万承绍修，周以勋纂《清平县志》卷8《户书》，嘉庆三年（1798）刻本，第15、16页。
② 堵巘：《博平县志》卷4《民风解》，康熙三年（1664）刻本，第5页。
③ 汪心纂修《尉氏县志》卷1《风土类·民业》，嘉靖二十七年（1548）刻本，第35页。
④ 韩玉纂修《通许县志》卷上《食货》，嘉靖二十四年（1545）刻本，第19页。
⑤ 方苞：《方望溪先生全集下·集外文》卷1《请定经制札子》，商务印书馆，1935，第2页。
⑥ 尹会一：《健余先生抚豫条教》卷3《禁止贩曲》，商务印书馆，1939，第21页。
⑦ 《西大阳针瓮庙创建碑记》，转引自薛林平、李汛、董竞瑶等《大阳古镇》，中国建筑工业出版社，2012，第242页。

二 清代北方市镇的勃兴

市镇是社会经济发展到一定阶段的产物，虽然最初"镇"的诞生与商贸关系不大，但是在后来发展中"镇"逐渐与"市"结合在一起，在完善城市体系的同时也成为我国城镇化发展不可或缺的一部分。北宋时期"镇"的军事职能逐步被削弱，大多数"镇"不再具有军事据点的意义，于是兼具地理和经济概念的市镇日趋活跃。此时期北方地区的市镇发展处于优势地位，以四京为例，东京开封府 31 镇、西京河南府 22 镇、北京大名府 20 镇、南京应天府 13 镇，而南方一度落后，经济处于领先地位的苏州只有 4 镇、杭州 12 镇、湖州 6 镇。南宋以后，江南城乡经济得到了充分发展，市镇成为市场体系中介于乡村集市和城市市场之间的一个基层市场的专有名词，并且常见于南方的官方文书和地方志中，如临安府增至 28 市镇、嘉兴府 15 市镇、苏州 19 市镇。而北方地区经过宋元时期的战争，城镇经济破坏殆尽，明朝建立之初，北方地区基本处于百废待兴的状态。明清时期是我国封建社会经济高度发展的时期，农业、商业和交通的进步为城镇发展奠定了基础。永乐年间漕运修浚以后，运河的畅流为沿岸地区带来巨大的人流和物流，由此推动了大运河经济带的形成，沿岸主要城市包括北方的通州、天津、沧州、泊头、德州、临清、聊城、张秋、济宁、道口，南方的徐州、淮阳、扬州、镇江、无锡、常州等都曾经是漕运的重要码头。除了因运河而发展起来的贸易流通型城镇，明中叶以后，伴随着商品生产的发展，各地还涌现了不少专业型市镇，其中以商品性农业、手工业都较为发达的江南地区最为集中，北方的潞安镇（今治为长治，棉纺织业）、颜神镇（陶瓷业）、柳疃镇（茧绸业）、神垕镇（陶瓷业）、朱仙镇等也颇具实力。进入清代以后，长期的政治稳定、市场贸易的繁荣以及人口的激增共同推动了市镇经济进入高峰时期。在江南地区，"早期工业化"促使市镇不再单纯为乡民的消费服务，也为周围农村生产服务，商品流通的方向逐渐由农民出售粮食和副产品换取生产资料变为出售副产品以交换粮食和生产资料之时，北方依然以地方供需型市镇为主，即市镇主要为周边乡村居民提供日常生活、生产必需品，同时向外转输本地农产品、副产品等，专业化程度虽然不及江南，但是在商品经济推动下，市镇无论是数量、规模还是繁华程度较之前代都有大幅提升，在北方经济发展史上具有重要的意义。

（一）市镇数量的增长

清代是北方市镇数量增长最为迅速的一个时期。许檀曾对直隶（关内）、山东、陕西（关中）三省的集市数量进行估测，结果显示清代这三省的集市数量均较明代为多，其中山东省由明时的 1747 个增加到清末的 2975 个，数量增长 70% 以上；直隶也呈增长趋势，明代 1222 个，清初 1313 个，中期增加到 1690 个，清末持续增加至 1820 个；陕西增量最少，也颇显曲折，明时为 356 个，清初为 444 个，中叶减少至 370 个，清末回升至 380 个。清代三省市镇虽均较明代增加，但是幅度不同，反映了区域间经济发展的不平衡，特别是陕西省，清代市镇与其他两省走势不同，不但增量较之前代最少，而且不同阶段的市镇数量呈 "U" 形，中叶为低谷，清末虽有所回升，但幅度不大。这种情况发生在直隶、山东、河南等市镇总量都在持续走高的情况下，从侧面说明清代陕西在北方地区的经济地位是有所下降的（见表 3-2）。

表 3-2　明清时期直隶、山东、陕西集市数量统计

单位：个

省份	明代	清初	清中叶	清末
直隶	1222	1313	1690	1820
山东	1747	1830	2290	2975
陕西	356	444	370	380

资料来源：许檀：《明清时期农村集市的发展》，《中国经济史研究》1997 年第 2 期。

即使同一省份内部市镇数量变化也不尽相同。如河南省明代中后期市镇为 1039 个，清代后期增至 3552 个，数量较之明代上升两倍还多①，经济发展之快可以想见。但就地域分布来说，各区域差距还是较大的，豫东的市镇密度

① 徐春燕：《明清时期中原城镇发展研究》，社会科学文献出版社，2017，第 182 页。

最高，接近 2.70 个/100km²，豫北、豫南次之，豫西最低，只有 1.00 个/100km²，豫东是豫西的 2.7 倍。如果把市镇密度和人口密度一一比对，就会发现两者成正比关系，豫东人口密度是豫西的 2.5 倍，这与市镇贸易是为乡村生产服务的理论是一致的，即在农村生产不断发展的前提下，人口达到一定数量就需要设立相应的市场以满足商品交易的需求，经济越发达的地区人口密度越高，市镇相应就多，经济欠发达地区人口密度低，市镇自然就少（见表3-3）。

表3-3　清代中期河南分区市镇和人口密度

	豫东	豫北	豫南	豫西
城镇密度（个/100km²）	2.70	1.29	1.29	1.00
人口密度（人/km²）	216	151.9	129.0	87.7

　　如果把观察范围缩小到府的级别，就会发现市镇的分布数量变化十分明显。以山西省的潞安、泽州二府为例，总体上看入清以后两府市镇数量均呈上升走势，但幅度差距很大，潞安府前期有市镇58个，后期增加到66个，泽州府前期32个，后期增加到44个，前者增幅为13.8%，后者增幅为37.5%，泽州府的经济增长速度肯定超过潞安府。再把聚焦点缩小到县。从表3-4可以看到，清代前后期各县市镇数量增减不一，差距明显。高平县增长幅度最大，从3个增加到13个，增长了3倍以上，市镇能够快速增加主要得益于该县铁矿丰富、冶铁业发达，前来采购的各地商人络绎不绝，独特的自然资源以及手工业的发展，加之本县原有的地势平坦、交通便利等优势，共同带动了全县经济的活跃，随着地方生产的扩大和贸易需求的增加，市镇数量也相应增多。而与其相距不远的襄垣、壶关和沁水3县，市镇没有增加反而有所减少，一定区域内市镇数量的多少在一定程度上反映的是当地商品经济发展的水平，与之相对应的，一定区域市镇分布的密度变化往往与经济发展总的变化格局相吻合，从这个角度来说，不同县域市镇数量发展的不平衡正是地方经济水平参差不齐的反映。

表 3-4　清代前后期潞安、泽州两府市镇变化统计

	县	清代前期（1644~1795）	数量	清代中期至民国初（1796~1921）	数量
潞安府	长治县	韩店、八义、北董、南董、王坊、西火、东和、高河、大峪、荫城、苏店、郝店、漳泽、师庄、桑梓、柳林、安城、乔头、太义	19	韩店、八义、北董、南董、西火、东和、高河、大峪、荫城、苏店、故县、关村、柳林、安城、北呈、经坊、郝店、东火、王坊、师庄、桑梓	21
	长子县	鲍店、璩村、南呈、石哲	4	鲍店、璩村、南呈、石哲、横水	5
	屯留县	余吾、寺底、上村、丰义、边寨、丈八佛、中村、驼坊	8	余吾、上村、丰义、驼坊、八佛庙、良马、河神庙、张店、苗岳、西贾、丈常村	11
	襄垣县	虒亭、夏店、下良、西营、长隆、东周、榆林	7	虒亭、夏店、下良、西营、长隆、东周	6
	潞城县	安昌、潞河、神头、微子、南垂、黄碾	6	安昌、潞河、神头、微子、南垂、黄碾、北社、合室、王曲、赵城	10
	黎城县	东阳关、西井、南陌、上遥、赵店	5	西井、南陌、上遥、赵店、古关	5
	壶关县	大峪、冯坡、好牢集（今废）、川底、固村、辛村、杏城、赵城、花园	9	大峪、冯坡、固村、辛村、杏城、赵城、花园、古任	8
泽州府	凤台县	拦车、横望、高都、区头、苇町、周村、犁川、河底、巴公、茶店	10	渠头、巴公、七岭、大阳、苇町、周村、水北、高都、水东、犁川、拦车、甘润、徐庄	13
	高平县	马村、换马、寺庄	3	马村、换马、寺庄、河西、徘徊、建宁、陈区、米山、周纂、野川、丁壁、唐安、长平	13
	陵川县	杨村、崇兴、夺火、礼义、池下、附城、平城、潞城、南马、义和	10	杨村、崇兴、夺火、礼义、池下、附城、平城、潞城、南马	9
	阳城县	郭峪、润城	2	郭峪、董封、东冶	3
	沁水县	端氏、武安、郭壁、固镇、中村、王寨、郎壁	7	端氏、郭壁、固镇、中村、王寨、富店	6

资料来源：参考杨辉《清代泽潞地区市镇分布与变迁》，《唐山师范学院学报》2016 年第 3 期。

　　大体来说，北方各省市镇发展水平悬殊，直隶、山东、山西、河南、陕西等省经济发展较快，市镇分布较为集中，东北三省、甘肃、新疆、内蒙古、宁夏等省因为经济发展不够充分、人口少、交通相对滞后及政策等原

因，市镇分布相对稀疏。不过需要肯定的是，清代北方各省市镇均有所发展。如关外的镇安镇"城市面相沿以五、十两日为期，商民辐辏，货物云屯，在昔称为巨镇"[1]。甘肃不仅主要城市出现了专业化的商业市场，而且在民族聚居地区也形成了多个商贸兴盛的市镇。新疆的伊犁九城、乌鲁木齐、古城、巴里坤等城镇经济也呈现繁荣之势，塔尔巴哈台"内地之民争趋之，村落连属，烟火相望。巷陌间羊马成群，皮角毡褐之所出，商贾辐辏。甚至绍兴之酒，昆腔之戏，莫不坌至"[2]，巴里坤"北路商贾辐辏之所，百货萃集，市廛鳞次"[3]。

（二）市镇规模的比较

市镇的设立没有严格的标准，只需要商业比较繁华、人口比较集中即可。作为商品市场和居民点而存在的市镇是农村商品经济发展和区域商业繁荣发展的结果，它因商而生、因商而兴，与传统的军事、政治型城市相比，多少带有自然生长的另类特性。一般来说，城市的规模可以用城围和人口两个标准来衡量，但市镇是介于城市与乡村之间的存在，鉴于史料记载匮乏、机构设置不完备、数量多并分散等原因，对它的探讨较之建置城市更加困难。

明清时期出于防御的需要，政府提倡地方修建城池，故而基本上所有建置的城市都是匝城堞堞，而对于市镇政府则没有明确要求，加之市镇的形成历史与发展变迁各不相同，因此有的市镇不但有完整的城垣、城门，而且城围规模很大，内部街道众多；有的市镇非但没有城垣，内部街道也极为稀少，甚至只有一个"十"字或"一"字街道，因此就地域规模而论，不同市镇之间规格迥异。清代北方最大的市镇当属朱仙镇，时人冠以"天下四大名镇之一"的美誉，是北方唯一入选的商业市镇。这里地当水陆要冲，

---

① 张霁：《镇安县乡土志·商务》，光绪三十三年（1907）铅印本，第43页。

② 赵翼：《皇朝武功纪盛》卷2《平定准格尔正编述略》，乾隆五十七年（1792）刻本，第18页。

③ 袁大化修，王树枏、王学曾纂《新疆图志》卷92《奏议二》《覆陈移设粮台事宜折》，民国12年（1923）铅印本，第20页。

南北客商往来不绝，清人有"万家繁生聚，一水隔西东"①，"闾阎栉比，清波极目，舟楫充盈。北控陈桥，南通尉氏，仿佛当年古汴京"② 的赞誉词句。据近年考古发现，朱仙镇最盛时面积达 120 平方公里，四围城墙呈不规则形状分布，辟有四门，周长超过 40 里。这个城围长度是相当大的，要知道清代河南所有建置城市的平均城围只有 5.5 里，约为朱仙镇的 13.8%，朱仙镇所隶属的开封府是河南第一大府，辖区内城市的平均城围居全省之首，也不过 8.4 里，朱仙镇是这个数字的近乎 5 倍，当年商业之繁华可以想见。赊旗镇兴起于清代茶马之路开辟以后，优越的水陆运输条件迅速让它成为中原地区首屈一指的商业名城。赊旗的城墙建设相对较晚，是咸丰八年（1858）当地商民为防御捻军攻袭而建，修建款项大部分由山陕商人捐资而来。城围共 16 里，辟有 9 门，大门数量竟与皇城相同，显然僭越礼制。它的建成一定程度上显示了清代晚期封建王朝统治权力的衰落以及地方力量，尤其是以山陕商人为代表的工商力量的强大，已经能够对地方事务产生不可忽视的影响力。不过像赊旗镇、朱仙镇这样城围动辄十数里、数十里的市镇在北方并不多见，大多数的市镇城围不过数里，如山西第一大镇张兰镇"城周五里"③，陕西宁羌州大安镇"周二百四十七丈，立东西二门"④，安康县砖坪镇"城周四百五十丈，高一丈八尺"⑤。当然还有许多市镇没有城墙，陕西蒲城县"兴市、考同、晋城、高阳四镇，皆有堡垣。荆姚、车渡、常乐、汉底皆大镇，无堡城，若市集"⑥。故而以城围来断定市镇规模显然有失偏颇，而且城围的大小与商业发达程度也并不完全匹配，但是相对来说，城围大的市镇经济发达的概率更大些，就像前面提到的朱仙镇、赊旗镇的商业繁华程度在北方地区位居前列，其规模显然要比其他市镇大得多。但是也有不少商业较为发达的市

① 李来章：《礼山园诗集》卷 8，载《东京志略》，河南大学出版社，1999，第 635 页。

② 陈维崧：《迦陵词全集·过朱仙镇》，载《东京志略》，河南大学出版社，1999，第 635 页。

③ 刘尔聪：《修张兰城记》，见《介休县志》卷 12《艺文》，嘉庆二十四年（1819）刻本，第 43 页。

④ 张廷槐：《续修宁羌州志》卷 1《乡村》，道光十二年（1832）刻本，第 16 页。

⑤ 郑谦修，王森文纂《安康县志》卷 10《建置考下》，嘉庆二十年（1815）刻本，第 5 页。

⑥ 张心镜修，吴泰来纂《蒲城县志》卷 4《建置·镇市》，乾隆四十七年（1782）刻本，第 8 页。

镇城围很小，或者四围没有城墙，如前面提到的大安镇，城围虽然不过二百四十七丈（800多米），可它却是宁羌"一州巨镇"，蒲城的荆姚、车渡、常乐、汉底在时人眼中也"皆大镇"，但均无城墙。

以市镇人口来说，江南地方志中记载的那些"居民相接，烟火万家"①，"街道肩摩"②，百货骈集③、商贾辐辏的大镇、巨镇，北方也有，如山西张兰镇"地当冲要，商贾辐辏，五方杂处，百货云集，烟火万家，素称富庶，为晋省第一大镇，与湖北之汉口无异"④。河南周家口"国朝（清朝）治平百年以来，人烟聚杂，街道纵横延及淮宁境，连接永宁集，周围十余里，三面夹河，舟车辐辏，烟火万家，樯桅树密，水陆交会之乡，财货堆积之数。北通燕赵，南接楚越，西连秦晋，东达淮扬，豫省一大都会也"⑤。从"烟火万家"这样的描述中可以推知两镇均为大镇，规模当不亚于一座中等城市。大镇之下还有一批中等规模的市镇，居民千户、几千户不等。如山西范村镇，"居民共有三千余户"，泽州润城镇"烟火者盖数千余家"⑥。陕西龙驹寨，"康衢数里，巨室千家。鸡鸣多未寝之人，午夜有可求之市。是以百艇联樯，千蹄接踵，熙熙攘攘，商税所由渐增，税额所由日益也"⑦。而相较之下，数量最多的是人口在百户以上千户以下的小市镇。清代社会普遍有"县必立市，市之大者曰镇"⑧ 的观念，在此影响下，各县均建有数量不等的市镇，即使经济不发达的地区也不例外。如陕西洛川县，"居民零星散处，或十余家为一村，或三五十家为一堡，多至百余家为一镇"⑨，这里提

① 董世宁：《乌青镇志》卷2《形势》，民国7年（1918）铅印本，第1页。
② 徐达源：《黎里志》卷2《形势》，光绪二十五年（1899）刻本，第1页。
③ 董世宁：《乌青镇志》卷2《形势》，民国7年（1918）铅印本，第1页。
④ 台湾故宫博物院图书文献处文献股编《宫中档乾隆朝奏折》第15辑 "乾隆二十一年十月十二日山西巡抚明德奏"，台湾故宫博物院，第714页。
⑤ 董榕修，郭熙纂，牛问仁续纂修《商水县志》卷1《舆地志》，乾隆四十八年（1783）刻本，第12页。
⑥ 张型仁：《重修东坪元帝庙碑记》，《三晋石刻大全·晋城市阳城县卷》，三晋出版社，2012，第402页。
⑦ 王如玖：《直隶商州志》卷6《田赋》，乾隆九年（1744）刻本，第18页。
⑧ 梁善长：《白水县志》卷2《市镇》，民国14年（1925）铅印本，第36页。
⑨ 刘毓秀修，贾构纂《洛川县志》卷3《会集》，民国20年（1931）铅印本，第10页。

到的百户是清代设镇的最低标准，清初曾将陕西洵阳县的两河关镇裁撤，就是因为该镇市廛不满百家，长居人口较少。

　　除了城围和人户，后来研究者还试图通过各种途径找寻有关市镇的商业信息，以评判所属市镇的规模。作为城乡之间的纽带，市镇的商业属性是其存在的基础，因此很多时候商业的水平决定了市镇的规模，而衡量商业水平的要素有很多，如商铺的数量、市场的大小、来往客商的多少以及运输销售货物的品类等。如河南宜阳县韩城镇，"西通山陕，南达吴楚，客商往来不绝，有集两关分日"①。河北滦州开平镇"西达天津，北通口外，商贾辐辏，财物丰盈，五、十日大集，二、七日小集"②，周边榛子镇"畿东巨镇，三省通衢，东西门三重，市肆民居环列四五里，一、六日大集，四、九日小集"③。从以上描述来看，韩城、开平和榛子三镇均为交通发达、贸易活跃的市镇，可是从交易地点来看，还没有常设的店铺或者常设铺面不多，市场贸易基本依靠定期集市实现，可见经济还较落后。为了让市镇规模看起来更直观，有些学者试图以商铺数量为突破口对市镇规模进行讨论。在这方面许檀所做工作甚多，她通过对河南现存会馆碑刻资料中所记载的商铺量来推断市镇规模，认为繁盛之时朱仙镇商户在千家以上④；周家口道光年间商号可达 1500~2000 家，至少超过千家⑤；赊旗镇同光年间吸引来的行商坐贾有千余家⑥；北舞渡镇鼎盛时期贸易于此的商户不下四五百家⑦。众所周知，镌刻入碑的商户应该只是这一群体中的一部分，其所显示的数量应该少于实际数量，两者之间的误差很难去判定。对于这一点许檀有充分的认知，因此她

①　王道成、周洵修，汪坚纂《宜阳县志》卷 2《乡镇》，乾隆十二年（1747）刻本，第 9 页。
②　吴士鸿修，孙学恒纂《滦州志》卷 2《集市》，嘉庆十五年（1810）刻本，第 12、13 页。
③　吴士鸿修，孙学恒纂《滦州志》卷 2《集市》，嘉庆十五年（1810）刻本，第 13 页。
④　许檀：《清代河南朱仙镇的商业——以山陕会馆碑刻资料为中心的考察》，《史学月刊》2006 年第 6 期。
⑤　许檀：《清代河南的商业重镇周口——明清时期河南商业城镇的个案考察》，《中国史研究》2003 年第 1 期。
⑥　许檀：《清代河南赊旗镇的商业——基于山陕会馆碑刻资料的考察》，《历史研究》2004 年第 2 期。
⑦　许檀：《清代河南的北舞渡镇——以山陕会馆碑刻资料为中心的考察》，《清史研究》2004 年第 1 期。

在文章中频繁用到"至少""不下"等词语以保证结论的科学性和严谨性。但值得肯定的是，这种方法为我们了解明清市镇规模提供了较为可信的参考，是我们深入城镇史研究过程中的有益尝试。

第二节 市镇与我国城镇体系的完善

城镇体系的概念是 20 世纪 60 年代由美国经济学家、地理学家率先提出的，是指具有一定的时空地域结构的城镇网络。其进入中国大概是在 20 世纪 80 年代，不同于西方学者仅将其用于国家经济和地理的研究，中国还将其作为城乡规划的一种重要形式广泛应用于社会实践当中。此外与城镇体系相关的古代城镇史研究也日益受到学者们的重视，由美国学者施坚雅主编的《中华帝国晚期的城市》一书，从城镇发展的历史、城市与地方体系的层级以及中国城市的社会结构等几个方面对我国古代，尤其是清代城市体系进行了论述，在学界影响甚巨。此后中国学者傅宗文、贺业钜、许檀、包伟民、任吉东、傅春晖、张亚红等继续从不同角度对不同时期的城镇体系展开细致而深入的探讨，对推动我国城镇地理、历史和经济的研究做出了不可忽视的贡献。

一 "城"的诞生和郡县体系的建立

我国城镇体系的发展经历了一个漫长的过程。中国最早"城"的诞生可以追溯到 5000 多年以前的原始社会军事民主制时期，为了保障统治者的利益并防御敌对势力入侵，以统治阶层聚居的区域为中心，四围筑起城墙，"城郭沟池以为固"①，"城为保民为之也"②。此时的"城"只是作为阶级统治的堡垒而存在，彼此之间是孤立的，很少或者可以说基本没有联系，"不是经济起飞的产物，而是政治领域中的工具"③，它的出现同手工业和农业分离没有关系，也不是商业贸易发展的结果，可以视作统治阶级权力的象

---

① 王红娟译注《礼记》"礼运"篇，吉林大学出版社，2021，第 100 页。
② 《春秋穀梁传译注》"隐公七年"，上海古籍出版社，2016，第 39 页。
③ 张光直：《中国青铜时代（二集）》，生活·读书·新知三联书店，1990，第 6 页。

征。"市"的出现较晚，大概在氏族社会向家族社会转变的时期，与之同时期出现的关键词还有家庭、私有财产、贫富分化、阶级和国家等。[1] 最初的市与城的功能有所不同，市是人口密集、工商业发达的地方，而城则更多承担军事、政治的功能。具有集贸色彩的市与城的结合，也就是兼具政治、军事、经济等职能于一身的城市很可能直到周代才出现。随着商贸的发展以及人们交换意愿的加强，统治者为了便于管理在城中或靠近城垣的地方专门划分出一块区域以做商业之用，当时的市与居民住所（闾、坊）是分割开来的，"市有垣"，可以想象管理阶层对于商、民的管控是非常严格的。城与市结合在一起，意味着城不再仅仅是战争防御和行政中心，也是商品生产和交换的集中之地，还具有文教、医疗等多种功能。城市的进步"使得人类社会的许多功能由自发、分散和无组织状态，逐渐集中在受限制的地理区域内，于是宗教、村落、集市和防卫功能就在这个被城墙围住的区域内开始蓬勃发展"[2]。

经过了夏、商发展，迨至周代，城市数量迅速增加，城市体系也逐步建立起来。周天子在全国大肆推广宗法分封，在"封诸侯，建蕃卫"的思想指导下，全国遍地营都建邑，"周之所封四百余，服国八百余"，经过互相兼并，到西周末期，尚有140多个。[3] 根据宗主级别，城邑规模有着严格限制：王城方9里，公7里，侯5里，男3里，其他诸如城墙高度、道路宽度等也均有规定。在这个等级网络结构内部，除大梁、睢阳、陈等规模较大外，大部分城邑规模较小，功能相对简单，这对日后城市发展中形成政治中心优先发展的特征起到了十分重要的作用。作为大小奴隶主的封邑，这些城市的建立意味着新的权力中心的形成。从封邑主有向周王纳贡并随同作战的义务看，城市不是孤立存在的，它们之间的政治、军事、经济联系初步形成，但还不十分紧密，城市主要具有政治、军事功能，经济功能相对较弱。

秦汉时期，中国封建城市的制度和体系日渐完备。政治的大一统使得封

---

① 赵德馨：《中国历史上城与市的关系》，《中国经济史研究》2011 年第 4 期。
② 倪晓宁：《国际贸易与城市竞争发展》，中国经济出版社，2019，第 2 页。
③ 黄以柱：《河南城镇历史地理初探》，《史学月刊》1981 年第 1 期。

建集权国家有能力在全国推行郡县制度，具体来说是全国分设若干郡，郡下设县，县下设乡、亭、里等，由此形成全国自上而下的行政中心体系网络。政治行政中心网络对全国城镇体系的发展最明显的影响是其职能组合结构中以行政中心为主的城市开始占绝对优势。相比西周时期中央政府依靠等级分封控制各级宗法城市来实现对全国的间接统治来说，这种中央依靠体系化的郡县城市群来统治全国各地，郡县城市成为中央机构权力枢纽点的做法显然对中央控制地方更加直接和有效。秦汉的郡县制对后世影响极大，虽然后来郡县也曾被改为州、府、县，或路、府、州、县等不同等级体系，但其基本框架并未改变。

从城市的发展历程不难看出，中国古代城市同亚洲、欧洲一些文明发展较早的地区，如古巴比伦、古希腊等以城邦为主的古代国家，其首都集政治、军事和经济中心于一体，既有高大坚固的城墙，城内又有繁荣的市场贸易有所不同。[1] 中国古代城市最重要的是军事功能和政治功能，其次才是商业贸易功能，这与以农业发展为基础、重农抑商的统治思想是相协调的。东周时期"礼崩乐坏"，列国争相掠夺土地以求在新的土地上建立权力中心来显示自身实力的强大，在此背景下城邑建设日趋扩大，僭越礼制的邦国不胜枚举，以致形成所谓"千丈之城、万家之邑"的局面，其后果就是后代国家对中心城市的建设异常重视，"城市布局都不仅是一种地理存在，还是统治者获取或维护权力的手段或工具：王朝国家通过营建以都城为中心的各层级中心城市，宣布王朝的合法性或正统性权威，凸显凌驾于臣民之上的国家权力"[2]。可以说，郡县制的确立使得不同级别的城市在政治上的地位泾渭分明，这种以县为基础，其上郡（或州城、府城），再以上京城，层层罗列，共同构成一个金字塔形的架构是经过预先周密规划的政治行为。大大小小、等级不同的城市分布各地，并呈网状关联在一起，共同组成了我国封建国家的城市体系。在这个体系中，城市因为在金字塔中的位置不同，地位和权限也不相同，其

---

[1] 傅开梅：《浅析中国古代城市的形成时间》，《滨州师专学报》1998 年第 1 期。

[2] 鲁西奇、马剑：《空间与权力：中国古代城市形态与空间结构的政治文化内涵》，《江汉论坛》2009 年第 4 期。

所承担的军事、政治和经济义务也互相区别，一般来说城市级别越高、人口越多，相对应的繁华度也越高。

二 镇的发展和城镇体系的完善

早期市镇的功能与城市大相径庭，虽然最早的镇是作为军事戍守地而存在的，为封建统治政权承担着军事职能，但是宋代及其之后，镇的功能逐渐为工商业活动中心所取代，其军事意义退居次要地位。明代，随着农业、手工业的恢复和发展，商业经济空前活跃，为满足农村社会生产需要而设立的市镇大量出现。到了清代，农村市场化和专业化的发展以及人口的大量增加，使得更多的人离开土地转而投身工商业，南方的货物源源不断地运往北方，北方的物资车载船运地输入南方，全国市场密切地关联在一起，进一步促进了城镇工商业的发展，不仅如此，因为经济发展的原因和方式不同，市镇功能也日趋细化，工商并茂的都市型大镇、地域色彩浓厚的商贸型市镇、水陆交通发达的枢纽型市镇和以手工业生产为特色的市镇等均有了专业化倾向。

城镇体系其实自诞生便处在不断变化完善之中，从西周的封邑体系，即城邑根据封地贵族爵位的高低，分为王城（都城）、诸侯城（诸侯国国都）、都（宗师和卿大夫的采邑）三级，到秦汉时期建立的郡县体系，即城市大致可以分为国都、郡、县三级，再过渡到明清时期的城镇体系，城是县级以上的行政单位，镇则指代市镇。封邑体系遵循宗法和政治相结合的礼制营建制度而形成，城邑规模大小有别，在体现王权的至高无上之外，也在全国各地建立了一个由上至下的统治网络。大小城邑因为有向周王纳贡和协同作战的义务而较过去交往频繁，但大多数时候是相对独立的个体。郡县制有所不同，是封建中央集权制发展的产物，国都、郡、县的长官均由皇帝任命，"天下县、邑城"及所有的城市都修筑城邑，归中央政府统一管辖，从这个意义上来说，城市还基本作为国家的政治和军事据点而存在，经济功能有限。后来随着社会经济的发展，城市逐渐由单一功能向多功能发展，城市的商业、文化等功能日渐凸显。不过因为封建王朝重农抑商的观念几乎贯穿始终，城市的进步对工商业发展的促进作用不大，反之为了保障统治者及统治者聚居的城市的利益，政府还经常通过增加农民和工商业者税收、限制工商业者的从业数量以及商品交易内容等手段阻碍社会经济发展，这也是封建制度下中国社会商品化程度不高、城乡发展步履维艰的重要原因。如果说城市发展是为统治阶级服务的，是为了保障封建政权的稳固和长久，那么市镇的发展则是直接面对乡村的，其崛起的根源在于农村经济实力的增强，市镇的设立反过来又进一步促进了乡村经济的发展，市镇的大量增加标志着中国经济由传统向市场的转化，进一步说就是政府对经济的直接干预逐步减弱，而市场机制在经济发展中的作用不断加强。市镇数量庞大，通过源源不断的商品流通，各区域之间相互联系，成为一个整体，从而影响更大范围、更多层面的地区形成新的经济布局和社会分工，使资源配置得到不断优化。在这个过程中，同样具有商业功能的行政城市也被卷入其中，成为市场流通网络中的一部分。无疑由行政城市和基层市镇共同构成的城镇体系对生产力的发展起到了巨大的推动作用。在手工业和商业不断进步的前提下，明清时期的江南市镇已经不再满足于只为辐射区域之内的乡民生产、生活消费服务的传统型角色，"这种市场上的交易量小，很少涉及长途运贩，很少有高档的消费品出现，也没有大商人与中介人参加，都是小商贩与农户直接面对面交易"①，转而改变为直接为周边农村地区的生产服务，于是非传统市镇出现。非传统市镇改变了过去市镇为农村提供生活消费品和生产资料，收购农民粮食作物和农副产品的模式，取而代之的是农村生产日趋专业化。农村为市场提供的是专业产品（或者是手工业品，或者是某些农副产品），市场向农村销售的则是粮食、消费品和生产资料，市场规模远比传统市场要大。此外，由于生产力的提高，经济贸易对城镇发展的影响力也在不断加强，最明显的表现就是城镇的行政等级与人口规模及商业繁华度的正相关不断弱化。如作为开封外港存在的朱仙镇，乾隆年间人口超过 30 万，商户千家以上，规模远远超过大

———————————

① 赵冈：《论中国历史上的市镇》，《中国社会经济史研究》1992 年第 2 期。

部分府、州城市；山东周村镇，工商业发展盛极一时，是鲁东地区著名的富庶之区，"营业区域，远及开封、彰德、顺德诸府，几乎凌驾于省城济南之上"①。

三　清代社会的早期城镇化发展

城镇化是历史阶段性产物，其内容和特征会随着时间而改变，追根溯源，城镇化的发展早在两宋时期就已经出现。商品经济的活跃使得宋代一些原本为军事防御而设立的镇具有了商业性质，随着农业人口的移入，市镇规模不断扩大。与此同时，宋代的城市化已经达到封建时代的顶峰。宋代城市化水平很高，至少在12%左右，甚至可以达到25%②，而此后的元、明、清时期城市化水平均未超过10%。另外赵冈在对不同时期的城市研究后发现，北宋汴京（今开封）人口在140万以上，苏州城人口在宣和年间膨胀至约200万人，南宋临安城规模也达到了历史峰值，这样的特大城市到20世纪之前再也没有出现过，即使清代的首都北京，人口也没能超过百万，因此他认为两宋至清的这一阶段，"大中型城郡停止扩充，而市镇的数目大量增加，整个的城市人口愈来愈向农村靠拢"③。基于这一论断，傅春晖进而提出"用'城镇化'而不是'城市化'来表述中国的这一特殊路径更为准确"④。

清代各地城镇化发展可以用突飞猛进来形容，这是同两宋、元、明相比较后而得出的论断。北宋时期商业市镇初兴，其规模和数量还非常有限。元代改朝换代的战争对北方经济造成了沉重打击，河北、河南、山西、山东等省城镇基本消失殆尽，虽然后来有所恢复，但是整体水平不高，与江南市镇发展拉开差距。明清时期，江南市镇一直处于稳步发展状态，而明代北方地区经过很长一段时间的休养生息，直到中后期市镇才展现出活力。清代市镇

---

① 从翰香：《近代冀鲁豫乡村》，中国社会科学出版社，1995，第142、143页。
② 傅春晖：《明清以来的市镇：中国城镇化发展的历史因缘》，《社会》2020年第1期。
③ 赵冈：《论中国历史上的市镇》，《中国社会经济史研究》1992年第2期。
④ 傅春晖：《明清以来的市镇：中国城镇化发展的历史因缘》，《社会》2020年第1期。

继续发展，北方市镇数量较之前代成倍增加，而南方市镇就增量来说明显放慢了脚步，但是市镇的专业化和商业化程度却日益加深，越来越多的农村人口被吸引到小城镇中，小城镇也开始代替农村成为新的人口流动的"蓄水池"。清代市镇人口的问题是学界颇为关注的。从翰香曾综合地方志和《河南统计月报》、《中国省别全志》的记载，对清末民初河南 78 个市镇的人口规模进行统计，结果显示 78 个市镇中以人口 2000 以下者居多，占总量的 44%；人口在 2000~3999 者其次，占 32%；人口在 4000~7999 者占总量的 18%；人口在 8000~15999 者最少，只有一个，占总量的约 1%；也就是说人口数主要集中在 2000~7999 这个区间，而 2000 以下人口的市镇最多。虽然河南很可能是清末北方地区城市人口唯一大幅度增加的省份，具有一定的特殊性，加之所选取的 78 个市镇样本不足当时全省市镇总量的 2.2%，是否能够代表河南市镇整体人口水平存在争议，但是毕竟对我们了解当时河南的市镇规模有一定参考价值的。此外就商业发展程度来说，清末河南与北方的直隶、山东以及山西相差不大，因此这个数据对我们了解这些省份的市镇发展也有一定的借鉴意义（见表 3-5）。

表 3-5　清末民初河南 78 个市镇人口规模分类统计

人口等级	集镇数（个）	占比（%）
16000 人及以上	4	5
8000~15999 人	1	1
4000~7999 人	14	18
2000~3999 人	25	32
2000 人以下	34	44
总计	78	100

资料来源：丛瀚香：《近代冀鲁豫乡村》，中国社会科学出版社，1995，第 186 页。

第三节　市镇是乡村与城市的联结

市镇、农村、城市均作为地理概念和地理实体而存在，三者密切相关但又彼此独立。从历史发展角度来讲，每个处于社会之中的存在都有其自然顺序，在城乡发展序列中，农村最先产生，在人类通过农业生产能够满足生存所需并且可以产生剩余之后，非农业人口聚集的城便有了孕育的土壤。市的产生也是如此，因为有了剩余产品才有了交换的可能，最初这种交换应该是部落与部落之间的，家庭私有制产生后，交换的频繁以及全民的参与，加速了专门的交易地点市的出现。早期的城主要具有军事、政治和宗教等功能，与具有商业功能的市没有必然关系，城与市出现的孰早孰晚学术界迄今没有定论，考古挖掘发现的最早的"城中市"是春秋战国时期的秦国雍城①，这显然比城和市的诞生都要晚。市与城联结在一起，并成为城的重要组成部分，是自然经济发展的结果，也标志着城市商业性质的具备。作为商业体系中最小的商品交换点市的数量很多，如星星般散落城乡，随着商业的发展，"在乡市"逐渐成为农村商贸的定期市场。镇的产生较晚，与城、市一样都是由农村聚落发展而成的。明清时期，镇的飞速发展根源在于农村经济实力的增强，单纯的市已经不能够满足农村商品贸易的需求。就职能而言，商业镇与市都是为农村生产服务的商品交易市场，只是镇无论是占地规模还是商业人口都较市要多，而且不同于市的"朝实暮虚"，镇有商业街道，有固定的商业店铺，经营时间更长，商品种类更多，交易范围更广，因此人们习惯将市镇联系在一起作为农业社会商业网络中的基层市场的统称。

　　如果说人类最早出现的城市是为了和农村相区别，城市是独立于农村的存在，那么明清时期繁荣起来的，介于县城和村落之间的，有着相对独立性质的商业实体市镇则是城市和农村之间的中介和过渡地带。关于市镇的归属问题，学术界一直存在争议。从经济角度来说，市镇的兴起是顺应农村经济发展的需要，也是城市商贸职能的延伸，市镇是没有实现高度城市化的基层市场，虽然与农村密切相连，但其形式上已经脱离农村，成为中国商品经济发展的重要组成部分。两宋之后，中国的城市化发展基本停止，造成这样的原因大致有两点：其一是人口持续的增加已经远超耕地增速，虽然耕地面积

---

① 李孝聪：《历史城市地理》，山东教育出版社，2007，第 4 页。

及粮食产量有所提高，但是不足以抵消人口持续增长所带来的粮食需求，不断下降的余粮率和粮食供应负担在导致人地关系日趋紧张之余，也使得城市无法容纳更多的人口。[①] 其二是缺少工业化支撑，城市发展动力不足。发生在 18、19 世纪的工业革命大大推动了西方国家的城市化进程，例如美国，以制造业为代表的大规模工业生产迅猛发展，吸引了大量海外移民前来寻找发财的机会，他们中有产业工人，有商人，也有银行家、投资家，移民不仅为美国商品化大生产提供了所需的劳动力，还带来了源源不断的资金，这些都促使城市发生了天翻地覆的变化。坐落于俄亥俄河岸边的辛辛那提，1800 年只不过是个居民不过 750 人的小镇，1840 年已经发展成为人口超 10 万的发达城市。芝加哥更是迎来了城市爆发式增长，1835 年这里还是一个人口不足 350 人的定居点，1860 年人口增长至 10 万，40 年后更是突破百万大关，成为美国最著名的大都市之一。反观中国城市发展，与之形成了鲜明对比。虽然江南地区也出现不少规模较大的手工业作坊，但还处于资本主义萌芽阶段，缺少强有力的工业化支撑，加之传统社会以农为本、重农轻商的意识使得统治者对于推动生产力进步和商品经济发展没有足够的关注，这些都延缓了中国城市化进程。清代的城市在某些特殊时期，如发生了大规模的灾疫或战争，也会出现流民云集的情况，但一般只是暂时性的，与城市化发展并无关系。这些人员不属于城市定居人口，因为城市提供不了更多的工作机会安置流民，故而他们中的大多数很快就会流回原籍或流向其他地区，真正能够在城市落地扎根的农民数量极少。从活跃人口来看，市与镇又截然不同。北方农村的市（集市）多为"朝实暮虚"型交易中心，以间隔性的定期市为主，市中极少有固定商业店铺经营，从事商品交易的人员几乎都为流动人口，这种市与农村没有鲜明界限，很大程度上可以视作农村的一部分。镇则不同，它是仅次于县的商品交易市场，有固定经营的店铺，一些规模较大的镇其商业繁华程度会超过一般行政城市。从这些特征看，镇更接近于城市，也是非农业人口聚居的区域。宋代以后我国城市化发展按下了暂停键，

---

① 傅春晖：《明清以来的市镇：中国城镇化发展的历史因缘》，《社会》2020 年第 1 期。

城市容纳不了更多的人口，而明清以来，尤其是清代，随着人口的急剧增加，人地矛盾更加严重，此时大量农民投身工商业或者运输业，他们中的很多人不再是真正意义上的农民，但也没有成为时人眼中的城市居民，可他们却是市镇发展的中坚力量，过去农村所具有的人口"蓄水池"作用此时转移到了市镇。因为清代的市镇聚集了大量脱离农业生产的非农业劳动人口，故而后世研究者经常将其视作城市发展的一部分，城市化发展也因此演变成为城镇化发展。

市镇的飞速发展也使得城、乡市场网络更为完善，流通枢纽城市、中等商业城镇和农村集市联结在一起，加强了区域之间经济联系，商品流通的频繁也使得各区域间可以扬长避短、互通有无，因地制宜地发挥自己的经济特色，从而为市场经济的近代化发展打下基础。尤其是面向农村贸易的市镇的发展，不仅扩大了城市与农村之间的经济往来，也使得本不相关、极容易被忽视的自然个体关联在一起，形成一个极为庞大的流通体系。虽然它们各具特色、发展程度有异，但是建立在庞大的交通运输网络之上的市场机制开始在一定程度上发挥调整经济布局、优化资源配置的作用，这也正是许檀所言"明清时期中国传统经济在生产力和生产关系并没有重大突破的条件下，仍然保持着内在的动力和活力"① 的原因所在。

此外，市镇对区域内社会风俗的变迁也起到了不可忽视的作用。虽然从管理角度来看，城市里的统治者是市镇和乡村的领导者和管理者，但从城市会向市镇派驻军事、税收等官员来看，城市对市镇的管理相较农村更为直接。而协同政府一同对市镇进行管理的地方精英人物，基本上都具备农村地主的身份，在农村也扮演着管理者的角色，简单来说，市镇精英对上维护统治集团利益，对下也会利用统治者赋予的特权管理农村，保障地方在为统治集团服务的过程中获取更大的权益，他们是官民之间的重要媒介和桥梁。市镇是按照经济发展规律而自然形成的农村与城市之间的缓冲地带，对社会各方面影响深远，正如施坚雅所说，农村社会形成超越村庄的社会体系，由基

---

① 许檀：《明清时期城乡市场网络体系的形成及意义》，《中国社会科学》2000 年第 3 期。

层市场、中间市场和中心市场关联起来的流通网络形成了一个完整的社会，婚姻、宗族、宗教、商业、权力都在这个空间体系中交织在一起①，而市镇在其中毋庸置疑起到了重要的作用，成为封建社会后期国民经济正常发展的重要保障。

---

① 傅春晖：《明清以来的市镇：中国城镇化发展的历史因缘》，《社会》2020 年第 1 期。

第四章
传统的士绅：连接城市与乡村的纽带

　　士绅是中国封建社会一个庞大而独特的社会集团，传统观点认为"士大夫居乡者为绅"，士绅专指社会中那些有科举功名的读书人或者居乡官员，他们具有很高的声望并且受到当地人的敬重。近代社会，士绅概念的外延已大为扩展，凡获得皇权社会法律所认可的身份、功名、顶戴，无论出仕还是未出仕，一概属于士绅阶层。对于士绅的涵盖范围，著名社会学家费孝通曾给出一个宽泛的概念，"士绅可以是退任的官僚，或是官僚的亲友，甚至可以是受过教育的地主"[①]。作为中国封建社会的长期存在，士绅代表的是一个阶层，而不是某种具体的职业。传统社会以士、农、工、商为基石，士为四民之首，是指封建社会的读书人。而绅则内涵不同。史靖认为，绅即缙绅，专指那些有官职科第功名居乡而能得到乡里敬重的人士。否则就是恶霸，是土豪，是地痞，是劣绅。[②] 吴晗对于士绅的界定较为具体，他认为士绅是官僚的离职、退休、居乡（当然居城也可以），以至未任官以前的称呼。士绅多出自地方上的名门望族，大都考取过功名，或至少对四书五经、儒家典故比较熟悉。士绅凭借自己对儒家经典的掌握，成为地方的伦理教化权威。[③] 从二人对士绅的理解中可以看出，拥有知识是士绅阶层最重要的共

---

①　费孝通：《中国士绅》，生活·读书·新知三联书店，2009，第31页。
②　史靖：《绅权的本质》，《中国建设（上海1945）》第6卷第6期，1948，第47页。
③　吴晗：《论绅权》，收入《绅权与皇权》，生活·读书·新知三联书店，2013，第79~81页。

性。掌握较多土地和资源的家族，显然更有能力供子弟读书，获取知识，考取功名，从而进入官僚系统，在经济财富和权力地位的再分配中占据优势。士绅本身并不一定是很多财富的拥有者，但是士绅及其所代表的家族肯定比一般平民更容易获得财富。狭义上讲，士绅是拥有学品、学衔，拥有过或者未来会拥有官职的个体，但是广义上来说，士绅则是"一群家族"，因为作为个人的士绅本身也是处在家族关系中的一员，需要依靠家族维系地位或者获取补给，也正因为如此，士绅作为一个阶层被进一步扩大，甚至"在农民大众眼里，士绅还包括大地主，这是统治阶级的经济基础"①。

自隋代开启科举取士以来，直到清末，"以试为选"的官员选拔机制，使得中国的社会阶层始终处于流动状态，百姓和官员的身份可以互相转换。不过两者之间存在一个中间阶层，即士人，也就是具有一定身份的读书人。士子科场得意，可以入仕为官，即使不顺利，只要取得一定身份，至少是童生，在地方上也会拥有一定的声誉，享受政府的种种优惠政策，所以人们生动的用"进可为官、退可为民"来形容这个阶层的处境。士是士绅阶层的主要构成。士人为官，除了通过考试层层选拔这条"独木桥"，还可以在"正途"之外，选择其他"异途"。如政府为了弥补经费不足，广开捐纳，不少有钱人可以通过这条途径跻身士绅行列，科场不得意的士人有之，地主或者商人亦有不少，虽然他们中的不少并未被授予实职，但显然已经具备了士绅的身份。清代还有专门针对高级官僚子弟的恩荫政策，可以直接进入国子监读书，经过吏部简单考核即可授官，所以一定程度上士绅的范围可以延及官僚的亲属。士绅范围涵盖较广，具体数量难以统计，不过作为这个阶层的中坚力量，士的数量倒是有据可查。张仲礼、杨银权等曾对甘肃士人做过统计，结论如下：清代甘肃每年学额正额总数为 888 人②；有清一代举人约 3360 名③，在 1646

---

① 〔美〕费正清：《美国与中国》，张理京译，世界知识出版社，1999，第 33 页。

② 杨银权：《中国古代士绅之养成·出处·职责：以清代甘肃地域为例》，中国社会科学出版社，2017，第 33 页。

③ 杨银权：《中国古代士绅之养成·出处·职责：以清代甘肃地域为例》，中国社会科学出版社，2017，第 45 页。

年（清代第一次举行科举）至 1904 年（清代最后一次科举）的 259 年间，平均每年产生 13 名左右；进士凤毛麟角，甘肃省共 300 名左右，清代共举行会试 112 科，以此推算一科中试者不足 3 名，平均一年只有 1 名；道光年间（1821~1850）捐监人数共有 3477 名，平均每年 112 名；每年岁贡生在 160 人左右。由此可见，同一时期，甘肃取得功名、学品或者学衔的人数很少，如果再将举人、进士及退任官员算作高级士绅的话，其数量屈指可数。此外，根据张仲礼在《中国绅士——关于其在 19 世纪中国社会中作用的研究》中的统计，19 世纪中叶前，科举出身（包括捐监及科举出身的官员在内）在 110 万人左右，以全国 4 亿人口计算，占总人口的 2.75‰，即 1000 人中只有 2.75 人有功名，如果除去官员，则比重更小。再结合北方在文化水平和科举成就方面逊于南方的事实，尤其是在地处偏远的省份，文化水平落后，受教育人口非常有限，因此尽管目前关于士绅的成员组成学术界还有争议，但是笔者在此章讨论中仍将业儒者算入士绅之列。众所周知，能够接受教育，且能够以考试为业者，家境极少贫寒，因此业儒者的身份与费孝通先生所说"受过教育的地主"肯定会有重合，且数量一定不少。在此笔者并非有意否定费先生对于士绅范围的界定，只是为了方便在数量上有一个直观的认知。

第一节　士绅的家族与社会交往

清代家族势力的崛起往往与科举考试的成功密切相关，而地方士绅力量的强大也往往与当地教育水平和文化水平程度有着密切关系。正如杜正贞在研究清代山西泽州的乡土社会和士绅群体后所认为的，明代中后期至清代前期，泽州士绅之所以能够在国家官僚系统中获得空前高的地位，其原因在于泽州进士、举人数量与同期其他地方相比取得了名列前茅的成绩。[1] 此外，

---

[1] 杜正贞：《村社传统与明清士绅：山西泽州乡土社会的制度变迁》，上海辞书出版社，2007，第 94 页。

士绅之间通过联姻、结社等方式结成密切的关系网，容易形成一股强大的社会力量，以至于地方士绅群体能够对国家和地方社会产生不可忽视的影响。

一　士绅的家族

对于一般平民家庭来说，通过科举提高社会地位是一条捷径，但大多不会一帆风顺，很多家庭要通过几代人的努力才能实现。清代很多取得进士、举人功名的人，其祖父辈、父辈甚或更早以前家中就有人已经开始攻读四书五经，致力于科举考试了。如历史学家傅斯年家族，其远祖傅回祖明成化年间曾任山东冠县县令，傅氏算得上是官宦人家，但到傅回祖儿子傅祥这一代，居住在山东聊城的一支傅姓子孙转以经商为业。不过傅氏诗书传家的风气没有丢，世代均有攻读诗书、研习八股的子弟。直到傅祥五世孙傅以渐金榜题名，成为清代第一位状元，族人才又重新任职仕宦，傅氏一族逐渐成为当地名门望族。再如甘肃渭源李荣家族，"世业农，居邑北二十里之李家堡。颇丰饶，乐善好施"，有练武习文的家风，到李荣次子李鸣鹤辈，"儿孙繁盛，中武举者二人，并文武同科入泮者六七人也"。① 有的家族却没有这么幸运，如同县李氏，"家殷实，世守耕读，为邑望族"，至李国英这一代也仅考取了廪生，没有能够使得家族再上一个台阶。

"旧时王谢堂前燕，飞入寻常百姓家"，与依靠功名崛起的新士绅家族相对应的，还有一批在科举上成绩不理想的旧士绅家族的没落。士绅不能够世袭，家族要想长久地保持地位与荣耀必须依靠家族成员在科举道路上的共同努力，这也正是历史上有的家族昙花一现，而有的却能够兴盛百年的重要原因。毕竟个人成功带来的辉煌是有限的，在历史的大浪淘沙中，幸存下来的名门世家，不但要有深厚的文化传承，还要人丁兴旺、人才济济，文化赋予家族孜孜以求的精神，而人才是家族文化传承的载体，这也是古人，尤其是巨室大族，都重视家族力量，希望子孙满堂的重要原因。

北方有着百年历史传承的文化世家，比较著名的有河南新安吕氏家族。

---

① 陈鸿宝：《渭源县志》卷8《人物志·乡贤》，台湾承文出版社，1970，第256、259页。

据考证新安吕氏是北宋丞相吕蒙正长子吕居简后人中的一支，祖上辗转由山西迁居新安，有明一代基本湮没无闻。到吕乡及其子吕孔学时期，家族耕读传家。吕孔学早年家境贫困，为了养家糊口，在驻邑军队中谋了一份功曹的差事，因为敦厚正直颇受人敬重。他对家中子弟功课督促甚勤，三子皆业有所成。长子吕维祺，明万历年间考中进士，崇祯年间曾任南京兵部尚书，后来归居洛阳，设立"伊洛会"，广招门徒，著书立说，成为一代大儒。吕维祺之后，吕氏人才辈出。吕维祺之子吕兆琳，清顺治十八年（1661）进士；吕兆琳之子吕履恒，康熙三十三年（1694）进士；吕履恒之弟吕谦恒，康熙四十八年（1709）进士；吕履恒三子吕守曾，进士及第；吕谦恒之子吕耀曾，康熙后期进士。据统计，明末至乾隆年间，吕氏家族共有15位学者、诗人，先后中进士者8人，是当地名副其实的名门望族。就科举方面的成绩来说，山西阳城陈廷敬家族与之交相辉映。陈氏家族自明宣德年间迁居阳城郭峪中道庄（今山西省阳城县北留镇皇城村），祖上陈林以煤起家，富甲一方，开始供子弟读书。其子陈秀"有诗名"，曾被荐举为西乡县尉（典史）；陈秀子珏，做过滑县尉，赠户部主事；陈珏子天佑，高中嘉靖进士，历官陕西副使。也是在这一时期，陈家开始由素封之家转变为士绅家族。之后，家族子弟开始隐居乡里，不再出仕，陈天佑之子修，耕稼为业，"以余粟惠乡人"[1]；陈修之子三乐，"隐居自甘，为善不倦"[2]，"慷慨有节"；陈三乐之子经济，"诸生，初赠文林朗"[3]，"高蹈不仕，笃孝尚义，乡党推重"[4]，入乡贤祠。他们虽然没有出仕，但从为善一方、赈济乡邻等信息来看，其家族在地方上应该仍属于士绅之家。不过陈氏重返仕途还要到陈廷敬的父辈这一代。陈廷敬伯父陈昌言是崇祯时进士，初为乐亭知县，政绩突出，再为御史，仗义执言，后升提督江南学政，官声甚好。陈廷敬的父亲陈昌期，顺治时被选拔为乡贡，学博不仕，在家管理田产，并督责子弟读书。在父亲的殷

---

①　陈廷敬：《午亭文编》卷43《百鹤纤表》，林估手书刻本，第6页。
②　赖昌期：《阳城县志》卷11《人物》，同治十三年（1874）刻本，第23页。
③　陈廷敬：《午亭文编》卷43《百鹤纤表》，林估手书刻本，第6页。
④　赖昌期：《阳城县志》卷11《人物》，同治十三年（1874）刻本，第24页。

殷教导下，陈廷敬自小熟读儒家经典，顺治十五年（1658）考中进士，年仅二十。此后他历官秘书院检讨、内阁学士、经筵讲官、礼部侍郎、左都御史、工户二部尚书、文渊阁大学士、吏部尚书等，担任《康熙字典》总修官。继陈廷敬之后，堂兄陈元，儿子陈豫朋、陈壮履，侄子陈观颙、陈随贞，孙子陈师俭等人先后进士及第。据统计，明清两代陈氏家族共出了 41 位贡生、19 位举人、9 位进士，并有 6 人入翰林。乾隆皇帝曾亲书"德积一门九进士，恩荣三世六翰林"的楹联大加褒奖。山西高平良户村田氏也是远近闻名的仕宦之家。田可耘生活于明朝中晚期，此时田家已经是当地望族。其子田驭远，举人出身，是当地颇为活跃的人物。据《高平县志》记载，他主持修建过文峰塔和盘龙寨，以及附近的万寿宫等大型工程。明末战乱期间，协同儿子田逢吉共同修筑蟠龙阁，防御流寇入侵。清朝大定之后，又先后参与修建了圣姑正殿和左右配祠，以及三清殿和药王殿等，惠及乡里，死后入乡贤祠。① 田逢吉是田驭远之子，自小受家族文化的熏陶以及父亲的义行耳濡目染，后来成为康熙皇帝的股肱之臣。田逢吉顺治年间二甲进士出身，累官户部右侍郎、康熙帝经筵讲官、内阁史学士、浙江巡抚等职，后因病辞官，回归故里。田氏书香传家，后世不辍此风，田多眷、田光复、田长文（田逢吉孙）等先后荣登进士，并有多位族人考中举人。居于山东莱芜口镇东街村的魏氏家族也是清代远近闻名的耕读世家。因为族中魏似韩、魏锡祚、魏昭黎三人先后金榜题名，故有"一门三进士"之称。清代魏氏还有 60 多人考取贡生、拔贡、举人等功名。这样的事例还有不少，不过相较于南方，北方具有百年传承的士绅家族在数量上相形见绌，这倒并不是说北方士绅家族总量少，因为清代实行考生分地域选拔政策，北方士绅家族的数量也极为可观，只是就文化传承来说，具有深厚文化底蕴的世家大族相对较少，之所以如此应该与南北方经济差异有关。同时，这也反映出北方士绅家族地位相对于南方更为不稳，如果家族财力不支，加之成员没有亮眼的科考成绩，家族地位很容易下滑为平民阶层，大

---

① 龙汝霖纂，高平市志办公室点校同治《高平县志》，山西人民出版社，2010，第 58 页。

概这也是同时期北方士绅家族在地方社会的影响以及对基层社会的控制弱于南方的主要原因之一。

家族成员的谋生方式是观察士绅社会关系的重要切入口。就一般业儒者而言，除了自身需要具备一定的素质，还需要经济实力予以支撑。众所周知，业儒者的精力多半用在了刻苦攻读上，几乎不事生产，他们中只有一小部分可以依赖政府补助、传道授业或者为人做幕僚等工作养活自己或家人，绝大多数还需要获得家族的支持。所谓"寒门贵子"，其实真正一贫如洗的"寒门"非常罕见，更多的应该被理解为平民之家。不少这样的家庭要提升地位，需要集全家之力供养一个或几个学子。仕宦家族，即使经济条件较为优越，因为种种限制或出于多方面考虑，也多不会让家族中每一个成员都一心向学。有些家族甚至为了能够绵延不息，明确要求家族成员士、农、工、商皆而有之。与之相对应的，士绅家庭的经济来源是多种多样的，或是来源于官员俸禄，或是取自田亩，或是经商所得，抑或借贷或者其他。

清代律法有"倡、优、隶、皂之家，与居父母丧者，不得与试"[1] 的规定，道光十一年（1831），皇帝重申"定例隶役人等，本身及其子孙，均不准考试报捐，原以区别流品"[2]。此外，咸丰八年（1858），曾发生过一次影响巨大的戊午科场案。起因是北京乡试中一位名叫平龄的中试举子，平时喜好京剧，还经常登台演出，被误传为优伶，致使落榜者群情激愤，遂引起朝廷重视。最后虽然查明平龄并不是以唱戏为业，但由之连带的科场作弊案却被揭发出来，主考官柏葰等人最终被问斩。[3] 案件细节与本主题无关，不过从平龄被误传为优伶从而引起举子公愤的缘由来看，倡、优、隶、皂人家子弟不得参与科举考试的这项规定在实际操作中是被执行了的。也就是说，士绅家族的成员除了这几种职业，从事其他营生均有可能。

---

① 赵尔巽等：《清史稿》卷180《选举》，中华书局，1977，第3148页。
② 《清宣宗实录》卷193"道光十一年七月乙亥"，中华书局，1986，第1053页。
③ 故宫博物院明清档案部编《清代档案史料丛编》，中华书局，1978，第225页。

二　士绅的通婚

婚姻是十分重要的社会行为，中国古代士绅家庭为了巩固和加强自身的地位，扩大社交圈层，非常重视家族的通婚。

阳城郭峪陈廷敬家族自明代以来不断发展壮大，清初已经成为当地声名显赫的大家族。陈氏家族的联姻对象以本县和周边沁水、高平、泽州等地区为主。陈廷敬的父亲陈昌期原配李氏，阳城白巷里人，乡饮宾李氏之女。继配张氏，也就是陈廷敬的生母，沁水县窦庄人，其祖父张之屏明万历年间进士，累官至陕西商洛道左参政使，父亲张洪翼，举人出身，曾任直隶威县知县。陈廷敬妻王氏，阳城白巷大户之女，祖父王国光明代进士，官吏部尚书。陈廷敬二女嫁予高平张泾之子。张泾进士出身，官湖广巡抚。陈氏成员还有与距离较远的永宁于成龙家族联姻的记录。于成龙，山西永宁（今山西省吕梁市方山县）人，清代封疆大吏，官至两江总督，与陈廷敬同朝为官，两人惺惺相惜。陈廷敬三子陈壮履（进士，官侍读学士）之女嫁予于成龙重孙大楗（于准之子，于准是于成龙长孙，官江苏、贵州巡抚）为妻。陈廷敬的弟弟陈廷继曾在陈氏老家永宁做过学正，而于准曾为陈廷敬部下。可见两家渊源深厚。陈氏人丁兴旺，是阳城顶级望族，从陈氏家谱和碑文能够知道，陈氏与沁水流域的许多大姓望族有姻亲关系，尤以阳城东北部和沁水西南部地区最为密集，与之联姻对象包括上庄王国光家族、郭峪张鹏云家族、润城张瑃家族、郭壁韩氏家族、窦庄张氏家族、阳城化源里田氏家族、大宁黄崖白氏家族等。不止陈氏家族的联姻对象较为集中，与之联系的这些家族之间也是互相通婚，这就使得地域士绅家族间的关系既复杂又紧密。

纪晓岚家族是河北景城望族，世代耕读传家。与纪氏通婚的多为本地及周边县域的士绅之家。如纪晓岚曾祖父纪珏（字润生）娶河间增生王云鄂之女为妻。祖父纪天申（字宠予），初配通县候选州同陈令椒之女，继配沧州武进士张汉之女。父亲纪容舒原配为同县安国维之女，继配沧州候选州同张莱（字雪峰）第二女，再继配张莱之三女，此即纪晓岚生母。张氏出生于沧州大户人家，张氏的母亲，也即纪晓岚的外祖母，武清县王庆坨人，是明末司礼太监曹化淳的侄孙女。值得一提的是，纪、张两家世代联姻，纪晓岚祖母亦是沧州张氏族人，与其母为姑侄。《阅微草堂笔记》载："纪氏之女适张者数十人，张氏之女适纪者亦数十人"①，可见两家关系亲厚。纪晓岚15岁结婚，"配东光县、山东城武县知县马讳永图之女"。《纪文达公遗集·文集》卷八《马氏重修家乘序》载："东光以马氏为甲族，其他明德不具论，自明嘉靖以来，一支之中，登进士者凡九，亦云盛矣；谱至今日凡五修，亦云绵远矣。"随着纪晓岚在士林的声名鹊起，与纪氏婚配的家族无论是所在地域还是家庭社会地位都有所变化。纪晓岚长子纪汝佶（字晴湖）娶进士张模（字晴溪）之女。张模，北京人，官刑部主事，刑部员外郎，曾任广东乡试主考官和顺天乡试同考官。纪汝佶的岳母，也就是张模的妻子，出身于著名的宝坻北王家族，这个家族清代共出了五名进士。纪氏与王氏家族也多有姻亲关系。纪晓岚的侄子汝仪、汝佺、汝倌，以及侄孙宝树先后娶了王氏之女，侄孙女也嫁予王振容（字锦堂）为妻，王振荣是纪汝佶岳母王氏的侄子。纪晓岚长女配卢见曾（字澹园）的孙子卢荫文为妻。卢氏为德州明清八大家族之一，有"六代八进士，一门三翰林"之誉。卢见曾长子娶了金德瑛之女。金德瑛，浙江仁和（今杭州）人，清代状元。纪晓岚的二女配予内阁中书袁煦为妻。袁氏为山东邹平焦桥世家，家族中为官为宦者众多，袁煦的曾祖父袁景文官至户部贵州主事、太仓监督；祖父袁承宠（字天申），官至湖北按察使、太常寺少卿；父亲袁守诚官至陕西按察使兼署布政使。纪晓岚三女配河间名门戈源之子，未嫁而亡。戈源进士出身，历官工部主事、浙江道监察御史、太仆寺少卿、提督山西学政等职。此外，景城纪氏还与沧州、河间一带的文化家族，如戴氏、刘氏、吕氏、王氏、李氏、苏氏等族也多有联姻。

清代士绅间的联姻大致呈现三个特征：其一是门当户对。与陈氏、纪氏联姻的家族基本都是文化世家或名门望族，这与他们各自的地位相符，

---

① 纪昀：《阅微草堂笔记》卷19《滦阳续录》，嘉庆二十一年（1816）刻本，第10、11页。

而且随着家族成员社会地位的上升，所选择的婚配对象也会与之匹配，可见门当户对观念根深蒂固。其二是地域性强。陈氏的婚配对象基本不出山西。纪氏家族联姻的对象也是基本都在家族居住地附近的沧州、河间等地，当然后来扩展到了河北周边的北京、天津、山东等地区，但是总体来说都不算太远。从纪晓岚家族资料看，只有纪晓岚长女远嫁浙江，显示了士绅家族在婚配选择方面具有很强的地域性。其三是家族关系盘根错节。门当户对，加之婚配对象限定于特定区域，使得区域间士绅关系极为复杂，不仅个体家庭成员内部因为经常与固定家族通婚而关系复杂，家族之间也如是，姻亲之间互相通婚，牵连不断，借助婚姻或者血缘关系，士绅间结成一张庞大的社会关系网络，互相援引、资源共享，这无疑有助于家族的繁荣不辍和地位稳固。不过也正是因为这种如此，一荣俱荣、一损俱损的现象在联姻家族间极为常见，正如《红楼梦》中提到的贾、薛、史、王四大家族一样。事实上，纪晓岚遭遇的人生中极为重要的一次劫难就与其亲家有关。纪晓岚的长女嫁入江南卢家。卢氏家长卢见曾曾官两淮盐运使等要职，地位显赫。乾隆三十三年（1768）七月，"两淮盐运提引案"案发，时已退休在家的卢见曾颇受牵连。纪晓岚凭借自己内宫为官、消息灵通的便利，给卢家送去了一盒食盐和一盒茶叶，寓意"严查"，被人告发，卢见曾银铛入狱，病死牢中，纪晓岚也因泄密被发往乌鲁木齐军中赎罪。无独有偶，陈廷敬遭遇的人生中唯一一次政治打击也与其姻亲有关。陈廷敬任职吏部尚书期间，湖广巡抚张汧贪黩案发，陈廷敬因为与张汧是儿女亲家而备受质疑，为了避嫌，陈廷敬引咎辞职。虽然最终陈廷敬并未离京，而是奉旨修书，但是对其后来思想还是产生了极大影响。不过也有一荣俱荣的例子。归德（今河南商丘市）侯氏与宜兴陈氏世代通好，陈于廷（官至都察院左都御史加太子少保）与侯恂（官至户部尚书）同为晚明东林党人，他们的下一代陈贞慧与侯方域同为复社成员，与冒辟疆、方以智并称"明末四公子"。后来侯方域和陈贞慧定下儿女之亲。清顺治十三年（1656），陈贞慧去世，陈氏家道中落。翌年，陈贞慧幼子陈宗石来到归德府认亲，侯府非但没有嫌弃，还令其与自家千金完婚，并将侯府东园

（今陈家大院北院）作为陪嫁相赠。后来宜兴陈氏顺利在归德扎根，并成为"一门五翰林，四代词馆家"的当地望族，可以说陈氏的复兴，侯氏家族功不可没。姻亲对于家族兴衰至为重要，所以士绅家族对于婚配对象的选择慎之又慎，也因此他们更愿意在熟悉的圈层中选择，这反过来进一步加深了士绅家族间婚配的封闭性。

三　士绅的社会交往

士绅们建立的地方社会网络，除了婚姻，还通过其他多种社交方式来维系，结社就是较为常见的一种。谢国桢先生说："结社这一件事，在明末已成风气，文有文社，诗有诗社，普遍了江、浙、福建、广东、江西、山东、河北各省，风行了百数十年。大江南北，结社的风气，犹如春潮怒上，应运勃兴。那时候，不但读书人们要立社，就是女士们也要结起诗酒文社，提倡风雅，从事吟咏。"[1] 虽然清朝有明文规定不许文人结社，有些地方的学堂还立碑训示，"生员不许纠党多人立盟结社，把持官府武断乡曲。所作文字不许妄行刊刻，违者提调官治罪"[2]，但社会上名称各异的社团还是层出不穷。

清初归德（今商丘市）的学苑社名震天下。学苑社的灵魂人物是被誉为"国初三大家"之一的侯方域。侯方域出身簪缨世家，父亲侯恂身居高位，官至明代户部尚书，他本人也文采卓然，是明末复社成员之一。明亡后，侯方域隐居乡里，以吟诗作文为乐。学苑社还有一个骨干成员也深具影响，他就是同样出身顶级世家的宋荦。宋荦，字牧仲，国史院大学士宋权之子。15 岁那年，他已经通过吏部考试，被授予通判一职。但宋权以其年幼，不谙政事为由，强令其归乡读书。侯氏与宋氏两个家族常年交好，关系深厚。据《侯方域传》记载，顺治八年（1651），河南巡抚吴景道准备将侯方域及其父拘捕入狱，幸亏宋权从中调停，仅让侯方域答应参加乡

①　谢国桢：《明清之际党社运动考》，中华书局，1982，第 8 页。
②　张鸣铎：《淄川县志》卷首《谟训》，乾隆四十一年（1776）刻本，第 2 页。

试而作罢。宋权死后，听说有人规劝宋荦结交天下贵人，侯方域当即写信规劝："往郡中贵达子弟固有然者，然皆以财力自雄，周旋良苦。今公子善病，体不任衣；太保清洁，仆之所谅未有厚赍贻公子也。所谓财与力者，公子自审能之乎？破其业以致贫，劳其身以致病，而徒博一交接贵人之名，仆窃为公子不取也。"① 如此推心置腹热心劝诫，以侯方域的性情和身份，如不是至交好友，恐难为之。与侯、宋共称"学苑六子"的其他四位，虽然背景不如侯、宋两位显赫，但也均出自文化世家。徐作肃，清初举人；徐邻唐，明末秀才；贾开宗、徐世琛都以归德才子著称。六人经常在一起谈论诗词、讨论学问，来往密切。贾开宗与侯方域一起整理前明诗人遗作，贾去世后，侯方域亲书《贾生传》，述其生平。侯方域离世后，徐邻唐接受侯夫人重托，成为侯方域女婿，即陈贞慧儿子侯宗石的老师。诗社成员组成不只看家世门第，更要有真才实学，当然共同的旨趣也很重要。与学苑社同时期的，归德东还有一个"五隐诗社"，参与者高辛陈明盛、郭村李上林、柳河田作泽（历任河间知县、泰州知州）、谷熟叶元澍和叶元溥兄弟都是社会名流，其中叶元澍最为后人熟知。叶氏为归德望族，叶元澍的伯父叶廷桂，明进士，曾任户部右侍郎、兵部左侍郎、总督蓟辽军务等职，著有《逸园诗稿》《广武省宿斋稿》《楚游草》等书，流传至今。

山东淄川（今淄博市淄川区）文化氛围浓郁，文人结社非常流行。出身仕宦家庭的刘孔中与"同邑李五弦先生昆仲、王雨岚、鲍素垣诸公为五箧会"，经常于佳时令节聚会，"试茗听歌，登临雅咏"，作诗临帖，怡情养性。蒲松龄出身书香世家，在淄川颇有才名，20岁时与同窗挚友王鹿瞻、李希梅（尧臣）、张笃庆（历友）等人结成"郢中社"，聚在一起吟咏唱和，交流学业，旨在长学问，消躁志，相互切磋，以补文业。新城（今淄博市桓台县）张氏以文学传世，代有俊才，张象津能文擅诗，学问博洽，精通音律，在当地是一位极受尊重的文人学者。"同邑何氏，雅好文墨，集

---

① 侯方域：《壮悔堂文集》卷3《与宋公子牧仲书》，嘉庆十九年（1814）侯资灿刻本，第36页。

同人为文社，会者七、八十人，延先生与部曹徐子耘先生文穰主文衡。放舟锦秋湖，课毕游赏谈宴，一时称盛。"① 除了淄川本地社团，由淄川人发起或者以淄川人为主导的社团也有很多。据《乡园忆旧录》记载："明季复社，声气遍天下，每会，至二三千人，几罹清流之祸。国初犹染余习，吾淄韩氏为主盟，新城则三王倡首。西樵、礼吉主'晓社'，渔洋举'秋柳社'。此外又有'因社'。'秋柳社'中著名者，如东武邱海石、清源柳公窋、任城杨圣宜。原立社之初，诗酒文宴，特讲学之变调，后乃学步效颦，陋习相踵；甚至学使纳贿，生员之外复取社生，无定额、不达部。乡间诩诩，滥膺冠带。会言路条陈禁止，其风乃息。"② 此处提到的秋柳社是新城（今山东淄博桓台县）文坛领袖王世贞（又号渔洋山人，世称王渔洋或渔洋先生）游历济南时，与众文坛名士集会大明湖，即景赋秋柳诗四首，扬名天下，故而得名的。

即使在较为偏远的甘肃临洮地区亦有诗社。《洮阳诗集·序》载："洮阳诗学，自汉唐以来，代不乏人，而本朝称尤盛焉。国初张康侯、牧公提倡于前，越数十年，而又有先师吴松崖先生集其大成，且宏奖士类，善诱后学，迩来吾洮阳人士，研究声律，著为辞章，往往有可观者。"③ 可见在当地士绅中很有影响。

类似的诗社群体不胜枚举，除了结社，士绅的交往方式还有很多，比如聚会宴饮、结伴出游、品评诗文等等，在这些地域的群体或者社团中，仕宦或者文学成就较高家族的成员往往发挥着举足轻重的作用，比如归德的侯氏和宋氏、新城王氏、阳城陈氏、景城纪氏，还有益都（今山东省青州市）赵氏、德州田氏、高密李氏等等，显示了家族地位在地域活动中不可忽视的地位和影响。

---

① 王培荀著，蒲泽校点《乡园忆旧录》，齐鲁书社，1993，第 390 页。
② 王培荀著，蒲泽校点《乡园忆旧录》，齐鲁书社，1993，第 60 页。
③ 李苞辑，吴承禧校阅《洮阳诗集》卷 1，嘉庆三年（1798）刻本，自序第 1 页。

第二节　士绅与清代乡村社会管理体系

关于传统中国社会权力的架构问题，学术界长期有"皇权不下县"[①]的说法。古代中国自秦朝统一六国开始进入郡县时代，政权管理体系大致呈金字塔结构：塔尖是皇帝，代表着至高无上的皇权，统驭四方；皇帝之下是层级化的权力机构，由各级官僚把持，代替皇帝行使管理职责，可以视作皇权向下的延伸；金字塔的底部是县，为最基层的政府管理机构。时光穿梭，沧海桑田，在两千多年的封建管理体系变迁中，县以上的行政区划和机构都发生过剧烈的变化，唯有县始终保持着较为稳定的状态。从封建官僚体制看，皇帝派遣的官员至县而止，县以下不设行政机构，自然也没有行政长官。对于政府和地方的统治和被统治关系如何实现，费孝通认为，中国的政治结构为双轨制，一方面是自上而下的皇权，一方面是自下而上的族权和绅权，二者平行运作，互相作用，形成"皇帝无为而天下治"的局面。当然"在传统结构中自下而上的轨道是脆弱的；利用无形的组织、绅士之间的社会关系，去防止权力的滥用，不但并不能限制皇权本身，而且并不是常常有效的。这也是绅士自身腐化的原因"[②]。这种管理方式也可以称为"皇权不下县"，这五个字既生动概括了传统中国行政管理在县以上与县以下治理模式

---

① 1993年，以研究"三农问题"著称的温铁军首次针对历史时期国家基层治理策略提出"皇权不下县"的主张，但在当时并未引起太多关注。20世纪末，"三农问题"日益引起党中央、学术界、媒体的广泛关注，温铁军于1999年发表了《半个世纪的农村制度变迁》一文，再次议及传统社会对基层的管理模式，论述了"皇权不下县"这一概念："由于小农经济剩余太少，自秦置郡县以来，历史上从来是'皇权不下县'。新中国成立前县以下虽然设有派驻性质的区、乡公所，但并不设财政，不是一级完全政府。农村仍然维持乡村自治，地主与自耕农纳税，贫雇农则只交租。这种政治制度得以延续几千年的原因在于统治层次简单、冗员少，运行成本低。"温氏认为历史时期"皇权不下县"，县以下有自治传统，其原因是小农经济高度分散，政府直接面对小农的管理成本过高。在这一历史依据下，温氏提出了改革乡镇体制的设想。在2000年出版的《中国农村基本经济制度研究——"三农"问题的世纪反思》一书中，温铁军针对当时正在试点的"税费改革"阐述历史时期税费制度的特征时再次重申了"皇权不下县"这一概念。

② 费孝通：《乡土中国　生育制度　乡土重建》，商务印书馆，2015，第396页。

上的差异，又强调了封建国家政权建设中的界限。从宏观架构来看，"皇权不下县"有一定的道理，但是深入到传统中国的农村内部，尤其是封建社会后期，随着中央集权的不断深入，皇权是否真的止步于县？"皇帝无为而天下治"的局面在地方上是真实存在的，还是仅仅为一种理想？答案并不简单。

一　清代的里甲（保甲）与乡村社会

明代开国皇帝朱元璋出身社会底层，他深知农村和农业对于国家稳固和发展的重要，建国伊始便在编定土地黄册的基础上建立保甲制度，不仅王朝腹地，一些移民新地和不少边远地区也不例外，其推行范围之广，为历代所未有。

总体来说，里甲制度是一个较为完备的基层行政管理体系。里甲以基层纳税户为单位，"十户为甲，十甲为里，甲置一首"，算下来每里（城中称坊，近城称厢）共110户，其中包括1户里长、9户甲长。"鳏寡孤独不任役者，附十甲为畸零。僧道给度牒，有田者编册如民科，无田者亦为畸零。"① 由之在地方上形成了"县—里—甲"的组织结构，且里甲将户籍和赋役紧密联系在一起。

从统治者的管理思想来说，甲首和里长承担了基层组织和管理的功能，其职责以催征钱粮、统计本里人户丁产消长，编排里役或甲役等事务为主，此外监管人户生产和调解里内纠纷也在其权限之内。从内容上看，甲首和里长应该是地方上具有实际管理权力的精英阶层，但值得注意的是，他们都不是政府任命的，"岁役里长一人，甲首一人，董一里一甲之事。先后以丁粮多寡为序，凡十年一周，曰排年"②，也就是说无论是甲首还是里长都只是职役性的地方领袖，按年轮换。虽然"皇权不下县"，政府对于农村没有直接管理，但是却巧妙地利用职责认定和轮换制等方式将基层权力进行分割，

---

① 张廷玉：《明史》卷77《食货一》，中华书局，1974，第1878页。
② 张廷玉：《明史》卷77《食货一》，中华书局，1974，第1878页。

避免了权力集中到少数人手中，从而削弱基层组织对中央的"抵抗力"，进一步增强了中央的权威。

里甲制的建立使得中央的统治权力更大限度地延伸到社会底层，有助于增强其对基层社会的控制，同时也将农村赋税的征收和运输落实到更小单位，对于保障王朝财政平稳大有裨益。但是它也有致命的缺陷，因为里甲制要顺利实施必须具备两个条件，即以丁口为计量单位的赋役制度和稳定的社会环境。但是明朝中后期，随着社会经济的发展、土地兼并的加剧，里甲内的人户和土地分离严重，形成"一里之地，满县纷飞，满县之田，皆无定处"①的局面，甚至跨县、跨府、跨省占有田地的现象也多有之，里甲编户的困难使得以丁口为框架的赋役制度遭到破坏。再有民户贫富差距加剧，富者田连阡陌，贫者无立锥之地，"奸豪吞并，单弱流亡，里或止二三甲，甲或止一二户，甚至里无一甲、甲无一户者有之"②，在这种社会环境下，里甲制度势必难以为继。③

清代入主中原后，乡村统治基本沿用前朝制度，但是在执行中并不十分严格，不仅"十户为甲，十甲为里"的标准没有完全遵循，甚至作为管理者的里长、甲长设置也与规定不符，"有一里之中增设数里长者，有各甲之内竟无一甲头者"。为了让里甲制度能够延续，清政府也做过一系列努力，如户丁编审除了每五年进行一次大审，还增加了每年一次的小审制度。但清代人口的增长较之以前任何朝代都要迅速，丁口的不稳定、土地买卖频仍，导致里甲制度的崩溃也是大势所趋。雍正初年，清政府宣布以康熙五十一年（1712）的丁口数为准，摊丁入亩，续生人丁永不加赋，该政策的出台使得里甲按里户征收赋税的功能消失，有些州县里甲直接转化成地方治安组织，其功能相当于保甲。这也是清朝中后期许多地区里甲、保甲的称呼经常混用的重要原因。如《修武县志》记载，道光时期有编户十二里，"里有乡约、

① 吕坤：《吕坤全集》中册，《实政录》卷4《民务》，中华书局，2008，第1024页。
② 钱琦：《明别集丛刊》第2辑第6册《钱临江先生集》卷7《恤新城疏》，黄山书社，2015，第575页。
③ 王剑、张世芳：《武定府史话》，方志出版社，2012，第198页。

有乡总、有保长、有保正、有甲长"。同治《高平县志》也记载："高平旧为一百六十里，明末更为百里，今循之。里各里老一，地方一，甲各什排一，掌其里之赋税。甲各推赀高一人为户头，干没逃亡□其责。"从文字中不难看出，此时的里甲作为一种组织结构已经与过去不同，只是"一套冠之以里甲名称的保甲系统"[①] 而已。

保甲是在里甲基础上产生的一种具有治安防卫功能的民间自治组织。其实清朝建国之初，有些地方官为了地方自卫、乡里治安的需要，已经开始推行保甲制度。如康熙二十五年（1686），直隶巡抚于成龙就曾向康熙帝奏请，顺、河、永、保四府旗人和汉人杂居，矛盾不断，盗窃等案件频发，建议将满、汉民户共同编入保甲，以便稽查，获得批准。康熙五十三年（1714），官员讨论安插甘肃失业穷民办法，第一条便是"无依穷民，宜加意安插，无致失所。并令该地方官讲读'上谕十六条'教以礼义，严申保甲，约束百姓，则各有生路，各知自爱"[②]。不过，在康熙在位时期及之前，施行保甲的区域以闽、粤、浙、苏等南方沿海地区为多，因为这些地方贸易繁荣，经济发达，人口流动量大，盗匪较为活跃，保甲建立之后治安风气明显好转，因此推行力度要超过北方地区。摊丁入亩推行后，里甲逐步退出历史舞台，而保甲则在全国推而广之。

保甲的组织形式与里甲相似，"十户立一牌头，十牌头立一甲头，十甲立一保长。若村庄人少，户不及数，即就其少数编之"[③]，不过涉及人口更广，清代中期以后，士绅也被编入其内。保甲最核心的功能是维护治安，由保、甲长负责稽查辖内盗窃、赌博、奸拐、邪教及其他可能会影响社会安全的集会等，协助县衙书吏和衙役催征钱粮，完成官府交代的地方杂项公务也是其重要职责，此外保、甲长还要负责统计户口、处理赈济等事务。因此就职能来说，保长、甲长与里甲制度下的里长、甲首非常相似，只是侧重点不

---

① 杜正贞：《村社传统与明清士绅：山西泽州乡土社会的制度变迁》，上海辞书出版社，2007，第212、213页。
② 《清圣祖实录》卷260"康熙五十三年十月壬申"，中华书局，1985，第565页。
③ 刘锦藻：《清朝续文献通考》卷22《职役二》，商务印书馆影印十通本，1936，考5051。

同而已。就实质而言，保甲和里甲都是政府巩固中央集权、加强地方控制的一种手段，是政府权力在乡村的延伸。

清代建立前期，百废待兴，北方经济还未走上正轨，因此统治者更加重视户籍的统计和钱粮的征收，希望借助里甲，让百姓能够在富、中农的领导下安守本分、安居乐业。随着人口的增加以及社会不稳定因素的加剧，统治者又将地方治理的重点转移到社会稳定中来。保甲制度下，"一州一县城关各若干户，四乡村落各若干户，户给印信纸牌一张，书写姓名、丁男口数于上，出则注明所往，入则稽其所来。面生可疑之人，非盘诘的确，不许容留……无事递相稽查，有事互相救应"[1]。后来缙绅也被要求加入保甲中来，不难看出上层统治者对基层管控已经到了严之又严、慎之又慎的地步。此外，乡保、牌长、甲长虽然不由政府直接任命，但是却需要接受地方政府的定期审核，州县政府通过这种督责行为来实现对基层社会的有效监控和统治，以便顺畅地对乡村实施管理，从而使得乡—村结构成为地方基层的主要组织形式，"国家政权透过乡和村庄的职役，掌控村庄和农户。乡村职役出现行政化发展趋势。国家政权与基层乡村社会结合比以前更加紧密"[2]。在这样的背景下，国家对地方基层社会的统治进一步加强了。

二　士绅在乡村管理中的权威与影响

我国传统的乡村社会始终存在着两种秩序和力量，一种是里甲（保甲）秩序，代表着皇权统治下的国家力量；一种是乡土秩序，反映着乡村自治的民间力量。[3] 里甲和保甲虽然并不列于国家的权力分层体系之内，但是作为皇权在地方的延伸，需要接受政府监管，是自上而下的等级分明的国家统治结构的基础，是社会统治秩序的一部分。无论是里甲还是保甲，在实行过程

---

[1]　嵇璜等：《钦定皇朝文献通考》卷22《职役二》，文渊阁《四库全书》第632册，第15页。

[2]　孙海泉：《清代中叶直隶地区乡村管理体制——兼论清代国家与基层社会的关系》，《中国社会科学》2003年第3期。

[3]　李涛：《士绅阶层衰落化过程中的乡村政治——以20世纪二三十年代的浙江省为例》，《南京师大学报》（哲学社会科学版）2010年第1期。

中都是以户为统计单位，其组织跨越村与村的边界，正是因为如此，村落空间关系之中，需要增添许多职役以弥补组织结构的缺失，从而实现基层社会稳定而有效的运行，这就为士绅成为国家治理和地方自治链条上不可或缺的中介和枢纽提供了土壤。

居于乡村之中的士绅一般也被称作乡绅，他们是地方社会中一股强大的力量。与一般民众不同，士绅通常深受封建正统思想的浸染，有官方给予的公共身份，享有一定的经济和政治特权，是一群"近官而又非官"的特殊存在。里甲和保甲的负责人是一种职役性工作，社会地位不高，管理者一般为普通中农或者富农。里甲不含乡绅家庭在内，虽然清中期以后，乡绅被纳入保甲，但是清政府有"保正甲长，绅衿免充"① 的规定，很显然士绅并不会参与里甲、保甲的管理，"他们往往以在野的政治权力参与或干预地方政权，其与国家的关系在很大程度上决定着国家对乡村社会整合与控制的有效性"②。

士绅是乡村组织的基石，时人用"乡绅，国之望也，家居而为善，可以感郡县，可以风州里，可以培后进，其为功化比士人百倍"③，"缙绅者，小民之望也。果能身先倡率，则民间之趋事赴功者必众，凡属本籍之人，不论文武官员，或现任或家居，均当踊跃从事，争先垦种"④ 来表述，可见士绅对地方社会建设的作用举足轻重。实际上如果没有士绅，里甲（保甲）也很难开展工作。里甲（保甲）长的任命权不在上级政府机构，而是由士民公举而来，士绅可以通过对保甲长人选的培植与推荐，将其置于羽翼之下，从而对保甲重大事务施加影响。即便不如此，保甲长在实际工作中如果缺少士绅的支持也很难组织有效的活动，就连最基础的编查工作也难以进行，因为"乡保多不知书写，又未谙条款，必须绅士协导"⑤，故而说士绅

---

① 《大清会典》卷 138《兵部》，雍正十年（1732）刻本，第 35 页。
② 李涛：《士绅阶层衰落化过程中的乡村政治——以 20 世纪二三十年代的浙江省为例》，《南京师大学报》（哲学社会科学版）2010 年第 1 期。
③ 陈宏谋：《五种遗规》卷下，线装书局，2015，第 397 页。
④ 《大清十朝圣训·清世宗圣训》卷 25《重农桑》，北京燕山出版社，1998，第 1036 页。
⑤ 闻钧天：《中国保甲制度》，商务印书馆，1936，第 301 页。

是乡村社会权力的实际拥有者并不为过。

士绅拥有文化知识，具有高于普通民众的社会地位，在乡村教化、伦理、宗教、祭祀等方面享有绝对的权威性，其对乡村建设的领导，主要通过以下三种形式来实现。

首先是社会教化。费孝通在《乡土中国》开篇中说，"从基层上去看，中国社会是乡土性的"，乡土社会的治理除了依靠自上而下的官方组织，更有在"教化为本"原则下形成的"礼治秩序"来维持。而"礼治秩序"的最终实现靠的不是政府的强制力，而是民间士绅的推动。清代社会，民众受教育程度还普遍偏低，作为乡土社会的精英人物，士绅的威望和影响力不可小觑。统治者正是认识到了这一点，所以积极鼓励和引导士绅成为国朝礼制的守护者和传教士。

康熙九年（1670），圣祖皇帝遵照古代帝王"尚德化刑，化民为俗"的思想，正式颁布"上谕十六条"，教导百姓知孝悌，笃宗教，安分守法，务本定志等，其内容可以视作统治者关于乡教理念的阐释。为了能够落实到位，政府号召全乡公举六十岁以上行履无过、德高望重的生员或七十岁以上乡民担任约正、约副，负责每月朔望召集乡民宣讲，还一度在农村设置社学，选择乡中"文义通晓、行宜谨厚者，补充社师"①，对民众专门教导。符合约正、约副和社师入选条件的基本都是当地乡绅。而事实上乡绅在基层社会也的确起到了劝谕乡里、教化一方的作用。有的乡绅甚至根据上谕精神带领乡民制定了贴合本地实际的乡规民约，其内容"既包含了传统的儒家礼义，又与当朝统治者的教化政策相一致，既涵盖了意识形态的教化，又囊括了民众乡村生活的基本需求"，为乡村社会公序良俗的建立做出了重要贡献。如河南巩义小关镇道光二十年所立"口头村胡家炉村正俗碑记"（俗称"正俗碑"）写道：

---

① 索尔讷纂修，霍有明、郭海文校注《钦定学政全书校注》卷 73《文学事例》，武汉大学出版社，2009，第 287 页。

　　闻之："习俗移人，贤者不免。"盖言俗之易移乎人，非言人之必移于俗也。迩来俗渐薄，喜赌博者有之，窃田禾者有之，刊（砍）伐材木、纵放牛羊，取人之树果、绵（棉）花、瓜瓠、果者又有之。甚至未赌诬以为赌，未盗诬以为盗，未游娼门诬为游荡，未损坟墓诬为损坏，鬼蜮其行，诡诈百出。此皆俗之敝（弊）者也，是岂一二人能与辩争哉？在乎合乡相保相恤，有以防微而杜渐。且口头村胡家炉二三耆旧心窃忧之，谓"吾乡人多厚重，俗尚古处，倘不预为规正，得毋渐染敝（弊）俗乎"？爰纠合乡众，严立禁约，有犯者罚之，不遵者禀官惩之，乡人皆欢欣而悦服焉。余思赌博、盗窃诸弊端之相沿也久矣，愚昧者习以为常也，高明者视以为无妨也。有欲禁之者，则以为多事而阻之挠之者纷纷也。二村耆旧窃以为忧，预规正之，二村乡众欣然听从而莫有异议。非质有诸内，俗有其遗，安能如是？信乎，古者忠厚之风未泯于斯也。樗蒲之具消，则弦诵之事起；匪僻之路塞，则礼仪之道生。异日者泯游戏之风，化贪玩之习，牛羊求牧于山泽，树木呈秀于郊原，人皆安业，物各有主，习俗虽足以移人而终不为习俗所移者，由此其基也。是为记。

　　根据碑文记载可知"正俗碑"是清代口头村、胡家炉村村民共立之乡规民约，发起者"二村耆旧"是两村德高望重，具有权威的精英人士。树立该碑的缘由是当时两村出现了"喜赌博者有之，窃田禾者有之，刊（砍）伐材木、纵放牛羊，取人之树果、绵（棉）花、瓜瓠、果者又有之。甚至未赌诬以为赌，未盗诬以为盗，未游娼门诬为游荡，未损坟墓诬为损坏，鬼蜮其行，诡诈百出"等不良风气，危害了礼制秩序，为了达到"泯游戏之风，化贪玩之习，牛羊求牧于山泽，树木呈秀于郊原，人皆安业，物各有主，习俗虽足以移人而终不为习俗所移者"的目的，他们"纠合乡众，严立禁约"。碑阴有明确的关于违反村规民约的惩罚措施，"犯赌罚戏三台；窃取棉花每一斤罚钱四百文；窃取五谷杂粮每一斤罚钱二百文；窃取南瓜、豆角一切菜类每一斤罚钱一百文，夜犯加倍罚；骡马食毁麦苗每一匹罚钱四百文；牛驴食毁麦苗每一头罚钱二百文；羊食毁麦苗每一头（只）罚钱三百文，夜犯加倍罚"。此乡约的制定对于端正民风、激励乡俗无疑会起到积极作用，从"乡人皆欢欣而悦服"的描述来看，它的制定是人心所向，是受到乡民认同和欢迎的。除了乡规乡约，制定族规家训也是乡绅控制家族（宗族），继而实现基层控制的方式之一。宗族是我国传统乡村的核心组成力量，通过宗族的家规家训将道德说教与社会伦理结合在一起，不但可以教育家庭子弟，对于封建乡教理念的传播也有所裨益。如河内（今河南焦作）人夏锡畤，乾隆四十八年（1783）举人，绝意出仕，在家乡"建宗祠，立宗法，置义田，敦本训俗，讲学西墅中，以故夏氏之族，无涉讼庭者"①。山西名臣于成龙家族，以"勤耕读、尚节俭、循法礼、孝乡里、廉仕吏、存仁德"为核心要义，族人养成良好品行，对于当地民俗民风也起到了深远影响。另外，不少乡绅还会利用书塾、义学等教育平台，躬身授课，传播儒家礼义文化，为封建政府培育人才。

其次是社会公益。士绅长期接受修身、齐家、治天下的儒家思想熏陶，加之地方利益与其自身及家族利益息息相关，因此他们愿意"视自己家乡的福利增进和利益保护为己任"②，成为社会公益事业的推动者。地方社仓（一名义仓）是为防御荒年而在乡社设置的仓库。沈兰先在《社仓议》中说："每里各社乡约，取私创寺院改造，里中推年高有德谊者一二人主之，或老乡贡、耆儒、老诸生皆可。"③ 沈鲤在《社仓条议》中进一步说："与州县乡约长之名不同。盖乡约长则以良善耆民为主，然既系籍在官，则有参谒迎送；调处地方，则有伺候审理，至于公私藉赖，则又人未免妨功费用。今之社正，则以绅士闻望之人为主，专司社仓一事，不必责以参谒迎送也。惟社中有梗法顽赖者，方据实闻官，官为惩治，不必伺候审理也，而又公私不扰，无妨公费用之虞。故以乡约长之有才干者，或兼摄社正之事则可，如

---

① 缪荃孙：《清史列传》卷67《夏锡畤传》，陕西师范大学出版社民国排印本，第18页。
② 张仲礼：《中国绅士研究》，上海人民出版社，2019，第40页。
③ 石涛主编《中华大典 经济典 综合分典3》，巴蜀书社，2016，第1504页。

以社正而欲兼乡约长之名，则断无人肯任，社事终无可成之日矣。"① 虽然二人在社仓的管理人员选择上有所分歧，但无论是沈兰先口中的乡约里正，还是沈鲤所认为的社正，其身份都为乡绅，可见以乡绅管理社仓是有识之士的共识。一旦发生灾情，士绅往往成为地方自救的主力军。如道光二十一年（1841）六月，开封河决，以拔贡常茂徕、职监石铦、居人周志德为首的士绅当即联合起来，"相率遍约街邻铺户，声言顷刻水将进城，吾辈不可不顾身家性命，今日之事，有钱者出钱，有力者出力"②，关键时刻成为开封的守卫者。咸丰八年（1858），"黄河盛涨，堤工出险"，齐河县监生马昆元"亟令家人防堵之，并亲备绳木秸料等物运往应用，约费千余金，险赖以安"。③ 光绪十三年（1887），"河决长垣，滑境被水者四十余里"，而例征钱粮并没有因此而豁免，不忍看到百姓遭受催科至门之苦，士绅李金铭挺身而出，"力陈上宪免粮赈贷，被水地方民赖以苏"④。此外，士绅往往还是乡里疏浚河道、修桥铺路、建庙祭祀等工程的倡导者、组织者和捐资者，是社会公益活动的主要推动者。

　　最后是解决纠纷。乡村事务繁杂，各种纠纷避免不了，不可能所有的问题都报送官府解决，加之清代县级政府本来就管辖范围宽泛，而工作人员又极为有限，不可能对民间诸务事无巨细地参与，故而常有诉讼双方被遣回乡中找人仲裁的事情发生。在这种情况下，乡民的日常性纠纷多由基层权威人物来解决，他们可以被称为受到政府和乡民双重认可的"正直无私"的仲裁者，来自乡绅阶层，或者是一个人，也或者是一个群体，集体讨论、共同商议，本着尽可能"公正"的态度处理问题，也正因为如此，仲裁者的决定一般可以得到争执双方的尊重。有时争执的双方不是个人，而是互相对立

① 李文海、夏明方等：《中国荒政书集成》第 2 册之俞森《社仓考》，天津古籍出版社，2010，第 1127 页。
② 痛定思痛居士著，李景文等点校《汴梁水灾纪略》，河南大学出版社，2006，第 2 页。
③ 杨豫修《齐河县志》卷 26《孝义志》，中西美术印刷社，民国二十二年（1933）铅印本，第 34 页。
④ 马子骏修，王蒲园纂《民国重修滑县志》卷 16《人物》，民国二十一年（1932）铅印本，第 1313 页。

的团体或者家族，譬如地方械斗，经过"仲裁者"的积极奔走，大力斡旋，问题大多可以得到妥善化解，对乡村和谐无疑起到了积极的促进作用。某种程度上可以说，士绅在地方上拥有"自发性权威"，可以代替政府有效控制乡村社会，这应该是中央政府没有将行政机构贯穿到基层社会，而乡村长久以来仍能在阶梯统治的大转轮下有序运行的重要原因，因此有些学者直接将士绅视为农村的实际领导者。当然也并不是所有纠纷都可以任由士绅仲裁，一些重大案件，如牵涉人命，则必须经过地方官员的审判，从这个层面来说，士绅的权力很大程度上是政府赋予的，是受到地方官员的监督和约束的。

第三节　城市、农村与士绅

自城乡分离之日起便不可避免地出现城市和乡村的对立。即使到封建社会晚期的清代，我国仍处于农耕社会，城市人口占总人口的比重不足 10%，统治者麇集于城市，绝大多数民众分散于乡村。政治上，农村处于从属地位，城市与农村属于统治与被统治的关系。经济上，农村为城市发展服务，城市的发展水平受限于农村生产，尤其是粮食作物的供给。城乡关系譬如官员与民众的关系，虽然二者身份上泾渭分明，但是正如《荀子·哀公》所言："水能载舟，亦能覆舟"，民心向背决定着当政者的生死存亡。士绅是介于官员与民众之间的中间阶层，这得益于其因学品和学衔而获得的不同于普通民众的身份和地位，得益于其雄厚的经济基础，以及在乡村礼仪、公学、宗族、公益等方面广泛的社会影响力等。[1] 所谓"官与民疏，士与民近。民之信官，不若信士……境有良士，所以辅官宣化也"[2]，"绅士信官，

---

① 郑卫东：《"双轨政治"转型与村治结构创新》，《复旦学报》（社会科学版）2013 年第1 期。
② 汪辉祖：《学治臆说》卷上《礼士》，道光十七年（1837）重刻本，第 13 页。

民信绅士，如此则上下通，而政令可行矣"①。正是因为如此，官僚—士绅—民众三者之间便形成了一种权力制衡关系。

一　地方官员对于士绅的依赖与制约

士绅是封建社会伴随着科举制度的出现而日益壮大的一个社会阶层，其地位介于官员与普通民众之间，这既是他们拥有知识和财富，受到一方民众敬重，继而形成自发性权威的结果，也是政府的推波助澜使然。对于士绅的社会地位，统治者有着明确的认知。《钦颁州县事宜》说："绅为一邑之望，士为四民之首。在绅士与州县，既不若农工商贾势分悬殊，不敢往来，而州县与绅士，亦不若院、道、司、府体统尊严，不轻晋接。"② 从这段话中不难看出士、绅地位相近，但是官员对于他们的态度还是略有区别的。狭义上的"绅"专指那些在乡的、有官职或科第功名的"士大夫"，他们中有高级功名者可以和州、县官员形成敌体关系（平起平坐），甚至在朝堂拥有一定影响力的士绅，州、县官员也得对其恭让三分。譬如李敏修所著《侯方域传》中就提到，河南巡抚吴景道知道侯方域不愿意和清廷合作后十分恼火，准备让人将侯方域及其父亲侯恂一并拘捕。当时内阁国史院大学士宋权正在商丘老家养病，宋权与侯家为同乡，世代交好，就亲自出面力劝吴景道，说侯方域是个才子，文学才华可比之唐代大诗人李白、宋代散文家苏东坡，不能用拘捕这种方式来折辱他。吴景道不能驳其面子，只好同意暂停拘捕，但要求侯方域以参加乡试来表明自己对清政府的合作态度。可见，居乡的高级官员虽然不直接参与朝堂政务，不过会利用他们的影响和特权与官员对话，并对其施加影响。"士"与农、工、商并列，为"四民之首"，虽然在政治上也拥有一定的特权，但是地位在绅之下。士绅在某种程度上与统治者一样都是占据优势资源的群体，二者有着共同的利益，因此官员对待士绅，既不

---

① 贺长龄编《皇朝经世文编》卷 23 之姚莹《复方本府求言札子》，道光七年（1827）刻本，第 5 页。

② 田文镜、李卫：《钦颁州县事宜·待绅士》，同治七年（1868）江苏书局刻本，第 22、23 页。

同于普通民众的关系疏远、地位悬殊，也不像官僚系统内部成员那样需要顾及彼此体统尊严，不能轻易交接。

历代政府都通过在经济、政治上给予士绅优待和特权，采取提高其政治地位和社会认同等方式帮助士绅树立地方权威，最终目的无外乎联合士绅实现对基层社会的有效治理。封建制度下，地方官员依赖士绅对基层进行统治，与其管理机构设置有着密切关系。清代政府管理机构的最低一层是县（与之平行的有不领县的州、厅），《清史稿》卷116《职官三》载，"县，知县一人，县丞一人，主簿无定员，典史一人"。按照清代官僚品级，知县正七品，京城知县为正六品，县丞为正八品，主簿为正九品，典史为佐杂官，不入流，算不上真正意义上的官员。且在实际设置中，只有知县和典史为常置，县丞和主簿并不一定有，或者两者只有其一。而他们的职责却非常广泛：知县掌一县治理，决讼断狱，劝农赈贫，讨猾除奸，兴养立教，以及贡士、读法、养老、祀神等，靡所不综；县丞、主簿，分掌粮、马、征税、文书、户籍印鉴、缉捕仓狱等；典史掌稽检狱囚。也就是说寥寥无几的几名官员管辖着几万甚至数十万的县域居民，要承担几乎涵盖全境的所有重大事务。此外，清代政府为了加强对官员的管理和控制还专门制定了严格的回避制度，官员不能在本省，更不能在本县任职，于是北方人就职于南方，南方人为官于北方的情况极为普遍。再加之地方官理论上三年一任，不够三年即调职的情况也时有发生，如学者、历史学家陶希圣的父亲陶炯照曾在豫省为知县，任期极短，"光绪三十年（1904）署夏邑知县，光绪三十二、三十三年（1906~1907）署新野县，三十四年（1908）署安阳县，宣统元年（1909），署叶县知县，三年（1911）署洛阳知县"①。这样做的结果固然最大可能地避免了官员在地方结党营私、尾大不掉的事情发生，但也使得官员对于所就职地方的事务缺乏了解，"乃往往情形隔阂，诸事废弛，闾阎利病，漠不关心，甚至官亲幕友肆为侵欺，门丁书差敢于鱼肉"②。为了最大

① 陶希圣：《清代州县衙门刑事审判制度及程序（一）》，《食货》1971年第1期。
② 《清德宗实录》卷564"光绪三十二年九月"，中华书局，1987，第469页。

限度地避免这种情况发生，同时也为了更好地开展工作，通常"地方官兴除利弊，体察民情，必先访之乡绅"①，听取士绅的意见，争取士绅的支持。

在这样的社会环境之下，士绅在国家基层社会治理中的作用便凸显出来。对此清代乾隆年间名幕汪祖辉有着深刻认识，他说："官与民疏，士与民近，民之信官，不若信士，朝廷之法纪不能尽喻于民，而士易解析，谕之于士，使转谕于民，则道易明，而教易行。"② 阶级社会，官员和百姓是对立的统治与被统治、剥削与被剥削的关系，而士绅在其中无疑充当着官民中介的角色。对于百姓来说，士绅较之官员更容易接近，也正是因为如此，官方的法令政策通过士绅之口解释和宣扬，百姓更容易接受，推行起来也更为容易。正如学者吴倩所说："作为地方精英的乡绅阶层在基层治理上可以起到沟通官民、联结上下的良好作用。具体到基层治理的实际事务，乡绅也往往能够发挥实质性的主导作用。"③ 对上，士绅是官员治理地方不可或缺的辅助力量。光绪七年（1881），大清河河道淤填渐高，为了防患于未然，齐东县恩贡李观海被知县苏名显"派为总董，率众筑堤，南接章境，北至延安镇。堤成，邑免水患者二十载"④。济宁士绅高从恭也因为办事勤勉被直隶州知州王锡麟委派"办黄河侯家林工，数月蒇事，光绪元年，复委督率东乡民夫堵塞黑红庙黄河决口，亦数月告成，时东抚丁宝桢嘉其勤，奏请以教谕用，并议叙五品衔以褒之"⑤。对下，士绅了解民生疾苦，会利用自己的声望和影响将地方诉求向上传达，抵制不合理政策对地方发展的阻碍，从而造福一方。嘉庆八年（1803），封丘衡工决口，"自大工斜及黄陵，良田尽变为流沙"，这对于以种植为生的当地居民是一个沉重打击，糊口尚且艰难，何来余力完纳差徭。知县全福知悉实情，一度呈准豁免，并立碑以记。但后来"里胥为奸，更以支差病民相沿已久，小民益形不堪"，士人齐平与

---

① 石成金：《官绅约》，有福读书堂丛刻，清光绪间义征吴氏刊本，第1页。
② 陈生玺：《治国明鉴（下）》，浙江古籍出版社，2014，第1113页。
③ 吴倩：《精英、德治与教化——传统乡村自治与当代基层协商治理》，《中国农村研究》2019年第1期。
④ 梁中权：《齐东县志》卷6《人物志》，民国24年（1935）影印本，第647页。
⑤ 潘守廉：《济宁直隶州续志》卷12《人物志》，民国16年（1927）铅印本，第38页。

同邑李振瀛等察其弊，"乃呼吁上宪陈明旧例"，事情进行得颇为坎坷，不过经过"屡诉屡驳，煞费经营，一经五载，案始得结，终将沙地支差永远革除"。① 光绪十三年（1887），"河决长垣，滑境被水者四十余里"，而例征钱粮并没有因此而豁免，不忍看到百姓遭受催科至门之苦，曾任咸丰朝刑部郎中并一度追随项城袁保恒（官至刑部左侍郎，袁世凯之叔）开垦陕西的士绅李金铭挺身而出，"力陈上宪免粮赈贷，被水地方，民赖以苏"。②

地方官员必须倚重士绅的帮助才能完成其在地方治理上的责任，这一点上层统治者是有共识的，但是他们也深知，士绅在地方上权势过大，必然会对基层官员，甚至中央政权造成威胁。乾隆年间河道总督田文镜专门有所论述，并奉皇帝之命整理，编入《钦颁州县事宜》，以为基层官员提供警示。文中写道：

> （士绅）优劣不等，淑慝攸异，则待之固自有道也。待之之道无他，曰以礼法绳之而已。有等凭藉门第，倚恃护符，包揽钱粮，起灭词讼，出入衙门，武断乡曲者，廉访确实，是必具详参革，严加惩处。使顽绅劣士，知所敛迹，不敢妄为。

> 盖稂莠不除，非所以植嘉谷也，残暴不去，非所以安良善也。果其爵尊望重，德劭年高，品行端方，学问宏博者，有司临莅是邦，则交际自不可少，地方利弊，可以采访，政事得失，可以咨询，岁时伏腊，讲射读法之余，可以亲正人而闻正言，上之有裨于吏治，次之有益于身心。所谓事贤友仁，端在乎是，正不必以谢客为高也。惟是绅士家人子弟，必预为告诫，而有犯即惩。绅士之馈送礼遗，当婉为谢绝，而一物不受。事非切己，毋令干预以滋弊。法不容情，毋为袒护以长奸。总之，款接不可不恭，酬酢无庸太密，此其所以敦体统而杜奔竞也。若夫拜门生，讲世谊，贷银钱，假什物，则皆大碍官箴，甚干功令。有司正

---

① 姚家望：《封丘县续志》卷 15《人物略》，民国 26 年（1937）铅印本，第 24 页。
② 马子宽修，王蒲园纂《民国重修滑县志》卷 16《人物》，民国 21 年（1932）铅印本，第 1313 页。

己率人，慎勿蹈之。如此，则轻重得宜，礼法兼备，而于待绅士之道其庶几矣。①

这可以看作是清廷希望官员领会的一套对待士绅的行为规范。田文镜在地方任职期间曾与士绅发生过激烈冲突，因此在"待士绅"方面颇有自己的心得体会。雍正二年（1724），田文镜受命为河南布政使、巡抚。上任伊始他就面临着艰难的治黄问题，不治，黄河会决堤泛滥，国计民生都将遭受巨大损害；治理，藩库没钱，巧妇难为无米之炊，纵是能臣又如之奈何？为了突破困境，他大胆施行新政，"按照百姓地亩，或顷半或二顷出夫一名"，"绅衿里民，一例当差。"新政极大触动了士绅利益，引起了他们的强烈反对。五月，开封府封丘县绅衿、武生等组团到巡抚衙门控诉，反对一律（例）当差完粮的政策，并主张维护儒户、宦户等特权。随后，士绅们又匿名到开封府衙投递呈状，控告推行新政的封丘县令唐绥祖。一切无果后，封丘一邑生员群情激愤，几乎全员罢考了当年的县试（文武生童仅二十三名应试），还有少数生员在考场上闹事，撕毁考生试卷，以示对士民一体当差制度的抗议。② 事件的爆发在朝堂上掀起了轩然大波，一批官员站在考生与缙绅的立场，意图阻挠新政。田文镜雷厉风行，迅速向雍正帝陈情上奏，在得到皇帝支持后又施展铁腕手段，将首犯生员王逊、武生范瑚捉拿处斩，未考者严令补考，震慑诸人，这件事才得以平息。"罢考"事件本身很简单，但其背后的"士民一体当差"的理念直接关系到缙绅和士人的既得利益，影响却是深层次的，而该阶层又与在朝官员有着千丝万缕的联系，所谓牵一发而动全身，此后很长一段时间，朝臣分为两派，互相攻讦，因之引发的蝴蝶效应可能是统治者始料未及的。其实"一体当差"延续的时间并不长，不过十来年，而且还只是局部地区施行，乾隆即位后这项政策就被废除，通过这个事件所折射出来的士绅力量之强大才是我们需要注意的关键。故而田文镜说，

① 田文镜、李卫：《钦颁州县事宜·待绅士》，同治七年（1868）江苏书局刻本，第676、677 页。

② 杨启樵：《雍正帝及其密折制度研究》，上海古籍出版社，2003，第100、101 页。

士绅是良莠不齐、优劣不等的。官员需要根据他们的品行对之区别对待，还要用礼仪法度加以制约。对于那些地位显赫、声望卓著、德高望重、品行端方、学识渊博的，当然要多多拜访、时时请教。但是对那些为非作歹、冥顽不化的士绅，也要严厉打击，不允许他们肆意妄为。

二 士绅在城乡社会治理中的作用与局限

"皇权不下县"的理论根基就在于县以上和县以下治理模式有所区别，但是并不是说皇权会无视并任由地方势力恣意发展，不予限制，任何情况下士绅"都没有左右政策的实际的政治权力，可能与政治也没有任何直接的联系，可是他们常常有势力，势力就是政治免疫性"①。传统社会中，皇权是至高无上的统治力量，皇权笼络绅权，绅权则依附于皇权。绅权作为一种地方权威，其施加影响的范围是县以下的基层社会，从里甲到保甲的过渡可以看到地方绅权势力的壮大，随着社会结构的变迁，绅权表现出灵活的应变力和适应力，之后与封建帝制消亡几乎同时，士绅阶层也逐步退出历史舞台。

（一）官绅共治的基层社会

国家对于县级以下基层治理不是通过行政化机构和人员的设置，而是通过对基层社会的权力渗透从而形成的基础性权力来实现的，这是传统中国官绅共治的政治基础。宏观层面来看，传统社会的治理主要是沿着自上而下的轨道运行的，统治者上层发布命令，通过层层传递，到达行政机构的州县一级，此后再经过吏员、乡约或者其他非行政人员传达到最基层的民户。与此同时，命令也会进入自下而上的政治轨道，它并不在政府的设计之内，由社会自发形成，其主导者是士绅。他们可以解读命令、助力推行，同时也可以将基层压力借由亲友、师生、同窗、同年等关系向上传递，甚至直达圣听。在传统的自上而下和自下而上的"双轨"机制作用下，不同社会行动主体间形成丰富而复杂的社会治理网络，共同推进基层社会发展。清代的社会经

---

① 费孝通：《中国士绅》，生活·读书·新知三联书店，2009，第31页。

济条件又与前代不同，作为地方行政组织的保甲制度并不能完全适应基层社会日益多元化和自治化的发展，在这种情况下，政府为了强化地方统治，解决现实权力架构和基层组织形式之间的矛盾，也采取了一系列措施，如康熙十七年（1678），允许保甲户灵活编制；雍正四年（1726），又允许部分村庄不编保甲，以宗族管理代替。从这些举措中可以看出清代统治者对于基层社会除了自上而下的管理方式之外，并没有排斥地方自治，而是将其作为政府管理的必要补充来对待。

中国郡县管理体制运行几千年，基层社会治理经验可谓极其丰富。州县官员处于国家政权体系的末端，虽然他们在民间有"父母官"的尊称，但是从职责上看，他们既是辖域内的行政长官、司法长官、文教长官，也是具体事务的执行官，职责的宽泛决定了他们实际能够管理的事务非常有限。清代官员在地方上主抓的只有"刑名"（刑事案件）和"钱粮"（征收赋税）两项工作，地方公共事务基本由士绅承担。《牧令书》说："地方利弊，生民休戚，非咨访绅士不能周知。……况邑有兴建，非公正绅士不能筹办，如修治城垣、学宫及祠庙，建育婴堂，修治街道，俱赖绅士倡劝，始终经理。"① 由此可以看到士绅不仅在经济上支持公共事务，而且在发起、建立、运作、管理等方面也发挥了主导作用。正是因为如此，清代基层社会统治也被称为官绅共治模式。在这种模式下，士绅兼具双重特性：其一是官僚性。士绅是官员统治地方的代理人，通过士绅，国家的政令可以到达社会最底层，不仅如此，因为州县官员来自外省，对于本州本县情况并不是十分了解，所以遇到复杂事务，难免需要向本地士绅咨询，通过影响官员，士绅在某种程度上其实也参与了政府决策。其二是乡土性。作为地方精英，士绅在很多方面与本地民众休戚与共，是地方自治的重要力量，甚至在特定时期（清末表现得尤其明显），他们的力量可以与国家相抗衡。这两个特征使得士绅斡旋于官民之间，在政府和基层社会之间形成相对稳固的自治形态。

---

① 徐栋：《牧令书》卷 7《取善》，道光二十八年（1848）楚兴刻本，第 4 页。

其实不仅如此，遭遇重大旱涝灾害或其他天灾人祸，乡绅还会成为地方自救的不可或缺的力量，尤其是清代后半期，乡绅更是将地方救济视为己任，成为领导一方的灵魂人物。以道光二十一年（1841）开封河决为例。当时府县官员"坐失机宜，致令河伯为虐，四乡百姓半没泽国"，意识到官员不堪倚靠，"非用民力不可"，士绅们联起手来，同心协力守卫开封。六月十七日，"绅士与商民共捐钱一百一十九千文，土口袋二十七条，杉木五根，苇箔三条，秸料六十束"，还主动肩负起组织指挥的重任，"督众人用巨木三十余条，将城门扇编固"，生员杨经畬、杨春锦"率二十余人，扛杉木、土袋并缗钱驰往堵御。自是水门洞遂成险工，日日聚官民数百人，而首先抢护者，曹门绅士也"。十九日，"南门水势渐缓，举人贾奉乾，廪生陆西铭、高士良等，同各官督率民夫乘机堵御，始得完固"。东南隅水门洞工凶险，曹门士绅连日与官员一起"督官役夫昼夜堵御"，为了保证物资充足，"绅士候选训导张树勋，捐钱一百千文；廪生司文楷捐五十千文；廪生高泽捐三十千文；廪生张绩捐二十千文"。士绅的作为与河患即将来临之际"乘肩舆先返"① 的布政司张祥河，以及诸多称病不出、尸位素餐的官员形成鲜明对比，可以说他们不再仅仅以政府治理的辅助力量出现，而且成为稳固地方的基石。

（二）皇权与绅权之间的矛盾

地方官员与士绅互相需要，官员给予士绅尊重和优待，士绅为官员治理地方提供辅助。所谓官民共治、地方自治只是现代词语，在统治者眼中，士绅不外乎是可以被团结和利用以统治地方的被统治阶级而已。他们所期待的士绅，"上可以济国家法令之所不及，下可以辅官长思虑之所未周"②，既不干预政事、把持政府，又能劝谕百姓，使"道易明""教易行"。而实际上，士绅虽然与官员有着合作关系，但他们之间的利益追求却有着巨大差异，

---

① 痛定思痛居士著，李景文等点校《汴梁水灾纪略》，河南大学出版社，2006，第 2、3、6、8、1 页。

② 《绅衿论》，发表于《申报》，同治壬申五年 5 月 1 日。转自王先明《近代绅士——一个封建阶层的历史命运》，天津人民出版社，1997，第 52 页。

"在皇权羽翼下生长起来的士绅阶层，既是皇权向基层社区延伸的中介，也是皇权力量在民间的阻隔"，士绅除了依附皇权，也有着"广厚和深刻的社会文化根基"①，因此总是利用自己在基层社会的"权威"不断试探统治者的底线以为自身争取更大的利益。

以赋役来说，作为特权阶层，士绅连带其家人都有免除一定赋役的权力。如"江北漕价向有绅户、民户之别，又有城户、乡户之别。绅户每石有全不完者，有收二千余文者，有收三千余文者。……乡户、民户则有收至六七千文者，甚有收至十五六千文者。低昂悬殊，骇人听闻"②。在这项保障之下，许多士绅还变本加厉、千方百计地"非分"多免或者滥免，社会上不少投机者也希图借助士绅特权为自己谋取利益，于是出现了"北方各省，贫苦农民为逃避丁役多投奔于缙绅门下"③的现象。里甲（保甲）长，或者迫于无奈，或者曲意逢迎，对之多听之任之，"每有差徭，里递不敢派及；每遇编审，供丁名下即有应增新丁，户长总书亦不敢开报"④，"有劣衿某者，以本社民粮百余金，悉为包揽，饱之欲壑者二十余年，历任不敢过问，里社徒受追比"⑤，使得"保甲组织，仅具虚文，无关实政"⑥。

雍正以后，因为中央政府税收大幅度减少，财政入不敷出，统治者一度"欲藉保甲长之权力以压制绅权"⑦，下令"凡绅衿之家，一体编次，听保甲长稽查，如不入编次者，照脱户律治罪"⑧，对绅权势力进行压制。不过因为保甲长虽然接受州县官员的监督和任命，但是举荐权却在士绅手里，而且就地方势力和影响而言，保甲长不能与士绅相提并论，保甲长对士绅起不到

① 王先明：《清代社会结构中绅士阶层的地位与角色》，《中国史研究》1995年第4期。
② 丁日昌：《抚吴公牍》卷22，光绪二年（1876）刻本，第3页。
③ 何平：《论清代定额化赋税制度的建立》，《中国人民大学学报》1997年第1期。
④ 贺长龄编《皇朝经世文编》卷30《户政五·论编审》，道光七年（1827）刻本，第44页。
⑤ 黄六鸿著，周保明校《福惠全书》卷4《忍性气》，广陵书社，2018，第68页。
⑥ 闻均天：《中国保甲制度》，商务印书馆，1936，第223页。
⑦ 萧公权：《十九世纪之中国乡村》，转引自王先明《近代绅士——一个封建阶层的历史命运》，天津人民出版社，1997，第98页。
⑧ 嵇璜等：《钦定皇朝文献通考》卷25《职役五》，文渊阁《四库全书》第632册，第11页下。

制约作用，因此这项措施在执行过程中虽然使得士绅有所收敛，但实际作用不大，乡绅仍然是乡村的"潜在领袖"①。

绅权与皇权的博弈还出现在其他领域，因为士绅终归是地方利益的代表，在参与地方治理的过程中，他们出于本身、本族、本土利益考虑，往往会与统治阶层的意愿相悖离，而且随着士绅基层社会文化权威和社会权威的不断上升，地方官员的权力不可避免地会面临来自士绅的挑战和威胁，故而官员也会主动施加压力对士绅阶层予以限制。可以说绅权与皇权之间的矛盾是始终存在的，自士绅阶层诞生之日起就已产生，只是皇权足够强大时，绅权会被压制，皇权式微时，绅权就会抬头，甚至特定时期会出现绅权与皇权相抗衡的情况。

（三）清朝晚期的绅权大张

19 世纪 50 年代，随着太平天国和捻军的兴起，清王朝的颓势开始显露，统治者为各种内忧外患所困扰，对于基层的控制逐步弱化，与此时期政府职能不断萎缩退化相对应，士绅阶层对地方社会的管理和控制权力却在不断增强。作为乡居的地方中间力量，士绅们把持着各项公共事务，"邑有兴建，非公正绅士不能筹办"②。士绅在处理民间事务的过程中，威望和权势都得到了增强，逐渐成为民事案件纠纷的主要仲裁者，甚至还有士绅私设公堂、私藏刑具的事件发生。税收也不例外，士绅"把持漕粮，包揽地方赋税的征收"，有些地方"竞成规例"③，这对州县官员的行政权力是极大的威胁和削弱。不仅如此，以前一直作为国家工程，由政府全权负责的跨县区水利工程的营建和维修管理等工作，咸丰以后也部分交由士绅来完成，虽然政府也会出面协调，给予帮助，但是从这些变化中不难看出士绅对于基层的控制史无前例的增强。④

---

① 丛翰香：《近代冀鲁豫乡村》，中国社会科学出版社，1995，第 36 页。

② 徐栋：《牧令书》卷 7《取善》，道光二十八年（1848）楚兴刻本，第 4 页。

③ 修朋月、宁波：《清代社会乡绅势力对基层社会控制的加强》，《北方论丛》2003 年第 1 期。

④ 王先明：《清代社会结构中绅士阶层的地位与角色》，《中国史研究》1995 年第 4 期。

　　清朝晚期，中国社会剧烈震荡，各方矛盾和斗争纷至沓来，统治者疲于应付，赖以保家卫国的军事驻防体系也被彻底打乱，在"兵无可调，惟有募勇；饷无可请，惟有自筹"① 的情况下，各地只好依靠士绅建立团练，维护地方稳定。团练是乡兵的一种形式，平时操练，战时上阵，寓兵于农，内部成员以血缘或者地缘为纽带，是有着较强的凝聚性的地方武装组织。团练经费由士绅劝捐或者摊派而来，在"荡寇平匪"过程中，起到了举足轻重的作用。地方团练的出现"改变了保甲长以卑御尊、以弱御强的保甲组织管理体制。绅士由幕后走向前台，成为基层社会团练的领导者"②。许多地方士绅因为这场风暴乘势而起，成为地方势力的佼佼者。如陕西柏景伟就因在长安县操办团练，受到陕西提督傅宗生和封疆大吏左宗棠的重视，总理陕西团练兼修城堡事。还有一些团练，在抗击农民起义军的过程中，看到正规军的腐败无能，展露出与朝廷抗争的势头，"藉称练勇，私相结聚，动辄纠众抗粮，围城滋事"③，甚至"咸丰季年，山东、河南立寨自固者，遍布诸郡县，遂有寨主名目，凡为寨主者，皆武断乡曲，贼害行旅，官吏所不能问，王法所不能施"④，称霸一方，朝廷束手无策。

　　基层社会安防由保甲到团练负责的过程正是绅权在基层社会大力扩张的过程，士绅借助兴办团练成为乡村控制的主体，"由于政府的武备过于软弱难以维持安定，清政府因而容忍甚至依赖士绅组建和指挥地方乡勇民团"⑤。而且团练制度往往与乡村宗族势力结合在一起，为乡村中的大姓望族所控制，"这种族权与绅权融为一体的团练组织，更加强化了作为宗族组织领导

---

①　胡林翼：《胡文忠公遗集》卷 74《复军机蒋叔起》，光绪元年（1875）崇文书局刻本，第 15 页。

②　刘彦波：《晚清基层社会治安管理组织中绅士角色的变动》，《社会科学战线》2017 年第 9 期。

③　《清穆宗实录》卷 21"同治元年三月上"，中华书局，1987，第 587 页。

④　薛福成：《庸庵全集·海外文编》卷 4《叙团练大臣》，光绪十三年（1887）刻本，第 25 页。

⑤　瞿同祖著，何鹏校《清代地方政府》，范忠信、晏锋译，法律出版社，2003，第 312 页。

者和管理者的绅士在基层社会中的主体作用"①。清晚期绅权大张的表现，反映出士绅阶层已经突破清前期所建立的基层社会控制体系，他们"由原来的控制对象变成控制主体，这个历史性变动是随着清代社会结构的变迁而形成的"②。

（四）士绅成为不了封建统治的掘墓人

虽然清末士绅取代了皇权在基层社会治理中的地位，但是因为士绅本身也是统治集团的一部分，处于官僚体系的最末端，虽然没有官阶，也不被官方正式承认，但是在地方治理中确是拥有地位和权力。皇权与绅权的争斗，或者说是州县官员与士绅间的冲突，应该是"同一权力集团或社会阶级的内部的冲突，而不是两个不同集团或阶级间的冲突。因为士绅和官员同属于一个特权阶级，他们要相互依赖以维持现状"，因此"这种冲突从未严重到足以引起权力结构和既定社会政治秩序发生变化的程度"。③

进一步说，士绅阶层的出现和壮大都是得益于科举，而科举又是最重要的封建选官制度，士绅为准备科举所接受的文化教育及伦理思想都是为了更好地巩固和维护封建统治服务，所谓"学成文武艺，货于帝王家"。清末随着科举制度的废除，在其制度之上建构的士绅阶层也就不可避免地走向消亡。士绅阶层是依附于封建政权的社会存在，这种性质注定了他们最终成为不了封建统治的掘墓人。只有当士绅阶层中的一部分人觉醒，成为具有现代思想和理念的进步人士时，他们才能够真正与封建势力决裂，带领广大民众与封建统治做斗争，从而使得推翻封建制度成为可能，不过此时他们已经背叛自己所属的阶级，他们已非昔日的他们。

---

① 刘彦波：《晚清基层社会治安管理组织中绅士角色的变动》，《社会科学战线》2017 年第 9 期。
② 修朋月、宁波：《清代社会乡绅势力对基层社会控制的加强》，《北方论丛》2003 年第 1 期。
③ 瞿同祖著，何鹏校《清代地方政府》，范忠信、晏锋译，法律出版社，2003，第 329、330 页。

第五章

祭祀和庙会：城乡共举的民俗盛宴

祭祀是中华民族的传统，"国之大事，在祀与戎"。古代中国，上至最高统治者，下至普通民众，祭祀都是他们生活中不可或缺的一件大事。"祭"者，古义为以手持肉，供奉神或祖先；"祀"者，子祭其父。祭祀就是人们对于神灵或祖先一系列宗教仪式的献礼。甲骨文中有大量关于祭祀的记录，可见早在先秦社会祭祀就是与战争同等重要的国家大事，统治者会耗费大量的精力物力来祭神祀祖。庙会滥觞于远古的敬神活动，魏晋南北朝时期在统治者的提倡下，大量的宫观寺院得以建立，每到特定节日，这些公共祭祀场所香火鼎盛，人流密集，人们聚集在一起祭拜神灵，娱乐演出，并且从事商品交易活动，庙会因之形成。迨至清代，与商品经济的繁荣相同步，庙会也获得了长足发展，成为城乡民众生活的重要组成部分。

第一节　地域崇拜与庙会祭祀所反映的城乡关系

庙会祭祀与地域崇拜紧密相连，在历代庙会活动中，地域神崇拜是非常重要的内容，也是维系本地域人口凝聚力的重要因素。相较于南方的宗族林立，诸多江河、丘陵、山脉，将区域分割得较为破碎，各种名目的地域神在各层级社区中广泛存在，北方的神灵信仰则较为统一，如福禄寿、门神、财神（多为关帝）、喜神、井神、厕神、送子娘娘（多为观音和泰山老母）、灶神等，几乎都是全民信奉，家家祭供。这虽然是由于北方的自然环境相对开阔和完整，有利于文化一致性的保持，但是也与这里长期是我国政治文化的中心，便于文化的传播和整合以及主轴文化的形成密切相关。①

一 国家祀典下的城隍、土地信仰

古代中国社会存在着大量的神、神庙以及各类庙会祭祀活动，得到政府承认的祭祀被列入正祀，祭祀采取民间和政府相结合的方式；不被政府承认的称淫祀，只存在于民间。淫祀不合乎礼制，"非所祭而祭之"，包含了越份之祭与未列入祀典两种，问题较为复杂。就正祀来说，与民众关系最为密切，最能反映城乡关系的当属城隍祭祀和土地祭祀。城隍庙和土地神（山神庙）遍布城乡，甚至很多商贾难至的偏远农村也有供奉土地神、山神的传统。

（一）城市守护之神城隍爷

城隍爷是城市守御之神，负有保境安民的职责。古代先民认为万物皆有灵性，"山林川谷丘陵，能出云为风雨见怪物皆曰神"②，城市自然如是，守护神"功施于民则祀之，能御灾捍患则祀之"③。"城"本意为环绕都市之护墙，《墨子·七患》说："城者，所以自守也。""隍"是没有水的城壕，《两都赋序》中有"京师修宫室，浚城隍"的记载。《礼记》说"天子大腊八，水庸居其七，水则隍也，庸则城也"，这里提到的周天子祭祀的水庸之神应该就是城隍信仰的起源。④

最初的城隍只是个自然神，没有明确身份，随着历史的发展，城隍逐渐成为管理所辖地域一应大小事务的"阴官"，与世间官方委任的"阳官"相对应，许多城隍为历史上确实存在过的文武官员。楚汉战争时期汉将纪信就

① 赵世瑜：《狂欢与日常——明清以来的庙会与民间社会》，生活·读书·新知三联书店，2002，第224、226页。
② 刘方元等编著《十三经直解》第2卷《礼记直解·祭法》，江西人民出版社，1993，第602页。
③ 秦蕙田：《五礼通考》卷45《城隍》，文渊阁《四库全书》第135册，第55页。
④ 赵翼：《陔馀丛考》，河北人民出版社，2007，第725页。

是早期人格化的神灵之一。纪信，汉朝将军，曾追随刘邦抗秦，相传荥阳城危时他不顾个人生死，假扮刘邦救其出重围，后为项羽焚烧致死，人们为了纪念他的功德立庙以祀。隋唐以后官府对之屡有封敕，宋封"忠祐安汉公"，元封"辅德显忠康济王"，明封"忠烈侯"。据宋人赵与时统计，北宋全国各地供奉纪信的城隍庙有数十处，"镇江、庆元、宁国、太平、襄阳、兴元、复州、南安诸郡，华亭、芜湖两邑，皆谓纪信"①。如今许多地区的纪信庙仍然香火旺盛，如河南的郑州、荥阳、方城、固始、新密、禹州；陕西的西安、阳曲、兴元、户县，甘肃的兰州、天水等。

不同城市的城隍神不尽相同，或者是彪炳史册的正人直臣，或者是有功于地方的能臣悍将，抑或是其他因为某种功业而被百姓铭记的人物。如都城隍徐达，生前为明王朝的创建立下了盖世功勋。徐达死后，太祖朱元璋追封其为中山王，赐谥"武宁"，享供太庙，后又追封"承天鉴国司民升福明灵王"，并在他生前修建并驻守的居庸关长城筑庙以祀，被世人尊奉为城隍。有的城市信奉的城隍神不止一个，如郑州并祀纪信和周苛为城隍。历史上这两个人是同乡，一同追随刘邦反秦。民间传说纪信大义赴难后，周苛被项羽俘虏，因为不愿接受招降，詈骂项羽，被油烹而亡，同纪信一样受到百姓崇敬。许远、张巡在安史之乱时死守睢阳城（今属商丘）抗击叛军，为匡复李唐江山立下了汗马功劳，至今商丘百姓仍奉他们为城隍。

在国家祀典中，城隍同"阳官"一样有着明确的职责和等级划分。明洪武二年（1369），太祖皇帝大封天下城隍，作为地方神灵的城隍因为所在城市地位的不同而被赐予不同的爵位和服饰，如都城隍封王，秩正一品，地位大致相当于人间的诸侯王。府城隍封公，秩正二品；州城隍封侯，秩三品；县城隍封伯，秩四品。就官秩而言，城隍比之阳间官员等级要高上不少，这样做应该是为了方便神灵对地方官员形成震慑。四级城隍等级泾渭分明，"京师城隍，俾统各府州县之神"②，其下府城隍统领州县之神，州城隍统领县之神。

---

① 赵与时：《宾退录》卷8，道光二年（1822）李璋煜家抄本，第13页。

② 嵇璜：《钦定续文献通考》卷79《群祀考》，文渊阁《四库全书》第629册，第19页。

《清史稿》说："都城隍庙佳丽皇都盛，保障神力宏。万方辐辏，尨夜不惊。正直聪明，瘅彰如影，荷灵贶，笃其庆。固金瓯，护玉京。"① 从这些表述中不难看出统治者希冀借助城隍"神力"保卫京师以享太平的愿望。

（二）乡村守护神之土地公

土地神，又称土地爷、土地公，尊号福德正神，负责守护一方平安。自古以来人们以土地为神，尊其为"社神"，祭祀于"社庙"。《公羊传》注曰："社者，土地之主也。"清翟灏《通俗编·神鬼》："今凡社神，俱呼土地。"至于从什么时候起社庙变成了土地庙，社神改称了土地神不得而知，但可以肯定的是随着名称的改变它的地位不断下降。对此顾颉刚先生曾略带调侃地说，昔日号称"天下无双大老，世间第一正神"也不过分，"但自从变成了土地庙之后，学士大夫是不屑过问的了"，普通民众"只因福德正神的样子太弱懦了，神迹太平庸了，他虽然为民众所托命，但终不能获得民众的热烈信仰"，于是乎"把正式的土地神排挤到庑间或阶下去了"。② 明清时期的土地公被认为是三界地位最低的神，管理着一小块儿地界，形象大致就是《西游记》中孙大圣一跺脚，喊一声"土地老儿"③，就赶紧前来俯首报到的样子。

土地神是官方认可的受祀者中神位最低的神。北方信奉的土地神较为单一，或者无姓无名，或者称韩文公，也有人说福德正神原名张福德，有的地方还传说土地神是某位有才德的民间人士，可能是因为地位过低也没人细究。虽则如此，因为他掌管着百姓命运、福禄，是最贴近民众生活的神，故而全国上下对土地神的祭祀非常普遍，虽然仪式简单，但民众之虔诚，倒并不亚于其他神灵。平日里百姓只要有需要，就会到土地庙中烧香许愿，祈福纳祥。

二 等级观念下的城乡祭祀

清代的正祀可以分为朝廷祭祀和地方祭祀两种，地方祭祀又有城市祭祀和农村祭祀两种，于是朝廷祭祀—城市祭祀—农村祭祀便形成了与祭祀主体

① 赵尔巽等：《清史稿》卷 96《群祀》，中华书局，1977，第 2832 页。
② 顾颉刚：《泉州的土地神》，《民俗》1928 年第 2 期。
③ 吴承恩著，吴圣燮辑评《西游记》第七十二回，崇文书局，2019，第 610 页。

的行政等级相对应的封建宗教信仰体系。

朝廷祭祀，由皇帝亲祭，或者委派钦差大臣主祭。祭祀规格比较高，可以享用太牢或者少牢之礼。如祭祀天地，每年例行，新皇帝登基也必须告祭。如顺治元年（1644）十月初一，皇帝福临到南郊行登基大礼。"冬十月乙卯朔，上亲诣南郊告祭天地，即皇帝位，遣官告祭太庙、社稷。"十月十日，颁行即位诏书，宣布"今年十月乙卯朔，祗告天地宗庙社稷，定鼎燕京，仍建有天下之号曰大清，纪元顺治"①。祭祀天地是王朝正统地位的宣示，政治意义的重要性远非一般祭祀可比，仪式极尽隆重。再如黄河安澜是关系到国计民生的大事，对河神的祭祀可谓万众瞩目。河神享受中祀之礼，虽然规格要低于祭祀天地之神，但是礼仪规范仍旧细致烦琐，坛壝之制，神位、祭器、祭品、玉帛牲牢之数，祀期，斋戒，祭服，祝版，习仪，陪祀，乐章等均有详细规制，遣官致祭名额也有明确规定，"河渎一人"，"将行，先遣官致斋一日，二跪六拜，行三献礼"②。此外，都城隍也因地位崇高，可以享受到小祀之礼。《大清会典》中对于相关仪式有详细记载：

万寿圣节遣官致祭于都城西南隅都城隍庙，神位南向，帛一、牛一、羊一、豕一，果实五盘，尊一、爵三、炉一、镫二。祭日和声署设乐于西阶下。（自迎神至望燎皆奏乐，余祭同）日出前二刻，遣官朝服诣庙，赞引太常赞礼郎二人，引遣官由庙左门入，盥洗毕，升东阶至殿门外，就正中拜位前北面立，典仪官赞执事官各共乃职，赞引官赞就位，遣官就拜位，乃迎神，司香官奉香盘进，赞引官赞就上香位，引遣官由殿中门入诣香案前，赞上香司香官跪奉香，遣官上炷香次，三上瓣香毕，赞，复位，遣官复位，赞，跪，叩，兴，遣官行三跪九叩礼，奠帛，行初献礼，司帛官奉篚，司爵官奉爵，进至神位前，司帛官跪奠帛三叩，司爵官献爵奠正中，皆退，司祝至祝案前跪三叩，奉祝版跪案

① 赵尔巽等：《清史稿》卷4《本纪四》，中华书局，1976，第88、89页。
② 赵尔巽等：《清史稿》卷83《礼二》，中华书局，1976，第2521页。

左，遣官跪，司祝读祝毕，奉祝版诣，神位前跪安于案叩，如初，退，遣官行三叩礼。亚献，司爵官献爵奠于左。终献，奠于右，仪均与初献同。送神，遣官行三跪九叩礼，有司奉祝次，帛次，香恭送燎，所遣官避立拜位旁东面候，祝帛过复位，引遣官望燎，告礼成，引退。①

可见极为复杂庄重。

地方祭祀在规格上不能和朝廷祭祀相提并论，但是因为举城信奉神灵，民众参与热情很高，故而政府的重视程度很高。城隍神祭祀是城市祭祀的重要内容，主祭人由地方最高行政长官担任。从明代开始，城隍祭祀等级分明。明初统治者将人间官僚体系制度照搬到阴间，按照与京兆尹、巡抚、知府和县令相对应的品级分封各级城隍，使得不同城市所供奉的城隍等级泾渭分明。清代延续了前朝城隍祭祀典制，由所在地方的最高行政官员主祭。除都城隍享受国家祭祀，由皇帝亲祭或者委派官员主祭外，府城隍为知府主祭，州城隍为知州主祭，县城隍为知县主祭。清代凡府、州、县新官赴任，必须到城隍庙斋宿并完成祭告才能正式入职②，此后逢初一、十五，地方官员还要对城隍神行拜谒之礼，以示阴阳互为表里，"城隍之所为，太守不能违之；太守之所为，城隍不能悖之"，"吏竭其力，神佑以灵，各供其职，无愧斯民"③，如果说官员是世间百姓的管理者，那么城隍无疑在精神上对人们进行控制，城隍与官员之间大致是互相倚赖、互为补充、相辅相成、人神共治的关系。统治者如此煞费苦心地为城隍细分等级，不外乎两个目的：其一是利用人们意识形态中的鬼神观念，赋予阴间城隍"鉴察民之善恶而福祸之，俾幽明举，不得幸免"④ 的权力，时刻提醒人"举头三尺有神明"，不能产生逾矩行为，心甘情愿地服从来自中央和地方的管理与统治。其二是统治者希望按照儒家伦理建立一个等级分明、上下有序、君正臣良、父慈子

---

① 纪昀等：《钦定大清会典》卷48《礼部·群祀二》，文渊阁《四库全书》第619册，第196页。
② 孙承泽著，王剑英点校《春明梦余录》卷45，北京出版社，2018，第222页。
③ 欧阳修：《欧阳修全集·居士集》卷49《又祭城隍神文》，中国书店，1986，第333页。
④ 嵇璜：《钦定续文献通考》卷79《群祀考》，文渊阁《四库全书》第629册，第19页。

孝的社会秩序。等级分明、上下有序也是国家制定祀典的根本原则，将地方祠神通过国家封赐的方式，列入祀典，并且按照其被赐予的身份给予不同的祭奠，有助于统治者将政治领域的纲常道德观念通过信仰的方式悄无声息而又根深蒂固地植入大众的内心，使之心甘情愿甚至是甘之如饴地接受来自上层管理者自上而下的统治。

农村供奉最多的是土地神（山地丘陵地带也会称山神）。祭祀土地神的庙宇广泛分布于乡间，城市也有但不多见。与其他神庙动辄宫殿式建筑相比，土地庙的建造并不讲究，有的甚至可以称之为简陋，或者三间土屋，或者临时搭建的草棚，仅能遮风避雨，更有偏僻地区直接选一山洞供奉神龛，神庙即成。祭祀也是相当随意，"各村坊皆有土地庙，春祈秋报，有合村共祭者，有各祭者"①。明清时期土地神已经从过去高高在上、受万人敬仰的土谷之神，堕落成阴间小神，其职能大概与城隍相类，但因为管辖地域有限，有的或者可以称之为狭小，故而土地神的地位在人们心目中要比城隍低很多。土地庙外的楹联写着："土产无多，生一物栽培一物；地方不大，住几家保佑几家。"② 倒是极为生动的描述。城隍与土地分别对应的是城市与乡村，这在方志记载中可以得到证实，如民国《德清县新志》载："元旦演剧，城乡通行。其剧场，在城必择戴庙，乡镇各就社庙为之。"（所谓"戴庙"，即当地信奉的总管神戴侯）光绪《宁河县志》载有：发表时"备灯笼火炬，制引鬼牌，诣城隍庙，乡间诣土地庙，凡亲友男女俱随接引来家，哭拜不一"③，"凡初亡者皆归此处，故表事报庙，送行皆在土地祠"④。也正因为城市与农村的统治与被统治关系，城隍和土地神有了上下级关系，在大众意识中土地神需要接受城隍的统治，为城隍跑腿办事，民间因此对土地神有"冥间地保"⑤ 的戏称。

① 汪荣：《安吉县志》卷7《风俗》，同治十三年（1874）刻本，第7页。
② 党明放：《郑板桥对联赏析》，岳麓书社，2006，第34页。
③ 丁符九：《宁河县志》卷15《风俗》，光绪六年（1880）刻本，第4页。
④ 丁世良、赵放：《中国地方志民俗资料汇编·东北卷》，北京图书馆出版社，1989，第82页。
⑤ 赵兴德：《义县志》卷9《民事志》，民国20年（1931）铅印本，第44页。

朝廷、城市和农村三级祭祀，祭祀对象和仪式有着明显区别，共同构成了清代社会的宗教信仰体系。皇帝是最高权力的象征，帝王代表的权力中心与地方形成统治与被统治关系，这种关系也被影射到了祭祀中。朝廷祭祀位于金字塔的顶端，能够享受朝廷祭祀的神灵地位高、威望隆，受统治者重视程度深，由帝王亲祭或者委托大臣主祭。城市祭祀的城隍往往是功勋卓著、受到朝廷册封或者百姓爱戴的功臣良将，祭祀仪式一般由所在城市最高长官主持，神位根据城市的不同上下有别、井然有序。明清时期，土地神已经成为接受城隍役使的阴间最小"行政官"。可见在封建统治等级制度下，无论是城隍祭祀还是土地祭祀都成为统治者管理国家的工具，与朝廷祭祀遥相呼应，形成一套完整的上下有序的封建管理体系。

第二节　从祭祀看国家与地方的互动

祭祀由原始社会的全民性，到官方和民间的分野，是伴随着社会阶级的分化而形成的。发展到封建社会晚期，在商品经济的冲击下，民众的信仰价值观念也发生了巨大改变。人们不再像过去那样只注重宗教的精神含义、追求宗教的文化价值，宗教的实用性和功利性更为人们所倚重，这一转变逐渐成为民间信仰的衡量标准。在这种思潮的引导下，宗教的世俗化不可避免，由此反映到祭祀中，国家和地方的关系更为复杂且不断变化。

一　政府对于城隍的扶植与接纳

统治者控制宗教信仰的终极目的不外乎巩固封建政治和维持社会稳定。与前代相比，清代面临的社会矛盾更为严峻，反映在宗教领域就是社会上以信仰之名秘密结社的风气愈演愈烈。《大清会典》中记载着康熙十二年（1673）被列为邪教的无为、白莲、焚香、混元、龙元、洪阳、圆通、大乘等数个民间社团。而据学者统计，清代被定为邪教的教门多达 107 种。① 这些社团以及潜伏在社团背后的操纵势力无疑是对清政府政权稳固的巨大威胁。

为了消弭宗教隐患，清世祖于顺治十年（1653）就提出"国家崇儒重道"的主张，将尊儒定为基本国策。十三年（1656）下谕礼部："朕惟治天下必先正人心，正人心必先黜邪术。儒释道三教并垂，皆使人为善去恶，反邪归正，遵王法而免祸患。此外乃有左道惑众，如无为、白莲、闻香等教名色，邀集结党。夜聚晓散。"② 以尊儒为前提，儒释道三者"并垂"，均为正教，其他如无为、白莲之流则作为左门邪教被贬黜，这一举措基本奠定了有清一代的宗教走向。

对于邪教之外的民间信仰，政府采取了扶植和接纳并行的手段。首先是利用自己的正统地位，积极扶植民间崇拜的偶像。《清史稿》卷四八九记载：

> 强克捷，陕西韩城人。嘉庆十三年进士，即用知县，发河南，补滑县。十八年九月，教匪李文成谋乱，期十五日与伏京城贼林清中外同起事。克捷初莅滑，有退吏某方讼系，为白其诬出之。吏诇文成等某逆，告克捷，历申于守，不应。初六日，突执文成，严诘谋叛状，笞断其胫，及党二十四人，镯之狱。夜半，其党牛亮臣突劫文成出，攻某吏，屠其家，踞城以叛，克捷及家属俱死之。后文成焚死辉县，林清伏诛京城，诏："克捷首先访获逆党，俾二逆失约败谋，后先授首，实属功在社稷。"优恤，谥忠烈，祀京师昭忠祠。于韩城、滑县皆建专祠，与难者均予附祀。③

这个事件是典型朝廷敕封地方城隍的案例。嘉庆十八年（1813），豫北

---

① 周向阳：《清代治理邪教犯罪研究（1644~1840）》，中国政法大学博士学位论文，2008，第 2 页。
② 《清世祖实录》卷 104 "顺治十三年十一月辛亥"，中华书局，1985，第 811 页。
③ 赵尔巽等：《清史稿》卷 489《强克捷传》，中华书局，1977，第 13518 页。

以李文成、牛亮臣、林清等为首的天理教起义，滑县知县强克捷在镇压过程中被杀。政府除了对犯上作乱的天理教教首和教民进行诛杀，以儆效尤，还大力奖励功勋，将强克捷牌位请进京师昭忠祠，并在韩城、滑县建立专祠供奉。此外，对于世俗化的民间偶像，封建政权也给予了充分接纳。《清史稿·坛壝之制》有"为民御灾捍患者，悉颁于有司，春秋岁荐"① 的记载，也正因为如此，不少民间崇信的人物得以进入祀典。如濮阳人供奉的城隍李嘉祥，曾任开州（辖今河南濮阳、清丰一带）知州，在职期间励精图治、革除弊政，还对州城进行过大规模的整修和扩建，死后州人塑其像于庙宇以志纪念，他的生日——九月九日也成为本州重要的庙会日，延续至今。可见，清廷虽然极力主张"反邪归正"，防止"左道惑众"，但这并不意味着统治者对于民间新兴的崇拜对象一律排斥，正好相反，只要不威胁政权稳固，朝廷对于民间信仰的态度是开放的，甚至带有鼓励意味。

二 信仰所表现出来的特征都是现实生活的反映

正如英国历史学家汤因比（Arnold Toynbee）所说：

> 各种文明形态就是它固有宗教的反映，而且宗教也是各种文明得以产生并延续的生命力源泉。要把难以支配的自然环境改造为适宜于人类生活的人工环境，一定要有为实现这一宏伟目标而劳动的人民群众。领导者和被领导者共同的宗教信仰使这种合作关系成为可能，整个社会的生命力和协调性也是从中生产出来的。宗教在精神上给人类提供了满意的答案，并给予人类实际的教规训诫，鼓舞人类战胜人生道路上遇到的困难。②

信仰是人类文明发展的产物，也是推动社会前进的重要精神动力，城隍信仰

---

① 赵尔巽等：《清史稿》卷 82《礼一》，中华书局，1976，第 2486 页。

② 汤因比：《汤因比历史哲学》，刘远航编译，九州出版社，2010，第 398 页。

自不例外。在长期的发展历程中，城隍信仰的内涵愈加丰富，既包含道教、佛教的"因果报应"理念，也融入了儒家的"积善之家，必有余庆，积不善之家，必有余殃"等思想，各种戒律、功过格、劝善书等，直接作用于社会，产生了极大的精神力量。

明代，封建社会已经进入烂熟阶段，中央政府对于信仰的价值有着深刻的认知，在统治者的倡导下，城隍崇拜直接发展成为政府用以钳制地方官员和民众的重要工具。此时的城隍从过去的地方保护神逐渐转变为被政府认可的统御地方的阴间神灵，其官阶等级在同城最高行政长官之上，便于其行使监察地方官员的职能。地方新官到任必须到城隍庙"履新"，向城隍宣誓要恪尽职守、为民造福，这说明在精神上城隍神才是公认的"本境之主"。明代的城隍形象较为正面，万历《郴州志·秩祀志》中有"城隍为一州军民之保障，太守为一州军民之父母，其所司维有阴阳表里之殊，其责任则无幽明彼此之异。是故，城隍非聪明正直，不足以感太守之兴修；太守非公廉正直，不足以致城隍之感应"[1] 的描述，其中提到的"聪明正直"，大致可以概括城隍在明人心目中的圣洁形象。明代神话小说《西游记》中多次提到城隍神。第三十七回说到文殊菩萨的坐骑青毛狮子下界后，"它的神通广大，官吏情熟，都城隍常与他会酒，海龙王尽与他有亲，东岳天齐是他的好朋友，十代阎罗是他的异兄弟"[2]。第三十二回中，猪八戒在路上被小妖怪们撞到并认出，他的反应是"口里唠叨，只管许愿"，嘴巴里说的是："城隍，没我便也罢了，猪头三牲，清醮二十四分。"[3] 从这些描述中可以看到，城隍的地位是很高的，不但可以与龙王、东岳大帝等并称，连猪八戒这种当过天蓬元帅的神仙遇到危难也会把他请出来。

明代城隍崇拜的发展是适应当权者统治社会需要的结果，因其行之有效，清政府继续沿用前代的信仰体制。在这样的背景下，城隍地位与前代并无变化，只是形象日益世俗化。反映在小说中，就是城隍的性格开始多样

---

① 胡汉：《郴州志》卷12《秩祀志》，万历四年（1576）刻本，第3页。

② 吴承恩著，吴圣燮辑评《西游记》第三十七回，崇文书局，2019，第310页。

③ 吴承恩著，吴圣燮辑评《西游记》第三十二回，崇文书局，2019，第271页。

化，正面和负面形象交叉出现，这应该与清代经济发展迅速，商业氛围浓郁，同时官场腐败问题严重密切相关。被剥削压迫的人们对于上层统治者日渐不满，这种情绪的积累一部分被转嫁，也可以说是发泄到了冥界城隍神身上，人们潜意识中将之与封建官吏等同。《聊斋志异》数次提到城隍神，《王大》中周子明因为赌博和赖人债务在梦中受到城隍惩罚，醒来梦境变为现实；《李司鉴》中李司鉴打死妻子，后在城隍庙中被神灵先割左耳，又剁左指，再自阉，还没得到官府的惩处就已伏冥诛；《老龙船户》中城隍帮助巡抚破案。除了城隍明察秋毫、惩恶扬善的故事之外，书中还出现了对城隍质疑甚至鞭笞的场面。如《吴令》中某公见到民间城隍祭祀铺张浪费，生气地指责：“城隍实主一邑。如冥顽无灵，则淫昏之鬼，无足奉事。其有灵，则物力宜惜，何得以无益之费，耗民脂膏？”并且“曳神于地，笞之二十”。①《小谢》中陶生对秋容被城隍祠西廊黑判强摄去逼迫为妾一事极为愤慨，说：“黑老魅何敢如此！明日仆其像，践踏为泥，数城隍而责之。案下吏暴横如此，渠在醉梦中耶！”②《席方平》中，主人公因为父亲蒙冤穿越到阴间告状，却因为城隍收受贿赂而被拒绝，如果没有后来二郎神的帮助，估计正义终究得不到伸张。此外，康熙年间，浙江天台县令戴兆佳在《到城告城隍文》中曾论及城隍职责：“若夫雨旸时若年岁顺成，疫疠不生，人无夭札，俾百姓安居乐业，以生以养，则惟神之责。倘其旱涝不节，灾眚叠见，吉人罹祸、凶人获福，是则神之不职。”城隍与知县“均当父母为心”，倘若本县城隍不能尽职尽责，他必断然“为神致讨，为民请命”。③ 将之与小说中描述的城隍形象结合，不难看出在时人眼中城隍不再是全知全能的神，专制政权所赋予的神圣性和庄严性已经被淡化，其形象更接近于现实中“人”的特征。民间流传的发生在其身上，或者与其相关的事件基本上都是尘世官僚生活场景的再现。

---

① 蒲松龄著，于天池注《聊斋志异》卷2《吴令》，中华书局，2015，第516页。
② 蒲松龄著，于天池注《聊斋志异》卷6《小谢》，中华书局，2015，第1521页。
③ 戴兆佳：《天台治略》卷9《到城告城隍文》，载《官箴书集成》第4册，黄山书社，1997，第207页。

城隍信仰所呈现出来的新特征是对现实的反映，城隍信仰如此，土地信仰自然也不例外。不过与城隍地位的提升恰好相反，土地神的地位到清代似乎堕落到了极点，甚至某些时候已经成为被调侃戏弄的对象，毫无地位可言。同样是在《西游记》中，孙悟空走到哪里，遇到不知来头的妖怪，就会把土地招来审问一番，还时不时恐吓一句，"都伸过孤拐来，每人先打两下，与老孙散散闷"①。土地神是三界地位最低的神，对应人间协助政府管理地方的基层势力，或者可以称之为地方精英人物，有着一定的影响力，但是因为不具备官员身份，以至于大家可以不把他当回事儿，"孙悟空对土地的态度实即是吴承恩对土地的态度，也是老百姓对土地的态度"②。

一些学者试图通过城隍神与土地神祭祀中所展现的皇权与绅权在公共事务掌控权上的争夺来探讨掩盖在宗教信仰体系之下的中央和地方势力的消长。单磊在《城隍神与土地神祭祀在清代豫北地区的争夺》一文中对清代政府与地方士绅在祭祀主导权上的争夺进行了探讨，通过豫北地区城隍神和土地神的祭祀来研究国家政权与地方精英的关系，他认为"城隍神代表清代的朝廷意志，官府往往充当朝廷在地方实行社会控制的代言者和执行者。土地神则代表地方势力，既包括基层城乡民众，又包括对中央有离心倾向的地方乡绅。国家政权与地方精英在祭祀事务上时而合作、时而斗争。总的来说，在豫北祭祀的争夺中，官方占据优势"③。虽然文中的论据还有待完善，但是可以肯定的是国家对于地方的管理力度不是一成不变的，而是会根据中央政权的强弱不断进行调整。反映在祭祀上，就是封建政府强大之时，作为国家意志的体现，城隍祭祀声势浩大，不但在群祀中地位重要，逢重大祭典，朝廷、行省、地方，上至皇帝、百官，下至士庶众人，全民祭祀。而当盛世不再，城隍祭祀就显衰落，不但民众祭祀热情大打折扣，城隍神的地位也不再如过去尊贵，如清末阳武县发生民众祭祀"先诣风云雷雨，次山川，

---

① 吴承恩著，吴圣燮辑评《西游记》第三十三回，崇文书局，2019，第278页。
② 汪曾祺：《榆树村杂记》，《城隍·土地·灶王爷》，上海三联书店，2019，第73页。
③ 单磊：《城隍神与土地神祭祀在清代豫北地区的争夺》，《河南教育学院学报》（哲学社会科学版）2014年第5期。

次城隍"① 的现象就是例证。

另外需要补充的是，清代北方地区的民间信仰，除了城隍神和土地神之外，其他神灵，诸如三清、如来、观音、玉皇、真武、吕祖、阎王、泰山、药王、王母、济渎、财神、火神、龙王、弥勒等各地基本一致，相同的信仰有利于民众价值观念的统一，从而促进社会的和谐和稳定。清代的宗教信仰和祭祀体系反映了封建统治赖以维系的国家—城市—乡村之间的支配与被支配的关系，统治者希望借助宗教手段将政治意识形态领域的等级秩序渗入到民众的思想观念当中，使得他们即使在统治者力量触及不到的另外一个世界也要服从其指定的统治规则，心甘情愿地接受其奴役，以最后达到巩固社会制度，维护统治秩序的目的。

三　从河神崇拜看国家与地方的互动

由地方崇信上升到政府认可，再受祭于朝廷和民间的案例在清代屡见不鲜，最引人注目的当是河神崇拜。明清以降，河漕对于国计民生的影响日益深刻，在实用性、功利性驱使下，人们对河神"大王""将军"等的信奉盛况空前。这些河神大多由治水英雄转化而来，其中有官员、河兵，还有普通民众，虽然身份不同，但是在与黄河的斗争中都表现出不屈不挠、英勇无畏的牺牲精神，因而受到百姓的尊敬和爱戴。河神黄大王就是典型的代表。他本名守才，字英杰，又字完三，号对泉，百姓尊称为黄爷，明中后期河南偃师岳滩镇王庄村人。黄大王草根出身，是民间公认的治水奇才，据说他幼年时期即潜心研读历代治水方略，成年之后更是致力于治水济民，伊河、洛河和黄河中下游等黄泛区均留下了他活动的足迹。后来他还总结多年来的治水经验，写成《禹贡注疏大中讲义》《治河方略》等书，影响深远，被百姓盛赞为"功并神禹"的"活河神"。他的功绩得到了政府的肯定，《通志》《河南府志》《大清会典》《黄运两河纪略》以及洛阳、偃师的志书上都有关于他治水功绩的记载。他的故事还被文人墨客所传扬，充满了传奇色彩。

---

① 耿愔等：《阳武县志》卷 2《祠祭》，成文出版社，1976，第 316 页。

《池北偶谈》说：

> 黄大王者，河南某县人，生为河神，有妻子，每瞑目久之，醒辄云："适至某地踢几船。"好事者以其时地访之，果有覆舟者，皆不爽。李自成灌大梁，使人劫之往，初决河水，辄他泛溢，不入汴城。自成怒，欲杀之，水乃大入。始，贼未攻汴，一日，黄对客惨沮不乐，问之，曰："贼将借吾水灌汴京，奈何？"未几，自成使果至。黄至顺治中尚在。①

《癸巳存稿》记载得更为玄妙，他"生而神奇，空中有若言河神者"，一岁多坠入井中，"坐嬉水面，若有戴之者"。20岁时大旱，"守才指地使凿之，得一泉，引之，遂不涸，为山田灌溉利"。随舅船至虞城张家楼，见有二百粮船被河沙阻滞，"初，夜，运官吴姓者梦人告之曰：'沙壅不开，明日有刘船至，中有黄姓者，河神也。彼言开，即开矣。'船至，吴以诚投之。守才勉至头船，助之执篙，船俱开去"。甚至他睡梦中也能管理黄河事务，"每瞑坐，久之，自言如梦，至某地，误踢坏几船。好事者以其言求之，事与地皆验"②。这些故事应该是在他原有事迹的基础上增添了无限的想象而成，反映了黄守才在人们心目中由普通人后来上升为神的过程。据说，黄守才在世的时候，怀庆府人就为他建立了生祠。其死后，地方更将他的事迹和威名上达中央。乾隆三年（1738），皇帝敕封黄守才为灵佑襄济之神，庙祀陈留县，正式确立了其河神的地位。此后表彰不断，声誉日隆，有清一代仅上封号就达12次之多，这位在民间享有盛誉的黄大王遂成为家喻户晓的河神，黄河沿岸祭祀他的庙宇不计其数。

清代，在政府允许，或者可以说是鼓励下，各地大王、将军层出不穷。如雍正时期，敕封明代工部尚书、治水名臣宋礼为"宁漕公"，光绪五年

---

① 王士禛著，文益人校点《池北偶谈》卷25《黄大王》，齐鲁书社，2007，第496页。
② 俞正燮：《癸巳存稿》卷13《黄大王传》，辽宁教育出版社，2003，第411页。

（1879），追念其为"显应大王"；乾隆四十五年（1780），追封清初河道总督朱之锡为"助顺永宁侯"，民间尊称为"朱大王"；同治七年（1868），敕封原任江南河道总督黎世序为"孚惠黎河神"；光绪五年（1879），加封东河总督栗毓美为"诚孚普济灵惠显佑威显栗大王"。他们都是因为生前治水有功，受到百姓爱戴，死后被尊奉为神。与他们共同受祭的还有不少将军，如果说"大王"基本是朝廷命官和治水天才人物，那么"将军"则多由下层官吏、河兵和平民担任。如王将军（名仁福），同治六年署理祥河同知，因为黄河陡涨，抢埽救险落水身故；王将军（王漠），祥符县丞、德州州同、中河通判，道光二十二年（1842），在指挥河堤合龙时因公殉职；杨将军（杨四，一说杨泗），平民，据说十二岁时失足落水，伸手作龙蛇状顺流东下，乡人夜梦其受封将军；党将军（党柱），河夫，顺治二年（1645），荆隆决口，传说是他卷入埽中以身堵口，遂平河难，被百姓尊为河神。清代敕封的河神多，庙宇中供奉的河神就多。武陟嘉应观是国家祭祀河神的重要场所，其供奉的河神多达十位，就连荥阳口子村这里的乡间小庙，都要烧香祭拜谢、黄、朱、栗四位河神。河神庙的多神化祭祀体现着清代信仰世俗化体系的完善，同时也是河神崇拜的典型特征。

　　政府通过敕封的方式将民间信仰纳入祀典中，利用神实现了对民间的控制。清代祭祀河神俨然已经成了国家祭祀的重要内容，祭祀河神的事例不胜枚举。如乾隆二十一年（1756），黄河于徐州孙家集夺溜，次年四月，"上年孙家集夺溜，河身淤浅，旋命大臣堵筑，河流顺轨，今朕亲临阅视，令司河弁逐为测量，大溜直趋，自相汕刷深浚，实赖神明照佑，着该地方官择地建立河神庙，春秋祀享，以昭崇德答庥之意"[①]。乾隆四十二年（1777）二月，上谕："陶庄开挑引河为治黄一大关键，今开放之后，新河内大溜畅注冲刷，宽深形势甚顺，从此清黄分流，直至周家庄汇归，东注清口，可免倒灌之虞，实为一劳永逸，非河神默佑，不能成此巨工，自应于该处立庙以酬

---

① 中国第一历史档案馆编《乾隆朝上谕档》第 5 册，档案出版社，1998，第 27 页。

神贶。"① 下一年，又谕："河流顺轨，运道深通，自赖神明佑助之力。向来四渎虽各有专祀，而工所黄淮河神庙，每年春秋未经官为致祭，典甚阙焉。自宜特重明禋，以昭灵贶。所有江南及河东等处工次建立黄河神庙，并江南清黄交汇地方所建淮河神庙，均着于每年春秋二季官为致祭，交该部载入祀典。并着翰林院撰拟祭文发往，于致祭日敬谨宣读，以崇功德而报麻。"②

或者是受天人感应思想驱使，抑或是人们出于对于河神的倚赖和崇拜，极希望在现实生活中找到寄托的对象，人们又将神化后的大王、将军幻化为具体存在，使得清代河神崇拜更加富有神秘主义色彩。清代笔记小说《壶天录》记载道：

> 所谓大王、将军，皆河工官员，殁以成神，幻化若小龙，长不盈尺，细才如指，身类蛇而头则方，隐隐露双角。有满身金色者，有具朱砂斑者，位尊者王，其身小，位卑者将军，其身略大。名号不一，最著者为金龙四大王……此外又有栗大王、朱大王等号。将军亦甚多。老于河务者能一一辨之。③

显然河神神秘化的行为得到了政府的默许和支持，据说黄河一带的百姓如果在河边发现了"大王"或"将军"，必须及时汇报地方官员，经过确认后，官员便会带着巫师随从前去迎接。"接大王"有一番固定的程序，人们唱着祝词把蛇先放在一个盘子里，然后连同盘子一起放入轿中，随后人们抬着轿子送入庙中供奉。还有的书籍记载，蛇登盘子后，"它便蟠在盘里，将蛇头从盘心昂起来，官用头顶着盘子，将蛇送到大王庙里，香花供养"④。清末小说《二十年目睹之怪现状》中则将北洋水师官员接河神的情景描述得更为灵异。

---

① 中国第一历史档案馆编《乾隆朝上谕档》第 8 册，档案出版社，1998，第 579 页。
② 中国第一历史档案馆编《乾隆朝上谕档》第 14 册，档案出版社，1998，第 410 页。
③ 吕宗力、栾保群：《中国民间诸神》之《壶天录》卷下，河北教育出版社，2001，第 297 页。
④ 黄芝岗：《中国的水神》，生活·读书·新知三联书店，2012，第 88 页。

听说这金龙四大王很是神奇的。有一回，河工出了事，一班河工人员，自然都忙得了不得。忽然他出现了。惊动了河督，亲身迎接他，排了职事，用了显轿，预备请他坐的。不料他老先生忽然不愿坐显轿起来，送了上去，他又走了下来，如此数次。只得向他卜笤，谁知他要坐河督大帅的轿子。那位河督只得要让他。然而又没有多预备轿子，自己总不能步行。要骑马罢，他又是赏过紫缰的，没有紫缰，就不愿意骑。后来想了个通融办法，是河督先坐到轿子里，然后把那描金朱漆盘，放在轿里扶手板上。说也作怪，走得没有多少路，他却忽然不见了，只剩了一个空盘。那河督是真真近在咫尺的，对了他，也不曾看见他怎样跑的，也只得由他的了。谁知到了河督衙门下轿时，他却盘在河督的大帽子里，把头昂起在顶珠子上。

接下来就是做足排场，将"大王"供奉起来。

走到（演武）厅前，只见檐下排了十多对红顶、蓝顶、花翎、蓝翎的武官，一般的都是箭袍、马褂、佩刀，对面站着，一动也不动，声息全无。这十多对武官之下，才是对站的营兵……走到厅上看时，只见当中供桌上，明晃晃点了一对手臂粗的蜡烛。古鼎里香烟袅绕，烧着上等檀香。供桌里面，挂了一堂绣金杏黄幔帐，就和人家孝堂上的孝帐一般，不过他是金黄色的罢了。上头挂了一堂大红缎子红木宫灯，地下铺了五彩地毡，当中加了一条大红拜垫，供桌上系了杏黄绣金桌帷。……掀起幔帐……只见一张红木八仙桌，上面放着一个描金朱漆盘，盘里面盘了一条小小花蛇，约摸有二尺来长，不过小指头般粗细，紧紧盘着，犹如一盘小盘香模样。那蛇头却在当中，直昂起来。

官员每天都要去拈香虔诚叩拜，书中说：

破天亮时，李中堂便委了委员来敬代拈香。谁知这委员才叩下头去，旁边一个兵丁便昏倒在地。一会儿跳起来，乱跳乱舞，原来大王附了他的身。嘴里大骂："李鸿章没有规矩，好大架子！我到了你的营里，你还装了大模大样，不来叩见，委甚么委员恭代！须知我是受了煌煌祀典，只有谕祭是派员拈香的。李鸿章是甚么东西，敢这样胡闹起来！"说时，还舞刀弄棒，跳个不休。吓得那委员重新叩头行礼，应允回去禀复中堂，自来拈香，这兵丁才躺了下来，过一会醒了。此刻中堂已传了出来，明天早起，亲来拈香呢。①

　　当然该书本就为官场讽刺小说，所述细节未免过于夸张，但是也从侧面反映了时人对河神极度恭敬和崇拜的现象。此外人们还会举行各种娱神活动，祭祀河神。小说《醒世姻缘传》中提到济宁金龙四大王庙中供奉着金龙四大王、刘将军、杨将军，"这三位神灵，大凡官府致祭也还都用猪羊。若是民间祭祀，大者用羊，小者用白毛雄鸡。浇奠都用烧酒，每祭都要用戏"②。政府祭祀和民间祭祀虽然规制不同，但是隆重及恭敬之心大同小异，应该是当时社会的真实反映。

　　清代社会各界对河神表现出前所未有的热情，上至帝王、治理河漕的官员，下到地方衙役、普通民众，无不对之尊崇有加，争相祭拜。究其原因，河漕对国计民生的影响固然不可忽视，但是国家与民间信仰相契合，信仰背后政府的推波助澜应该是主要动力。国家祭祀中祀神求报、神人互惠的心态与民间无异，双方有着共同的心理诉求。河神形象先由民间产生，然后反馈到政府，再通过最高权力的敕封反馈到民间，"民间和国家相互塑造和影响，各自边界模糊而渐趋同一"③，由此上层统治者和下层民众在信仰上最终达成统一。此外，统治者通过敕封等方式将众多民间信奉的神灵列入国家

---

① 吴趼人著，张友鹤校《二十年目睹之怪现状》第六十八回《笑荒唐戏提大王尾　恣嚣威打破小子头》，人民文学出版社，2013，第367页。

② 西周生辑著，夏海晏注《醒世姻缘传》（下册）第八十六回，团结出版社，2017，第1037页。

③ 王元林、褚福楼：《国家祭祀视野下的金龙四大王信仰》，《暨南学报》（哲学社会科学版）2009年第2期。

祀典，规定了庄严而烦琐的祭祀仪式，在强化皇权威严的同时，也将皇权至高无上的信号通过祭祀和信仰的方式渗透到社会每个角落，从而巩固了以皇帝为中心，皇亲国戚、王公大臣为附属的层次分明的官僚机构权力秩序，有利于对全社会形成有效的管理控制体系。

就信仰来说，清代政府和民众间始终保持着一种互动状态。国家通过封赐、建庙等方式在民间树立信仰，民间信仰只要不危害封建统治，国家祭祀也会充分吸纳，以此实现官民信仰的统一。而对于民间那些可能危害国家统治的信仰存在，政府态度则非常强硬，不仅将之斥为淫祀，并且坚决予以消灭。统治者对于民间信仰的态度一定程度上迎合了民意，保持了中央与地方的一致性，对于社会稳定有所裨益。地方也因为信仰的提升，"百姓得以参与一种官方意味的祭祀，并且通过一系列祭祀仪式，模拟出一种政治活动，表达了自己的利益诉求，通过这样一种方式，朝廷驯服了民间，民间也保存了自己"①。但是也要看到，清代，尤其是中后期统治者如此孜孜不倦地笼络民心的目的是为了维护政权的合法性，国家与地方信仰之所以能够实现积极互动，看似是政府对于地方管理的放松，实则是思想管控的加紧，其背后折射出统治者对于基层社会管理的力不从心，封建王朝统治走向衰败已呈不可逆转之势。

第三节　庙会与城乡交往和文化交流

庙会是清人社会生活的重要组成部分，通过祭祀、朝拜和娱神等活动，不但城乡民众的精神需求得到了满足，而且彼此之间的交融和互动也因为庙会得到加强。

一　宗教信仰是城乡交流的思想基础

宗教信仰在中国源远流长、世代相传，发展到清代，城市和农村供奉的

---

① 逯凤华：《泰山、岱庙、东岳庙祭祀用乐研究》，上海音乐出版社，2019，第110页。

神灵不尽相同。城市祠庙较多，主要是春秋致祭天地、山川、风雨雷电、城隍、先儒、忠孝节义等形形色色有利于统治教化的神灵，还有财神关帝，药王孙思邈以及其他行业的祖师爷或行业神。农村相对简单，供奉的有土地神、河神、药神、送子娘娘、虫神、马王等。虽然有所区别，但是中国古代社会"就是一个由无数神灵构成的庞大的祠庙，人们根本不去理会所祠之神是佛是道、是仙是鬼，凡有一灵验，即香火不绝"①。在功利主义和实用主义的驱使下，城乡所信仰的神灵并不是对立的，而是统一在一起的。也就是说，城市供奉的神灵，农村也去朝奉，农村供奉的神灵，城市也不排斥。即使在统治者刻意的推波助澜下，地域之神有着等级之分，但是究其本质却是一致的，都是为封建统治提供服务的信仰工具。

北方地区许多寺庙供奉的神像都有极其灵验的传说，他们中既有祖先神，也包括古代的英雄，还有佛教、道教所信奉的神仙，共同构筑了城乡民众心目中的神灵世界。每逢庙会，"男女入庙烧香，以求福利"②，"善男信女崇拜焚香，络绎不绝，有为父母者，有为子女者，有为亲友者"③，"又有因父母或翁姑之疾，许于是日，身拉铁索，头顶纸枷，导行轮前，几步一叩首，以了前愿者"④。旺盛的香火和隆重的仪式承载的不止有人们摆脱困境的诉求和希冀，还有民众对未来生活的努力和尝试。在共同的信仰体系之下，城乡民众很容易在精神世界产生文化共鸣，为现实世界中彼此之间的交流与交融奠定思想基础。

二　庙会为城乡交往提供了平台

虽然就地域而言，城市和农村都是独立的，有着各自的边界，但是祭祀与庙会全民参与却是共同的。只要所在庙宇供奉的神灵影响足够大，或者商品市场有足够的号召力，抑或在某方面有着同期庙会所没有的优势，那么所

① 赵益、王楚：《抱朴归真：道教的修炼》，江苏人民出版社，2017，第13页。
② 翁相：《广平府志》卷16《风俗》，嘉靖二十九年（1550）刻本，第7页。
③ 刘瑞璘：《郑县志》卷6《风俗志》，民国20年（1931）刻本，第6页。
④ 姚家望：《封丘县志续志》卷2《地理志·风俗》，民国26年（1937）铅印本，第23页。

吸引的前来朝会的人群便不分城乡。河北张北城内庙会"百里以内之乡村男女，乘车骑马，络绎于途，会场街市，万头攒动，几无隙地，为数不下七八万人"①。陕西山阳县"向来树木丛杂，人烟稀少"②，城隍庙会"于四月八日起至二十日止，开浴佛大会，商贾云集，买卖牛马及雨笠、掀帚等物，亦名农会，乡村于是日扶老携幼，率以祀神，城外河滩支台演戏，日夜不倦，居民观者近数万人"③。在城庙会往往少不了农民的身影，而在乡庙会城市居民也会参与。河南登封中岳庙会，位于城外嵩山之上，每年农历三月都会举行庙会，初一开始，十八日结束，规模很大。康熙十八年（1679）登封知县张熏说："四方进香者，络绎辐辏。商贾赍货鳞集，贸迁有无。土著者，因肆酒备、搭铺棚、博绳头，资诸耕稼所不足，俗称庙会，如京师所谓庙市也。"④《重修黄盖峰中岳行宫碑记》载："岁值三月圣会之辰，四方宾旅商贾鳞集辐辏，南连吴、越，北通秦、晋，其熙熙攘攘往来不绝者，踵相接也。"⑤可见朝会者不仅包括本县及周边城乡居民，还有不少来自全国各地。一般来说，城乡民众参与度高的庙会都具备一定规模，而有些庙会因为对外影响力小，辐射半径有限，所以参与者仅为附近居民，故而会根据庙会在城、在乡的区别，出现参会人数多寡的不同。

城郊庙会因为位在城市和乡村之间，在城乡交流上具备得天独厚的优势。《歧路灯》中描述禹王台庙会，"每年三月三日有个大会，饭馆酒棚，何止数百。若逢晴朗天气，这些城里乡间，公子王孙，农父野老，贫的，富的，俊的，丑的，都来赶会。就是妇女，也有几百车儿"⑥。禹王台位于开

---

① 丁世良、赵放：《中国地方志民俗资料汇编·华北卷》，北京图书馆出版社，1989，第165页。
② 卢坤：《秦疆治略》，道光七年（1827）刻本，第47页。
③ 杨虎城、邵力子：《续修陕西通志稿》卷198《风俗四》，民国23年（1934）铅印本，第23、24页。
④ 景日昣撰，张惠民校《嵩岳庙史》卷6《时祭》，中州古籍出版社，2003，第62页。
⑤ 《重修黄盖峰中岳行宫碑记》，清康熙五十四年（1715）三月刻，碑现立于中岳庙大殿前月台西南角下。
⑥ 李绿园著，栾星校注《歧路灯》，中州书画社，1980，第20页。

封宋门（南门）外的城郊，每年的庙会非常热闹，城里和附近乡村的人来者络绎不绝。郊外毗邻城市，商业往来便利，加之土地空旷，便于商人们搭棚设案以及开展其他活动，故而很容易形成规模较大的庙会，也因此很多地区最大的庙会就设在郊外。如陕西高陵县东郊的冬至之会，"土商贩云集，俨如货市，牛、马、估衣、竹器，皆居多数，棚帐互支，经月始散"；三原县南门外的腊八会也是"金称盛举，邻邑邻省远近赴焉，他不具陈，惟赛马一戏，万骑飞驰，临场竞跑，红尘千丈，呼声震天"[1]；河北任丘的鄚州大庙会，"诸货鳞集，祈福扳赞者接踵摩肩"[2]，也在郊外。

庙会是城乡民众社会交往的重要场所，《歧路灯》中曾提到家住城内的商人王春宇平日里是个脚不沾地的大忙人，禹王台庙会期间也会赶会，不过他不为求神拜佛、休闲娱乐，或者买卖商品，"只因有一宗生意拉扯，约定在会上见话"[3]，通过这段描述可以看出庙会在清人眼中是人际往来的便利之地。庙会的社交功能在农村体现得淋漓尽致。清代北方小农经济的生产方式基本决定了农民几乎终年在地里劳作，家庭手工业的缓慢发展并不能对此有所改变，在这种背景下，农民与外界的交往很少，生活简单而单调，庙会对农村生活的影响就格外凸显。《张北县志》曾将庙会的重要性概括如下："将届秋令，收获禾稼一切农具购买困难，借此会期，内地商贩运来出售，远近农民均来争购。……各乡农民该外、外该债务，结账还债，远隔一方，殊形不易，大多数规定会期彼此接头，清结一切，无异他处标期。……农民嫁娶，对于首饰、衣物、妆奁等件，购买困难，借此会期，领女携男，亲自到会购买，自由挑拣，心满意足。……母女、姊妹出嫁后，晤面谈心实属匪易，况系农家，终年劳碌，省亲看女、探亲访友，既无暇暑，亦无机会，借此会期，不约而同，均可会面，各叙衷曲……至口内商贩，届时争先恐后，

---

① 杨虎城、邵力子：《续修陕西通志稿》卷198《风俗四》，民国23年（1934）铅印本，第23页。

② 中国人民政治协商会议任丘市委员会：《任丘文史资料》第1辑，1988，第97页。

③ 李绿园著，栾星校注《歧路灯》，中州书画社，1980，第24页。

云集会场，买卖牲畜，而各乡农民所畜牛、马、猪、羊、鸡、蛋等项，均可出售。"① 通过庙会，农户缺少的生产工具和生活资料得以补充，对外借贷可以清结，久违的亲情得以弥补，剩余产品能够出售，这些都使得庙会与"人民关系匪浅"②。家庭是社会的一个细胞，维系好与亲友、商家以及借贷者的关系，是农村个体家庭融入社会大环境，并保持自身稳定和正常运转的关键。可以说，全民参与的庙会正好给予了农村家庭一个处理这些重要社会关系的契机和平台。相对来说，城市人口集中、商业发达、职业多样，这些特征使城市居民的生活方式更加多元，社交网络更大，与外界的交流途径也更加广泛，正因为如此，庙会在城市中的社交功能弱于农村，或者应该说是庙会的社交功能对于农村的重要性要高过城市，但是不可否认庙会仍然是城市居民社会交往的一个重要渠道。

三 庙会在城乡社会整合中的作用

就组织运作而言，庙会对城乡社会的整合功能是巨大的。对于这个问题，赵世瑜在《庙会与明清以来的城乡关系》一文中曾有过深入探讨。众所周知，封建社会国家的行政统治只到县一级，广大农村的统治十分薄弱。尤其在乡村经济更为落后的北方，农民的生活异常单调，对于多数人而言，基本一年到头就是春种秋收，日出而作，日落而息，因此丰富多彩的庙会活动对农村所能够起到的凝聚作用是不可低估的。清代的北方地区各个村庄均有神庙，这些神庙只有大大小小、多多少少的区别，民众"信仰之深与祀奉之诚，则到处相同"③，而这"信仰之深和祀奉之诚"很大程度上体现在集体参与上。农村的迎神赛社极为隆重，河北蔚县"里社率钱备牲醴祀神，召优人作乐娱之。随各邀亲识来观，大小骈集。竣事，会中人依次叙座享馂

---

① 《张北县志》卷五《礼俗志》，民国24年（1935）铅印本，第115页。
② 丁世良、赵放：《中国地方志民俗资料汇编·华北卷》，北京图书馆出版社，1989，第165、166页。
③ 渠桂萍：《华北乡村民众视野中的社会分层及其变动（1901~1949）》，人民出版社，2010，第136页。

余。鼓笙吹阗，必醉饱乃止"①。山西农村也很热闹，"王郭村一乡，共有五六百家，分为十社，每年今日各社农家鸣锣击鼓，执伞竖旗，共去牛家口迎神。辰、巳时去，未、申时归，锣鼓喧天，旌旗蔽日，儿童踊跃前呵，丁男欣喜后拥，妇女左右旁观，执事者衣冠整肃，社前设立香案，神来则虔诚叩拜，抬神将阖村游完，乃迎神于真武庙中，安神时即献羊一，献酒三爵。礼毕，众农始散"。而后"此村演剧第三天，妇女满场，衣服无不华丽，卖食物者甚多"。② 这种在本乡本土举行的盛大的、充满仪式感的人神交流、娱神娱人的集体活动，会让乡民们在祭祀游乐之余，内心升腾起强烈的归属感和认同感，有助于村域向心力的增强。另外，这样大规模的集会，不仅需要周密的安排，还需要充裕的资金支持，这些资金或者为农民分摊而来，或者由村中有名望、有地位的人员捐赠而来，后者往往也正是对庙会事务做出周密安排的人，他们被称为"会首"，是庙会的组织者和管理者，也是民众心目中的领袖人物。渠桂萍对清末民国时期的华北乡村做过调查，她说："在村庄有限的活动空间内，有地位有声望的社区领袖都有出任会首的经历。"③普通民众在会首或其他乡村精英人物的带领下完成村中公共事务。这也就使得农村在政府建立的里甲、保甲的社会关系之下，再一次进行整合，形成新的社会分层。

此外，还需提及的是，因为举办迎神赛社花费不菲，所以跨村举办的情况在北方屡见不鲜。山西闻喜县，"村各有所迎之神。大村独为一社，小村联合为社。又合五六社及十余社不等，分年轮接一神"④。蒲城县"各乡二三月间，多敛钱祀社，或一村或数村，旗帜飞扬，金鼓喧腾，殆如狂然"⑤。姚春敏等在对民国时期的迎神赛社系统调查后说："民间赛社因规模不同，

① 王育榑：《蔚县志》卷26《风俗》，乾隆四年（1739）刻本，第4页。
② 刘大鹏遗著，乔志强标注《退想斋日记》，山西人民出版社，1990，第20、136页。
③ 渠桂萍：《华北乡村民众视野中的社会分层及其变动（1901~1949）》，人民出版社，2010，第61页。
④ 余宝滋：《闻喜县志》卷9《礼俗》，民国8年（1919）石印本，第4页。
⑤ 李体仁：《蒲城县新志》卷1《风俗》，民国26年（1937）刻本，第20页。

分为村级赛社和跨村赛社两类，从统计数量来看，后者远高于前者。"① 跨村赛社是在以村为单位的基础上出现的更大的社区组织，赛社是组织内部村落之间联系的纽带，不同村落的乡民通过赛社不断接触和互动，在增进彼此情谊的同时，也有利于乡民突破自然村落的界限，在思想文化领域建立新的社会认同，从而推进乡土社会不断发展。需要提及的是，伴随着经济的活跃，"醵金报赛年年定，百货骈罗共辉映。日中列肆光陆离，齐商晋贾连鞍鞯。弹筝击筑乐复乐，得钱沽酒相逐驰"②。一方面，不同赛社组织的成员很容易产生争竞心理，赛社组织之间的相互攀比，固然会增加内部成员的责任感和自豪感，从而促进组织向心力的凝聚。另一方面，攀比也必然造成赛社活动的铺张浪费和开支过大，从而增加赛社成员的经济压力，最终可能会对赛社组织起到瓦解作用。

城市中庙会密集，规模不一，组织和管理者身份复杂，有官吏、士绅、商人等。官员主要负责官方祭祀，有些地方还会由官吏出面，在城关镇乡收缴摊派费用，或者在庙市期间向商人收取税费。士绅虽然也会在庙会期间充任社首，如河南封丘城隍庙会，"由四街首事轮班料理备冥资，演彩剧。晨刻送城隍于北郭之厉坛，至晚，张音乐，具卤簿，绅商提灯迎之入庙，杂剧导前，遍游各街店肆、住户见驾经其门，必焚香致奠，沿途络绎不绝，故每至庙，恒达申夜"③。不过因为有政府人员的参与，士绅的作用会大打折扣，其影响并不如在农村庙会中表现得那么突出。庙会中商人的表现尤为活跃。商人是清代新兴的一支不可忽视的社会力量，庙会历经千年发展，之所以能够在清代突飞猛进地发展很大程度上要归因于商人的崛起。陕西三原县城隍庙会，"商贾分行，醵资演戏"，会期历时两月有余。高陵县冬至之会，"行之五街，商家轮充会长，演戏祀后土"④，可见商人在其中

① 姚春敏、杨康：《清代至民国迎神赛社经济问题研究》，《南京社会科学》2020 年第 5 期。
② 王汝璧：《八腊庙会歌用昌黎汴泗交流韵》，载《晚晴簃诗汇》（第 2 册）卷 93，中国书店，1988，第 644 页。
③ 姚家望：《封丘县志续志》卷 2《风俗》，民国 26 年（1937）铅印本，第 23 页。
④ 杨虎城、邵力子：《续修陕西通志稿》卷 198《风俗四》，民国 23 年（1934）铅印本，第 22 页。

的作用举足轻重。

赵世瑜认为清代庙会在城市中的整合作用主要体现在行业组织和社会集团中，笔者在研究城市庙会的过程中也有同样的感触。清代出现了许多行业组织和社会团体，比如"吏胥有萧曹会，士子有文昌会，商人有五圣会，工人有鲁班、灶君等会"①，各地还涌现了诸多商帮，除了山西帮、陕西帮、山东帮、武安帮、祁州帮、怀庆帮等地域商帮，还有盐行、茶行、药材行、粮食行、棉花行、油行等同业商帮，它们都有自己组织的庙会，这"有助于群体内部向心力的形成，也有利于向外界显示本行业的团结和实力，从而获得更大范围的认同"。此外需要补充的是，"不同的行业群体单独组织自己的庙会，固然有助于群体内部的向心，但他们在整个社区的大规模庙会活动独以行业为单位参与进去，不仅是向外界显示自己的团结和实力，而且把自己与更大的社区范围相认同"②。至于原因，笔者认为这可能与商人和农民对于实力的表达方式不同有关。农民注重感官享受，对庙会的排场和热闹非常重视，加之政府管理松散，所以争竞之心肆意张扬。商人不同，其阶层虽属富裕，然而社会地位不高，固然可以成为庙会的实际操控者，但是在组织方面需要接受官僚、士绅的监督和制约，故而庙会活动主要以有利于商业贸易和经济往来为出发点。再者，城市庙会频率高，行业庙会竞争对象多，故而分散了目标，彼此之间的对抗性也就自然减弱。

另外值得一提的是，除了参与本社区举办的庙会，有着共同信仰的人还会组成香火会等社会团体，如嵩县"至冬春农隙敛钱结社，百十为群，远赴武当、华岳，名曰进香"③。封丘县"朝山之俗，清季即炽，普通为会首一人，执事数人，会友百余人或数百人，捐麦、秋，每人每年各一斗，以作会费。圆会及朝山时川资均属自备。二月朔或八月朔，执旗雇车朝浚县之浮邱山，名为朝顶。三年完满，乃献戏立碑，而更换会首。又有转香组织，亦

---

① 姚家望：《封丘县志续志》卷 2《风俗》，民国 26 年（1937）铅印本，第 22 页。
② 赵世瑜：《狂欢与日常——明清以来的庙会与民间社会》，生活·读书·新知三联书店，2002，第 230、177、178 页。
③ 康基渊：《嵩县志》卷 9《风俗》，乾隆二十三年（1758）刻本，第 3 页。

同。先朝浚县，既朝辉县之紫团围，及清化之圪当坡，四年仍回朝浚县，方为完满"①。这种民众自发建立的带有宗教性质的团体，有计划、有组织、有纪律，内部凝聚力很强。对于这些结社活动，官方是强烈反对的，《鹿邑县志》就写道："佞佛之风，村民最盛，每岁二三月之间，荒弃所业，奔走寺观，燃香送佛，杂沓成群。前导者若率伍之有长，曰止则止，曰行则行，俗约领会，妇女亦然。"② 有的团体因为所崇信的神灵不被统治者认可，逐渐发展为地下秘密组织，在后来的不断发展壮大中，成为反抗封建统治的重要力量。《偃师县志》记载："南乡之香火会，恒有春秋佳日，社首率妇女等结对鸣锣，预备号布及铅箔等，往登封之大仙沟、老母洞、三皇寨烧香。"③ 文中提到的老母洞供奉的神灵是无生老母，她在民间被视为至高无上的女神、人类的救世主，但是并不为封建统治者所接受，被斥为邪教，明清时期在河北、河南、山东、陕西、山西等地广受推崇。后来作为农民起义工具的罗教、白莲教等都奉无生老母为偶像，而起义的教徒就是由民间这些香火会等团体的成员发展而成。

第四节　庙会的经济功能与城乡物资交流

庙会，亦称庙市或节场，有的地方也称香火市，是以宗教信仰为基础，在宫观寺院等场所举行的包括祭祀神灵、娱乐演出、商品交易等在内的民众集会活动。庙会是先有庙然后有会，庙是会的载体，宋代三教合一的局面出现后，民间供奉神像往往收罗佛、道、儒三教神仙，因此"庙"可以看作是各种宗教场所的统称。庙会起源于信仰崇拜，在历史长河中逐步发展壮大，魏晋南北朝时期，伴随着宫观寺院的广泛建立，人流集中的庙会成为商品贸易的重要场所。迨至清代，随着城乡贸易的日渐繁荣，庙会获得了长足发展，不但对社会政治、文化起到了重要影响，其对地方经济和商品交流的贡献同样举足轻重。

---

① 姚家望：《封丘县志续志》卷 2《风俗》，民国 26 年（1937）铅印本，第 23、24 页。
② 于仓澜、马家彦：《鹿邑县志》卷 9《风俗》，光绪二十二年（1896）刻本，第 5 页。
③ 刘典立等：《洛阳大典》（下），黄河出版社，2008，第 1226 页。

一 庙会的城乡分布与规模

清代北方地区的庙会数量很多。李景汉在《定县社会概况调查》一书中对民国时期定县（今河北省正定市）的庙会情况做过记录，当时全县尚存庙宇至少879座，其中在城22座，另外857座散落于全县453个乡村。民国时期因为战乱破坏，或者被强行占用等，庙宇已比清代少很多，可见清代庙宇更多。庙宇与庙会如影随形，基本有庙就有庙会，有的庙宇一年还不止一次举办庙会，由此可以推算庙会数量应该超出857这个数字。河南地处中原，全盛时期这里一个县城的庙会每年少则百余天，多则上千天，其中禹州全年高于600天，密县也不少于450天，濮阳县、滑县、荥阳、温县的庙会天数都超过200天。① 其实在人口相对稀少的边地，庙会数量也不少，"接二连三，从正月初八的'八仙日'始，正月初九的玉皇阁的玉皇诞辰、四月初八的奶奶庙会、五月十三的城隍庙会、六七月的龙王庙会、六月二十三关帝庙会、七月十五盂兰盆会等，还有各佛诞日"②。

庙会遍布城乡。城市人口密集，寺庙众多，庙会频次自然高于乡村。以河南为例，开封经济发达，人口集中，寺院林立，故而庙会也十分密集。《如梦录》中提到城内香火经年不断的寺、庙、祠、堂有近百个，散落于街头巷尾，且各有会期，全年庙会天数肯定很可观。洛阳是省内仅次于开封的大城市，《洛阳风俗琐录》中提及"城内及附郭庙宇不下数十处，每处在春夏季时，各演戏三天。三日中之一日，名曰大会"③。如此推算，庙会每年不会低于两百天。在乡庙会数量也很多，"四邑亦各有会，惟期不同耳"④。据统计，郑县乾隆时期有庙会61处，在城37处，在下乡24处，在乡庙会

---

① 王兴亚：《明清河南集市庙会会馆》，中州古籍出版社，1998，第135～141页。此处天数以全县各处庙会天数相加得出。

② 张月琴：《仪式、秩序与边地记忆——民间信仰与清代以来堡寨社会研究》，科学出版社，2012，第135页。

③ 胡朴安：《胡朴安中国风俗》（下），吉林人民出版社，2013，第525页。

④ 白明义、赵林成：《汝州全志》卷5《风俗》，道光二十年（1840）刻本，第47页。

占比近 40%。同时期的林县有庙会 102 处，其中在城 20 处，在乡 82 处，在乡庙会占总量的 80.4%。① 内乡清末民初有庙会 100 余处，较大的庙会有 89 处，其中在城 10 处，在乡 79 处，在乡占比 88.8%。② 固始县在中华人民共和国成立前有古庙会 54 处，在城 13 处，在乡 41 处，在乡占比 75.9%。③ 虽然有的地区在乡庙会数量比城市还要多，但是相对于村落面积而言，在城庙会分布还是更为集中一些。

城乡庙会规模难分伯仲。庙会的规模可以用两个标准来衡量，其一是会期的长短，其二是参与民众的多寡。因为参与者的数量是动态的，后人难以统计，而且一般来说，会期短的庙会辐射区域小、参与民众少，会期长的庙会，辐射区域广，参与民众较多，所以人们更习惯于按照会期来区分庙会规模，故而有"终日而罢者为小会"，"经旬匝月而市者为大会"④ 的说法。同样以河南为例，会期从一天到月余均有，大致可以分为三类：（1）3 天以内的小型庙会。在全省范围内分布最为广泛，数量远远高于其他规模的庙会，会期主要以 1 天和 3 天者居多。如《邓州市志》记载的古庙会一共 72 个，确定为清代及其之前形成的庙会 42 个，会期均为一天。⑤《宝丰县志》收录的庙会有 172 个，会期均为 1 天。⑥ 固始县在中华人民共和国成立前有古庙会 54 个，会期基本都是 1 天。⑦ 方城有古庙会 62 个，其中会期 1 天的 5 个、会期三天的 50 个，也就是说 3 天以内的小型庙会 55 个，占总量的 88.7%。⑧ 南阳市至今保留的 8 个古庙会，会期均为 3 天。⑨ 沁水共有庙会 39 个，会期 3 天的庙会 35 个，占总量的 89.7%。⑩ 临颍古庙会有 201 个，

---

① 杨潮观：《林县志》卷 2《坛庙》，乾隆十七年（1752）刻本。
② 孙国文：《内乡民俗志》，中州古籍出版社，1993，第 211~216 页。
③ 固始县供销合作社编志室：《固始县供销合作社志》，1987，第 193~195 页。
④ 安恭己：《太谷县志》卷 4《礼俗》，民国 20 年（1931）铅印本，第 6 页。
⑤ 邓州市地方史志编纂委员会编《邓州市志》，中州古籍出版社，1996，第 413~416 页。
⑥ 宝丰县史志编纂委员会编《宝丰县志》，方志出版社，1996，第 529~532 页。
⑦ 固始县供销合作社编志室：《固始县供销合作社志》，1987，第 193~195 页。
⑧ 周道龙、李天德：《方城的春会、庙会、行业会》，载《方城文史资料》（第 8 辑），政协河南省方城县委员会文史资料研究委员会，1991，第 181~185 页。
⑨ 南阳市工商行政管理局：《南阳市工商行政管理志稿》，1988，第 103 页。
⑩ 沁水县地方志办公室编《沁水年鉴》，山西人民出版社，1990，第 111~113 页。

会期也基本为三天。① 会期两日者相对少一些。如鄢陵县北关文昌会，"三月初一、二日"②，新乡城内火神庙会"正月二十八九两日"③。（2）4~9 天的中等规模庙会，数量也有不少，在庙会总量中占有相当比重。如方城县为期 5 天的古庙会有 6 个，分别是城隍庙、城南关庙、独树境龙泉庙、杨楼境梁城、小史店境寺门、券桥街南台庙会，占总量的 10.2%。沁水县有古庙会 39 个，为期 4 天的 4 个，占总量的 10.3%。④ 商水"每年二月十二至十九日文昌阁集"，"二月二十六至三月初三"北关祖师庙集，"三月二十一日至二十八日东岳庙集"，"四月一日至初八日永福寺集"，"八月初八至十五日永福寺集（城隍庙集）"，⑤ 均为 8 日庙会。浚县有腊八会，自十二月初八至十六日，共计 9 天，"西南城商贾云集"⑥。（3）10 天及以上的大型庙会，明代及其之前很少，清代才多有出现，但是总量不多，规模较大。方城县城三里河太平会，会期半月。⑦ 登封中岳庙会，每年农历三月、十月的初五至十五举行，为期 11 天，"四方进香者络绎辐辏，商贾赍货鳞集"⑧。百泉庙会，"四月，百泉，初一日起，初十日止。四方辐辏，商贾云集，南北药材俱备"⑨。浚县正月庙会，活动贯穿于整个正月，直到二月初二仍熙熙不散，观者如潮。淮阳太昊陵庙会，二月初二始，三月初三止，⑩ 前来烧香赶会者络绎不绝。清时郑州塔湾庙会每年三月十八至四月十八举行，"从老

① 娄佰立主编《临颍县商业志（1908~1984）》，1984，第 177~181 页。
② 何鄂联：《鄢陵县志》卷 6《风俗》，道光十二年（1832）刻本，第 12 页。
③ 韩邦孚、蒋濬川修，田芸生纂：《新乡县续志》卷 2《风俗》，民国 12 年（1923）刻本，第 29 页。
④ 沁水县地方志办公室编《沁水年鉴》，山西人民出版社，1990，第 111~113 页。
⑤ 董榕修，郭熙纂，牛问仁续纂修《商水县志》卷 1《集市镇店》，乾隆四十八年（1783）刻本，第 12 页。
⑥ 熊象阶：《浚县志》卷 5《风俗》，嘉庆六年（1801）刻本，第 33、34 页。
⑦ 周道龙、李天德：《方城的春会、庙会、行业会》，载《方城文史资料》（第 8 辑），政协河南省方城县委员会文史资料研究委员会，1991，第 185 页。
⑧ 景日昣撰，张惠民校《嵩岳庙史》卷 6《时祭》，中州古籍出版社，2003，第 62 页。
⑨ 文兆奭、杨喜荣等：《辉县志》卷 4《街市》，乾隆二十二年（1757）刻本，第 17 页。
⑩ 甄纪印：《淮阳县志》卷 2《风土志》，开明印刷局，民国 23 年（1934）铅印本，第 2 页。

城西门里到东城根，赶会的人拥挤不堪"①。

　　以上庙会在城、在乡皆有。城市人口集中，庙会容易形成规模，不过一些在乡庙会虽然地处偏僻，但是因为寺观供奉的仙神在民众中享有极高的声誉和地位，信徒众多，故而规模也较大。如北京郊外妙峰山庙会，崇奉碧霞元君，每年农历四月初一至十八开山半月余，其间香火极盛，"人烟辐辏，车马喧阗，夜间灯火之繁，灿如列宿，以各路之人计之，共约有数十万……香火之盛，实可甲于天下"②。据说期间城乡居民往来络绎，从德胜门以西的松林闸到妙峰山的130余里，供游人饮食休息的茶棚食肆延绵不断，即使在夜间，灯笼火炬照亮山谷，盛况如白日。鄚州（今河北省任丘市）是神医扁鹊的故乡，每年阴历四月二十八神医生日，南来北往的客商聚集于鄚州城外（今古州村北一公里处）的大庙内祭祀，活动可持续月余，城乡民众纷纷参与，人山人海，香火冲天，"从鄚州至大庙，芦棚不见天日"，"祈福扳赞者接踵摩肩"，③ 有"天下大庙数鄚州"之美誉。传说因为来往的人太多，几度把井水喝干，牲口都被赶到七里外的白洋淀饮水。会场上不乏挑水来卖的村民，据说一担可以卖到几十文。为了保障本地村民用水，周边村庄的水井还有专门人看守。浚县浮丘山碧霞宫以供奉泰山碧霞元君而名扬天下，每年浮丘山正月古庙会和农历五月二十五日碧霞元君生日庙会，前来烧香祈愿者数十万计，被誉为华北四大古庙会之冠。

二　庙会的商业功能与城乡交流

　　清代庙会的异军突起是经济发展的结果。早期庙会的形成单纯出于人们祭祀和信仰的需要，后来随着经济的进步，人口攒聚的庙会成为集中交易的理想场所，迨至清朝，在商品经济的刺激下，庙会日渐成为推动地区经贸发

---

① 陈瑞勇主编，康玉庆资料整理《管城文物故事》，太白文艺出版社，2013，第142、144页。
② 富察敦崇：《燕京岁时记》，北京古籍出版社，1981，第63页。
③ 中国人民政治协商会议任丘市委员会：《任丘文史资料》第6辑，任丘市印刷厂，2002，第76页。

展的重要抓手。

乾隆时期汤阴知县杨世达为改善本县商业环境曾明确提出"创立庙会，招徕商贾"① 的观点，清末《续修陕西通志稿》的编者也说，"陕右赛会，每藉祀神开设，而其实在行销土货，所以通省皆有场集，南北两山尤有定所，有定期"②，可见此时期的庙会是销售本地土产的重要市场，对当地民众经济生活非常重要。

（一）清代庙会得到了长足发展

与前代相比，清代的庙会不仅次数多，而且时间长。如陕西白水县，顺治时期一年举办 4 次庙会，且均集中于县城；乾隆时期，在城庙会除了每月初一、十五的月会，"二月初四，三月十八，四月初八、二十，五月十三，六月二十二，八月初八，九月十八，十月十三，十一月初五，十二月二十四日"也有庙会；不仅如此，"岁冬春间，乡镇稍大者"还会不定期举办在乡庙会。河南禹州药交会清初每年 1 次，中期增加至四月二十八日、八月二十日、十月二十日 3 会。不但庙会次数增加明显，会期也呈现延长的趋势。如开封郊外的回龙庙会，明代为纪念晋豫巡抚于谦治黄功绩而设，每年农历四月初八举行大会，最初会期 3 日，后因香火鼎盛，商贸繁荣，又扩延出"小满会"③。开封城东边村庙会会期原为正月初七、初八、初九 3 日，为满足乡民贸易需求后延至 5 日。辉县百泉庙会也是如此，最初会期 1 日，在商民强烈要求下，延至"十余日始散"④。

清代庙会之所以迅速发展，除了其在一定程度上满足了人们精神、文化生活的需求，作为传统集市的补充，庙会对民众生活的物质满足以及其对地区经济的推动应该是根本原因。《林县志·风土》说："市廛之商贾，列肆以居，以便贸易，日中而市，人皆集焉，故曰集市；而集市之外，复有所谓

---

① 杨世达：《重修汤阴岳中武庙记》，收录于《岳武庙志》，中州古籍出版社，1987，第290 页。
② 杨虎城、邵力子：《续修陕西通志稿》卷 198《风俗四》，民国 23 年（1934）铅印本，第21 页。
③ 开封市地方志编纂委员会编《开封市志》（第 6 册），北京燕山出版社，2001，第 372 页。
④ 周际华、戴铭：《辉县志》卷 4《风俗》，光绪二十一年（1895）刻本，第 32 页。

会者，因神祠报赛，以补市廛之所未备。"①《重修中岳庙记》也说："歌乐
震野，币帛盈庭，陆海之珍，咸聚于此。"② 庙会与集市销售的商品并不完
全一致，如林县集市多有固定销售场所，"林县铺户，曰粮行，曰估衣，曰
杂货，曰铁货，曰药材"，不能完全满足农民生活需要，"农家之牲畜，建
筑之木材，嫁娶之木器以及冬裘夏葛必于会求之"。③ 吴海燕曾对民国时期
林县交易市场做过统计，该县共有集市 9 个，而庙会频次却高达每年 231
次，④ 通过这组数字对比，庙会对当地居民生活的重要性不言而喻。清代的
同官县（治今陕西省铜川市北城关）与林县情况类似，据乾隆《同官县志》
记载，清代该县经济落后，商业店铺稀疏，市集售卖的物品"布、粟、蔬、
薪而外，更无长物"，之外的日常所需"皆于会期取给焉"。⑤

（二）庙会对于城乡影响不同

从经济角度来讲，乡村对于庙会的依赖性比城市更强。这是因为城市商
业发达，消费水平较高，市民购买商品，除了城内固定店铺选择，还可以到
城门或四郊的定期集市上选购，故而对庙会的商业需求不会太过强烈。以开
封为例，城内本就商贾聚集，市廛辐辏，"汴桥隅、大隅首、贡院前、关王
庙、鱼市口、火神庙、寺角隅、鼓楼隅为最盛"⑥，售卖各种货品的销售场
所散布于大街小巷。清代小说《歧路灯》中曾提到本地铸造金银首饰、器
皿的金银铺子都有，虽然"打造的死相"，不及"北京正经金银首饰头面"，
售卖的珠翠等质量不高，"正经滚圆珠翠，唯京里铺子有"，就连衣服绸缎，
本城也是"人家都见俗了"，想购置时髦的花色样式，得派人"向南京置买

---

① 王泽博：《林县志》卷 10《风土》，林县华昌石印局，民国 21 年（1932）石印本，第 19
页。
② 骆文蔚：《重修中岳庙记》，收入乾隆《河南府志》卷 84，第 39 页。
③ 王泽博：《林县志》卷 10《风土》，林县华昌石印局，民国 21 年（1932）石印本，第 19
页。
④ 吴海燕：《豫北民间传统庙会及社会功能探析》，《新乡师范高等专科学校学报》2002 年第
2 期。
⑤ 袁文观：《同官县志》卷 2《建置志》，乾隆三十年（1765）刻本，第 25 页。
⑥ 陈梦雷：《古今图书集成》卷 373《考之五》，中华书局，1986。

几套衣服"。① 固然在高档奢侈品销售方面开封不及北京和南京，这与其城市地位及百姓消费能力有关，但是说开封市场货类齐全，能够满足百姓日常所需一点儿也不为过。因此，庙会带来的商品交易额对于开封这样的大城市来说仅是锦上添花而已。即使在一般的小城市，如同治《叶县志》载，本县"商之为用，从前贸迁于市者，只有盐铁之需，其俗俭朴，如衣服则棉布，蚕线取之女红，饮食则市脯园蔬问诸集镇。今其俗有佩服着文绣，宴会烹海错者，以故晋魏贾贩操赢蝐集，力穑所获，半归廛肆"②。可见市场售卖商品在满足居民日常需求之余，还可以提供一些更为高档的衣食享受。

而在市场较为落后的农村则不然。集市贸易是农村市场的基础，因为集市定期举行，一般一次半天，清晨开始，午后即散，有的甚至仅为早市，可以不耽误村民上午劳动，时间短，交易少，商人活跃度自然不高。参与的商户基本来自本地，交易规模不大，销售商品以粮食和一些农副产品及简单手工制品为主。如长葛县，"在乡各镇有集，俾便民用，亦不过布、帛、菽、粟而已"③。乾隆《光山志》载："附近居民交易，不过粮食布棉牛驴菜果之属。"④ 嘉庆《长垣县志》载，集市"各为期日，贸易薪、蔬、粟、布，亦名曰集，无他货物，盖以便民间日用所需耳"⑤。光绪《鹿邑县志》载，"川陆贸易，菽麦而已"⑥。嵩县庙湾，距县城 170 里，"集市易盐米农器，便山民焉"⑦。仪封县，"城乡村落，亦有贸易焉，粟布锄犁，亦通有无"⑧。从这个意义上来说，连续几天的庙会，商贾云集，货物品种丰富多样，自然

---

① 李绿园著，栾星校注《歧路灯》，中州书画社，1980，第 259、260 页。

② 欧阳霖、杜鹤慈：《叶县志》卷 1《风俗》，光绪二十二年（1896）刻本，第 19 页。

③ 阮景咸：《长葛县志》卷 2《镇集》，乾隆十二年（1747）刻本，第 32 页。

④ 高兆煌：《光州志》卷 29《市集志》，乾隆三十五年（1770）刻本，第 3 页。

⑤ 李于垣：《长垣县志》卷 6《市集》，同治十二年（1873）刻本，第 32 页。

⑥ 于沧澜、马家彦等：《鹿邑县志》卷 9《风俗物产》，光绪二十二年（1896）刻本，第 3 页。

⑦ 康基渊：《嵩县志》卷 12《市镇》，乾隆三十二年（1767）刻本，第 3 页。

⑧ 纪黄中：《仪封县志》卷 3《市集》，河南建华印刷所，民国 24 年（1935）铅印本，第 14 页。

会受到农村的欢迎，特别是对于那些距离城市较远的农村，市集稀少，庙会的意义就显得格外重要。也正是因为如此，豫南一带的庙会也被称为"庄稼会"，陕西山阳县的城隍庙会又叫"农会"，从称呼上就能看出庙会与农村关系的密切。农村商贸对于庙会的依赖从庙会制定的时间上也可以看出端倪。虽然庙会的日期各不相同，如传说阴历二月十五为岳飞诞辰日，岳飞庙以此为庙会日；二月十九日为观音菩萨诞辰日，南阳灵山寺、汝阳南海禅寺、汝南县小南海禅寺等以此日为庙会日；四月初八为如来佛祖诞辰日，许多禅寺以此日为庙会日；四月十四日为吕洞宾诞辰日，炼真宫、吕祖阁以此日为庙会日；四月二十八日为医学家孙思邈诞辰日，药王庙以此日为庙会日。除此以外，其他值得纪念的日期、节气或者节日也会被用作庙会日，如六月十九日和九月十九日分别是观音出家、得道的日期，南海禅寺等也会在此日举行庙会，武陟城隍庙会选在每年的清明节和下元节（阴历十月十五）举行，许多地方还有按节令开"小满会"的习俗。不过从时间分布上看，多避开农忙季节，以农历二、三、四月为最多，正月也有不少，其他月份则相对较少。① 一般城市生活的人是不参与农业劳动的，时间较为充裕，而农民一年到头忙于春种秋收，参与社会活动的时间有限，选择农闲时节自然是为了契合农民，便于吸引更多乡民参与。

（三）庙会促进了城乡交流

庙会在短期内引起了人口的大规模流动，或者城市人口转移到乡村，或者农村人口大量进入城市，尽管时间不长，但是这种双向流动对于促进城乡交流大有裨益。天津庙会期间，"城乡乡镇，以及临近各县民众，前来参加者为数甚多，市内外各大小工商业，亦得于会期之前，制备各种应用物品，乘时销售。其四乡外县乘辇来津赶会售卖者，既享有免于征税之待遇，莫不喜形于色，争先恐后"。各地船只载货而至，"各河内几乎排满了船只，客店一样住满了看会进香的客人，近者四乡八镇，远来各县及各省通都大邑客

———————————

① 参见王兴亚《明清河南集市庙会会馆》，中州古籍出版社，1998，第141页。

商来津的很多"①。城市里还有专门为农村人准备的市场，如牲口市、农具市等，陕西、山西、河北等均较为常见。

庙会直接促进了城乡商品交流。同集市多为附近居民服务不同，庙会，尤其是规模较大的庙会往往信众广泛，城乡居民兼而有之，商品也是来自全国各地，四面八方，包括衣食穿戴、庄农器具、房屋材料和日用百货等，这些商品有的是农村土产，有的则为城市手工业者制造。较之集市一般货类更为齐全，其中不乏较为高档者。如河北郑州大庙，声名远扬，庙会期间，各地客商麇集此地，"诸货鳞集"②，川广云贵的珍贵药材，湖广的刺绣，江浙的绸缎，浏阳的夏布，四川的油漆，东北的人参、鹿茸，江南的土特产品竹器、凉货，内蒙古的皮毛毡毯以及湖笔、徽墨等等一应俱全。登封中岳庙大会，"商贾赍货麟集，贸迁有无。土著者因市酒糟、搭铺棚、博绳头，资助耕稼所不足"③。延津碧霞庙大会，"远近商贾毕至，纨绮锦绣、珍宝珠玉、山珍海错，风轺云输"④。庙会的发达还使得社会上出现了不少专门奔波于各庙会之间的客商，其结果就是城乡庙会之间销售的商品基本相类，如陕北延安府延长县"八月本城有城隍会，九、十月于谷驿、交口镇亦有会，以山西估衣、杂货为多，余则农器"⑤，对经济发展和城乡物资交流起到了积极作用。

有些地方还因为某种土特产销路广或产品类型集中形成了专门市场。如安国药王庙会，一年两次，"每逢庙期，国内各地药商各携珍贵药品麇至，同时虽远在南洋、日本、朝鲜等国之药商，亦必弗辞跋涉，远道前来参与"⑥，宣统年间，庙会上的药材多达1000余种，来自云、广、川、浙、闽

---

① 《天津商会档案汇编（1903~1911）》上册，天津人民出版社，1989，第988、990页。

② 中国人民政治协商会议任丘市委员会：《任丘文史资料》第6辑，任丘市印刷厂，2002，第76页。

③ 景日昣撰，张惠民校《嵩岳庙史》卷6《时祭》，中州古籍出版社，2003，第62页。

④ 余心孺：《延津县志》卷7《风俗》，康熙四十一年（1702）刻本，第2页。

⑤ 杨虎城、邵力子：《续修陕西通志稿》卷198《风俗四》，民国23年（1934）铅印本，第29页。

⑥ 赵英：《安国县志》，方志出版社，1996，第330页。

等诸多省份。陕西延安清凉山下的骡马大会始于光绪年间，会期很长，大概月余。来自甘肃、绥远、蒙古、榆林、三边等地的商人，赶着骡马、骆驼、牛羊前来参会，带来了酥油、乳酪、皮帽、盐等货物，此外河南、山西、山东、天津等地商贾带来的各种让本地民众感到较为新奇的"洋货"在庙会上也是随处可见。整个庙会期间，人流汹涌，热闹非凡。河南怀庆府土地膏腴，盛产药材，而庙会是怀药的重要销售渠道，吸引着全国各地的药商前来参会。河内县药王庙会是全国最大的怀药集散地，博爱圪垱坡药王庙会药材交易额数目巨大，被称誉为"四大怀药交易会"。淮阳泥泥狗为本地特产，每年太昊陵庙会期间赶会的民众都喜欢购买，因为需求量大，淮阳周边金庄、武庄、许楼等几个村镇聚集了诸多从事泥泥狗生产的匠人，泥泥狗产业也成为本地除农业生产之外最大的经济来源。

　　清代庙会与集市同时快速发展、并行不悖，这是封建经济发展的需要。庙会具有浓厚的宗教色彩，时间较为灵活，容易吸引大量民众参与，不但很大程度上满足了城乡居民的商品需求，成为集市贸易必要的、有益的补充，更有利于地方特色产业的形成，为区域经济发展提供助力。

第六章

流动的人口：留着一个根在乡村里

　　自古至今人口流动与人口迁移都是两个不同的概念。《中国大百科全书·地理学》将人口流动定义为"一般指离家外出工作、读书、旅游、探亲和从军一段时间，未改变定居地的人口移动"，而人口迁移则为"一定时期内人口在地区之间永久或半永久的居住地的变动。人口迁移的形式为移民"。[①] 也就是说，人口流动时间短，长居地未发生改变，而人口迁移则涉时较长，人口定居地发生改变。单纯就概念而言，两者含义并未交叉，而且就现代实际情况而言，要做到清晰地区分似乎也并不难，但古代却并非如此。葛剑雄在写作《简明中国移民史》时充分认识到了这一点，因此明确提出："流民都是流动人口，因为他们或近或远都已经离开原来居住的地方。"但是流民的情况相当复杂，流民不等同于移民，移民是人口迁移的结果，移民必定是迁移人口。但是移民只是迁移人口中的一部分，或者说是迁移人口中符合一定的条件的那一部分，并不是所有的迁移人口都是移民。对此，方志远进一步解释说："从明清时期人口的地域变迁来看，与其将人口流动和人口迁移统称为'人口迁移'，倒不如统称为'人口流动'。人口流动是比人口迁移更为广义的范畴。一切正在发生的有关人口地域性变化的现象，包括有目的的和无目的的、有组织的和无组织的、形成规模的和没有形

---

　　① 中国大百科全书总编辑委员会《地理学》编辑委员会、中国大百科全书出版社编辑部：《中国大百科全书·地理学》，中国大百科全书出版社，1990，第357、358页。

成规模的、可能是永久性的或临时性的，都可以说是人口流动，但却不能说是人口迁移。"① 此处的人口流动是广义上的，涵盖了现代意义上的人口流动和人口移动两个概念，对于研究古代人口地域变迁无疑更具有实际的可操作性，本章所讨论的流动人口也是在基于此认识展开的。

城市和农村之间的人口流动是反映城乡关系的重要切入点，这在学界有着广泛共识。清代人口的迁移活动始终在持续，与两晋、唐、宋时期北方人口出于战乱、灾害等原因，为求生存而发生的大规模向南迁徙不同，清代北方人口移动的原因更为复杂，移动方向"基本上仍是古代以中原为中心的辐射状外迁运动的继续，只是少了向南方的迁徙"②，除了向周边山地或者边地（东北地区、内蒙古地区、西北甘肃和新疆等）移动，农村人口大量涌入城市也成为一个值得关注的趋势。

此外，与城乡人口流动密切相关的农村都市化问题也值得注意。从 20世纪 30 年代起，学者全汉昇的《中国庙市之史的考察》③，日本学者加藤繁的《清代村镇的定期市》④，以及庄泽宣、邱璧光、潘凤韶的《集的研究》⑤等纷纷关注乡村庙会和集镇的发展，这也是古代农村经济问题研究的起步阶段。此后傅衣凌、李伯仲、樊树志、梁森泰、陈学文、胡焕庸、包伟民、任放、刘石吉、罗·威廉、森正夫等人的研究，又将清代商人、商业与城镇发展推向深入，"在这些宏富的研究成果中，一个令人注目的趋向，是乡村'都市化'问题。这主要是指农村人口转变为城市人口和农村土地转变为城市土地的过程；都市化的水平以城市人口占全国总人口的比重为标志"⑥。而与农村"都市化"紧密相关的，就是城乡人口流动问题。

---

① 方志远：《明清湘鄂赣地区的人口流动与城乡商品经济》，人民出版社，2001，第 10 页。
② 姜涛：《中国近代人口史》，浙江人民出版社，1993，第 201 页。
③ 全汉昇：《中国庙市之史的考察》，《食货》1934 年第 1 卷第 2 期。
④ 〔日〕加藤繁：《清代村镇的定期市》，王兴瑞译，《食货》1937 年第 5 卷第 1 期。
⑤ 庄泽宣、邱璧光、潘凤韶：《集的研究：中国社会组织研究之一》，《中山文化教育馆季刊》1936 年第 3 期。
⑥ 冯贤亮：《明清时期中国的城乡关系——一种学术史理路的考察》，《华东师范大学学报》（哲学社会科学版）2005 年第 3 期。

第一节 清代城乡人口流动的原因

清代人口流动的原因较之前任何朝代都要复杂，诸如人口数量的增长、国土面积的庞大、战争以及自然灾害等。城乡流动亦是如此，虽然政府试图加以控制，但实际上人口流动数量仍然十分可观，究其原因，大致与人地关系、经济发展、教育环境、战争及自然灾害等都有关，此外清代日趋松弛的户籍政策对人口流动也产生了一定影响。

一 人地关系的紧张与城乡人口流动

清代是继西汉、北宋之后我国历史上的第三个人口生育高峰期。从不同时期人口数据来看，清代人口基本呈直线上升趋势。顺治八年（1651），全国人口5300万，康熙十八年（1679）增至1.6亿，乾隆四十一年（1776）达到3.1亿，咸丰元年（1851），攀升至近4.4亿。人口大量增加导致人地关系紧张，从而促使大量农村人口离开土地，这是清代人口流动的重要原因之一。

古代中国推崇"众民"思想，所谓"不孝有三，无后为大"，"欲民之众，而恶其寡"，"多子多福"，但是真正能够实现这个理想的朝代并不多。清代之所以能够出现人口爆发式增长，主要归因于三点：其一是粮食作物产量的提高。任何时代人口的数量一定与粮食产量成正比，清政府对传统种植技术进行了改良，粮食产量也一定程度上得到了提高，如两江地区推行双季稻，"一年两熟""一年三熟"的收获模式大大优于前代。国外传入的土豆、甘薯、玉米等作物此时也得到广泛种植，它们产量高、适应能力强，为人口大规模扩大提供了保障。其二是清代政策的推动。清王朝建立伊始，出于巩固政权的需要，实行了一系列恢复社会生产、休养生息、鼓励开垦的政策，为经济的发展奠定了政治基础。康熙时期，政府宣布"滋生人丁，永不加赋"，随后在全国推行"摊丁入亩"，按照土地的拥有量征收赋税，取消人头税，一系列措施的实施不但解除了百姓的生育负担，刺激了人口生育高峰的来临，也使得之前户口统计中隐匿的人口浮出水面，之后的人口统计数字愈加准确。其三是社会的长期安定。古代社会，战争是人口生育最大的障碍，历史上几乎每一次大规模的征战最后都演变成一场惨绝人寰的杀戮，胜利者的宏图伟业背后躺着的都是堆积如山的累累白骨。清代自康熙年间平定三藩之乱之后，社会基本保持稳定，这就为人口增长提供了良好的外部环境，对此统治者也深有感触，康熙帝本人曾用"承平日久，生齿浩繁"这八个字来描述晚年治下国泰民安、四海升平的景象，喜悦之情溢于言表。

人口的增长固然为农业社会生产提供了源源不断的劳动力，但过度的增长也使得人口数量远远超过土地的承载能力，在"为农者十倍于前而田不加增"① 的情况下，人多地少、人满为患的矛盾凸显，许多内地农民深陷无地可种的窘境，无奈之下为了生存只得离乡背井，向外迁移。如乾隆年间大量平原地区的失地农民涌向深山老林，他们"写地开垦，伐木支椽，上覆茅草，仅蔽风雨。借杂粮数石作种，数年有收，典当山地，方渐次筑土屋数板"②。山西省闻喜县人地比例严重失调，"男子十三四万，竭地力不足糊口，远服贾者二三万人"③。

二 社会经济的发展与城乡人口流动

经济对人口流动的影响是显而易见的。"经济利益对乡村人口流动的影响主要体现在两个方面：一是经济发达地区因为经济水平高，产业结构较合理，商业获利快，为了赚更多的钱，从事商业的人口就会比较多，这必然会促进乡村商业人口的流动；另一方面，经济发达地区对落后地区有一定的吸引力，优越的生活条件也会拉动落后地区的乡村人口流动。"④ 此外，清代前中期，城市经济的发展以及产业规模的扩大为社会提供了更多的就业岗位，这也在一定程度上推动了农村人口向城市流动。而晚清时期，社会经济

---

① 洪亮吉：《洪北江诗文集·意言·生计篇》，商务印书馆，1935，第50页。
② 严如煜：《陕西古代文献集成·三省山内风土杂识》，陕西人民出版社，2017，第544页。
③ 余宝滋：《闻喜县志》卷6《生业》，民国8年（1919）石印本，第1页。
④ 何英：《清代晋南地区乡村人口流动及其地理原因》，《运城学院学报》2013年第3期。

发生了巨大变化，自然经济的解体是流民现象发生的基本促动因素，而流民群体向城市的集中，"为资本主义近代工业的产生和发展，准备了雇佣劳动力条件"①。如北京，经济发达，餐饮业、娱乐业、运输业、金融业等规模庞大，吸引了诸多外地人前来寻找就业的机会，"辇毂之下，聚数十万游手游食之徒，昼则接踵摩肩，夜不知投归何所。是皆著籍浓氓也"②，"其人数尤众者为老米碓房、水井、淘厕之流，均为鲁籍。盖北京土著多所凭藉，又懒惰不肯执贱业，鲁人勤苦耐劳，取而代之，久遂益树势力矣"③。山东济宁位于运河之畔，经济富庶，吸引了大量外地人前来，"转徙之民，僦处浮寓，流土杂居"④。据《天津县志》记载，雍正九年（1731），此地仅有 2497 丁，道光二十年（1840），人口递增至 442343 人，84556 户。百余年间，人口突飞猛进的增长，单靠人口的自然增长是不可能实现的，大批移民的进入加速了天津发展的脚步。此外，城市的发展也为市民生活提供了更为丰富的文化、物质享受，这就使得许多追求生活质量的达官贵人和富商士绅愿意放弃乡野生活而迁居城市。

三　教育环境的变迁与城乡人口流动

教育环境的变迁对城乡人口流动的影响也不可忽视。清代国家为了便于管理，将科举选仕制度与人口户籍紧密关联，希望通过对学子的原籍应试制度来限制人口流动，进而达到稳定社会秩序的目的。清代继续执行明代的科举配额制度，不同府、州、县学或者卫所学，会根据其文风高下、赋税轻重以及人口多寡等给予不同的配额，举人、进士乃至学校生员的数量均有定制。"学界通常强调的是，举人、进士等高级科名作为一种稀缺性资源，直接关系到各省政治人才在全国所占的比例，因而受到高度重视。实际上，在

① 池子华：《中国近代流民》，浙江人民出版社，1996，第 24 页。
② 罗振玉辑，张小也、苏亦工等校《皇清奏议》卷 24《驱游惰以归本业疏》，凤凰出版社，2018，第 548 页。
③ 夏仁虎：《旧京琐记》，北京古籍出版社，1986，第 97 页。
④ 胡德琳、蓝应桂：《济宁直隶州志》卷 2《风俗》，乾隆五十年（1785）刻本，第 40 页。

明清时期，像生员这一较低层级的科名也同样为各地所重视。这是因为其层级虽低，但毕竟也是一级科名，更重要的是生员是获得更高一级的科名——举人、进士的前提，加之对于童生群体而言，其学额同样是一种稀缺性资源。"① 政府规定，除非特殊情况，考生必须在原籍以本身所属户籍类别参加科考。"对于庞大的考生群体而言，学额同科举乡、会试中额一样，永远是一种稀缺性资源。在分区定额与原籍应试的原则之下，不同区域之间及某一区域内部的考生之间分别形成了一种竞争关系。"② 虽然政府也有寄籍应试政策作为变通，但是条件相对苛刻。如陕西商州嘉庆时期就曾发生过"土客学额纷争"。当时商州土著民有三万五千余户，寄籍客民有一万八百余户，巡抚朱勋考虑到"烟户既多，将来应试童生自必不少。若准其与土著一体考试，必致多占学额，土著未免偏枯"，专门奏请朝廷，"今商州现在情形，事同一例，应请将商州应试之客籍童生另编字号，寄籍五六十名准其进取文童一名，最多以三名为率，并进取武童一名，均即于商州定额内取进，不必额外增添。"③ 从所拟方案来看，该地土著与客民比例约为2∶1，而各类学额配比却徘徊在4∶1上下，显然这种地区定额制度对于当地土著考生来说更为有利。虽然清代也出现过土著和客民一视同仁的政策，但是这种变通只是存在于特殊时期的个别地域，如湖广填四川后，四川省土客生员配给较为公平，寄籍考生与原籍考生录取比例不相上下。在封建教育选拔制度之下，虽然不同区域的学子竞争压力存在差异，但因为寄籍考试难度很大，所以有清一代跨区域考生数量不多。

在农耕社会中，农业生产历来为统治者所重视，反映在教育上则表现为自科举取士推行以来，城市与农村的教育差别不大，"耕读传家"一直为传统士人所标榜并引以为傲。费孝通和潘光旦两位先生对清代近千名贡生、举

---

① 刘希伟：《清代人口流动背景下的教育机会冲突问题——关于土客学额之争的考察》，《社会科学战线》2013 年第 3 期。
② 刘希伟：《清代人口流动背景下的教育机会冲突问题——关于土客学额之争的考察》，《社会科学战线》2013 年第 3 期。
③ 中国第一历史档案馆：《乾嘉时期科举冒籍史料·陕西巡抚朱勋为酌定商州寄籍土著应试章程事奏折》，《历史档案》2000 年第 4 期。

人和进士的出身研究后，统计出他们中 52.50% 来自城市，41.16% 出自乡村，6.34% 出自城乡之间的市镇。乡村所占百分比超过城市的有鲁、皖、晋、豫四省。上推一代，这些人中父亲已有功名和父亲没有功名的城乡比例基本一致，城市为 68∶32，乡村是 64∶36。[①] 封建国家虽然教育经费投入有限，官学基本只到县级，但是因为"用政治权力获取财富比用财富去获取权力来得更容易"[②] 是地方精英人物的共识，所以为了提升或者固化所属家族地位，抑或出于社会和乡族责任考虑，士绅、地主、富商等都有着强烈的办学意愿。精英集团掌握着大量的经济财富和社会资源，有能力承担起基层教育的费用，某些家族甚至不惜举全族之力兴办教育，家族成员通过联合或者利用公田、公产建立私学，这种现象城乡都普遍存在。因为士绅的广泛参与，私学与官学形成了并行不悖、互为补充、共同发展的局面。此外，清代政府实行"科举必由学校"的政策，学子只有先进入官学取得生员身份后方能开启科举仕途的大门，而进入官学有恩荫、捐纳、考试三种途径，在这方面城乡基本没有差别，教育资源的公平以及对城乡学子身份的一视同仁，使得人们由乡村转移到学校接受初级教育的意愿不强。

不过这种现象到清朝晚期出现了变化，准确来说是鸦片战争以后，随着城乡教育差距的拉大，那些志于求学的人纷纷离开农村进入城市。西方的坚船利炮轰开了东方古国的大门，给中国传统教育以致命打击，中国社会陷入思想的迷离状态，一时间，西方教育先进，中国教育落后的言论甚嚣尘上。光绪三十一年（1905）八月四日，政府宣告："著即自丙午科（1906）为始，所有乡、会试一律停止，各省岁科考试亦即停止"[③]，至此历时 1300 年的封建科举制度寿终正寝。不过旧的教育体制虽被废除，新的教育体制却并未建立。从 1904 年的《奏定学堂章程》[④] 中可以看到，政府只试图在大镇

---

① 费孝通：《乡土重建》，上海观察社，1948，第 70 页。
② 〔美〕格尔哈斯·伦斯基（Lenski, G. E.）：《权力与特权：社会分层的理论》，关信平等译，浙江人民出版社，1988，第 252 页。
③ 《清德宗实录》卷 584 "光绪三十一年八月"，中华书局，1987，第 273 页。
④ 张之洞：《奏定学堂章程》，湖北学务处本。

以上的地区设立官立小学堂，而对乡村教育只字未提。这意味着原有的启蒙教育被破坏后，乡村教育出现了真空地带，这里的孩子无学可上，这种文化的中断，不仅使得千百万乡村学子失去了接受教育的机会，也促使许多有教育需求的家庭为了接受新式教育不得不离开世代生存的土地而奔向城市。因为对于普通百姓来说，受教育与不受教育，其未来社会分工和阶层是迥然不同的。与城市成为教育的大本营相对应的是农村教育的荒芜，随之而来的还有农村日益与近代文明脱节，长期陷入愚昧和贫困之中。

四　战争、自然灾害与城乡人口流动

战争和灾害会破坏民众原本的生活秩序，导致大量灾民产生，如咸丰年间（1853），皖北地区爆发捻军起义，影响波及山东、河南、陕西、山西等地，在给予清王朝沉重打击的同时，也使得许多百姓忍受不了战乱之苦，纷纷流亡。其他诸如白莲教起义、天理教暴动、黄河水患等都在不同程度上引起过大规模的人口流动。城市是地方政治、经济、文化的中心，"中国的政治就是通过京城、省城、府州县城编织而成的城市网络向广大农村腹地施加影响的。这样，每一个城市，无论是大城市，抑或中、小城市，就形成一个'场'，向其周围释放能量（随着距离的拉远而趋弱）。能量的大小取决于经济繁荣程度和城市的规模……以向中心城市汇聚为主流"①。这种"向心力"使得城市成为流民天然的"蓄水池"，一定程度上对灾民流动起到了调节作用。如"丁戊奇荒"②时期，山西、河南、陕西、直隶、山东等省均灾情深重，上千万人死亡，幸存者首先逃往城关市镇以寻找生存的机会。山西省"外来饥民，千百成群，遣之出境则穷而无所，归编之人户，则悬而无所寄。且夕散朝聚，彼往此来，约束既难，稽核不易，惟有于城关市镇就其人数丛杂之处，设厂煮粥以安集之"③。直隶省

---

① 池子华：《流民问题与近代社会》，合肥工业大学出版社，2013，第69页。
② 始于光绪二年（1876年，丙子年），止于光绪四年（1878年，戊寅年）的大灾荒，史称"丁戊奇荒"。
③ 曾国荃：《曾国荃全集》第一册，岳麓书社，2006，第272页。

城，"有外来之民嗷嗷待哺。计自三年冬间放粥起，至四年秋间停止，就食灾黎每日多至二万余"①。山东"省城为五方杂处，分设粥厂，合计人数亦在二万上下"②。光绪九年（1883），山东水灾，难民无以为生，"灾民就食省垣者十余万口"③。

虽然灾民走投无路时会先选择中心城市作为逃亡地点，但是这种大规模地涌向城市的移民运动持续时间不会太长，因为城市容纳能力有限，能够留在城市并扎下根来的流民数量极少，大多数人灾情过后即返回故里，还有部分流民会将城市作为迁移的中转站，短暂停留后便继续四方寻找出路。清初，政府对流民管理较为严格。雍正初年，政府曾有"就食京师不能回籍者，著五城清查口数，资送回籍"④，"闲散游荡，立宜摈逐。如候补候选之人，读书之人、贸易生理之人，方可听其在北京居住"⑤ 的诏命，显然对流民采取的是驱离政策。中期以后，对流民的管制开始放松。乾隆帝在圣训中说："资送势亦有所难行，不如听其自为觅食谋生"⑥，"流民中谋生者，悉系故土并无田庐依倚之人，而必抑令复还，即还其故乡，仍一无业之人耳"⑦。虽然统治者对于流民寓居城市态度的转变应该是从减少财政负担、稳定社会秩序角度出发的，但是在执行过程中允许流民觅食城市还是给挣扎在生死边缘的民众提供了更多生机。

五　清代的国家政策与城乡人口流动

清代北方地区移民连续不断，且总体规模宏大，从相关国家政策法规中

---

① 《朱批档》"光绪三年十月文恪片"，转引自李文海等《近代中国灾荒纪年》，湖南教育出版社，1990，第 384 页。
② 《朱批档》"光绪五年四月初二日文恪折"，转引自李文海等《近代中国灾荒纪年》，湖南教育出版社，1990，第 384 页。
③ 《录副档》"光绪九年十二月初七日陈士杰折"，转引自李文海等《近代中国灾荒纪年》，湖南教育出版社，1990，第 447 页。
④ 《清世宗实录》卷 5 "雍正元年三月丁酉"，中华书局，1985，第 120 页。
⑤ 昆冈等：光绪《钦定大清会典事例》卷 1038《驱逐游惰》，光绪内府抄本。
⑥ 《清高宗实录》卷 314 "乾隆十三年五月上"，中华书局，1986，第 154 页。
⑦ 《大清十朝圣训·清高宗圣训》卷 79《爱民十》"乾隆二十八年二月乙亥"，北京燕山出版社，1998，第 2116 页。

也可以找到原因。

其一是边地开发政策。康熙、雍正、乾隆三朝对西北用兵，直接导致大批军士进入新疆，此后又在新疆推行兵屯、民屯等政策，大量招垦移民。为了增加新疆人口，除了政府组织的大规模移民，清廷还将大批人犯流放新疆，如乾隆二十三年（1758），军机大臣奏议，"拟军流人贩，不分有无妻室，概发巴里坤，于新辟夷疆，并安西回目札萨克公额敏和卓部落迁空沙地等处，指一屯垦地亩，另名圈卡，令其耕种"①。清政府对蒙长期实行"因俗而治""分而治之"的策略，因此针对蒙地的移民政策也常常根据时局有所变化。顺治时期，为了方便管理，政府要求内地民人不得前往口外开垦牧地。康熙时期，出于国家长治久安的考虑，先是康熙八年（1669），政府建议无地旗人开垦古北口等边外空地，"又定：凡内地民人出口于蒙古地方贸易、耕种，不得娶蒙古妇女为妻。倘私相嫁娶，察出，将所嫁之妇离异给还母家，私娶之民，照内地例治罪"②，变相承认内地人口赴口外谋生的合法性。大量汉人移居蒙地开垦、经营，对蒙古贵族利益造成威胁，于是乾隆三十七年（1772），清廷诏令："口内居住旗民人等，不准出边在蒙古地方开垦地亩。违者照例治罪。"③ 时间不长，嘉庆初年政府为缓解财政紧张，开始施行"移民实边"政策，允许内地农民携眷出关且可以不经查验，于是移民蒙地的人口大增。东北是清朝统治者的龙兴之地，清廷长期禁止关内人迁居这里，乾隆时期，山东、河北等地"闯关东"者日盛，说明统治者对移民的禁令执行并不严格。鸦片战争以后，清廷不断放松对东北的控制。1848年，清廷"饬令地方各官分别招佃征租"④ 凤凰城附近私垦地亩。1881年，政府又在珲春设立招垦总局，在南岗（今延吉市）、五道沟（今珲春东沟）设立分局，制定招垦章程，并派人到山东、辽

---

① 《清高宗实录》卷556 "乾隆二十三年二月上"，中华书局，1986，第17、18页。
② 《钦定大清会典事例》卷978《理藩院·婚姻》，光绪二十五年（1899）京师官书局石印本。
③ 《钦定大清会典事例》卷979《理藩院·耕牧》，光绪二十五年（1899）京师官书局石印本。
④ 翟文选、臧式毅：《奉天通志》卷39《清十三》，民国23年（1934）铅印本，第45页。

南等地招徕垦民。① 至此，东北全面开禁，接纳大批关内移民，人口总量迅速上升。

其二是"通商""恤商"政策。"重农轻商"似乎是中国历代统治者对于商业的一种共同认识，清代有所不同，虽然统治者也屡有"抑商"言论，但只停留在理论层面，执行过程中却充分显示了"通商""恤商"的内核。道光皇帝说，"以恤商为通商"②，意思就是恤商是通商的内容，恤商的目的是为了通商。③ 这种理念在皇帝诏令中体现得淋漓尽致。顺治八年（1651），皇帝谕吏部："榷关之设，国家藉以通商，非以苦商。关税原有定额，差一司官已足……朕灼知（今日）商民之苦，著仍旧每关设官一员，其添设者悉行裁去，以后不得滥差……毋负朕通商爱民之意。"④ 雍正元年（1723），皇帝又说："国家之设关税，所以通商而非以累商……嗣后榷关者，务须秉公实心查验。过关船只，随到随查。应报税者，纳税即放，不得任胥役作弊，勒索阻滞，以副朕通商便民之意。"⑤ 鉴于此，清代对关口官员和关税征收做出了详细规定，不但给予商业充分发展的空间，也给予商户强有力的保护。在此背景下，各地商帮兴起，穿梭于城乡之间、省份之间的大小商贩和利用农闲之际进行贸易活动的农村人口层出不穷，在促进商品经济发展的同时，也使得商业流动人口大为增加。

其三是户籍管理政策。清代政府为了恢复经济，对于流寓在外的人口管理较为宽松，如清朝定鼎中原后就规定："人户于寄居之地置有坟庐，逾二十年者，准入籍出仕"⑥，"凡客民在内地贸易，或置有产业者，与土著一律顺编"⑦。这既是对既成事实的承认，又是默认户口的迁徙，成为有清一代

---

① 衣保中：《论清末东北地区的水田开发》，《吉林大学社会科学学报》2002 年第 1 期。
② 《大清十朝圣训·清宣宗圣训》卷 110《海防十》"道光二十八年八月甲辰"，北京燕山出版社，1998，第 8593 页。
③ 参见张明富《清前期的商业政策与多民族国家的统一和巩固》，《古代文明》2016 年第 4 期。
④ 《清世祖实录》卷 54 "顺治八年闰二月"，中华书局，1985，第 426 页。
⑤ 《清世宗实录》卷 10 "雍正元年八月"，中华书局，1985，第 181 页。
⑥ 赵尔巽：《清史稿》卷 120《户口》，中华书局，1976，第 3480 页。
⑦ 赵尔巽：《清史稿》卷 120《户口》，中华书局，1976，第 3481 页。

处理入籍问题的通行条例。此后的户籍管理也是经常根据实际情况进行调整，如顺治十一年（1654），规定"定外省流民附籍年久者，与土著一例当差，新来者五年当差"①。雍正四年（1726），又规定：各地棚民、寮民，"有已置产业，并愿入籍者，俱编入土著，一体当差"②。在这些灵活变动的政策下，流寓和土著的界限逐渐消失，为民众大规模迁徙减少了障碍。③ 雍正年间，政府在全国推行"摊丁入亩"政策，将赋税的征收摊入到土地中，按土地多少征收，放松了对人丁的控制，相对减轻了农民的负担，方便了他们迁徙他地。此外，顺治二年（1645），政府宣布废除匠籍制度，解除了身隶匠籍者的人身附属，在促进民间手工业发展的同时，对人口流动也起到了积极作用。

第二节　清代北方人口的流动方向

清代人口流动规模空前，据估计离开原地迁往外地的人口会达到亿万次以上。有学者通过对南北 49 种家谱涉及的 147941 个男性成员进行统计，其中离开原居地向外迁徙者共有 18696 人，占总量的 12.64%，"外出谋生已成为不可忽视的动向。"④ 清代北方的人口流动特征显著，基本以古代中原为中心向外辐射，只是迁往南方的人口数量减少。规模性的人口迁徙几乎贯穿有清一代，且由于社会环境不同，人口的流动方向差异性很大。

一　城乡人口流向

不同时期移民的流向存在差异，就城乡而言基本可以分为四类，即农村

---

① 嵇璜等：《钦定皇朝文献通考》卷 19《户口考一》，文渊阁《四库全书》第 632 册，第 8 页。
② 嵇璜等：《钦定皇朝文献通考》卷 19《户口考一》，文渊阁《四库全书》第 632 册，第 24 页。
③ 周育民、侯鹏编《晚清国家与社会关系论例》，上海社会科学院出版社，2014，第 30 页。
④ 郭松义：《论清代的人口流动和婚姻地域圈的关系》，载《中国社会历史评论》第 2 卷，天津古籍出版社，2000，第 209 页。

之间、城镇之间、农村到城镇以及城镇到农村的流动。而在这四种流动中清代的人口流动主要呈现为农村之间的迁移和农村向城镇迁移两大特征，二者的主体均为农民，虽然农村之间的迁移是人口流动的绝对主体，不过农村人口大量涌入城市也是此时期非常值得关注的一个问题。

（一）农村与农村之间的人口流动

农村对于农民的吸引毋庸置疑是土地，流向农村的人口一般具有拓荒和经济开发的性质。清朝幅员辽阔，西北和东北均有大片土地有待开垦，再加上清代早中期中原人口增长迅速，人地关系紧张，因此北方五省农民移民新疆、"走西口"、"闯关东"的数量非常可观。这种农村之间的流动常带有浓厚的政策导向性，多表现为从人多地少的窄乡向人少地多的宽乡流动，前者为富饶之地，后者为贫瘠之区，无论是生产条件还是生活环境，前者都要优于后者，故而从社会学角度来说这属于自上而下的流动。清代是农业社会，城市化率始终没有超过 10%，北方经济落后，城市化率较之南方更低，也就是说农村人口始终占总人口的 90% 以上，因此人口的迁徙必定以农民为主。加之清廷开疆扩土之后，西北、东北等地区有大量的土地有待开垦，加上北方的丘陵、山地等处人口也相对稀疏，能够吸纳流民前去种田养殖，故而发生在此历史背景下的人口迁移，必定以窄乡农民迁往宽乡垦殖为主。

（二）农村与城市之间的人口流动

城乡之间的流动大体为单向，即农村向城市转移，虽然特殊时期也会有城市向农村回流的现象发生，但基本都是暂时的。社会生活中也时有城市居民回归农村的事件发生，如官员退休回归乡里，商人落叶归根定居农村等，但数量总体不多，形成不了具有规律性的普遍意义上的社会现象。

城市是区域综合发展的中心，文化发达，经济繁华，人口密集，生活舒适度高于周边农村，因此由农村向城市的迁移属于自下而上的流动。这种流动多为个体自发行为，具有无序性。如果说"生存"是引发农村之间流动的最核心要素，那么农村人口进入城市的诱因则更为多样。

清代建立之初，因为北方城市在战争中人口损失严重，以及封建统治者希望将原国都人口移居北京的原因，农村向城市移民的特点非常明显。如清军入关后，八旗官兵以及其家属 40 多万人从东北移入北京城，原北京内城汉人悉数限期迁出，或留在外城，或者迁至京畿地区。康熙初年，天津"本卫土著之民，凋零殆尽"，于是吸引众多周边地区及外地经营者前来恢复生产，发展经济，"其比间而居者，率多流寓之人"。①

中期，城市经济的持续发展以及商业、手工业、服务业等规模的不断扩大，为社会提供了更多的就业岗位，而与此同时，农村则经历着因为人口迅速增加而引发的人地矛盾尖锐问题，无奈之下，大量农民进入城市寻找生计，这也使得此时农村向城市流动的趋势没有改变。如天津随着漕运和海运的发达，城市经济贸易繁荣发展，移居这里的外地人商户与周边农村的人口大量增加，截至 1860 年天津开埠，天津的城市人口已达 20 万人②，其中大部分是 1840 年之前移入的。

晚期，城市人口日趋饱和，农村人口向城市迁移的脚步放缓。鸦片战争以后，西方国家的坚船利炮打开了中国的大门，帝国主义的经济侵略改变了中国社会的进程，他们在我国境内大修公路、铁路，设立租界，建立工厂、医院、学校、银行和各种娱乐场所，客观上加速中国城市工业化进程的同时，也大量向中国市场倾销洋货，尤其是洋纱洋布的输入，挤占了中国的土布市场，从根本上破坏了我国传统的以家庭为单位的"男耕女织"的社会分工方式，进而导致中国农村自然经济逐步解体。在殖民主义经济的重压下，中国农村经济陷入困顿、举步维艰，大批失去生产资料的农民涌入城市，成为近代工业化发展的廉价劳动力。另外，伴随着城乡教育差距的拉大，城市与农村在科学文化方面的发展有了天壤之别，城市成为知识分子和社会精英人物展示才华的最佳舞台，因此许多有着提升家庭文化氛围与社会影响力的乡绅、地主和较为富裕的农村家庭纷纷举家迁居城市。

———————————

① 薛柱斗：《天津卫志》卷 2《利弊》，康熙十七年（1678）补刻本，第 5 页。
② 来新夏、陈卫民：《天津的人口变迁》，天津古籍出版社，2004，第 51 页。

二 地域人口流向

清代人口流动持续不断，足迹遍布国内外，200余年间先后出现的几次移民潮，如湖广填四川、闯关东（关东，指吉林、辽宁、黑龙江三省，因位于山海关以东，故称）、走西口（西口，指河北张家口以西的长城沿线关隘。流民走过西口，过了长城，就可以到达蒙古草原及河套一带谋求生计）、下南洋（南洋，包括今新加坡、马来西亚、印度尼西亚等东南亚11国）、金山梦（到美洲开矿筑路）等都可以找到北方移民的身影。从史料记载来看，北方移民迁徙轨迹看似杂乱随意，但其实有章可循。如果说宋代之前北方人的移民方向主要是南方，那么入清之后，人口转移则以东北、西北为主，北方五省内部流动也较为常见，跨过长江南下的规模较小。此外，这些流民绝大多数是由农村到农村，但也不乏由农村进入城市者。

（一）北方五省内部的人口流动

数千年的农耕社会，至清代仍然在延续，以种植为生的农民占据了全国人口的绝大多数。土地是农民安身立命、赖以生存的基本要素，土地不能流动，农作物种植周期又长，久而久之安土重迁便成为融入中华民族血脉的一种性格。

清代因为各种原因，失地、少地农民愈来愈多，由此导致的人口流动持续不断。这些人口被动流入城镇、矿区，或者能够给他们提供生产资料的下一个农村。不过从现存资料中显示的他们的移动轨迹来看，他们中的相当一部分人不约而同地遵循了就近原则，这应该是被迫加入流动大军的民众故土难舍心境的真实反映。有学者根据南北49种家谱中的18696名外迁成员统计，迁徙范围大致限于本州本县者11765人，占总迁徙人数的62.93%，本省流动者3429人，占18.34%；而流向外省者2262人，仅占总人数的12.1%，其余还有出家、被掳、殉难者若干。① 从这个统计数字中不难看

---

① 参见刘翠溶《明清时期家族人口与社会经济变迁》，台湾"中央研究院"经济研究所，1981，第254页；郭松义《论清代的人口流动和婚姻地域圈的关系》，收录于《中国社会历史评论》第2卷，天津古籍出版社，2000，第209页。

出，与长途跋涉迁往前途未卜的远方相比，本县、本州、本省等距离家乡较近之处才是大多数移民的第一选择。

　　清代平原地带已经无法承载巨大的人口负荷，许多乡民在沉重的生活压力下依据就近原则，纷纷选择向周边山区转移，于是北方地区许多山林未辟、人烟荒凉的山地丘陵地带得到开发。山西五台山，明代已有各处流民聚集山中，"皆系四野流民，自荷辟垦，遂成村落，亡命不逞之渊薮也"①，清代来此定居的移民更多，时人用"路人潭沱左，城开五顶西。女墙晴翠没，牛屋断崖齐。谷井悬梯汲，山田抱犊犁。边城霜落早，红遍数村梨"②的诗句来描述这里既恬静又生机勃勃的场景。陕西中部、南部是古代著名的林业区，人烟稀少，"虎迹狼蹄多于人踪，千里幅员，大半黄茅白苇"③，田地大多荒置。康熙时期，在政府招抚垦地政策的吸引下，大批无地或少地的农民前来垦荒。乾隆时期，河南等省"来种山地，结草为棚"④的农民有增无减。嘉庆时期，外省"无业者侨寓其中，以数百万计"⑤。道光时期，山区移民进入尾声，此时的汉水谷地与秦巴山地已经发展成为"十家九户客，土著百年无"⑥的移民区，外来人口数量在当地占据绝对的主体地位。如此中石泉县，明末清初仅有民户700余，乾隆初期迅速增至74000余口，以一户五口计，则大致有14800户，较之清初增加了20余倍，这里五方杂处，寸地皆耕，本地土著不过十之一二，绝大部分为外来移民。

　　流入城市的移民也有很多。历史学家池子华说："城市是流民天然的'蓄水池'。"⑦在各种灾害困扰下，饱受失地之苦，无以为生的农民往往将城关市镇作为自己的避难之所，如果能找到就业机会，自然会安顿下来，如

---

①　顾炎武：《天下郡国利病书》卷47《繁峙县志》，上海图书集成印书局，光绪二十七年（1901）铅印本，第7页。

②　潘耒：《遂初堂诗集》卷1《五台县》，清康熙刻本，第18页。

③　王穆修，夏荣撰《西乡县志》卷9《艺文志》，康熙五十七年（1718）刻本，第116页。

④　杨虎城、邵力子：《续修陕西通志稿》卷64《名宦》，民国23年（1934）铅印本，第9页。

⑤　严如煜：《三省边防备览》卷17，道光十年（1830）来鹿堂刻本，第17页。

⑥　石泉县地方志编纂委员会：《石泉县志·石泉杂咏》，陕西人民出版社，1991，第599页。

⑦　池子华：《中国流民史·近代卷》，武汉大学出版社，2015，第85页。

果不能，则继续向四围扩散。如雍正时期，云南道监察御史田嘉谷具折密报："（京师）五城百万人家，此等不少，未必皆为土著，或以营生失业而流落，或以在远趁食而来归，闻风谓地大而易容久居，则人众而难给，求食为艰，更无栖身之地，沿门所获，岂有被体之资，每遇隆冬苦寒，不免倒毙，则饥饿而致死者固多，寒冻使然者尤众也。"① 可见留居京城的流民众多，已经为统治者警觉。1883 年，山东发生水灾，"灾民就食省垣者十余万口"②。"丁戊奇荒"时期，北方五省均遭受了大面积灾情，灾民四处寻找求生的机会，山西省"外来饥民，千百成群……惟有于城关市镇就其人数丛杂之处，设厂煮粥以安集之"，山东"省城为五方杂处，分设粥厂，合计人数亦在二万上下"。③

此外，需要补充的是，古代交通不发达，流民的迁徙多靠肩挑背扛步行来完成，因此时间跨度很大。很多被迫离乡背井的流民为了找寻一处可以栖身的地方，不得不经历从农村到城市，从城市到山区，或者从一个灾区到另一个灾区的辗转往复。这种盲目流动因为缺少了政府的有效疏导和安置经常会发生"逃荒乞丐充塞运河官道之旁，倒毙满路"④ 的人间惨剧，而由之引发的流民大规模远走他方，去新疆、"闯关东"、"走西口"等行为，应该是他们中的幸存者在就近区域遍寻不到机会之后的无奈抉择。

（二）边地移民：开发新疆、"走西口"和"下关东"

清朝疆域广袤，虽然就国土面积来说在历朝历代中称不上最大，但是对于地方的统御和管控却当之无愧是最强的。17 ~ 19 世纪，内地人口增长迅速，人地矛盾尖锐，同时期的新疆、内蒙古、东北等边地却土地辽阔，地广人稀，在政府政策导向推动或统治者的默许之下，大批人口移入边

---

① 中国第一历史档案馆编《雍正朝汉文朱批奏折汇编》第 1 册，"云南道监察御史田嘉谷奏请查理五城乞丐折"，第 733 页。

② 《录副档》"光绪九年十二月初七日陈士杰折"，转引自李文海等《近代中国灾荒纪年》，湖南教育出版社，1990，第 447 页。

③ 《朱批档》"光绪五年四月初二日文恪折"，转引自李文海等《近代中国灾荒纪年》，湖南教育出版社，1990，第 384 页。

④ 《张之洞全集》第 1 册，河北人民出版社，1998，第 26 页。

地，而这些移民中又以北方人口为最多。移民的大量进入及对土地的开垦，活跃了边地经济，增加了国家收入，提高了粮食产量，为封建社会晚期的经济发展奠定了丰厚的物质基础。就其性质来说，中国的边疆移民与18、19世纪美国的"西进运动"有着很大的相似性，不过起始时间更早，延续时间更长。

1. 开发新疆

清初，政府对西北用兵，大批内地军士进入新疆，新疆统一后，政府虽然在新疆并未施行与内地一样的行政制度，但是对于军事、屯田的统治均空前加强。清政府以天山北路为重心，设置了大量将军、都统、提督、总兵等，统领八旗、绿营军队驻守和屯田，总量有数万之多。① 后来屯垦事业迅速发展。首先是军屯。康熙六十一年（1722），为开垦吐鲁番土地，皇帝特命巴里坤调拨五千绿营兵赴吐鲁番"筑城种地驻防"②。雍正三年（1725），吐鲁番驻军主力撤回巴里坤大营，"将种地兵一千名，暂留彼处"③。雍正九年（1731），驻扎在巴里坤的宁远大将军岳钟琪奏称"至于各营屯田，亦俱在军营以东，联络不远，现在拨（播）种，共拨兵五千余名"④。后来犯屯和民屯迅速发展。为了发展屯田，政府先是将绿营兵屯扩展到18个区，后来为补充劳动力，大批罪囚也被征发前来，这就是"犯屯"。乾隆二十三年（1758），军机大臣上奏朝廷，提出"应拟军流人犯，不分有无妻室，概发巴里坤，于新辟夷疆，并安西回目札萨克公额敏和卓部落，迁空沙地等处，指一屯垦地亩，另名圈卡，令其耕种"⑤ 的建议，很快被皇帝采纳。犯屯的起始地位于巴里坤，后来遍及天山南北。与此同时，民屯也火热地开展起来。

在政府有力的实边政策鼓励下，迁居新疆的人口不断扩大，后来自由垦

---

① 李洁：《新疆南疆地区汉族移民及民族关系研究》，民族出版社，2010，第53页。

② 《清圣祖实录》卷296"康熙六十一年正月至二月"，中华书局，1985，第870页。

③ 《清世宗实录》卷32"雍正三年五月"，中华书局，1985，第493页。

④ 中国第一历史档案馆藏《军机处录副奏折·民族类·蒙古项·第二千一百九十五号卷·第4号》"雍正九年四月六日"条。

⑤ 《清高宗实录》卷556"乾隆二十三年二月"，中华书局，1986，第43页。

殖成为新疆移民迁入的主要方式。自由垦殖，也即民屯，参与者除商人、农户、佣工、手工业者、民间艺人、无业游民外，还包括脱离军籍的绿营眷兵子弟和屯田期满后落户于边地的遣犯。民屯中商屯规模惊人。其实商人早在清初大军征伐准噶尔的时候就已随军入疆了，后来随着新疆的统一以及资源开发的深入，许多商人不仅挈妇将雏，还招引乡邦子弟一同前来。乾隆五十四年（1789），陕甘总督勒保奏称，上年巴里坤、乌鲁木齐所属各地认垦人数为120537口，嘉庆末年又有所增长，总认垦人数为20万左右，如果加上商人、地主、雇工的人口，这个数字定会更大。①

随着越来越多的中原人士踏上新疆的土地，这里的城市经济也得到前所未有的发展。如新疆天山北路因为移民的进入，市镇形成了"商贾贸易，佣工艺业，民人日多一日"②的局面。为了发展乌鲁木齐的工业，清廷从内地调集诸多工匠设立铁厂，就地取矿。由内地前来经营的商户也源源不断，乾隆二十七年（1762），汉族商户在这里开设的市肆已净超过500间，"茶寮酒肆，优伶歌童、工艺技巧之人无一不备"③，"数载以来，渐同内地，人气盛也。"④

2. "走西口"

清代的内蒙古人少地多，是吸纳北方移民较多的省份。因为大量移民必须通过张家口以西，晋北、陕北与内蒙古交界的长城沿线被统称为"西口"的关隘，才能进入内蒙古草原及河套一带，故而民间通常将这一移民现象称之为"走西口"。

清代入关之初，因为清朝贵族地主大肆圈占土地，大批失地的北方农民逃往蒙地，对于这一情况，政府出于笼络民心、稳定秩序的需要，并没有严加制止。在政府默许态度的刺激下，因为遭受灾害而选择"走西口"的民

---

① 《清高宗实录》卷1349"乾隆五十五年二月下"，中华书局，1986，第63页。
② 贺长龄编《皇朝经世文编》第81卷《陈嘉峪关外情形疏》，光绪十二年（1886）思补楼重校本，第2102页。
③ 《西域闻见录》卷1《新疆纪略》，乾隆四十二年（1777）刻本，第6页。
④ 纪昀著，郝浚注《乌鲁木齐杂诗》，新疆人民出版社，1991，第8页。

众络绎不绝，他们中以陕西、山西、山东、河北等地灾民为最多。康熙二十年（1681），统治者在热河修建避暑山庄，吸引了大量汉族能工巧匠及农民前来，汉族垦殖者多为"直隶、山东无业贫民"①或"晋齐留寓客"②。康熙朝末期，仅古北口外"山东民人往来口外垦地者多至十万余"③，可见规模之大，不过因为当时清廷的限制，他们皆春往秋归，流动性很大。雍正元年（1723）四月，皇帝诏谕户部："惟开垦一事于百姓最有裨益……嗣后各省，凡有可垦之处，听民相度地宜，自垦自报，地方官不得勒索……不得阻挠。"④为此专门向昭乌达、卓索图盟蒙古王公提出以"借地放垦"方式解决流民生计问题，即蒙古贵族仍保持治下土地的所有权，只是名下土地不再只用于放牧，而是部分租借给汉人耕种，蒙古贵族坐收其租即可。这一"借地养民"的政策对于"走西口"起到了极大的促进作用。雍正十二年（1734），辽西人口增至近80万，耕地约150万亩。乾隆八年（1743），北方发生大规模旱灾，清廷又下令喜峰口、古北口、山海关等地"如有贫民出口者，门上不必拦阻，即时放出"，"但今日流民不比寻常，若稽查过严，若辈恐无生路矣……令其不必过严，稍为变通，以救灾黎"⑤，故而天津以及河北、山东等地涌向蒙地的人口一度多如过江之鲫。"松弛的蒙禁政策与候鸟式'雁行'迁移方式持续了近一个世纪。"⑥其实这个政策执行不久，蒙古地区靠近长城一带就出现了许多汉人聚居的村落，据统计，道光十九年（1839），仅神木一县就有1507个汉族移民村⑦，从这个数字中不难看出移民蒙古的北方人口数量之巨。

---

① 和珅、梁国治：乾隆《钦定热河志》卷7"天章七"（《咏古二首》），辽海书社民国23年（1934）铅印本，第9页。
② 和珅、梁国治：乾隆《钦定热河志》卷3"天章三"（《山村即景》），辽海书社民国23年（1934）铅印本，第15页。
③ 《清圣祖实录》卷250"康熙五十一年五月壬寅"，中华书局，1985，第478页。
④ 《清世宗实录》卷6"雍正元年四月乙亥"，中华书局，1985，第237页。
⑤ 《清高宗实录》卷195"乾隆八年六月下"，中华书局，1985，第508页；《清高宗实录》卷208"乾隆九年正月上癸巳"，中华书局，1985，第685页。
⑥ 杨思远、王润球：《中国少数民族经济史论》，中国经济出版社，2017，第60页。
⑦ 杨思远、王润球：《中国少数民族经济史论》，中国经济出版社，2017，第64页。

3. "闯关东"

东北地域广阔，土地肥沃，是清廷的"龙兴"之地。清初战乱对这里破坏严重，"诸城堡军民尽窜，数百里无人迹"①。清世祖定都北京后，又使满族丁口入关，"沈阳农民皆令移居北京，自关内至广宁十余日程，男女扶携，车毂相击"②。"自辙辄之都城（奉天）以迄明都北京……旅程之起迄，凡经三十五六日，男女相踵，不绝于道"③。据统计，从龙入关人口约有90万之众，以至关外人口锐减，出现了"沃野千里，有土无人"，"中间千数百里无居民，昼则孑行，夜则露处，豺虎四嗥，霜雪盈野"④的景象。为充实东北，顺治六年（1649），政府下令"招徕流民，不论原籍别籍，编入保甲，开垦无主荒田"⑤，八年（1651）又规定"民人愿出关垦地者，令山海道造册报部，分地居住"⑥。十年（1653）再次颁布《辽东招民开垦条例》，其中规定"所招民每名口给月粮一斗，每地一晌给种六升，每百名给牛二十只"，通过为移民提供生产资料，如种子、牲畜等招徕流民。⑦康熙六年（1667）又陆续颁布政令对顺治十年的招垦令进行补充。在政府的大力支持下，大量汉人迁往东北定居，如海城（今属辽宁省鞍山市），"招民开垦，直鲁豫晋之人，来者日众"⑧，形成清朝初期的移民潮。随着众多内地移民进入东北和北部边疆寻求生计，社会问题频出，清廷拿不出有效的应对之策，加之东北对清朝皇族具有地域的特殊性，清廷担心过度开垦会改变这里的民风民俗和生活习性，乃至威胁其统治，故康熙七年（1668），清廷又将所涉及区域内的人口、地域和自然资源一并封禁，"辽东招民授官例，永著

---

① 魏源：《圣武记》卷1《开国龙兴记二》，道光二十二年（1842）刻本，第14页。

② 吴晗：《朝鲜李朝实录中的中国史料》（九），中华书局，1980，第3756页。

③ 〔日〕稻叶君山：《满洲发达史》，杨成能译，翠文斋书店，1947，第266页。

④ 西清：《黑龙江外记》卷7，黑龙江人民出版社，1984，第77页。

⑤ 昆冈：光绪《钦定大清会典事例》卷166《田赋·开垦》，光绪内府抄本，第1页。

⑥ 嵇璜等：《钦定皇朝文献通考》卷1《田赋考》，文渊阁《四库全书》第632册，第19页。

⑦ 吕耀曾：《盛京通志》卷23《户口》，咸丰二年（1852）刻本，第1页。

⑧ 廷瑞：《海城县志》卷7《户口》，海城大同书局民国13年（1924）铅印本，第4页。

停止"①。此封禁令实施的时间较长，咸丰十年（1860）方宣布解禁，历时近200年，严重地阻碍了东北地区的经济、社会发展。不过，尽管康雍两朝政府对东北管控日严，但生存的压力还是使得不少流民敢于冒触犯律法的风险闯入这里，"闯关东"一词由此得来。

清代中后期，封禁政策有所松动。如乾隆六年（1741），清政府颁布法令，允许居住于京城的旗人返回东北，而这些人的离开还带走了大量奴仆和佃农。八年（1743），山东大旱，流民四起，政府为了缓和社会矛盾，允许流民出关。十二年（1747），仍然有"山东被灾，有携眷、单身贫民，前往口外热河等处，投亲种地觅食"②的历史记载。1855～1912年，黄河年年决溃，两岸饿殍遍野，河北、山东、安徽等地灾民纷至沓来，封禁令几乎形同虚设，于是政府于1860年采纳黑龙江将军特普钦的建议开禁放垦，鼓励移民实边，以振兴关外的经济。17世纪70年代，关外移民进入高潮期。据《申报》载，1876年9月的某一天，仅由山东到牛庄（今属辽宁省鞍山市海城市）的难民就"八千余名"，到达他处者更是"日日源源不绝"。③迁往关外的山东移民数量最多，"闻风踵至……终年联属于道"④，"由奉天入兴京，道上见夫拥只轮车者，妇女坐其上；有小孩哭者、眠者，夫从后推，弟自前挽，老媪挂杖，少女相依，跟跄道上……前后相望也，由奉天至吉林之日，逆旅所共寝者，皆山东移民"⑤。据统计，截至康熙四十八年（1709），关外山东移民"多至五十余万"；清代中期，山东移民数量有450万上下；宣统三年（1911）时，东北人口共1841万，其中至少1000万是由山东、河南、河北等省涌入的流民。山东移民最多，占70%～80%，由此推断山东移民有700万～800万，而其中有六分之一为嘉道以前进入，又有二分之一是在光绪年间移入，通过这组数字对比，可以看出清代中后期的封禁令执行得

---

① 蒋廷锡、陈梦雷：《古今图书集成经济汇编》卷52《食货典·田制》，雍正四年（1726）内府铜活字印本，第11页。
② 《清高宗实录》卷299"乾隆十二年九月甲寅"，中华书局，1985，第914页。
③ 李文治编《中国近代农业史资料》第1辑，生活·读书·新知三联书店，1957，第935页。
④ 特普钦撰，李兴盛等编：《黑龙江将军特普钦诗文集》，天津古籍出版社，1987，第5页。
⑤ 作新社：《白山黑水录》，作新社光绪二十八年（1902）印刷本，第125页。

并非十分严格。①

（三）流向南方

清代虽然北人南迁的热潮已经过去，但是仍陆续有人南下。清初，巴蜀地区因为经历过兵燹破坏，"丁口稀若晨星"，为了尽快恢复社会生产，政府发布《康熙三十三年招民填川诏》，鼓励各地农民移居四川，响应者以湖北、湖南、广东之人为最多，这就是著名的"湖广填四川"事件。清末《成都通览》说"现今之成都人，原籍皆外省人"，这些"外省人"也包括河南、山东等北方人，大概可以占到总人口的5%。太平天国运动之后，"江、浙、皖三省被贼蹂躏之地，几于百里无人烟。其中大半人民死亡，室庐焚毁，田亩无主荒弃不耕"②。同治五年（1866），政府在江南实施招垦荒田政策，吸引了不少豫南移民前来，如光山县"自清同治以来七十年间，因人满之患，迁居江苏、浙江、安徽、江西四省者占六十余县，人口比老籍加倍，蕃衍之盛，亘古未有"③。山东与江南相邻，"丁戊奇荒"时期，很多饥民南下。据《申报》记载，光绪三年（1877）春夏之交，"苏城六门以外所废之基，半为山东、江北等处人搭盖草棚居住"④，同年秋冬之交，"浒墅关沿塘一带，近有饥民自北而南，或老或少，或男或女，或推小车，或撑小舟，或称山东人氏，或为江北口音，纷纷者不一"⑤。同时期还有一批北方青年儿童被拐卖到江南为奴为婢，"年青的人们是被出卖了，特别是女子，被带到南方去。……儿童样子最为可怕的了——只剩下枯干的皮包着骨头"⑥。何炳棣在其所著《清代在中国历史上的重要性》中写道："显然是直隶的饥民进入山东之日，山东的饥民同时正在进入苏南。而南移既成一种路向，则在这些人的后面，还会有更多的人尾随而来"⑦，这也是彼时难民

---

① 路遇：《清代和民国山东移民东北史略》，上海社会科学院出版社，1987，第20页。
② 王滔：《弢园文录外编》卷7《平贼议》，辽宁人民出版社，1994，第276页。
③ 许希之：《光山县志约稿》卷1《户口志》，民国25年（1936）铅印本，第1页。
④ 《申报》，第10册，光绪三年四月初二日，第433页。
⑤ 《申报》，第11册，光绪三年十月十一日，第473页。
⑥ 〔美〕马士：《中华帝国对外关系史》第2卷，张汇文等译，商务印书馆，1963，第340页。
⑦ 杨国强：《"丁戊奇荒"：十九世纪后期中国的天灾与赈济》，《社会科学》2010年第3期。

因为缺乏政府疏导盲目无序流动而导致的悲哀。总体来说，北方民众南徙的事件虽时有发生，但均为自发行为，没有政府引导，且规模有限，不再是北方社会流动的主要方向。

第三节 人口流动与清代北方城市发展

农民入城是清代人口流动的重要形式，大量农村人口源源不断地流向城市，在弥补城市劳动力不足之余，还使得城市"不再是单纯地扮演政治、军事中心的角色"，"经济因素在其间所占的分量越来越重"。[①] 城市中的商人、工人以及服务性人员很多都是来自周边及外地的农民，他们的进入在使城市规模不断发展壮大之余，也推动了城市经济文化的发展。此外，清代非城市地区的农民非农民化的问题也很值得关注，尤其是许多交通便利、资源丰富的市集或乡村，因为商人和手工业者的大量进入，人口规模和地域空间不断增大，经济影响力和辐射力日益加强，逐步发展成为新兴的商业城镇，这个过程被许多学者称之为中国的"早期的城市化"，其中起到主要推动作用的是逐步融入商品经济大潮的农民，伴随着早期城镇化的发生、发展，他们中的许多人在这个过程里完成了由农民到市民的身份过渡。

一 农民入城促进了城乡人口分布格局的变化

古代中国长期处于农业人口占据主导地位的农耕社会，城镇人口所占总人口的比重，即城镇化率是衡量不同时段城镇化发展水平的重要标准。城市和农村是对立统一的关系，在总人口不变的前提下，城市非农业人口数量的上升意味着农业劳动人口数量的下降，反之亦然。城乡人口分布格局的变化并不是随心所欲的，早期城市文明的基础是农村，城市的规模必须由农村剩

[①] 郭松义：《农民进城和我国早期城市化——历史的追索与思考》，《浙江学刊》2011 年第 3 期。

余劳动产品来决定，所谓"民以食为天"，必须解决人口生存问题，社会才能稳定向前。地区人口增长不外乎自然增长和机械增长两种方式，一段时间内，由人口迁入或迁出而引发的机械增长相对于人口的自然增长对城乡人口变化的影响更大。比如发生大规模战争或者社会动乱之时，城市往往因为是各方力量争夺的中心而受到巨大冲击，人口大量伤亡或者大批迁移农村，城镇化率大大降低。而在社会秩序安定、经济平稳发展的时候，人口向城市流动的趋势又会非常明显，城市化率也会有所上升。

城市化率是始终在动态变化的，有规律可循。我国古代的城市化率大多数时间保持在 10% 上下，汉、唐时期皆是，宋代虽然被誉为"当时世界上最为城市化的社会"[1]，10 万以上的大城市人口加起来能达到总人口比重的 6%~7.5%，但其城市化率也不会超过 20%，究其原因，古代城镇化率的高低是由当时的农业生产水平决定的。春秋时期，齐相管仲曾向桓公明确提出过四民分野的主张，即士、农、工、商各有所居，"参（叁）其国而五其鄙"，大致可以理解为将全国居民分成在国（城市和城郊）和在鄙（乡村）两大区域，军士、工匠、商贾依照职业分区聚居于国，农民则居住在鄙，在国与在鄙的户口比例为 3∶5。如果简单认为在国为城市人口，在鄙为农村人口，那么就能轻易得出管仲构想的城乡社会其城市化率高达 37.5%，这在当时社会应该是难以企及的。按照吴申元在《中国人口思想史稿》中对彼时齐国人户的统计，大概全国总人口 492000 户，士 30000 户，工、商各 6000 户，农 450000 户，城乡比为 42000∶450000，以此推算城市化率不过 8.54%，这才与春秋时期城镇化水平大致相当。但是也并不能因此断定管仲的规划脱离实际，因为需要考虑到，管仲还提出了"国以为二十一乡：工商之乡六；士乡十五"的主张，其中的"士"并不是单纯的士兵身份，他们战时为兵，农忙务农，也就是说战争来临时，他们是拿起武器上阵杀敌的兵士，但日常情况下，他们和普通农民一样面朝黄土背朝天，他们的居住地

---

[1] Mark Elvin, *The Pattern of the Chinese past. A Social and Economic Interpretation*, Stanford University Press, Stanford, California, 1973, p. 176.

点应该在统治集团周边的近郊一带，既能起到军事拱卫作用，也方便日常耕耘，从这个意义上来说，"士"并不算完全意义上的"市民"，而其在"国"中的比重又是非常大的，"国"之21乡他们居15乡之多，占到了"国"之人总量的5/7。再按照"参其国而五其鄙"的比例推算是，则"士"的量占全国总人口26.79%。如果在37.5%的城市化率中减去这部分亦兵亦农、居于城郊的"士"，则城市化率也就仅剩10.71%。这个比值虽然高于吴申元的推算，但是也足以说明管仲的宏观人口布局是建立在当时国情基础上的，并非空穴来风。管仲本是试图运用行政的手段对城市和农村人口分布格局加以管理和控制，其实这种思想在其他时代也层出不穷，如我国古代陆续出现过的闾里制、里坊制、街巷制、里甲制等人口管理制度，虽然形式各有不同，但在思想上都与"四民分野"一脉相承，都是企图通过对区域居住户口的限制来减少或阻止人员流动，客观上对城镇化率有着一定影响，其实即使到现代，我国的户籍制度仍多少保留着古代四民分野的影子。但是必须认识到，行政的管控不是决定城镇化率的决定因素，城市的发展需要以农村生产为基础，居住在城市的非农业劳动者需要农村产出的粮食作物和其他农产品维持生活，从这个意义上来说，农村所能够提供的剩余粮食量决定了城市所能够容纳的非农业人口的数量。当然剩余粮食量只能决定城市化率的上限，城市化率的高低还与社会环境以及城市的政治、经济、文化影响力等相关，因为这些都会对人口产生程度不一的吸附能力。比如清代北京是全国政治、文化的中心区域，也是全国最大的都市，人口最多时接近百万，受其影响，京畿地区的城市化率要高于周边；长江下游经济发达，在全国城市化率平均6%左右的情况下，这里城市化率为10.6%，远高于边远地区云南、贵州的4.5%。① 此外还需注意的是，清代的城市化率统计可能存在严重低估的情况。因为对于城市的人口统计主要依赖户籍，但是很多政府官员、军籍人口、流民不在统计之内，或者居住在城市但是在农村保有土地的人户往往也会遵照"户籍随地"的办法，虽然数代相因长居城市，但仍

①〔美〕施坚雅主编《中华帝国晚期的城市》，叶光庭等译，中华书局，2000，第260页。

属农民户籍。虽然也有户籍在城、人居乡村的情况发生，但是数量极少，两者无法相抵。这种现象的发生无疑是由人口的高度流动性造成的。[①]

古代移民问题某种程度上也可以视作农村人口的迁移问题，这是因为在以农业生产为主导经济的社会制度下，农村人口占据了社会总人口的绝大多数，故而移民流动主要是农民的流动。农民进城贯穿了有清一代，农民离开农村进入城市，既是农村对大量失地、少地农民的人口释放，同时也为城市补充了新鲜血液，成为城市劳动力人口的重要来源，这个过程对于城乡人口实现更为合理的布局能够起到积极的推动作用。清代立国之初，王朝鼎革之际的战乱使得城市备受摧残，"在冷兵器时代，城市的区域中心地位使其历来成为战争双方首要的攻击点，控制了城市就能在战争中占据有利地形，掌握优良的防御设施，故而战争最主要的目标就是争夺城市"[②]。在这样的背景之下，"人民多遭惨杀，田土尽成丘墟"[③]，一些城市甚至遭受了灭顶之灾。

事件1：明崇祯三年（1630），清大贝勒阿敏奉命率领五千人驻守永平、滦州、迁安、遵化四城，明经略孙承宗督兵攻滦州，不到两三个月，四镇失守，阿敏在撤退时大肆杀降，"屠永平、迁安官民，悉载财帛牲畜以归"[④]。

事件2：崇祯十一年（1638），清军攻破济南城，山东左布政使张秉文、副使周之训、济南知府苟好善等皆被杀，撤退时将德王朱由枢及所有被俘官兵尽数带走，并屠戮百姓，"济南城中积尸十三万余"[⑤]。

事件3：明崇祯十四年（1641），"二月二十日，农民起义军张献忠部占领光州北城，次日占南城。三月，大疫，死人甚多……夏，疫病流行，人死过半"[⑥]。

事件4：明崇祯十五年（1642）四月，李自成农民军采取长期围困的策

---

① 参见赵冈《中国城市发展史论集》，新星出版社，2006，第21页。

② 何一民：《中国城市史》，武汉大学出版社，2012，第381页。

③ 国立中央研究院：《明清史料·丙编8》，商务印书馆，1936，第783页。

④ 赵尔巽等：《清史稿》卷215《阿敏》，中华书局，1976，第8945页。

⑤ 《明崇祯实录》卷12，嘉叶堂旧藏影印本，第356页。

⑥ 《潢川县志·大事记》，生活·读书·新知三联书店，1992，第14页。

略与城内明军对峙，因为孤立无援又缺食少药，城内疫病流行。九月，连日阴雨，加之十四日夜间黄河决堤，"十五日壬午黎明，水至城下，西南贼俱远遁，东北贼溺死无算"，"合城男妇哀号，王府士庶，尽升房垣"。① 浩劫之后，开封城内尸骨成山，黄澍在奏疏中称："汴梁百姓，周王宫眷而外，臣七月初旬以点保甲为名，实在人丁三十七万八千有零。至九月初旬，再一查点，只存奄奄待毙者三万余人耳"②。

事件 5：顺治元年（1644），李自成在西安称帝后取道山西北伐，在宁武关（今陕西省商洛市丹凤县东武关河北岸）遭遇明军顽强抵抗，攻陷宁武后，"恨其久不下，屠杀一尽，血流成波有声，以数门土塞，不可走故也"③；此后在北京等地实施追赃助饷政策，"凡有身家，莫不破碎，衣冠之族，骚然不得安生，甚则具五刑而死者比比也"④。

事件 6：顺治元年（1644）正月十三日，清朝豫亲王多铎率兵至潼关，驻守此地的大顺守将马世耀诈降，被识破后与多铎军展开激烈大战，"恶战三日夜，互杀十余万，贼兵败，世耀死"⑤。

除了人口被屠杀殆尽的城市，其他城市人口的损失也不可小觑，城市化率几乎跌至谷底。如北京城明代中后期，军民共计 14 万户、84 万人，清初内城总共有 11.9 万户、55.6 万人，这其中还包括满洲贵族从东北带来的八旗官兵及其眷口 40 万人⑥，如果减去这部分人口，则北京原住民仅余十万左右。社会生产和秩序的恢复首先从城市开始，在统治阶层的带领下，城市建设陆续开展，而解决人口问题则是城市建设至为关键的一环。人口的生殖繁衍有其内在规律，短时期依靠自然增长满足城市劳动力需求是不可能的，

---

① 白愚撰，刘益安校注《汴围湿襟录校注》，中州书画社，1982，第 57 页。
② 傅泽洪：《行水金鉴》卷 45，雍正三年（1725）刻本，第 18 页。
③ 山西省文献委员会编《山右丛书初编 15 王石和文卷之六周遇吉节录补闻》，山西人民出版社，1986，第 653 页。
④ 郑廉著，王兴亚校《豫变纪略》卷 7，浙江古籍出版社，1984，第 179 页。
⑤ 戴笠、吴殳撰，陈协琴、刘益安校《怀陵流寇始终录·甲申剩事》，辽沈书社，1993，第 355 页。
⑥ 韩光辉：《建都以来北京历代城市人口规模蠡测》，《人口与经济》1988 年第 1 期。

故而机械增长在清初城市恢复中起到了至关重要的作用。与城市发展模式相同，许多人口寥落、土地荒芜的州县，其生产的恢复也是依靠移民来实现的。前面提到的"湖广填四川"就是很好的例证。再如河南光州，明万历年间原有人户上万，崇祯末年，"州及四属屡遭兵燹，人口流亡，户存空籍"，到顺治时期州城只剩1189口。清朝建立以后，政府要发展经济，首要任务便是"召集流亡，惠养休息"，经过顺治、康熙、乾隆三朝恢复，到乾隆二十二年（1757），光州增长至45977户、178829口①，这样快速的人口增长依靠的肯定不是自然增长，而是移民的迁入。陕西石泉县也是如此，经过明末的战乱，全境"仅存七百余户"②，道光时期人口增至74000余人，外地移民占人口总量的十之八九，也就是说填补劳动力空缺的主要是移民。虽然无论是光州，还是石泉县都没有将城市人口单独统计，但毋庸置疑的是，城市与农村人口的增长是如影随形的，而且城市对人口具有吸附效应，光州州城和石泉县城人口数字占比应该都不会少。

　　政府对流民进入城市的问题需要一个认知过程，这个过程在首都北京的移民问题上表现得最为明显。清朝伊始，为了便于地域管控，政府规定满洲八旗贵族居住于内城（满洲移民，北城），汉人居住于外城（本地居民，南城），同一座城市不同民族尚且隔离居住，对于外来入京人口控制得更为严格。长期旅居京城人员，官府"按月点卯，酌量分定日期，俾得逐一查照循环号簿，详细诘问，毋许容留来历不明之人"③。对于入京流民则实施遣送回原籍的政策，"就食京师流民，清查口数，资送回籍"，"闲散游荡……立宜摈逐"④，以此来抑制北京人口的机械增长。清代中期以后，政府放松了对外地移民的管制，这从最高统治者对待流民的态度上就可看出一二。乾隆初期，皇帝说"（流民）亦未见其流离失所且人人资送，势亦有所难行。

---

① 高兆煌：《光州志》卷17《户口》，乾隆三十五年（1770）刻本，第10页。
② 舒均纂修《石泉县志》卷2《户口志》，道光二十九年（1849）刻本，第25页。
③ 《清宣宗实录》卷286 "道光十六年七月下"，中华书局，1986，第421页。
④ 昆冈等：光绪《钦定大清会典事例》卷1038《驱逐游惰》，光绪内府抄本。

不如听其自为觅食谋生"①，也就是说对流民入京不再一律遣返，而是听之任之，自寻出路，标志着政府在流民认识上发生了巨大转变。此后《清高宗圣训》又载，"流民中谋生者，悉系故土并无田庐依倚之人，而必抑令复还，即还其故乡，仍一无业之人耳"，言语中饱含关怀和体谅，由此可判断统治者对移民留京非但不反对，甚至还有鼓励在其中。政府对待移民态度的前后转变，促使乾隆后期开始，外地移民在京谋取职业的人口大量增加，除京畿人口外，来自山东、山西、直隶、陕西等省的移民数量很多。② 以至于光绪四年（1878）春，出现了"畿辅旱灾，秦、晋、豫皆大祲，民之流亡以亿万计，其十之一奔赴京师"③ 的局面。人口流动归根结底是资源的再分配问题。清代中期随着人口增长，农村无地、失地农民不断增加，加之自然灾害频仍，允许农民进城不但有助于缓解封建社会中期以后因农村人口和土地资源不相匹配而导致的人地矛盾、减轻灾疫下流民问题对政府造成的压力，还能够满足城市扩张所需要的劳动力问题，从而促进城乡人口格局的转变，实现城市和乡村共同发展的平衡。

二　农民入城促进了城市经济社会文化的全面发展

农民背井离乡进入城市，除少数人外，大多数农民从事的是与农事无关的工作，这就是学者所说的"农民的非农民化"过程，这种角色的转变也是移民企图改变城市、融入城市的过程，当然其中有成功也有失败，成功者顺利在城市安家立业、生息繁衍，失败者则终因无法适应城市生活而重新退居农村，他们无论是留是走，都曾为所在城市努力过。很难用简单的语句去评判农民进城为城市社会经济发展所做出的贡献，因为他们或者为官，或者为商，或者为兵，或者为工，三教九流，各色人等，他们的各项活动是与当地市民融为一体的，很难泾渭分明地甄别开来，可以说城市的繁华背后处处都有他们付出的身影，"正是他们的源源进入，补充城市劳动力的不足，才

---

① 《清高宗实录》卷314 "乾隆十三年五月上"，中华书局，1986，第154页。

② 参见韩光辉《从幽燕都会到中华国都——北京城市嬗变》，商务印书馆，2011，第141页。

③ 李慈铭著，刘再华校《越缦堂诗文集》（中），上海古籍出版社，2012，第969页。

是这些城市得以不断发展扩大的一个重要原因"①。

农民进城成为城市经济、社会发展的加速器。以北京为例，清代的北京是一座名副其实的移民城市，清初北京城内及四郊人口约为55万②，其中至少包括30多万八旗官兵及其家属③，加上随八旗入驻的大量满族人、蒙古族人、俄罗斯族人、朝鲜族人、回族人、叶尔羌人、安南人，以及全国各地涌入的汉人，北京土著人口应该不足10万，也就是说所占人口比例小于20%，北京城绝大多数为外地移民，而这些移民中不乏农民。北京是全国最大的消费市场，除了皇帝及其三宫六院，还居住了大量的皇亲国戚、王公贵族、八旗官兵、各级官吏以及他们的家属，还有诸多为他们服务的奴仆、佣工、护卫等，庞大的消费需求使得这里商贾辐辏，店铺林立。正阳门外大街最为繁华，"东边市房后有里街曰肉市，曰布市，曰瓜子店。迤南至猪市口，其横胡同曰打磨厂。内稍北为东河沿，曰鲜鱼口，内有南北孝顺胡同，长巷上下头条、二条、三条、四条胡同；曰大蒋家胡同，东南斜出三里河大街，内有小蒋家胡同，冰窖胡同。此皆商贾匠作货栈之地也"。"西边市房后有里街曰珠宝市，曰粮食店，南至猪市口……其横胡同曰西河沿、曰大栅栏，……大栅栏西南斜出虎坊桥大街，此皆市廛、旅店、商贩、优伶业集之所，较东城则繁华矣。"④ 而从事商品经营与手工业制作的多是外地人，其中尤以山西、山东、直隶商人为多。郭松义在其所著《清代北京的山东移民》中，对中国第一历史档案馆保留的381宗清代山东移民个案样本进行整理，除去不明职业的25人外，有49%的山东移民从事与商业有关的工作，包括"大小老板、掌柜""小摊贩、小货商""店伙计、学徒、写账者"等。与此同时，在梳理山西移民资料时，他还发现与山东移民约半数从商相

① 郭松义：《农民进城和我国早期城市化——历史的追索与思考》，《浙江学刊》2011年第3期。
② 韩光辉：《燕园史地随笔》，中国国际广播出版社，2019，第79页。
③ 李慕真、仇为之：《中国人口·北京分册》，中国财政经济出版社，1987，第38、39页。
④ 吴长元：《宸垣识略》卷9《外城一》，卷10《外城二》，北京古籍出版社，1982，第164、182页。

比，山西移民从商人数更多，竟然可以达到85%以上①，这与清代夏仁虎所说"北京工商业之实力，昔为山左右人操之"②及山东人"有商略，富于忍耐心，故与山西商人并驾齐驱，在北京商业界发挥威势"互相印证，很大程度上证明了郭先生选取档案馆清代移民档案计量统计并加以定性分析的科学合理性的。就商业来说，移民在京涉及行业非常广泛，既有为统治阶级服务的银号、账局、冰窖库，也有关系百姓生活的米铺、布店、鞋店等，大大小小、林林总总，遍布于北京的大街小巷。如鲁商专注于粮食行业，"北京老米碓房都是山东人所开，相沿已久，又称'×××山东百什户×'"③。老米属漕运陈粮，一直作为向官员和八旗兵丁的俸粮，数量很大"官兵俸粮留食者三四分，官局收买者二三分，余俱在外流通，藉济民食"，也就是说有百分之三十至四十的俸米会流入市场，故有"民间所食乃官兵余粮转粜者耳"④之说。老米需通过碓房加工方可食用，而加工这个环节被掌握在山东人手里，故"顺势控制了北京的粮食市场"⑤。"京师大贾多晋人"⑥，晋商在金融行业以"历史悠久，铺号众多，分布面广且资本雄厚"著称。⑦郭松义曾统计过80家晋商店铺的资料，发现它们中从事钱店（银号）生意的高达13家，由此可以看出晋商对这个行业涉足之深。清人笔记中也不少相关记载，如《燕市积弊》说，切面买卖"在北京城里开铺子的分两路人：一是山东，一是直隶"。"蒸锅铺的买卖儿发明最早，凡在北京开设的，全是山东人多。""北京的漆铺大半都是山西买卖。""翎子这行买卖，向来是山

---

① 郭松义：《清代北京的山西商人——根据136宗个人样本所作的分析》，《中国经济史研究》2008年第1期。
② 夏仁虎：《旧京琐记》卷9《市肆》，北京古籍出版社，1986，第97页。
③ 待馀生著，张荣起校注《燕市积弊》卷1《米碓房》，北京古籍出版社，1995，第31页。
④ 李光庭：《乡言解颐》，中华书局，1982，第107页。
⑤ 郭松义：《清代北京的山西商人——根据136宗个人样本所作的分析》，《中国经济史研究》2008年第1期。
⑥ 徐珂：《清稗类钞·义侠类》第6册，《某王为亢掌柜解围》，中华书局，1986，第2750页。
⑦ 郭松义：《清代北京的山西商人——根据136宗个人样本所作的分析》，《中国经济史研究》2008年第1期。

西人所作。"①《旧京琐事》说："盖汇兑银号、皮货、干果诸铺皆山西人，而绸缎、粮食、饭庄皆山东人。""绸缎肆率为山东人所设，所称祥字号多属孟氏。初惟前门之泰昌为北京人，盖兼办内廷贡品者，各大绸肆必兼售洋货。"②《北京志》也说："最有势力且商机敏锐者为山西、山东、直隶的商人。"从中不难想象北方移民在商业领域的活跃。此外，在京移民为手工艺者、教读为生者、为公家当差者、说媒者数量也不少，当然移民中以出卖苦力为生者人数最众，如山东移民超过半数与人佣工、赶车、抬轿、挑粪者等，故时人有"盖北京土著多所凭藉，又懒惰不肯执贱业，鲁人勤苦耐劳，取而代之，久遂益树势力矣"，"其人数尤众者为老米碓房、水井、淘厕之流，均为鲁籍"③的记载。可以说，这些外地移民一批又一批的到来，不仅为北京繁荣发展提供了充足的后备军，也大大改善和丰富了在城者的生活质量，提高了城市居住的舒适度，这一切的改变又为更多外来者的进入提供了就业岗位和成功机会，保证了城市经济不断繁荣。同时期东北城市的发展也与关内移民的艰苦奋斗息息相关。"闯关东"的移民进入东北后除大部分依然从事农业劳动外，其他的则被其他产业吸收，诸如在矿山、铁路、航运等领域从事劳务工作。据统计，仅20世纪初，辽河水运就吸收劳动力约20万人，"在船水手以此谋生者约10万余人"④，在东北的矿山中，山东、河北等地移民也占据相当大的比例，他们为东北经济建设做出了巨大贡献。

在文化传播方面，农村进城人口的作用也不可忽视，"人口流动促进了不同区域间的交往和文明的传播，促进了城乡思想文化的交流、农村观念的变革、知识和技术的进步和区域间文化交互融合"。天津兴起于明代初年，"天津近东海，故荒石芦荻处。永乐初始辟而居之，杂以闽、广、吴、楚、

---

① 待徐生著，张荣起校注《燕市积弊》卷3《蒸锅铺》、卷3《漆铺》、卷1《翎子铺》，北京古籍出版社，1995，第81、85、8页。
② 夏仁虎：《旧京琐记》卷9《市肆》，北京古籍出版社，1986，第97页。
③ 夏仁虎：《旧京琐记》卷9《市肆》，北京古籍出版社，1986，第97页。
④ 辽宁省档案馆藏《奉天省公署档案》卷4068。

齐、梁之民，风俗不甚统一。"① 清代随着大运河的开通，天津北方贸易转
运集结地的优势充分发挥出来，迅速成为南北漕运的中心，"人烟稠密，交
易频繁"。明清两代，"苏皖和晋冀鲁豫地区的大量移民或屯垦，或漕运，
或逃荒，或经商，陆续迁至天津；随后，盐业、金融、实业、商业乃至政
界、军界、文化界知名人士"汇集，天津成为一座典型的"土著者少，留
寓者多"的移民城市。移民汇聚天津，也为这里缔造了独具特色的城市文
化。以语言为例，皖北、苏北方言与河北、山东、北京、东北等地的语言融
合为一体，独具地方韵味的津腔在此基础上形成。此外，天津的饮食、居所
以及社会习俗等也都具有五方杂糅的特点，与移民文化息息相关。大量相同
地域文化的移民也会将本土文化带入迁居地，从而对其文化产生深刻影响。
如新疆地区，随着大量中原移民的到来，城市工商业迅速发展，"市街宽
敞，人民杂辏，茶寮酒肆，优伶歌童、工艺技巧之人无一不备"，"数载以
来，渐同内地，人气盛也"②。中原的传统节日、饮食服饰、娱乐活动等也
被移民悉数带到了这里，逢年过节，汉人聚集的村落会组织周期性的庙会活
动，秦腔、眉户、花鼓戏、木偶戏、皮影子戏等均有出现。而且随着时间的
流逝，中原曲艺还与新疆文化互相融合，产生了新疆曲子戏这一新的艺术表
演形式，为西域乐舞增添了又一篇章。再如东北三省，作为清朝皇族的龙兴
之地，统治者一直担心过度移民会影响这里的风土民俗，这种担忧不无道
理，因为在清廷取消边禁政策、施行招垦政策以后，山东、河北、河南等地
"闯关东"的汉人成群结队，结伴而来，至辛亥革命前期，"东北各地均变
成了移民城市或移民乡镇，原土著居民满族人已经彻底沦为少数民族"③。
以大连为例，明末清初，历经几十年兵燹，这里"荒城废堡，败瓦颓垣，
沃野千里，有土无人"④，清朝建立后，招民垦荒，鼓励农耕，经过康、雍、
乾三朝恢复，大连的人口和耕地迅速增加，经济的进步也促进了文化事业突

① 薛柱斗：《天津卫志》卷 4《艺文》，康熙十七年（1678）补刻本，第 36 页。
② 纪昀著，郝浚注《乌鲁木齐杂诗》，新疆人民出版社，1991，第 8 页。
③ 吴振宇：《关东枭雄张作霖》，台海出版社，2015，第 28 页。
④ 《清圣祖实录》卷 2 "顺治十八年四月戊午"，中华书局，1985，第 65 页。

飞猛进地发展，随着大量移民的涌入，这里"生聚日集，人文兴盛"。满汉两族人口长期共处，生活习惯、语言文化、民风民俗愈益同化，"最终形成了以汉文化为主体的、广泛吸收满族文化的、具有沿海区域特点的文化格局"①。在这种趋势带动下，东北作为满族统治政权稳固大后方的地位日渐消弭。

三　移民推动了中国早期的城镇化发展

清代商品经济的活跃在刺激商品性农业生产不断扩大的同时也使得农民更多地参与到市场交换中去，越来越多的农民不再只是依赖土地为生，而是花费更多的时间和精力投入到商品经济活动中去，这也反过来进一步促进了市集贸易的发展。许多交通便利、资源丰富的市集商贸发达，人口越聚越多，逐步发展为市镇，这与德弗里斯（Jan de Veres）所说的"早期城镇化"（early urbanization）极为相似，即此城镇化涵盖的是小城镇的发展而非大城市。不过中国的早期城镇化与西方有所不同，西方是建立在工业化发展基础之上的，小城镇男女可以完全依靠城镇的手工业来维持生计，而中国生活于小城镇的居民则不能完全做到，有相当一部分的人还不能够完全脱离农业劳动。此外，在强大的以农业生产为主的社会体系中，城乡贸易还主要以从乡村向城市输入为主，农民向城市居民提供粮食、肉类、农副产品及手工业品，如布匹、竹藤品、缸盆等，而农民中的大多数人还不具备自由购买城镇产品的能力，他们所购买的物品基本限于生活必需品，这就大大限制了城镇化的发展水平。但不可否认的是，清代集镇的数量前所未有地增长。以河南为例，据估算明代中后期这里大概有集镇 1039 个，清初 1963 个，中期增长至 2531 个，晚期则达到了 3552 个。清代晚期集镇数量是明代的 3 倍多，几乎是清初的两倍，这既是经济和贸易进步的结果，也与清代人地矛盾加剧、大量移民流向集镇相关。

其实仔细观察，清代兴起的诸多商业城镇大都离不开外地居民的贡献，

---

① 杨锦峰：《辽宁地域文化通览·大连卷》，大连出版社，2017，第 140 页。

或者可以说中国早期在北方经济活跃的小城镇基本上都可以被视作移民城市。东北地区的长春、双城、欢喜岭、宾州镇、珲春、三岔口、绥芬河、呼兰、茂兴、厅城、通河、九台、舒兰、额穆等城镇商业之所以能够较为快速发展，是因为移民的批量迁入推动了地方生产与消费的双向增长，加之交通的发展促进了市场贸易的扩大，从而刺激了城镇经济的进步。其他地区也不例外，山东的临清、登州（烟台）、胶州（青岛），直隶的张家口，山西的吴堡，陕西的韩城，河南的赊旗店（社旗县）、周家口（周口市）等，均为交通型城镇，便利的水陆交通在为城镇带来源源不断的商品的同时，也使为客商服务的运输、娱乐、饮食、住宿、镖局、票号等行业随之兴起，工商业的兴盛也促使城镇对匠役、店员、伙计等的需求不断增加，于是平民百姓也不断涌入城镇，以至于出现"大市大镇，商旅辏集，行业专家，祖孙聚处，大者千计，小者百什数"① 的局面，可以说城镇经济的繁荣离不开移民的推动。

移民对于早期城镇化的影响在河南表现得尤为明显。清代作为北方重要农业大省的河南，手工业发展并不突出，境内商品市场活跃主要受益于地处中原商业交通的发达以及农产品商业化程度的加深。如朱仙镇是明清全国四大商业名镇之一，宋时这里还只是一个军事重镇，但是明代中后期，这里迅速成为河南最大的商品转运市场和货物集散地，其繁华程度可以与首府开封相媲美。朱仙镇的成功逆袭归根结底是贾鲁河的疏浚畅通。贾鲁河上接黄河，下连淮河，江淮物资经由长江入淮，沿着贾鲁河北上，作为南北水陆转运的中枢，这里各地人口会聚。朱仙镇人口最多时可达20余万人，当时河南一般县城不过几千人，府城过万的也不多，其富庶可见一斑。据考证，当时全镇商人商号数量超过千家，大多为外商，以山、陕商贾为最，此外还有来自安徽、江西、湖广、福建等省的商人。移民经济实力雄厚，朱仙镇杂货、典当、粮食、烟、服饰、饮食等行业基本都为外商控制，不多的手工

---

① 晏斯盛：《请设商社疏》，收入《皇朝经世文编》卷40《仓储》，光绪十二年（1886）思補楼重校本，第1026页。

业，如皮房、毡帽作坊、羊毛字号、丝茧行、门神作坊、炮行等，虽然有本地商民参与，但从业者仍是以外省移民为主。而且河南早期的小城镇大多从集镇发展而来，移民是推动经济发展的重要力量。如周家口、赊旗店、唐河、北舞渡、源潭镇等，其兴盛均与南北水路运输线路的畅通息息相关。明代中后期，周家口规模还很小，"仅有子午街一道，居民数家"，清代雍正时期发展成为"水路交汇之乡，财货堆积之薮，南接楚越，西联秦晋，东达淮阳"的"豫省一大都会"①，蜂拥而来的移民对周家口崛起的作用不可忽视。赊旗店，明时只是一个名不见经传的村落，清代以后，随着万里茶道的开辟，作为南北水运和陆运的转接点，货物堆积量巨大，民间有"拉不完的赊旗店"之语。赊旗商业之繁华、客商数量之多，可以从清代这里建立的山陕、湖北、江西、福建、广东、直隶、湖南、安徽等十余座外省同乡会馆中直观反映。河南地处中原，交通位置重要，除了上面所提到的，方城、合河镇、道口镇、屯子码头、栾川镇、楚旺镇、白坡镇、繁城镇、寒冻、陡沟店、清化镇、荆紫关等都属于交通型商业城镇，能够在清代发展繁荣都离不开外地移民所做的贡献。但是需要关注的是，城镇只是"移民"的落脚点，如果不能够就地扎根，那么"移民"既能移来，也能移走。清代的河南便是如此，内河航运以及国内商贸网络的发展为省内一批位于交通枢纽位置的市镇带来了商机，外地移民因此蜂拥而至，而清朝晚期，随着内河航道的淤塞以及交通方式的改变，很多传统交通型城镇纷纷衰落。如道光时期，贾鲁河"河决流淤，屡浚屡塞"，后来彻底失去了通航能力，朱仙镇繁华尽逝。随后，铁路逐步替代内河航运成为内陆地区主要的商品运输方式，周家口、赊旗店、唐河等依靠水运发展起来的城镇迅速沉寂。此前因为交通吸附而来的大量人群也随之四散而去，河南早期商业城镇遂出现"200年的繁盛商业没有改变当地的面貌"②的局面。仔细分析原因，这些城镇的

① 董榕修，郭熙纂，牛问仁续纂修《商水县志》卷1《舆地志》，乾隆四十八年（1783）刻本，第12页。
② 谭经龙：《通江连海：明清时期中原商镇及（与）水运网络的兴衰研究》，《海洋历史地理论》，山东教育出版社，2010，第172页。

繁荣都是以交通和商业为支撑，而本地的工业并没有发展起来，或者发展得不够充分，这与德弗里斯所阐述的西方的"早期城镇化"在本质上相去甚远。这也是有些学者认为清代中国没有出现早期城镇化，或者中国早期的城镇化只出现于经济发达的江南地区的依据。不过笔者认为，虽然在以河南为代表的北方地区的早期城镇化缺少工业发展的基础，但是商业城镇的批量出现是一个不争的事实，而且从城镇的繁华度、人群的聚集度来看，这都是以前任何朝代所不曾有过的，是经济进步的表现，称之为中国早期的城镇化并不为过。虽然这种城镇化主要是建立在市镇的兴起与商业的发展之上的，是乡村经济实力增强的表现，某种程度上讲，市镇起到了"城乡间的中介和过渡地带"的作用，是"乡村不断都市化的过程"。① 这个过程中，移民（无论是外地移民，还是本区农业移民）是不可或缺的重要推动力量，他们可以被称作中国早期城镇化的缔造者、亲历者和见证者。

第四节 "留着一个根在乡村里"

城乡之间的人口流动不仅有助于促进社会资源优化配置，也便于不同区域间的文化交融和文明传播，从而推动城乡观念、技术和知识的共同进步，这个过程是浸透式的，长期而缓慢。"民以食为天"，漫长的农耕社会使得人们对于土地和农业的信任与倚赖深入骨髓，安土重迁、故土难离是萦绕在每个移民心中的感情羁绊。正如费孝通所说，"乡土社会是安土重迁的，生于斯、长于斯、死于斯的社会……在这种不分秦汉，代代如是的环境里……一个在乡土社会里种田的老农所遇着的只是四季的转换，而不是时代变更。一年一度，周而复始"②。但是历史的车轮滚滚向前，随着时代的变迁，清代中后期，传统的仅仅通过男耕女织就能满足家庭全部需要的时代已经成为过去。加之人地矛盾的加剧以及频繁爆发的天灾人祸，迫使越来越多的农民

① 樊树志：《明清江南市镇探微》，复旦大学出版社，1990，第5页。
② 费孝通：《乡土中国》，上海观察社，1948，第54页。

纷纷离开生养他们的土地，进入未知的城镇谋求生活，成为实际意义上的城镇人口。

城市与乡村人员交织往来，虽然从流向来看，大致以农村人口向城市流入为主，但是这些被城市吸引而来的人口并未同农村切断联系。因为血缘、经济以及社会关系等原因，他们大概率还会与农村保持着或疏或亲的关系。此外，"留着一个根在乡村里"的乡土情结盘桓在每个离乡游子的心中，这就使得在城居住者，尤其是富裕家庭并不会将留居城市作为唯一的、必要的选择，他们中的很多人本身就是在农村拥有土地的城居地主，"他们并没有真正离土而居，依旧处于与乡村社会类似的宗族与村落组织网络之中"，换言之，传统中国的城市并没有发展出一套独立于农业文明的"城市文明"，依然是乡土中国的组成部分。①

一　以农为本的重农思想

中华文化长期根植于以家庭为单位的小农经济之上，故而在其形成发展过程中被烙上了深刻的农业文明的印记。春秋时期《国语》说"民之大事在农"②，《管子》将这一理论继续深入，"凡有地牧民者，务在四时，守在仓廪……仓廪实则知礼节，衣食足则知荣辱"，"粟者，王之本事也，人主之大务，有人之途，治国之道也"。③迨至清代，统治者依然坚持以农为本的治国理念，康熙帝在《农桑论》中说："盖农者所以食，桑者所以衣也。农事伤则饥之源，女红废则寒之源"，"王政之本，在乎农桑"④，强调农业生产的重要性。

"从土里长出过光荣的历史，自然也会受到土的束缚"⑤，中国经历了漫

① 刘守英、王一鸽：《从乡土中国到城乡中国——中国转型的乡村变迁视角》，《管理世界》2018年第10期。
② 曹建国、张玖青注《国语·周语上》，河南大学出版社，2008，第104页。
③ 齐豫生、夏于全：《中国古典文学宝库》第28辑《管子》，延边人民出版社，1999，第3、139页。
④ 章侵：《康熙政要》卷19《论务农》，宣统二年（1910）铅印本，第957页。
⑤ 费孝通：《乡土中国》，上海观察社，1948，第2页。

长的农业社会，直到清代依然在持续，农业始终在传统经济中占据主导地位。张仲礼根据中国海关税司的统计数字估计，19 世纪 80 年代中国农业依然可以占到国民生产总值的 60%，而其他非农业部分，如服务业、贸易、住宅、制造业等加在一起也不过 40%。① 也就是说，农业经济是当之无愧的支柱产业，是以农为本的乡土中国城乡发展的根基所在。

在根深蒂固的农本思想影响下，其他产业经济形态虽然与农业相互交织，且不可或缺，但却被人轻视。以古代社会分阶而论，民众根据职业有士、农、工、商四个等级，士人是统治阶层的后备军，社会地位高自不待言，农民社会地位仅次之，高于手工业者和商人。士人阶层多出身于地主家庭，地主是农村土地的拥有者，与农业生产紧密相连，这就使得士人的宇宙观、人生观和价值观很大程度上能够与常年在土地上耕植的农民相契合。士人运用他们所掌握的知识，将农本、重农思想以及与农业相关的踏实务本、中庸之道、安天乐命等精神融入哲学、文学、艺术等文化中，在社会广泛传播，同时也向上逐级传递，在巩固和加强统治阶层农本意识的同时，也使得重农轻商成为传统中国社会、经济理论和治国理念的潜意识。所谓重农轻商，也被称之为"重本抑末"或"重农抑商"。此处的"商"外延甚广，可以泛指农业生产之外的一切工商及服务业等活动。

封建当权者视农业为国之根本，为了保障赋税地租来源和巩固社会秩序，将其他行业一概贬斥为末，如雍正皇帝说："朕观四民之业，士之外，农为最贵。凡士工商贾，皆赖食于农，故农为天下之本务，而工商皆末也。……市肆中，多一工作之人，即田亩之中少一耕稼之人。"② 在这种观念下，广大从事农业生产的农民向外流动的意愿不断被约束和抑制，民间，特别是乡村的手工业、矿业和商业发展举步维艰。虽然历史发展到封建社会晚期，随着社会经济的长足进步，已经有不少有识之士开始意识到重农抑商

① 张仲礼：《中国绅士的收入——〈中国绅士〉续篇》，费成康、王寅通译，上海社会科学院出版社，2001。
② 参见彭泽益《中国近代手工业史资料（1840~1949）》（第 1 卷），生活·读书·新知三联书店，1957，第 419 页。

的弊端，"工商皆本"理念呼声已出，如黄宗羲在《明夷待访录·财计三》中说"世儒不察，以工商为末，妄议抑之，夫工固圣王之所欲来，商又使其愿出于途者，盖皆本也"①，对视工商为"末业"的陈腐论调进行了强有力的驳斥，但中国社会上千年来形成的痼疾不可能一下根除，直到清代后期，重农抑商的国家政策仍未完全废除。甚至道光年间，面对白银外流、银贵钱贱的问题，依然有官员从"重本抑末"的角度出发，认为"银者，非耕之能生、织之能成者也"，"银愈贵而农愈困"，以银为币有"失本末之义，昧轻重之宜，王政之不可行，民俗之不可厚，皆由于此"，② 提出用谷帛等实物为货币代替银钱的主张。虽然最终并未执行，但这种反经济规律、逆历史潮流的言论出现于朝堂之上，无疑表明时人对于农业的极度重视，甚至可以说是偏执，已经成为商品经济发展的桎梏。在重农抑商政策的影响下，许多地区民众对于工商行业的兴趣不大，"俗重农轻商"③，县民"轻商贾专务稼穑"④ 等言论屡见于各类书籍，加之工商业者长期处于社会底层，他们中的佼佼者一旦获得财富，扩大再生产的意愿多不强烈，而是更愿意将经营所得用于购买土地资料，成为新型地主，还有相当一部分人会选择利用金钱换取功名或官衔，以此提升个人及家族的地位，这些都成为生产力进步的阻碍。

二　安土重迁的乡土观念

悠久的农业文明滋养了中华民族的庞大人口，也使得封建秩序得以维系和强化。历史发展到清代，随着户籍制度、赋役制度与经济结构的转变以及农村人口的迅速增长，传统的男耕女织已经很难满足家庭生活的全部需要，于是在乡土工业作为农业的兼业和补充愈加重要之时，大批的农民也在向非农业地区转移，士商阶层城居化比例不断提高。不过中国的城镇化进程是漫

---

① 黄宗羲著，李伟注《明夷待访录·财计三》，岳麓书社，2016，第 202 页。
② 徐鼒：《未灰斋文集》卷 1《拟上开矿封事》，清刻本，第 2 页。
③ 陆绍治：《渑池县志》卷 7《实业》，英华石印馆民国 17 年（1928）刻本，第 15 页。
④ 郭光澍：《重修卢氏县志》卷 2《风俗》，光绪十八年（1892）刻本，第 15 页。

长的，几千年来形成的生活方式和思想观念虽因社会发展不得不有所改变，但是根植于农业社会长期形成的惯性力量，表现在农民身上的浓厚的乡土情结，仿佛一条无形的锁链，将广大人口束缚在其祖辈世代耕种的土地上，难以形成流动的意识冲动，"邑人重去其乡，离家百里辄有难色，故商贾少而农者多"①，"安土重迁，多老死不出境外者，至梯山航海奔竞商途者，得未曾有也"② ……这便使得"离乡"的历程艰难而缓慢。一直到 20 世纪初期，"乡村始终是中国传统文化的汪洋大海，而都市不过是这汪洋大海中零星散处的岛屿。换言之，乡村是传统文化生长的家园，都市是在这家园中滋长出来的果实"③。

从总体规模上来说，清代乡村人口外迁不弱于以前任何朝代，但是与南北朝、两宋之交大小家族动辄举家南徙相比，此时期的外迁多以单身出外为主，虽然不乏携老挈幼、阖家同行的案例，但是总体来说举家外出者所占比例很小。正如郭松义在《清代北京的山东移民》中所说，"综览这些进京的山东人，确有少数出门时携带妻儿同行，但多数是把父母妻小留在家乡，一人或几人结伴出行"④。以山东潍县陈姓家族为例，自清初始 12 代子孙中不断有人外迁关东和口外等地谋生，其中迁入口外者 51 人，明确记载的在当地安家生子者 13 人，占总数的 25.49%；迁入关东者 18 人，在当地娶妻生子者 3 人，只占总数的 16.67%。⑤ 这些外迁者基本都是单身男子，未在迁居地安家生子者很多是因为在家乡已经成亲安家，因为按照中国人"不孝有三，无后为大"的生育观念，没有子嗣的情况应该占比很少。像山西崞县人温满小子，乾隆十四年（1749）前往口外谋生，临行前将自种地 6 亩

① 彭良弼：《正阳县志》卷 9《总论》，嘉庆元年（1796）刻本，第 1 页。
② 韩世勋、金钟麟：《夏邑县志》卷 1《风土》，民国 9 年（1920）石印本，第 31 页。
③ 包伟民，《江南市镇及其近代命运（1840~1949）》，北京知识出版社，1998，第 291 页。
④ 郭松义：《清代北京的山东移民》，《中国史研究》2010 年第 2 期。
⑤ 郭松义：《论清代的人口流动和婚姻地域圈的关系》，载《中国社会历史评论》第 2 卷，天津古籍出版社，2000，第 210 页。

典出，留银子9两，交丈人赵明士保管，委托其养活妻儿。① 而且在外安家生子者也并不排除已经在家乡生儿育女，因为古代社会实行一夫多妻制，只要经济条件允许，男子可以迎娶多名妻子。由此判断，外迁者应该与家乡保持了紧密联系，可以说对大多外迁者而言，迁居只是生活压力下的权宜之计，迁居地只是谋生地、暂居地，而故乡才是其魂牵梦绕的根之所在。即使有人在迁居地成家立业，世代留居，但也很大程度上是形势使然，并非初心。这种情况与现代农村流出的打工人极为相似，虽然外出者众，但是一段时间后，他们大概率还会返回故乡。清代前往关东、口外的移民大多为这种雁行式的季节性移民也印证了这一点。如清代"闯关东"者基本都是只身前往的男性，当时政府明令"禁止汉族妇女出关"，禁令解除后女性移民数量才逐步上升，不过直到民国，男性移民数量仍然远远高于女性，而且这些移民中大多为春来冬还的"暂时性移民"②，在他们的潜意识中"家"只在故乡，对于迁居地缺少"家"的认同感。

安土重迁的乡土情结还表现在人们为了与家乡保持联系，经常会出现群体性迁移或者在迁居地与同乡建立种种联系方面。这里的"同乡"概念较为模糊，常常根据语境的变化有不同的界定，其地域涵盖可以是同村，也可以是同县、同州，甚至是同省。在迁徙过程中，移民大概率会选择和家族内的其他成员或者具有同乡关系的人员结伴外出，如清末河北万全县很多村民"受雇于本县（含张家口）铺户、商贾，以牛车、骆驼为运输工具，从事商业活动"③，他们多为父子、兄弟、亲朋、乡邻结伴而行，春出秋归，常年往返于张家口和库伦（今蒙古国首都乌兰巴托）之间。显而易见这种以血缘、乡里关系组合而成的"结伴而行"的方式已经成为外出群体的"迁移单位"④。移民初到异地，如有先到的亲友或者同乡，他们往往会去投奔。

---

① 中国第一历史档案馆藏《刑科题本·婚姻奸情类》，乾隆二十年十二月十二日晋抚恒文题，125号。
② 王丽丽：《东北移民创业文化中的"闯"与"创"》，黑龙江大学出版社，2018，第13页。
③ 中国人民政治协商会议万全县委员会文史资料征集委员会编《万全文史资料》第2辑，1988，第181页。
④ 陈世松：《大迁徙："湖广填四川"历史解读》，四川人民出版社，2016，第187页。

清代康熙至道光年间，政府虽然不允许流民进入辽东，但违禁者屡禁不止。在孤苦无援的环境下，移民会产生强烈的建立亲密交往群体的愿望，"借助认同宗、认干亲、结拜等行为，来加强人际交往，扩展社会关系，并获得相互扶持，共谋生存的伙伴"。在异乡，亲属关系之外的其他关系（如地缘关系）往往要比亲属关系更重要，而能够引起具有不同职业、不同经历、不同年龄层次的流寓民共鸣的，大概就是家乡了。家乡是一个人精神层面的重要组成部分，因此一些留寓民落地为安后，还会"呼朋引类"，使得追随者络绎不绝，以至于留居地"日积日多""愈集愈众"，甚至出现同一村庄居民集体迁移的情况。①

商人是移民中最为重视乡土联谊的群体。旅居外地的商人往往结伴而行，互相吸引而聚于一地，从事的行业也较为一致。如河南武安县出外商人主要经营药材、绸布和山绸三业，就其分布而言，省内较为集中，"业绸布、山绸者八十余家，约千余人；业药材者十余家，三百余人"。山东、河北次之，"药商百余家，绸布商十余家，共一千五百余人"。山西、陕西、甘肃也有不少，"一百数十家，计药商八百余人，绸布商五百余人，山西最多，陕甘次之"。热河、察哈尔、绥远也有店铺，"共有武安药商六十余家，绸布商数家，约六百余人"。② 因为出外经营者众多，为了加深彼此间的联系，以信仰为纽带，具有商业联盟性质的商帮便兴盛起来。商帮的出现可以追溯到明朝，清代地域商帮的数量众多，《清稗类钞》说："客商之携货远行者，咸以同乡或同业之关系结成团体，俗称客帮，有京帮、津帮、陕帮、山东帮、山西帮、宁帮、绍帮、广帮、川帮等称。"③ 以上提到的仅是部分，实际商帮数量更多，如河南的怀帮、武安商帮，山西潞州府、泽州府组成的潞泽商人群体等，社会影响也颇大。传统的中国社会，文明的根基与认同是具有乡土性的，基于共同的文化认知，各地商帮还会在经营地集资筹建地域性商业会馆以巩固联盟，加强内部凝聚力。会馆始建于明，最初是在京官吏

---

① 杜家骥：《清代社会基层关系研究》（上），岳麓书社，2015，第222页。
② 傅衣凌：《明清时代河南武安商人考略》，《学术论坛》1958年第1期。
③ 徐珂：《清稗类钞·农商类》第5册，中华书局，1984，第2286页。

为其同乡士子赴京赶考便于栖身而设立的房舍，中叶以后，随着地域商人力量的壮大，商业会馆的数量不断增多，迨至清代，不但大城市广泛建有会馆，在商业繁荣的市镇也有会馆的身影。较之早期地域会馆主要具有同乡会性质，商业会馆的内涵则更为丰富，除了联络乡谊、同乡互助，还具有宗教祭祀、交流商情的功能，有些会馆职能还会扩展到沟通移民与政府联系、协助政府约束移民、税收及维护地方秩序等方面。现存天津山西会馆的《重建晋都会馆记》将"连乡情"明白写入碑文："盖以桑梓之众，迁于大邑名郡者，虽地位各殊、营生各异，而一遇相诚"，"义气殷殷恳恳，不啻骨肉，亦天性也"。上海的山东会馆将慈善互助事宜写入会规："同乡之游于沪上者，或客居或路过，如有应代理直之事，必先由本帮司董为之理处，如事可了，毋庸集议。倘本帮司董不能清理，再行传单齐集公议"①，可见乡土观念的浓厚。

三　断不了的乡愁

鸦片战争以前，北方的农业经济仍然是以家庭为单位和以手工业劳动方式为主的自给自足的自然经济，虽然资本主义也有萌芽，但在经济总量中的占比微不足道。在小农经济模式下，尽管大量移民走出农村，其生产方式和生活环境发生了翻天覆地的变化，但是于他们来说，"故乡"是挥之不去的情愫，不仅在城市中生活如漂萍的穷人盼望回归土地，即使在中央谋取权位的官员也对家乡充满了浓浓眷恋，"留着一个根在乡村里"是每个移民的心愿。

所谓"羁鸟恋旧林，池鱼思故渊"，中国古人思乡情结深重。按照清代官员不能原籍就职的制度，地方官员都属于"流官"，也是移民的一种。他们异地为官，路途遥远，很多不能携带妻子儿女，只有几名仆役侍从跟随。很多人在经历身不由己的宦海沉浮后，对家乡的思念和认同超乎想象。清代官员致仕或者离任基本都会回到故乡，落叶归根。如纪晓岚在经历五十年从

---

① 彭泽益：《山东至道堂规章五十则》，《中国工商行会史料集》，中华书局，1995，第885页。

政生涯后，晚年安居沧州，常常关门自闭，沉醉诗酒，以写文章为乐趣，著名的《阅微草堂笔记》就是此时诞生的。岷州杜景奎，"嘉庆初，以岁贡生，诠授陕西盩厔县（今周至县）训导。未几，解组归。待二弟友爱甚笃，以耕读为乐"①。也有很多官员出于对家乡的热爱，即使外地为官，也会对家乡的发展尽心竭力。直隶定兴（今河北定兴县）鹿荃，初为学官，后任镇江府知府、浙江粮道、两淮盐运使等职，为官二十余载。在任期间，积极捐资修葺家族祠庙，临终前又捐祭田 529 亩给宗族，"皆岁余廪禄之所为，绝不私为子孙作生产计"②。山西泽州陈昌言，官至浙江道监察御史，他虽然常年在外，但始终以建设、保卫家乡为己任，先后倡导或主持建造斗筑居、河山楼、中道庄城等为战乱之时族人和乡民提供避难之所。

"断不了的乡愁"也使得相当数量的移民处于"离土不离乡"的状态。如清代涌入北京的山东流民，人数虽众，但真正能够留在城市扎根的只有极少数人，绝大部分人口"待灾荒一过，或到了播种的时节，便又返乡"③。有些人虽然在城市工作，其家庭的重心还在乡下，不但频繁往来于城乡之间，还会将打工或者经营所得的财物悉数寄回家中。家乡有妻儿的，必然伺机回乡探望，即使妻儿在城的，也断不了对家乡的惦念，于是出现了"信使"一类人，往返于两地之间，替移民与其家乡亲人间传递银两、物件、衣服等。

综上所述，可以认为农耕社会下，城市对农民的吸引力并不强烈，"一些耕读起家的年轻士子固然向往着城市生活，一心想出人头地，而饱经宦海风云的老年士绅似乎宁愿回归田园过乡居生活"④，士绅阶层如此，在城市中谋取生计更为艰难的农民对于农村和土地的向往应该比之更甚。浓厚的乡土情结使得城市与农村保持了紧密的人员往来，这在一定程度上促进了农村

---

① 《陇右稀见方志三种·新增岷州志》，上海书店出版社，1984，第 51 页。
② 上海图书馆编，陈建华、王鹤鸣主编，王铁整理《中国家谱资料选编 4 传记卷》，上海古籍出版社，2013，第 567 页。
③ 郭松义：《清代北京的山东移民》，《中国史研究》2010 年第 2 期。
④ 姜涛：《中国近代人口史》，浙江人民出版社，1993，第 291~293 页。

社会稳定发展的同时，也维持了城乡之间经济文化上的大致平衡。因此，学者罗兹曼在研究中国的城乡关系后指出，"城市与农村之间的结合程度，在整个中国历史上曾经一直是不正常的。名流高士常居乡下，城乡均有教育机会，居住在中心城市之外无损身价"①。也就是说西方世界常有的城市优越感在中国的古代是不存在的，造成这种结果的原因首先应该归结为，"中国的精英阶层多为拥有土地的士绅，他们必要的社会经济基础建立于乡村，而不在城市中心"②。此外，城乡之间联系之紧密在中国人复杂的社会关系中也表现得淋漓尽致，"在生活的全部领域，包括武装组织，中国社会都被结合进亲属关系网，这种关系网从村庄扩展到邻近的村庄，扩展到市镇，扩展到县城，以及更远的地方。这些亲属关系表现为一定的传统形式，其名称在这一地区和那一地区有很大不同，但在规模和作用的许多方面都是一致的"③，而关系网的核心一般都在农村。在这种背景下，城乡一致性成为中国文化的重要特征，因此牟复礼在考察中国社会发展历程后由衷地说："不是城市，而是乡村成分规定了中国的生活方式。它就像一张网，上面挂满了中国的城镇。这张网是用中国文明的料子织成的。"④ 也正因为如此，虽然清代人口流动时间长、涉及范围广，但是因为社会环境以及农本思想的束缚，"留着一个根"在农村的观念依然根深蒂固，并没有太大改变。

① 〔美〕吉尔伯特·罗兹曼主编《中国的现代化》，上海人民出版社，1989，第660页。
② 〔美〕卢汉超：《霓虹外灯：20世纪初日常生活中的上海》，段炼等译，上海古籍出版社，2004，第7页。
③ 〔美〕孔飞力：《中华帝国晚期的叛乱及其敌人》，谢亮生等译，中国社会科学出版社，1990，第67页。
④ 〔美〕牟复礼：《元末明初时期南京的变迁》，收录于《中华帝国晚期的城市》，叶光庭等译，中华书局，2000，第117页。

结语

历史的转折：
晚清至民国城乡关系的剧变

　　鸦片战争既是中国近代史的开端，也是中国由传统农业社会向现代工业社会转型的重要节点，面临着西方工业文明和市场经济的双重碾压，中国的自然经济开始解体，城乡关系遭受前所未有的冲击，开始由"无差别统一"向"二元"对立转变，这一变迁生动地展现了近代社会转型的轨迹及其伴随的"阵痛"，为我们了解近代社会提供了可参考的视角。

一　学界关于近代城乡关系的研究

　　对于近代城乡关系问题中外学者均给予了充分关注。马克思对中国的城乡关系有过高度概括，他说："亚细亚的历史是城市和乡村无差别的统一。"① 西方学者普遍认为中国近代城市没有担负起现代化的重任，城乡发展不均衡，城市显示出畸形发展的特征。美国学者费正清和利文森认为中国社会长期处于一种循环往复或者称之为停滞的状态，直到19世纪中叶遭遇西方列强冲击后才逐渐向近代社会转变，城市与乡村呈现分离、对立的特征。罗兹·墨菲对中西方城市进行了比较，以上海为切入点展开讨论，他认

---

　　① 〔德〕马克思、〔德〕恩格斯：《马克思恩格斯全集》第46卷（上），人民出版社，1979，第480页。

为近代中国城市对乡村影响极小，城市犹如农村汪洋中的孤岛，"传统的中国绵亘不断，差不多伸展到外国租界的边缘为止。在乡村，人们看不到上海影响的任何迹象"①。以施坚雅、罗威廉为首的不少西方学者对此持反对意见，他们从层级市场角度进行论述，认为中国的城市和乡村是由网络连接起来的层级结构，中心城市对于农村有着一定的辐射作用，不过"城市与其紧邻的周围农村的联系，要比它与更为宽广的内地网络的联系少得多——无论是在人口、产业乃至食品的供应方面"②。作为近代城市与乡村剧烈变化的亲历者，民国时期的中国学者对于城乡失衡、乡村日趋衰败等问题深有体悟，积极寻求解决途径。梁启超是较早对近代城乡关系进行探讨的学者，他说欧洲各国多由自由市扩展而来，市政相对独立，中国城市则不然，他们历来处于国家行政统治之下，"只有乡自治之史迹而无市自治之史迹"③。坚瓠、蓝梦九、黄宪章、顾凤城、常燕生等学者从经济学角度分析了城市勃兴给乡村带来的负面作用，认为少数城市吸收了社会上大量的资本和劳力，造成"田野荒芜，食粮匮乏。而农村之自治与教育，皆无人过问"④，此外都市在经济、政治和文化上受困于帝国主义的统治、操纵和麻醉，"帝国主义者以剥削中国劳苦民众利益的尾数，繁荣了中国的都市；又藉着这些都市的势力，加紧剥削全中国劳苦民众的利益"⑤ 等问题，从而得出城乡对立的结论。梁漱溟也认同近代城乡之间存在此消彼长的状况，他受同时期欧美国家田园都市思想影响，提出乡村建设是国家建设的基础和主体，"现在中国社会，其显然有厚薄之分舒惨之异者，唯都市与乡村耳"，"中国的建设问题便应当是'乡村建设'"⑥ 的主张，从而引发近代乡村建设思潮。步毓森、

① 〔美〕罗兹·墨菲：《上海——现代中国的钥匙》，章克生等译，上海人民出版社，1986，第14页。
② 〔美〕罗威廉：《汉口：一个中国城市的商业和社会（1796~1889）》，江溶等译，中国人民大学出版社，2005，第47页。
③ 梁启超：《梁启超论中国文化史》，商务印书馆，2012，第124页。
④ 坚瓠：《都市集中与农村改造》，《湖北省农会农报》1922年第3期。
⑤ 黄宪章：《中国都市的过去与今后》，《新中华》1934年第2卷第1期。
⑥ 梁漱溟：《梁漱溟全集》第5卷《山东乡村建设研究院设立旨趣及办法概要》，山东人民出版社，2005，第216、222页。

陈序经、陶希圣等人不赞同城市剥削乡村、压迫乡村的论点，认为这是没有注意到机器发明与交通便利带动乡村进步的结果。陶希圣说："历史发达的趋势，必定是乡村倚赖都市。生产的技术越高，都市的重要性越大，农村对于政治经济社会各方面的地位便越趋于次要了。并且都市发达了，才有改革农村的实力，才谈得到改革农村。"① 陈序经说都市的发展带动了乡村的进步，交通的发展使得近代的乡村和都市界限已经不像过去那样清楚，"与其说是有益于都市，不如说是更有益于乡村"②。言心哲、顾凤城、常燕生、费孝通等进一步认为城乡之间是互为倚赖的关系，社会越发展，二者之间的连带关系越密切，不能顾此失彼。总之，从这些探讨中不难看出，在 20 世纪上半叶，学者们已经意识到城市"涸泽而渔"式的掠夺是导致乡村事业衰败、城市工业停滞的重要因素，他们关于如何解决城乡之间不和谐发展的探讨至今仍具有现实意义。中华人民共和国成立以后，特别是 20 世纪 80 年代以来，近代城市史研究方兴未艾，城乡关系成为其重要内容，学界不仅对之极为重视而且提出了更高要求，"在近代中国城市史研究中，不能仅局限于探讨城市本身的发展，而必须从城乡关系的更广阔的背景来探讨城市的发展；也不能局限于个别区市的研究，应在个别研究的基础上，进而对一个区域，甚至全国的有代表性的城市做比较研究，对城市体系、城乡网络进行整体的宏观的考察，由点及面来弄清近代中国城市的历史、特点和发展规律，这也是我们研究国情，促进城乡改革、城乡结合共同发展战略所需要的"③。与此相关的成果不断问世，既有立足宏观的《近代中国城市发展与社会变迁（1840~1949）》④《中国近代城乡关系简论》⑤ 等论著，也有针对不同城乡和区域城乡发展的微观性研究，如《近代华北农村社会变迁》⑥《近代

① 陶希圣：《都市与农村——哪一个是解决中国问题的基点》，《独立评论》1935 年第 137 期。
② 陈序经：《乡村文化与都市文化》，《独立评论》1934 年第 126 期。
③ 隗瀛涛：《近代重庆城市史研究》，《近代史研究》1991 年第 4 期。
④ 何一民：《近代中国城市发展与社会变迁（1840~1949）》，科学出版社，2004。
⑤ 宫玉松：《中国近代城乡关系简论》，《文史哲》1994 年第 6 期。
⑥ 乔志强主编《近代华北农村社会变迁》，人民出版社，1998。

山东市场经济的变迁》①《近代冀鲁豫乡村》②《城市化视阈下的近代华北城乡关系：1860~1937——以京津冀为中心》③ 等，此外关于城乡关系理论、城乡层级市场、近代城乡人口关系等方面的探讨也方兴未艾，为我们鉴于历史、资于治道提供了有益的理论与经验。

二 近代中国社会环境的变迁

近代的中国处于一个大变动的时代，西方列强的坚船利炮在敲开清政府闭关锁国的大门之前，中国的城市与乡村一直被维系在自然经济的轨道上运行，在强有力的封建中央集权统治下，城市和农村在整个社会体系中虽然承担着不同的社会职能，即城市是政治、商业中心，农村围绕在城市周围，政治上依附城市，经济上会制约城市的发展，城乡之间虽然存在不同的社会分工，但是并不如西方国家或者近代中国那么明显，是一种独特的"城乡连续体"的模式。对此牟复礼解释说，这"是以城市外形、建筑与服装式样方面的证据为依据的，是以士大夫（也许还有民众）心理上的城乡态度、文化活动的结构、性质，甚至以对经济生活的模式的某些浮光掠影得来的证据为依据的。它启示我们，中国人生活的重要集中区——城市，是以我们臆想中别处的前现代城市互不相同的方式，与中华民族的整个存在互相联系着"。对于这种说法，施坚雅表示认可，他从文化角度分析，"在中国，基本的文化裂隙是阶级与职业（其间有千丝万缕的联系）的文化裂隙，也是地区（是个可以层层相套的精巧层级）的文化裂隙，而不是城市与腹地的文化裂隙"④。但是1840年以后，在西方列强侵略的强大冲击下，中国社会面对西方工业文明和市场经济的双重碾压，以大规模的社会解体为特征的经济、政治、社会等问题交叉并存，城乡关系格局随之被打破。鸦片战争之

---

① 庄维民：《近代山东市场经济的变迁》，中华书局，2000。

② 从翰香：《近代冀鲁豫乡村》，中国社会科学出版社，1995。

③ 任吉东：《城市化视阈下的近代华北城乡关系：1860~1937——以京津冀为中心》，天津社会科学院出版社，2003。

④ 〔美〕施坚雅主编《中华帝国晚期的城市》，叶光庭等译，中华书局，2000，第318、319页。

前，中国一直是世界最大经济体，直到 19 世纪末，这个位置才被美国所取代。经过鸦片战争以及此后的八国联军侵华、中法战争、日俄在中国东北的战争之后，中国领土日益缩减，国际影响力也不断降低，昔日的"天朝大国"沦落为屡遭侵犯、不断赔款、主权不完整的半封建半殖民地国家。就经济而言，1840~1911 年的中国一直处于下坡阶段，一方面是巨额的战争赔款以及成为外国商品倾销市场后巨大的贸易逆差，工商业发展备受打击，社会生产仍然滞留在粗放型农业经济时代；另一方面，从 18 世纪 60 年代开始，英国率先完成工业革命，欧美等其他国家相继跟进，西方经济快速发展。两相对比，中国"积贫积弱"的形象一览无余，正如《大国的兴衰》一书所言："数亿农民的物质产品使 500 万工厂工人的产量相形见绌，但是既然其中大部分产品是立即消费掉的，因而根本不可能形成剩余财富或决定性的军事打击力量。在 1850 年，英国之所以强大，无可匹敌，在于它拥有生产财富的现代工业及由此产生的一切利益。"① 也就是说经济总量对于衡量一个国家的整体经济实力并没有太大意义，反而容易让人对强大产生错觉，近代的中国就是如此。帝国主义的经济掠夺以及连年的战争和灾害，使得农村和农业趋于凋敝，无法为城市发展提供支持和保障，而城市，在开埠通商条约之下，经济重心向沿海、沿江地区转移，近代之前以京师或省会为中心建立的交通体系逐步被以港口城市或省会为中心的新格局取代，先进生产力率先在沿海沿江开埠地区形成，并向内地推进，经济影响也上升到社会文化层面，成为时代发展的新引擎。

随着传统的产业结构和市场体系被打乱，城乡层级市场也发生变化，沿海口岸城市率先开始现代化建设，除了边疆地区因为边境贸易形成自成一体的经济圈层，其他地区作为开埠城市的腹地也形成了经济区。在部分贸易发达地区快速发展的同时，贸易不发达的地区，尤其是广大农村，小农经济生产陷入困顿，农村手工业没落，资本和人员大量流出，城市与农

---

① 〔美〕保罗·肯尼迪（Kennedy, P.）：《大国的兴衰》，蒋葆英等译，中国经济出版社，1989，第 189、190 页。

村之间的差距不断拉大，中国城乡关系开始进入"二元化"格局，即以社会化生产为主要特征的城市化经济和以小农生产为特点的农村经济同时存在，形成互为矛盾、彼此对立的二元结构。在此背景下，中国占据主导地位的南北区域经济差距日益向东西差距为主、南北差距为辅的形式转变。鸦片战争的炮声打破了清人对于世界的蒙昧认识，不少有识之士开眼看世界，"师夷长技以制夷"等理论就是这时被林则徐、魏源等人率先提出的。虽然彻底改变国人落后的观念，吸收外国先进的生产技术及治国理念需要漫长的历程，但是这些先进观念的提出对于此后中国近代化的推进还是起到了不可忽视的作用。

三　北方城镇的近代化发展

西方资本主义国家的入侵，在为社会带来巨大震荡的同时，也改变了中国城镇化的进程。鸦片战争之前，"农业时代城市大多为封建性的统治中心和军事重镇，城市以行政职能为主，并按照行政级别的高低形成了中国传统的城市体系模式"[1]。这种模式遵循政治中心优先发展的原则，行政级别的高低基本决定了城市水平的高低，显示了中央权力的强大。尽管封建社会后期也有经济型城镇的出现和兴起，但是毕竟水平和数量有限，并没有改变专制环境下政治主导城市发展的状况。鸦片战争以后，西方工业化国家陆续以不平等条约敲开中国的大门，迫使清政府开辟了一系列通商口岸，如天津、大连、青岛、威海卫、登州等。19世纪末20世纪初，为了挽回利权，中国又将华北、东北、内蒙古的几十座城镇设为自开口岸，这些口岸城镇先后依托国内丰富的资源和广阔的市场与国际接轨，利用对外贸易的优势快速发展，到20世纪前期，它们对内陆城市的经济影响和带动不但能够与行政中心城市相匹敌，甚至还有所超越，行政城市优先发展的原则被打破。以天津为例，作为漕运之总汇、国防之要塞、京师之屏藩，地理位置优越，1860年开埠后迅速开始了近代化转型，"津埠本通商口岸，垂四十年，习于洋

---

[1]　何一民：《近代中国衰落城市研究》，巴蜀书社，2007，第223页。

情，商贾工作强半资商埠"，工商业发达程度居北方之首，时人有"天津为北洋最繁富之区，初有小扬州之名，近则曰小上海矣"之誉，是仅次于上海的中国第二大工商业都会，经济辐射区域涵盖华北、西北和东北的广大地区。而内陆城市北京，虽然是近代前期全国的政治中心，但经济发展速度及实力此时明显逊色于天津，其现代化基础设施的完善以及工矿业发展均是在天津辅助下完成的。当然行政地位对于城市发展的影响仍然是不容小觑的，政治型城市在人口、物资、信息等方面的优势依然存在，但是随着以口岸城市主导的经济型城市的大量崛起并且实力日渐强大，城市多元化发展加速。

口岸城市的崛起以及近代交通的发展对城镇网络的布局也产生了巨大影响。传统中国为了适应中央集权的需要，很早就形成了以"都城—治所"为核心的古代城镇网络，即以首都为中心，首府州（县）层级营建，体现了国家政权的强大。近代以来，先进生产力率先在沿海沿江开埠地区形成，以天津、大连、青岛为中心的经济型城镇逐层向腹地城镇、乡村辐射，形成了以其为中心的市场网络体系，在削弱政治型城市凝聚力的同时，部分取代了过去政治中心城市对城镇布局的影响。加之近代铁路、轮船、汽车等交通运输的发展，使得近代以前以首都和各省省会为中心的交通体系向以港口城市或省会为中心的新格局转变，北方出现了一大批新兴的繁华城镇。如长春，19世纪时只是吉林将军治下的一个小镇，20世纪初，这里成为南满、中东、吉长、长洮铁路的交汇点，"北通滨江（今黑龙江哈尔滨市），南通沈阳，当水陆交通要冲，全满之枢纽也"。1905年，被开放为商埠以后，长春又迎来了新的发展契机，贸易范围几乎遍及东北全境，成为东北最繁荣的城市之一。1900年之前的石家庄，只是人口不足千人的小乡村，但是随着1904年京汉铁路的通车、1907年正太铁路与京汉铁路在此交汇，石家庄迅速发展成为沟通河北与山西等地的交通枢纽型城镇，大量货物在此转运，经济日益繁荣，英美烟草公司、振华洋火公司、荣裕玻璃厂、大兴纺织公司等近代企业及银行、钱庄等金融机构纷纷在此建立，使石家庄成为华北地区重要的大都市之一。作为内陆城市的郑州在19世纪末还仅是拥有几百户人家、3000多人口的小县城。受天津经济辐射影响，20世纪初开始发展，尤其是

1908 年京汉、陇海两条铁路在此交汇后，郑州成为四方货物的集散之所，商贾云集、商铺林立，最为繁华的火车站以东街道，由南向北棉花商行、饭店、客栈、南北货、杂货店铺、货栈、盐店等商铺依次排列，往来人口川流不息、日夜不绝，俨然一派大都市气象。郑州棉花转运量巨大，"河南、陕西、山西三省之棉花，多会集于此，然后转销于天津、汉口、上海等处。故郑县成为北方棉花大市场之一"①。运输的便利也带动了各种产业的发展，如与棉花相关的工厂有豫丰纱厂、利济织布厂以及中华蛋厂、大东铁器厂、省立郑县贫民工厂等纷纷建立，加速了北方地区近代工业化的步伐。随着城镇由首都、省会附近向交通枢纽和沿海港埠地区的双重位移，在一批港口城市及铁路、公路沿线现代交通城市兴起时，如华北地区的青岛、济南、潍县、周村、天津、邯郸、洛阳、新乡、榆次、大同、太原，东北地区的大连、沈阳、锦州、永吉、长春、齐齐哈尔、哈尔滨等。也有一批传统型城市面临着转型或衰落。如山东首府济南虽然是一座较为封闭的内陆城市，但是受周边沿海城市经济带动的强烈影响，加之境内是胶济、津浦铁路交汇之地，物流发达，商务繁荣，近代化的面粉、纺纱等工业也得到了较快发展，在经历近代化转型之后，经济又焕发出生机。而与郑州毗邻的河南省会城市开封因为河运优势的丧失，又远离铁路交通枢纽，交通地理条件相对恶化，失去了成为经济中心的基本条件，1932 年，政府宣布将河南省行政督察专员公署设在郑州，开封首府中心城市的地位被取代。与开封相似，一些依赖传统运输的中小城镇，如张北、通县、周村、道口、社旗、唐河等因为地理环境变迁而纷纷衰落，就是在这些城镇的兴衰更迭中，近代城市格局逐步形成。

北方区域经济差距不断加大。华北、东北地区经济发展迅速，形成了以天津为中心，经运河、海河水系连接东北三省和鲁、豫、晋等内陆城市的商业网络。西北地区自然条件恶劣，商品化程度不高，境内多以耕作农业和游牧业为主，手工业不发达，加之现代交通建设缓慢等原因，没有出现大都市

---

① 崔宗埙：《河南省经济调查报告》，财政部直接税署经济研究室，1945，第 40 页。

以及专业化手工业市镇，近代化发展缓慢，在北方城镇体系中处于相对落后状态，这种情况一直延续到 20 世纪中叶也没有改变。

四　北方农村的经济衰落

近代以前北方农村基本上处于自给自足的自然经济状态，商品化程度不高，农村交易以定期市集为主，虽然市集数量呈增长趋势，但是就商品经济整体水平来讲与江南地区相差甚远。18 世纪末暴发的农民运动严重削弱了封建政权的统治基础，加之帝国主义侵入我国腹地，在半封建半殖民地社会环境下，中国成为西方列强的商品倾销市场和原料榨取基地，农村经济发展举步维艰。以手工业产品棉布纱布为例，苏伊士运河的开通以及欧洲大机器生产的优势使得洋货价格大大低于国内。据《中国棉纺织史稿》记载，近代牛庄（今营口）洋纱一担（300 斤），售银约 57 两，土纱一担（300 斤）售银约 87 两[1]，洋纱价格仅仅为土纱的 2/3。因为价廉物美，洋货在中国市场大行其道。1867 年至 1911 年的 45 年间，进口量由最初的 12152701 海关两增至 87875960 海关两，棉纱更是从 1615766 海关两增至 49735140 海关两[2]，迅速挤占了国内棉纺织产品的市场份额，对于中国传统家庭手工业发展是一个沉重打击。众所周知，清代人口增长迅速，人多地少的问题突出，在男耕女织的自然经济社会中，以纺纱织布为代表的小手工业成为广大农民农业生产之余的重要家庭收入补充，但是中国旧式的作坊式生产在外国机器大生产面前毫无竞争力可言，"剩余劳动力通过从事乡土工业，与农业配合并与其分享劳动力资源。家庭手工业使那些土地不足的农家得以靠手工业所得的额外收入生存"[3] 的现象逐渐成为过去。外国商品在国内市场的倾销很大程度上中断了农村手工业的发展，大批缺少经济来源的农户因失去了享受

---

① 严中平：《中国棉纺织史稿》，科学出版社，1955，第 77 页。
② 丁长清、慈鸿飞：《中国农业现代化之路——近代中国农业结构、商品经济与农村市场》，商务印书馆，2000，第 178 页。
③ 刘守英、王一鸽：《从乡土中国到城乡中国——中国转型的乡村变迁视角》，《管理世界》2018 年第 10 期。

"不饥不寒"生活的途径，传统的农业社会难以继续。此外，帝国主义列强从殖民地农村源源不断地榨取以丝、茶为代表的原料，使得它们在农业经济中自给自足的成分日益减少，虽然这在一定程度上促进了中国商品经济的发展，但是对自然经济的打击和破坏也是毋庸置疑的，这从晚清到民国时期市场集期没有增加，甚至有些地方出现了下降趋势等也可窥见一斑，在这种情况下传统农村的破产、自然经济的解体只是早晚的事情。

　　土地问题加剧了近代农村走向没落。18 世纪末到 19 世纪中的内忧外患使得清政府的社会管理能力不断降低，而趁势发展起来的士绅力量日益强大，国家在地方上的管理权力逐步向士绅阶层转移。农民在遭遇帝国主义经济打击的同时，还要承受来自土豪劣绅重田租和商业资本高利贷变本加厉的剥削，生活水平每况愈下，失地、少地农民大量增加。在这种背景下，传统社会农村作为社会人口蓄水池的作用不断弱化，大批量的农民流入城市，成为城市工业化发展劳动力的重要后备军。农村的耕作方式乃至生活方式都在不知不觉中发生了彻底的改变。"这些传统的功能和职业被现代部门替代以后，农村和农民的经济地位发生了根本变化。"[1] 此后随着科举制度被废除，传统农村的教育功能丧失，就如《退想斋日记》中提到的，"阳邑镇昔为繁华之村，富户甚多，今则村中无一富户，致气象大为雕（凋）零，楼院折（拆）毁十分之七八，人物亦大为减色，读书亦寥寥无几也，言之不免凄怆"[2]。城镇和农村之间的平衡被打破，乡村迅速衰退，成为愚昧、贫穷和落后的代名词，昔日的城乡一体化发展一去不复返。

　　清末资本主义国家通过通商口岸向内地销售商品，收购农业产品，在对近代中国农村生产方式和社会经济造成了巨大破坏之余，一定程度上也使得农村商品化程度不断加深。我国北方自然地理环境复杂，政治人文条件各异，鸦片战争以后，农业生产专门化区域陆续出现。如东北三省是著名的大豆种植区，华北、西北是玉米、马铃薯及棉花的重要产区，河南、河北的烟

---

[1]　云伟宏：《从二元结构视角审视新农村建设》，《商业经济》2009 年第 19 期。
[2]　刘大鹏遗著，乔志强标注《退想斋日记》，山西人民出版社，1990，第 383 页。

草、芝麻等经济作物的种植规模也很大，这在加速自然经济解体的同时，也推动了农村商品化生产的进步，为日后农村摆脱小农经济的桎梏奠定了基础。

五　近代北方地区的城乡关系

近代以来中国的社会经济长期处于不平衡的状态之下，城乡发展日益被裹挟在国际市场的大潮中。在这场跨时代的变革中，城市无疑是首先受到影响的。先是沿海开埠城市蓬勃兴起，经济功能迅速增强，城市规模不断扩大，在沿海城市的影响和带动下，内陆地区经过一系列经济和社会结构重组，开始迈入近代化时代，不过与中国近代化一样，城市发展都极不充分。城市的影响也通过城市腹地向乡村延伸，在封建主义与殖民主义夹击下农村逐步沦为城市工业和外国商品原料的供应地，"建立在农工混合的乡土经济基础上"① 的城乡联合之上的以农为本的自然经济开始转向以商为用的市场经济，传统的城乡关系受到破坏，呈现出联系性加强而又发展背离的矛盾特征。

（一）城乡联系加强，但城市对农村拉力不够

近代中国在制度和经济上均处于落后地位，西方列强通过一系列不平等条约控制了沿海地区的通商贸易，此后又通过对华贷款和金融投资等手段限制民族资本的发展，中国不可避免地成为西方殖民国家的附庸。在这样的国际环境中，中国城市近代化发展极不充分。以城市工业发展为例，到 18 世纪末，新式工厂超过 90% 建立在通航口岸或者附近，内陆城市寥寥无几。甲午战争到 1913 年这段时间，就内资工厂开办数量和资本金额而言，北方地区只有天津能够跻身全国前六，其他如上海、武汉、广州、杭州和无锡等均为南方城市。20 世纪初，北京、郑州、石家庄、济南等虽然也建立了一批新式工厂，但是规模和数量都远远落后于东部沿海地区。城市商业与工业

---

① 陈亚平：《城市化与城乡发展》，收录于《近代华北农村社会变迁》，人民出版社，1998，第420 页。

发展也不平衡，从商业和工业的资本比例来看，1894 年为 9.7∶1，1920 年才达到 3∶1，这样的比值是近代城市工业化发展落后的表现，同时也使得"中国的工业不得不成为商业的附庸"①。商业和工业发展失调，工业生产跟不上商业发展的节奏，其后果一方面导致近代城市很大程度上沦为商品的转运地和分销处，另一方面致使城市基础设施建设落后，城市发展呈现一蹶不振的颓势。

在近代化变革中，城市的冲击波沿着城市所属腹地也在不断向乡村延伸，城市贸易很大程度上改变了农村传统的生产结构：与城市经济紧密相关的作物种植面积增加；专业的具有排他性质的专业种植区逐步形成；农产品的商业化程度日益提升；等等。这些都使得农村生产和农民生活对城市的依赖有所加强，而城市也因为工业、商业的发展以及人口的增加对农村原料、劳动力、资金等的需求增加。这种双向需要使得过去传统城市对农村单纯的依赖和剥削关系逐渐向市场交易转化，城乡之间的依存性和互补性前所未有，不过到民国建立之前，中国城市近代化发展有限，对农村经济还不足以起到实质性的拉动作用，因之而"带来乡村产业改良和城市功能的改善"②的愿望还不可能实现。

（二）城乡差距不断拉大，对立性明显

西方列强的入侵使得中国传统的经济运行轨迹被打断，在近代化发展过程中城市首当其冲，以天津、大连、烟台等为代表的开埠城市，经济功能和区域影响力迅速增强，在它们的带动下内陆地区的城市经济和社会结构重新组合。不过由于中国城市本身具有的浓厚的封建性，加之近代化发展主要以商业为主，工业化程度极为有限，因此近代城市并没有从根本上改变中国旧有的经济格局。广大乡村也没有因为近代城市化带来的生产结构、生产技术和方式等的改变而有所进步，反之资本主义工业生产以及西方殖民主义原始积累的特性对传统乡村以耕植为主的自然经济造成毁灭性打击，农村没有足

---

① 张瑞、王楚鑫等：《探寻城市的名片》，河北人民出版社，2015，第 13 页。
② 由俊生：《近代天津与周边区县的经济互动研究》，北京理工大学出版社，2016，第 185 页。

够的实力发展与西方工业生产相匹敌的先进模式，只能被动性地接受"外国帝国主义和本国买办大资产阶级所统治的城市极野蛮地掠夺乡村"[1]，成为洋货和国内工业产品的倾销市场和廉价原料的供应地，经济容量过小的农户纷纷破产，农村经济发展步履维艰。在城乡关系中，城市与农村之间的差距不断拉大，城市发展不够充分，没有力量带动农村经济发展，农村经济濒临破产，也无法形成足够的对城市发展应有的支持力量。城乡之间由传统的依附与剥削关系向市场交换关系的转化不仅没能带来乡村产业的改良和城市功能的进步，相反城市在封建主义和帝国资本主义力量的控制下，对农村的剥削和掠夺更为变本加厉，城乡之间由之引发的冲突和对立日益深刻，"这种对立关系不仅直接破坏了前近代中国经济与社会的高度同质性，造成了传统的城乡一体化结构的破裂，而且使新的一体化结构迟迟无法建立"[2]。

总而言之，中国的近代化与西方国家走的是一条相去甚远的道路，"微弱的资本主义经济和严重的半封建经济同时存在，近代式的若干工商业都市和停滞着的广大农村同时存在"[3]，这一点在鸦片战争至民国时期体现得淋漓尽致，可以说城市经济发展与繁荣的另一端就是农村经济的凋敝与崩溃，城乡二元化结构的出现也在不同层面制约着中国社会诸领域的前进。但是值得一提的是，虽然近代城乡关系是建立在封建主义盛行和帝国主义侵略基础之上的，但是城市的商业化和工业化发展还是为后来城市的发展做了铺垫，其经验和教训为我们近现代化城乡关系的发展与演变提供了宝贵的借鉴。

---

① 毛泽东著，中国人民解放军总政治部编《毛泽东著作选读》，解放军总政治部，1966，第160页。

② 蔡云辉：《论近代中国城乡关系与城市化发展的低速缓进》，《社会科学辑刊》2004年第2期。

③ 《毛泽东著作选读》上册，人民出版社，1986，第108页。

参考文献

一 历史文献

（一）档案

故宫博物院明清档案部编《清代档案史料丛编》，中华书局，1978。

台湾故宫博物院图书文献处文献股编《宫中档乾隆朝奏折》，台湾故宫博物院，1982。

台湾故宫博物院图书文献处文献股编《宫中档雍正朝奏折》，台湾故宫博物院，1982。

民国"国立中央研究院历史语言研究所"编《明清史料》，商务印书馆，1936。

《大清十朝圣训》，北京燕山出版社，1998。

（清）仁和琴川居士辑《皇清奏议》，续修四库全书本。

（清）孙嘉淦：《孙文定公奏疏》，敦和堂刻本。

（清）尹会一撰，张受长编《尹少宰奏议》，商务印书馆，1936。

《世宗宪皇帝朱批谕旨》，文渊阁四库全书本。

《世宗宪皇帝上谕内阁》，文渊阁四库全书本。

中国第一历史档案馆编《乾隆朝上谕档》，档案出版社，1998。

《钦定历代职官表》，文渊阁《四库全书》本。

中国第一历史档案馆部分清代档案。

中国第一历史档案馆藏关税档案。

（二）正史、别史、政书、诏令

（汉）司马迁：《史记》，中华书局，1982。

（唐）徐坚等：《初学记》，中华书局，1962。

（宋）司马光：《资治通鉴》，中华书局，1956。

（宋）李昉等：《太平御览》，中华书局影印，1959。

（宋）李焘：《续资治通鉴长编》，中华书局，2004。

（明）董伦等：《明实录》，台湾中央研究院历史语言研究所，1962。

（清）张廷玉等：《明史》，中华书局，1974。

（清）徐松辑《宋会要辑稿》，中华书局，1957。

（清）纪昀等：《钦定大清会典》，文渊阁《四库全书》本。

（清）昆冈等：光绪《钦定大清会典》，光绪二十五年（1899）京师官书局石印本。

（清）昆冈等：光绪《钦定大清会典事例》，光绪内务府抄本。

（清）允禄等：《大清会典》，雍正十年（1832）刻本。

（清）纪昀等：《钦定大清会典则例》，文渊阁《四库全书》本。

（清）嵇璜等：《钦定皇朝文献通考》，文渊阁《四库全书》本。

（清）载龄等：《清代漕运全书》，北京图书馆出版社，2004。

（清）陈梦雷：《古今图书集成》，中华书局，1986。

（清）吴任臣：《十国春秋》，中华书局，2010。

（清）蒋良骐著，林树惠、傅贵九校注《东华录》，中华书局，1980。

《清实录》，中华书局，1985~1987。

（清）赵尔巽等：《清史稿》，中华书局，1977。

（清）刘锦藻：《清朝续文献通考》，浙江古籍出版社，2000。

《大清十朝圣训》，北京燕山出版社，1998。

霍有明、郭海文校注《钦定学政全书校注》，武汉大学出版社，2009。

（三）文集、笔记与史料丛刊

（宋）孟元老：《东京梦华录》，中州古籍出版社，2010。

（宋）欧阳修：《欧阳修全集》，中国书店，1986。

（宋）高承：《事物纪原》，商务印书馆，1937。

（宋）赵与时：《宾退录》，道光二年（1822）李璋煜家抄本。

（明）徐光启：《农政全书》，上海古籍出版社，2011。

（明）谈迁：《枣林杂俎》，中华书局，2006。

（明）白愚撰，刘益安校注《汴围湿襟录校注》，中州书画社，1982。

（明）李光壂：《守汴日志》，道光六年（1826年）刻本。

（明）吕坤：《实政录》，中华书局，2008。

（明）谢肇淛：《五杂组》，中华书局，1959。

（清）爱新觉罗·玄烨：《圣祖仁皇帝御制文》，文渊阁四库全书本。

（清）爱新觉罗·弘历：《清高宗御制诗集》，文渊阁四库全书本。

（清）郑廉著，王兴亚点校《豫变纪略》，浙江古籍出版社，1984。

（清）潘荣陛：《帝京岁时纪胜》，北京出版社，1961。

（清）于敏中等：《日下旧闻考》，北京古籍出版社，1985。

（清）杨宾：《柳边纪略》（辽海丛书本），辽沈书社，1985。

（清）陈宏谋《培远堂偶存稿》，上海古籍出版社，2010。

（清）陈宏谋《五种遗规》，线装书局，2015。

（清）待馀生：《燕市积弊》，北京古籍出版社，1995。

（清）方希孟：《西征续录》，甘肃人民出版社，2002。

（清）贺长龄、魏源等辑《皇朝经世文编》，道光七年（1827）刻本。

（清）顾祖禹：《读史方舆纪要》，中华书局，2005。

（清）郝懿行：《证俗文》，光绪十年（1884年）刻本。

（清）计六奇：《明季北略》，商务印书馆，1936。

（清）纪昀著，郝浚注《乌鲁木齐杂诗》，新疆人民出版社，1991。

（清）李光庭：《乡言解颐》，中华书局，1982。

（清）梁份著，赵盛世等校注《秦边纪略》，青海人民出版社，1987。

（清）祁寯藻：《马首农言》，咸丰五年（1855）刻本。

（清）田文镜：《抚豫宣化录》，雍正五年（1727）刻本。

（清）乔光烈：《最乐堂文集》，乾隆二十一年（1756）刻本。

（清）宋继郊辑录，王晟等点校《东京志略》，河南大学出版社，1999。

（清）檀萃：《滇海虞衡志》，光绪三十四年（1908）铅印本。

（清）汪启淑：《水曹清暇录》，乾隆五十七（1792）年刻本。

（清）王沄：《漫游纪略》，上海进步书局，民国20年（1931）石印本。

（清）王锡祺：《小方壶斋舆地丛钞》，杭州古籍出版社，1985。

（清）吴长元：《宸垣识略》，北京古籍出版社，1982。

（清）徐珂：《清稗类钞》，中华书局，1984。

（清）徐世昌：《东三省政略》，吉林文史出版社，1989。

（清）徐宗亮：《黑龙江述略》，黑龙江人民出版社，1985。

（清）卢坤：《秦疆治略》，道光七年（1827）刻本。

（清）许承尧：《歙事闲谭》，黄山书社，2001。

（清）魏源：《魏源集》，中华书局，1976。

（清）魏源：《圣武记》，道光二十二年（1845）刻本。

（清）夏仁虎：《旧京琐记》，北京古籍出版社，1986。

（清）俞森：《荒政丛书》，文盛书局，1911。

（清）赵翼：《皇朝武功纪盛》，乾隆五十七年（1792）刻本。

（清）张之洞：《张之洞全集》，河北人民出版社，1998。

（清）朱轼：《朱文端公文集补编》，同治朱氏古欢堂刻本。

（清）朱云锦：《豫乘识小录》，同治十二年（1873）刻本。

（清）周亮工：《闽小纪》，福建人民出版社，1985。

（清）方苞：《方望溪先生全集下·集外文》，商务印书馆，1935。

（清）尹会一：《健余先生抚豫条教》，商务印书馆，1939。

（清）盛百二著，王毓瑚辑《区种十种》，财政经济出版社，1955。

（清）查慎行：《敬业堂诗集》，文渊阁《四库全书》本。

（清）舒位：《瓶水斋诗集》，嘉庆二十一年（1816）刻本。

（清）洪亮吉：《洪北江全集二十一种》，清光绪洪用勤授经堂刻本。

（清）痛定思痛居士著，李景文等点校《汴梁水灾纪略》，河南大学出版社，2006。

（清）傅寿彤：《汴城筹防备览》，咸丰十年（1860）铅印本。

（清）陈廷敬：《午亭文编》，林佶手书刻本。

（清）纪昀：《阅微草堂笔记》，嘉庆二十一年（1816）刻本。

（清）侯方域：《壮悔堂文集》，嘉庆十九年（1814）侯资灿刻本。

（清）王培荀著，蒲泽校点《乡园忆旧录》，齐鲁书社，1993。

（清）钱琦：《钱临江先生集》，黄山书社，2015。

（清）李苞辑，吴承禧校阅《洮阳诗集》，嘉庆三年（1798）刻本。

（清）颜茂猷：《迪吉录》，齐鲁书社，1995。

（清）汪辉祖：《学治臆说》，道光十七年（1837）重刻本。

（清）石成金：《官绅约》，清光绪间义征吴氏刊本。

（清）田文镜、李卫：《钦颁州县事宜》，同治七年（1868）江苏书局刻本。

（清）徐栋：《牧令书》，道光二十八年（1849）楚兴刻本。

（清）丁日昌：《抚吴公牍》，光绪二年（1876）刻本。

（清）黄六鸿著，周保明校《福惠全书》，广陵书社，2018。

（清）胡林翼：《胡文忠公遗集》，光绪元年（1875）湖北崇文书局刻本。

（清）薛福成：《庸庵全集·海外文编》，光绪十三年（1887）刻本。

（清）赵翼《陔馀丛考》，河北人民出版社，2007。

（清）秦蕙田：《五礼通考》，文渊阁四库全书本。

（清）孙承泽著，王剑英点校《春明梦余录》卷15，北京出版社，2018。

（清）戴兆佳：《天台治略》，黄山书社，1997。

（清）王士禛著，文益人校点《池北偶谈》，齐鲁书社，2007。

（清）俞正燮：《癸巳存稿》，辽宁教育出版社，2003。

（清）富察敦崇：《燕京岁时记》，光绪三十二年（1906）文德齐刻本。

（清）景日昣：《嵩岳庙史》，康熙三十五年（1696）刻本。

（清）潘耒：《遂初堂诗集》，庄严文化事业公司，1997。

（清）王韬：《弢园文录外编》卷7《平贼议》，辽宁人民出版社，1994。

（清）李慈铭著、刘再华校《越缦堂诗文集》，上海古籍出版社，2012。

（清）章侵：《康熙政要》，宣统二年（1910）铅印本。

（清）黄宗羲著，李伟注《明夷待访录》，岳麓书社，2016。

（清）傅泽洪：《行水金鉴》，雍正三年（1725）刻本。

（清）包世臣著，李星点校《中衢一勺》，黄山书社，1993。

（清）曾国荃：《曾国荃全集》，岳麓书社，2006。

（清）戴笠、吴殳撰，陈协琹、刘益安校《怀陵流寇始终录·甲申剩事》，辽沈书社，1993。

（清）严如煜：《三省边防备览》，道光十年（1830）来鹿堂刻本。

（清）徐鼐：《未灰斋文集》，清咸丰刻本。

（清）顾炎武：《天下郡国利病书》，光绪二十七年（1901）铅印本。

柳得恭：《滦阳录》，辽海书社民国23年（1934）铅印本。

（清）刘大鹏著，乔志强标注《退想斋日记》，陕西人民出版社，1990。

（清）吴汝纶：《精刊吴挚甫文集》，国学扶轮社石印本，1910。

《西域闻见录》，乾隆四十二年（1777）抄本。

孔宪易校注《如梦录》，中州古籍出版社，1984。

水利委员会：《再续行水金鉴》，1942年铅印本。

水利电力部水管司、科技司、水利水电科学研究院编《清代黄河流域洪涝档案史料》，中华书局，1993。

水利水电科学研究院水利史研究室：《清代海河、滦河洪涝档案史料》，中华书局，1981。

李文海等：《近代中国灾荒纪年》，湖南教育出版社，1990。

林修竹：《历代治黄史》，民国15年（1926）铅印本。

史红霞、戴建兵编《滏阳河史料集》，天津古籍出版社，2012。

复旦大学文史研究院、成均馆大学东亚学术院大东文化研究院合编《韩国汉文燕行文献选编》，复旦大学出版社，2011。

吴晗：《朝鲜李朝实录中的中国史料》，中华书局，1980。

中国人民政治协商会议乌鲁木齐市委员会文史资料研究委员会编印《乌鲁木齐文史资料》，1984。

王希隆辑《新疆文献四种辑注考述》，甘肃文化出版社，1995。

李文治编《中国近代农业史资料》，生活·读书·新知三联书店，1957。

南开大学历史系编《清实录经济资料辑要》，中华书局，1959。

沈云龙选辑《明清史料汇编》，台湾文海出版社，1987。

沈云龙选辑《近代中国史料丛刊》，台湾文海出版社，1966。

中国人民大学清史研究所、档案系中国政治制度史教研室合编《清代的矿业》，中华书局，1983。

彭泽益编《中国近代手工业史资料（1840~1949）》，生活·读书·新知三联书店，1957。

彭泽益：《中国工商行会史料集》，中华书局，1995。

谢国桢：《明代社会经济史料选编》，福建人民出版社，2004。

丁世良、赵放：《中国地方志民俗资料汇编》，北京图书馆出版社，1989。

上海图书馆编，陈建华、王鹤鸣主编，王铁整理《中国家谱资料选编》，上海古籍出版社，2013。

（四）方志、碑刻及其他

碑刻

（明）《创塑神像壁记》（万历二十五年），现藏洛阳关林。

（清）《大王庙创建戏楼碑记》（康熙七年），藏于博爱县城内大王庙。

（清）《同行商贾公议戥秤定规碑记》（雍正二年），现藏社旗县山陕会馆。

（清）《移修舞楼碑记》（乾隆四十年），现藏朱仙镇山陕会馆内。

（清）《创建春秋楼碑记》（乾隆四十七年），现藏社旗县山陕会馆。

（清）《南阳赊旗镇山陕会馆铁旗杆记》（清嘉庆二十二年），现藏社旗县山陕会馆。

（清）《山陕重修牌坊碑记》（道光十八年），现藏开封山陕甘会馆。

（清）《口头村胡家炉村正俗碑记》（道光二十年），现立于河南巩义小关镇。

（清）《创建老君圣庙碑记》（咸丰二年），现藏于舞阳县博物馆。

（清）《重筑清化镇城碑记》（同治三年），藏于博爱县城内石佛寺。

（清）《朱仙镇新河碑记》（光绪八年），碑存朱仙镇镇政府后院。

（清）《重修黄盖峰中岳行宫碑记》碑，（康熙五十四年），现立于中岳庙大殿前月台西南角下。

（民国）《惠济河碑记》，收录于《续河南通志》，民国3年（1914）刻本。

李华：《明清以来北京工商会馆碑刻选编》，文物出版社，1980。

《西大阳针瓮庙创建碑记》，中国建筑工业出版社，2012。

《三晋石刻大全》，三晋出版社，2012。

许檀编：《清代河南、山东等省商人会馆碑刻资料选辑》，天津古籍出版社，2013。

方志（本书广泛参考北方地区清代、民国时期各地府、州、县志，因数量众多，故将之省略）

（清）潘锡恩等：《嘉庆重修一统志》，中华书局，1986。

（清）穆彰阿：嘉庆《大清一统志》，商务印书馆，1934。

（清）蒋廷锡、王安国：《大清一统志》，道光九年活字本。

（清）和珅等：乾隆《大清一统志》，光绪二十八年（1902）石印本。

（清）唐执玉、李卫等：《（雍正）畿辅通志》，雍正十三年（1735）刻本。

（清）黄彭年等：《（光绪）畿辅通志》，商务印书馆，1934年。

（清）王凤生：《河北采风录》，道光六年（1826）刻本。

（清）《河南通志》，光绪二十八年（1902）刻本。

（清）阿思哈：《续河南通志》，民国3年（1914）刻本。

（清）岳浚、法敏：《山东通志》，乾隆元年（1736）刻本。

（清）曾国荃等：《山西通志》，光绪十八年（1892）刻本。

（清）钟广生：《新疆志稿》，宣统元年（1909）铅印本。

（清）袁大化修、王树枏、王学增纂《新疆图志》，民国7年（1918）铅印本。

（清）阿桂等修，刘谨之、程维嶽纂《钦定盛京通志》，民国6年（1917）铅印本。

（清）吕耀曾：《盛京通志》，咸丰三年（1852）刻本。

（清）常明等修，杨芳璨、谭光祜等纂嘉庆《四川通志》，嘉庆二十一年（1816）刻本。

（清）许容等：《甘肃通志》，乾隆元年（1736）刻本。

（清）欧阳英等：《闽侯县志》，民国 22 年（1933）刻本。

（清）长顺、讷钦等：《吉林通志》，光绪十七年（1891）刻本。

（清）徐景曾：《顺德府志》，乾隆十五年刻本。

（清）李维清《上海乡土志》，清光绪三十三年（1907）著易堂刻本。

（清）和珅等：《钦定热河志》，辽海书社铅印本，1934。

（清）杨虎城、邵力子：《续修陕西通志稿》，民国 23 年（1934）铅印本。

（民国）王树枏：《河北通志稿》，民国 24 年（1935）铅印本。

（民国）翟文选等《奉天通志》，民国 23 年（1934）铅印本。

［日］东亚同文会编《支那省别全志》，东亚同文会，1920。

其他

（明）冯梦龙：《喻世明言》，中华书局，2014。

（明）施耐庵：《水浒传》，云南人民出版社，2021。

（清）李绿园，栾星校注《歧路灯》，中州书画社，1980。

（清）吴承恩著，吴圣燮辑评《西游记》，崇文书局，2019。

（清）蒲松龄著，于天池注《聊斋志异》，中华书局，2015。

（清）吴研人著，张友鹤校《二十年目睹之怪现状》，人民文学出版社，2013。

（清）西周生辑著，夏海晏注《醒世姻缘传》，团结出版社，2017。

《顺天府宣统二年统计表》，宣统二年（1910）石印本。

山西陆军测量局制《山西省城详图》，1920 年 6 月印制。

崔宗埙：《河南省经济调查报告》，财政部直接税署经济研究室，1945。

杨正泰校注《天下水陆路程 天下路程图引 客商一览醒迷》，山西人民出版社，1992。

二 今人论著

（一）专著

包伟民：《江南市镇及其近代命运（1840~1949）》，北京知识出版社，1998。

〔美〕保罗·肯尼迪（Kennedy，P.）：《大国的兴衰》，蒋葆英等译，中国经济出版社，1989。

Bozhong Li（李伯重），*Agricultural Development in Jiangnan，1620~1850*，（Macmillan Pressand 5t. Martin's Co，1998）.

陈伯中：《都市地理学》，台湾三民书局，1983。

陈伯中：《经济地理》，台湾三民书局，1984。

陈桦主编《多元视野下的清代社会》，黄山书社，2008。

陈学文：《中国封建晚期的商品经济》，湖南人民出版社，1989。

从翰香：《近代冀鲁豫乡村》，中国社会科学出版社，1995。

程民生：《中国北方经济史》，人民出版社，2004。

程民生、程峰、马玉臣：《古代河南经济史（下）》，河南大学出版社，2012。

成一农：《古代城市形态研究方法新探》，社会科学文献出版社，2009。

程有为、王天奖主编《河南通史》，河南人民出版社，2005。

程子良、李清银：《开封城市史》，社会科学文献出版社，1993。

池子华：《流民问题与近代社会》，合肥工业大学出版社，2013。

池子华：《中国流民史·近代卷》，武汉大学出版社，2015。

池子华：《中国近代流民》，社会科学文献出版社，2007。

戴均良：《中国城市发展史》，黑龙江人民出版社，1992。

邓亦兵：《清代前期商品流通研究》，天津古籍出版社，2009。

丁抒明主编《烟台港史》，人民交通出版社，1988。

杜家骥：《清代社会基层关系研究》，岳麓书社，2015。

杜正贞：《村社传统与明清士绅：山西泽州乡土社会的制度变迁》，上海辞书出版社，2007。

〔美〕杜赞奇：《文化、权力与国家——1900~1942年的华北农村》，王福明译，江苏人民出版社，1996。

樊树志：《明清江南市镇探微》，复旦大学出版社，1990。

范金民：《明清江南商业的发展》，南京大学出版社，1998。

方行、经君健、魏金玉主编《中国经济通史》（清代经济卷），经济日报出版社，2000。

方志远：《明清湘鄂赣地区的人口流动与城乡商品经济》，人民出版社，2001。

费孝通：《社会学的探索》，天津人民出版社，1984。

费孝通：《费孝通论小城镇建设》，群言出版社，2000。

费孝通：《乡土中国·礼治秩序》，上海观察社，1948。

费孝通：《中国士绅》，生活·读书·新知三联书店，2009。

〔美〕费正清：《美国与中国》，张理京译，世界知识出版社，1999。

傅崇兰、白晨曦、曹文明等：《中国城市发展史》，社会科学文献出版社，2007。

复旦大学历史地理研究中心：《港口-腹地和中国现代化进程》，齐鲁书社，2005。

傅衣凌：《明清时代商人及商业资本》，人民出版社，1956。

傅衣凌：《明清土地所有制论纲》，中华书局，2007。

傅衣凌：《傅衣凌治史五十年文编》，中华书局，2007。

傅衣凌：《明清农村社会经济 明清社会经济变迁论》，中华书局，2007。

傅衣凌：《明清社会经济史论文集》，中华书局，2008。

傅宗文：《宋代草市镇研究》，福建人民出版社，1989。

〔美〕Gilbert Rozman（罗兹曼），*Urban Networks in Ch'ing China and Tokugawa Japan*（Princeton：Princeton University Press，1973）.

顾朝林：《中国城镇体系——历史·现状·展望》，商务印书馆，1992。

郭荣朝：《省际边缘区城镇化研究》，中国社会科学出版社，2006。

郭文韬：《中国古代的农作制和耕作法》，农业出版社，1981。

郭蕴静、王兆祥、刘义智：《明清商人社会》，山西古籍出版社，2001。

韩大成：《明代城市研究》，人民出版社，1991。

韩光辉：《北京历史人口地理》，北京大学出版社，1996。

〔美〕何炳棣：《明初以降人口及其相关问题（1368~1953）》，葛剑雄译，生活·读书·新知三联书店，2000。

何一民：《中国西部农牧地区城市历史变迁研究》，四川大学出版社，2015。

何一民主编《近代中国衰落城市研究》，巴蜀书社，2007。

何一民：《从农业时代到工业时代：中国城市发展研究》，巴蜀书社，2009。

胡焕庸、张善余：《中国人口地理（上）》，科学出版社，2003。

〔美〕黄宗智：《华北的小农经济与社会变迁》，中华书局，2000。

〔美〕黄宗智：《十六世纪明代中国之财政与税收》，生活·读书·新知三联书店，2001。

〔美〕黄宗智：《明清以来乡村社会经济变迁：历史、理论与现实》，法律出版社，2019。

〔日〕加藤繁：《中国经济史考证》，台湾华世出版社，1981。

〔美〕吉尔伯特·罗兹曼主编《中国的现代化》，上海人民出版社，1989。

姜守鹏：《明清北方市场研究》，东北师范大学出版社，1996。

姜涛：《中国近代人口史》，浙江人民出版社，1993。

〔美〕孔飞力：《中华帝国晚期的叛乱及其敌人》，谢亮生等译，中国社会科学出版社，1990。

李洁：《新疆南疆地区汉族移民及民族关系研究》，民族出版社，2010。

李成燕：《清代雍正时期的京畿水利营田》，中央民族大学出版社，2011。

梁方仲：《明代服役制度》，中华书局，2008。

梁方仲：《中国社会经济史论》，中华书局，2008。

梁方仲：《明代粮长制度》，中华书局，2008。

梁方仲：《明清赋税与社会经济》，中华书局，2008。

梁方仲：《中国历代户口、田地、田赋统计》，上海人民出版社，1980。

梁启超：《梁启超论中国文化史》，商务印书馆，2012。

梁漱溟：《梁漱溟全集》，山东人民出版社，2005。

刘景纯：《清代黄土高原地区城镇地理研究》，中华书局，2005。

刘秀生：《清代商品经济与商业资本》，中国商业出版社，1998。

龙登高：《中国传统市场发展史》，北京人民出版社，1997。

逯凤华：《泰山、岱庙、东岳庙祭祀用乐研究》，上海音乐出版社，2019。

〔美〕卢汉超：《霓虹外灯：20世纪初日常生活中的上海》，段炼等译，上海古籍出版社，2004。

路遇：《清代和民国山东移民东北史略》，上海社会科学院出版社，1987。

路伟东：《清代陕甘人口专题研究》，复旦大学出版社，2011。

〔美〕罗威廉：《汉口：一个中国城市的商业和社会（1796～1889）》，江溶等译，中国人民大学出版社，2005。

罗玉东：《中国厘金史》，商务印书馆，2010。

〔美〕罗兹·墨菲：《上海——现代中国的钥匙》，章克生等译，上海人民出版社，1986。

吕坚：《清政府镇压太平天国档案史料》（第八册），社会科学文献出版社，1993。

马戎、刘世定、邱泽奇主编《中国乡镇组织变迁研究》，华夏出版社，2000。

马学强、喻鸿胜、王红霞：《中国城市的发展历程、智慧与理念》，上海三联书店，2008。

〔美〕马士（Hosea Ballou Morse）：《中华帝国对外关系史》，张汇文等译，商务印书馆，1963。

马正林：《中国城市历史地理》，山东教育出版社，1998。

南炳文、汤纲：《明史（上）》，上海人民出版社，2001。

南炳文：《明史（下）》，上海人民出版社，2001。

宁越敏、张务栋、钱今昔：《中国城市发展史》，安徽科学技术出版社，1994。

彭雨新：《清代土地开垦史》，农业出版社，1990。

彭雨新主编《中国封建社会经济史》，武汉大学出版社，1994。

漆侠：《宋代经济史》（下），上海人民出版社，1988。

〔美〕乔尔·科特金（Joel Kotkin）：《全球城市史》，王旭等译，社会科学文献出版社，2014。

乔志强主编《近代华北农村社会变迁》，人民出版社，1998。

秦佩珩：《明清社会经济史论稿》，中州古籍出版社，1983。

渠桂萍：《华北乡村民众视野中的社会分层及其变动（1901~1949）》，人民出版社，2010。

全汉昇：《中国行会制度史》，百花文艺出版社，2007。

任放：《明清长江中游市镇经济研究》，武汉大学出版社，2003。

〔日〕山鹿城次：《城市地理学》，朱德泽译，湖北教育出版社，1986。

〔美〕William T. Rowe（罗威廉），*Hankow： Commerce and Society in a Chinese City，1796~1889*（Stanford University Press，1984）.

史念海：《河山集》，生活·读书·新知三联书店，1981。

〔美〕施坚雅（G. William skinner）：《中国农村的市场和社会结构》，史建云、徐秀丽译，中国社会科学出版社，1998。

〔美〕施坚雅主编《中华帝国晚期的城市》，叶光庭等译，中华书局，2000。

史红帅：《明清时期西安城市地理研究》，中国社会科学出版社，2008。

孙健主编《北京古代经济史》，北京燕山出版社，1996。

孙丽娟：《清代商业社会的规则与秩序》，中国社会科学出版社，2005。

田培栋：《明代社会经济史研究》，北京燕山出版社，2008。

童书业：《中国手工业商业发展史》，齐鲁书社，1981。

汪敬虞主编《中国近代经济史（1895～1927）》，人民出版社，2000。

王笛：《跨出封闭的世界——长江上游区域社会研究（1644～1911）》，中华书局，1993。

王日根：《乡土之链——明清会馆与社会变迁》，天津人民出版社，1996。

王日根：《中国会馆史》，东方出版中心，2007。

王希隆：《清代西北屯田研究》，兰州大学出版社，1990。

王先明：《走进乡村——20世纪以来中国乡村发展论争的历史追索》，山西人民出版社，2012。

王兴亚：《明清河南集市庙会会馆》，中州古籍出版社，1998。

王兴亚：《河南商帮》，黄山书社，2007。

王卫平：《明清时期江南城市史研究：以苏州为中心》，人民出版社，1999。

王毓铨主编《中国经济通史》（明代经济卷），经济日报出版社，2000。

闻钧天：《中国保甲制度》，商务印书馆，1936。

吴承明：《中国资本主义与国内市场》，人民出版社，1985。

吴承明：《经济史：历史观与方法论》，上海财经大学出版社，2006。

吴殿廷：《区域经济学》，科学出版社，2003。

吴量恺：《清代经济史研究》，华中师范大学出版社，1991。

〔日〕西嶋定生：《中国经济史研究》，冯佐哲、邱茂、黎潮合译，农业出版社，1984。

谢国桢：《明清之际党社运动考》，中华书局，1982。

徐春燕：《明清时期中原城镇发展研究》，社会科学文献出版社，2017。

许涤新、吴承明主编《中国资本主义发展史》，人民出版社，1985。

许宏：《大都无城：中国古都的动态解读》，生活·读书·新知三联书店，2016。

许檀：《明清时期山东商品经济的发展》，中国社会出版社，2006。

许檀：《明清华北的商业城镇与市场层级》，科学出版社，2021。

严中平：《中国棉纺织史稿》，科学出版社，1955。

杨启樵：《雍正帝及其密折制度研究》，上海古籍出版社，2003。

〔美〕Mark Elvin（伊懋可），*The Pattern of the Chinese past. A Social and Economic Interpretation*（Stanford University Press，Stanford，California，1973）.

杨银权：《中国古代士绅之养成·出处·职责：以清代甘肃地域为例》，中国社会科学出版社，2017。

〔葡〕曾德昭：《大中国志》，何高济译，商务印书馆，2012。

邹逸麟编著《中国历史地理概述》，福建人民出版社，1999。

邹逸麟主编《中国历史人文地理》，科学出版社，2001。

赵冈：《中国城市发展史论集》，新星出版社，2006。

赵冈、陈钟毅：《中国经济制度史论》，新星出版社，2006。

赵益、王楚：《抱朴归真：道教的修炼》，江苏人民出版社，2017。

赵世瑜：《狂欢与日常——明清以来的庙会与民间社会》，生活·读书·新知三联书店，2002。

赵世瑜：《大河上下：10 世纪以来的北方城乡和民众生活》，山西人民出版社，2010。

〔日〕中村圭尔、辛德勇编《中日古代城市研究》，中国社会科学出版社，2004。

中国会馆志编纂委员会：《中国会馆志》，方志出版社，2002。

中兴永：《中国集市贸易发展简史》，成都科技大学出版社，1996。

张光直：《中国城市经济研究概观》，中央民族大学出版社，2011。

张慧芝：《天子脚下与殖民阴影——清代直隶地区的城市》，上海三联书店，2013。

张鸣：《乡村社会权力和文化结构的变迁（1903~1953）》，广西人民出版社，2001。

张月琴：《仪式、秩序与边地记忆——民间信仰与清代以来堡寨社会研究》，科学出版社，2012。

张仲礼：《中国绅士研究》，上海人民出版社，2019。

张仲礼：《中国绅士的收入——〈中国绅士〉续篇》，费成康、王寅通译，上海社会科学院出版社，2001。

郑昌淦：《明清农村商品经济》，中国人民大学出版社，1989。

周一星：《城市地理学》，商务印书馆，1995。

（二）论文

鲍晓蕾：《中国古代经济重心的变迁》，《山西财经大学学报》2000年6月增刊。

蔡云辉：《论近代中国城乡关系与城市化发展的低速缓进》，《社会科学辑刊》2004年第2期。

陈连营：《客商与清代河南农村经济》，《中州学刊》1992年第2期。

程峰、任勤：《明清时期河南清化镇的商业：基于清化镇金龙四大王庙碑刻资料为中心的考察》，《焦作师范高等专科学校学报》2012年第4期。

程峰、杨玉东：《怀庆商帮与武安商帮的商帮意识：从会馆的建立谈起》，《焦作大学学报》2011年第2期。

陈序经：《乡村文化与都市文化》，《独立评论》1934年第126期。

成一农：《清代的城市规模与行政等级》，《扬州大学学报》（人文社会科学版）2007年第3期。

成一农：《宋、元以及明代前中期城市城墙政策的演变及其原因》，收入《中日古代城市研究》，中国社会科学出版社，2004。

定宜庄：《有关近年中国明清与近代城市史研究的几个问题》，收入《中日古代城市研究》，中国社会科学出版社，2004。

邓亦兵：《清前期开封城镇经济初探》，《史学月刊》1986年第2期。

邓玉娜：《清代河南集镇的发展特征》，《陕西师范大学学报》（哲学社会科学版）2005年第4期。

杜正贞：《从护国寺庙市的起源看北京庙市在明末清初的演变》，《中文化研究所学报》2005 年第 46 期。

范金民：《明代地域商帮的兴起》，《中国经济史研究》2006 年第 3 期。

方行：《清代前期农村市场的发展》，《历史研究》1987 年第 6 期。

冯贤亮：《明清时期中国的城乡关系——一种学术史理路的考察》，《华东师范大学学报》（哲学社会科学版）2005 年第 3 期。

傅春晖：《明清以来的市镇：中国城镇化发展的历史因缘》，《社会》2020 年第 1 期。

傅开梅：《浅析中国古代城市的形成时间》，《滨州师专学报》1998 年第 3 期。

傅衣凌：《明清时代河南武安商人考略》，《学术论坛》1958 年第 1 期。

傅衣凌：《明代开封城市性质的剖析：〈如梦录〉读后记》，《福建文博》1982 年第 1 期。

傅衣凌：《明代经济史上的山东与河南》，《社会科学战线》1984 年第 3 期。

郭松义：《清代北京的山西商人——根据 136 宗个人样本所作的分析》，《中国经济史研究》2008 年第 1 期。

郭松义：《清代北京的山东移民》，《中国史研究》2010 年第 2 期。

郭松义：《农民进城和我国早期城市化——历史的追索与思考》，《浙江学刊》2011 年第 3 期。

郭松义：《论清代的人口流动和婚姻地域圈的关系》，《中国社会历史评论》第 2 卷，天津古籍出版社，2000。

韩光辉：《建都以来北京历代城市人口规模蠡测》，《人口与经济》1988 年第 1 期。

侯杨方：《宣统年间的户口调查及全国人口数估计》，《历史地理》第十五辑，上海人民出版社，1999。

黄天庆、夏维中：《"牵辀不易"：清中期解盐运销自由化探析》，《盐业史研究》2014 年第 4 期。

黄以柱：《河南城镇历史地理初探》，《史学月刊》1981 年第 1 期。

黄宪章：《中国都市的过去与今后》，《新中华》1934 年第 2 卷第 1 期。

〔日〕加藤繁：《清代村镇的定期市》，王兴瑞译，《食货》1937 年第 5 卷第 1 期。

坚瓠：《都市集中与农村改造》，《湖北省农会农报》1922 年第 3 期。

江太新：《关于清代前期耕地面积之我见》，《中国经济史研究》1995 年第 1 期。

蒋正华：《略论明清河南集镇与江南市镇之异同》，《中州学刊》1994 年第 3 期。

隗瀛涛：《近代重庆城市史研究》，《近代史研究》1991 年第 4 期。

李纪轩、王瑞平：《略论清代河南村镇的定期集市》，《中州学刊》1996 年第 4 期。

李炎、徐适端：《明代市镇纺织业及其发展》，《重庆社会科学》2008 年第 10 期。

李辅斌《清代直隶地区的水患和治理》，《中国农史》1994 年第 4 期。

刘庆柱：《中国古代都城遗址布局形制的考古发现所反映的社会形态变化研究》，《考古学报》2006 年第 3 期。

刘士岭：《〈如梦录〉及其史料价值》，《史学史研究》2008 年第 1 期。

洛平安、李芳菊：《明清时期古商道在河南的分布与中小城镇的形成》，《安阳师范学院学报》2007 年第 1 期。

刘守英、王一鸽：《从乡土中国到城乡中国——中国转型的乡村变迁视角》，《管理世界》2018 年第 10 期。

刘洋：《明清时期平凉地区的城镇体系及规模演变》，《陕西师范大学学报》（哲学社会科学版）2004 年第 10 期。

牛建强：《明代开封城市生活的若干侧面——源自诗章的构拟》，《中州学刊》2004 年第 6 期。

钮仲勋、孙仲明：《豫北沁河下游的历史变迁》，《史学月刊》1981 年第 5 期。

邱仲麟：《明代北京的瘟疫与帝国医疗体系的应变》，《中研院历史语言研究所集刊》2004 年第 3 期。

全汉昇：《中国庙市之史的考察》，《食货》1934 年第 1 卷第 2 期。

任吉东：《历史的城乡与城乡的历史：中国传统城乡关系演变浅析》，《福建论坛》（人文社会科学版）2013 年第 4 期。

〔日〕山根幸夫：《明及清初华北的市集与绅士豪民》，载《日本学者研究中国史论著选择》（第六卷），中华书局，1993。

唐力行：《从区域史研究走向区域比较研究》，《上海师范大学学报》（哲学社会科学版）2008 年第 1 期。

陶希圣：《都市与农村——哪一个是解决中国问题的基点》，《独立评论》1935 年第 137 期。

王瑞成：《运河和中国古代城市的发展》，《西南交通大学学报》（社会科学版）2003 年第 1 期。

徐建青：《清前期手工业的发展水平与特点》，《中国经济史研究》1998 年第 1 期。

吴琦：《南漕北运：中国古代漕运转向及其意义》，《华中师范大学学报》（人文社会科学版）2016 年第 6 期。

王兴亚：《对明清时期北方五省商业镇市之研究》，《许昌师专学报》2000 年第 1 期。

吴志远：《明清河南武安商人兴起的历史背景》，《中州学刊》2012 年第 2 期。

行龙：《人口流动与近代中国城市化研究述评》，《清史研究》1998 年第 4 期。

徐东升：《明清市场名称的历史演变——以市、镇、墟、集、场为中心》，《中国经济史研究》2007 年第 3 期。

许檀、经君建：《清代前期商税问题新探》，《中国经济史研究》1990 年第 2 期。

许檀：《明清时期农村集市的发展》，《中国经济史研究》1997 年第 2 期。

许檀：《清代前期的沿海贸易与天津城市的崛起》，《城市史研究》1997年第 Z1 期。

许檀：《清代前期的北方商城张家口的崛起》，《北方论丛》1998年第 5 期。

许檀：《明清时期城乡市场网络体系的形成及意义》，《中国社会科学》2000 年第 3 期。

许檀：《清代中叶的洛阳商业——以山陕会馆碑刻资料为中心的考察》，《天津师范大学学报》（社会科学版）2003 年第 4 期。

许檀：《清代河南赊旗镇的商业——基于山陕会馆碑刻资料的考察》，《历史研究》2004 年第 2 期。

许檀：《清代河南的北舞渡镇——以山陕会馆碑刻资料为中心的考察》，《清史研究》2004 年第 1 期。

许檀：《清代河南朱仙镇的商业——以山陕会馆碑刻资料为中心的考察》，《史学月刊》2005 年第 6 期。

许檀：《明清时期的开封商业》，《中国史研究》2006 年第 1 期。

许檀：《清代后期晋商在张家口的经营活动》，《山西大学学报》（哲学社会科学版）2007 年第 3 期。

许檀：《明清商业城市研究感言：理论、资料与个案》，《清华大学学报》（哲学社会科学版）2007 年第 5 期。

许檀、何勇：《清代多伦诺尔的商业》，《天津师范大学学报》（社会科学版）2007 年第 6 期。

许檀：《清代河南西部的商业重镇荆紫关——以山陕会馆碑刻资料为中心的考察》，《天津师范大学学报》（社会科学版）2009 年第 5 期。

许檀、高福美：《乾隆至道光年间天津的关税与海税》，《中国史研究》2011 年第 2 期。

许檀：《明代河南清化镇的商业规模：隆庆五年〈创建金龙大王神祠记〉及相关碑文研究》，《天津师范大学学报》（社会科学版）2014 年第 3 期。

许檀：《清代的祁州药市与药材商帮——以碑刻资料为中心的考察》，《中国经济史研究》2019年第2期。

许檀、吴志远：《明清时期豫北的商业重镇清化：以碑刻资料为中心的考察》，《史学月刊》2014年第6期。

许檀、张林峰：《清代中叶晋商在济南的经营特色——以山陕会馆碑刻资料为中心的考察》，《中国社会经济史研究》2019年第1期。

颜晓红、方志远：《80年代以来国内学者明清城镇及城乡商品经济研究的回顾》，《中国史研究动态》1999年第4期。

杨国强：《"丁戊奇荒"：十九世纪后期中国的天灾与赈济》，《社会科学》2010年第3期。

杨正泰：《明朝国内交通路线初探》，《历史地理》1990年第7期。

叶志如：《顺治六年整饬盐务课税题本〈巡按河东盐政监察御史刘达为暂行宽减引额以复中土元气事题本〉》，《历史档案》1984年第13期。

于宝航：《明代国内商业交通与地区间经济交往》，《中国古代社会与思想文化研究论集》，黑龙江人民出版社，2004。

张光直：《关于中国初期"城市"这个概念》，《文物》1985年第2期。

张海英：《明清江南与华北地区的经济交流》，《历史教学问题》2003年第2期。

张民服：《明代人口分布对社会经济的影响》，《史学集刊》2006年第5期。

张民服、王新田：《明代中后期中原商品经济发展探析》，《郑州大学学报）（社会科学版》2000年第1期。

张鸿雁：《论中国封建城市经济发展的总体特点》，《中国史研究》1997年第2期。

张亚红：《历史城市地理学实业下的市镇研究》，《中国市场》2013年第32期。

朱和平：《略论古代城市经济的兴衰与政治因素的关系》，《经济社会体制比较》1996年第2期。

邹逸麟：《我国古代经济区的划分原则及其意义》，《中国史研究》2001
年第 4 期。

邹逸麟：《历史时期黄河流域的环境变迁与城市兴衰》，《江汉论坛》
2006 年第 5 期。

后 记

　　以黄河流域为中心的北方地区是中国早期城市文明的核心区域，在漫长的发展历程中，这里长期作为中央王朝的统治中心而存在，其城乡关系的演进可以说是中国社会变迁的缩影。清代是城乡关系近代化发展的转折期，人口急剧增加，人地关系不断恶化，南北方差距不断拉大，加之鸦片战争以后中国的自然经济受到西方工业文明和市场经济的双重碾压，因此，以受封建传统影响最为深重的北方地区为核心的城乡关系研究，对于我们认识自然经济下城市与农村之间复杂而又紧密的关系，自然经济遭遇西方资本主义侵袭后城乡所面临的冲击与挑战，从而了解近代城乡关系变革的动因与曲折，厘清中国社会经济发展的规律与脉络，把握现代化城乡建设的动力和方向有着重要意义。在这一思考下，"清代北方地区的城乡关系研究"选题产生，经过反复论证修改，最终获 2017 年国家社会科学基金项目（批准号：17BZS136）立项，并于 2022 年成功结项。

　　清代城乡关系的研究内容庞杂，资料浩如烟海，笔者在写作过程中爬梳剔抉，力求运用历史学、地理学、经济学、社会学等方法分析综合，融会成一部尝试之作。该书在初稿完成后，曾由河南省社会科学院历史研究所研究员任崇岳先生审阅并润稿。本书第一章执笔人田冰，第二章执笔人朱宇强、徐春燕，其余各章、前言和结语由徐春燕执笔。

　　本书从酝酿、写作到完成，再到出版，前后历经 7 年。在这个过程中，得到了河南省社会科学院数位领导、同人和朋友的关心和帮助，郑州大学历史学院雷晶晶、张可佳、甄晋青、孙帅杰、吕蒙原等同学也参与了本书查找资料、核对注释的工作，编辑高振华老师为本书的出版付出了辛苦和汗水，在此郑重感谢！

作　者

2024 年 5 月 5 日

图书在版编目（CIP）数据

清代北方地区的城乡关系 / 徐春燕，朱宇强，田冰
著.--北京：社会科学文献出版社，2024.8
（中原智库丛书. 学者系列）
ISBN 978-7-5228-3431-3

Ⅰ.①清…　Ⅱ.①徐…　②朱…　③田…　Ⅲ.①城乡关
系-研究-北方地区-清代　Ⅳ.①C912.8

中国国家版本馆 CIP 数据核字（2024）第 066058 号

中原智库丛书·学者系列
清代北方地区的城乡关系

著　　者／徐春燕　朱宇强　田　冰

出 版 人／冀祥德
组稿编辑／任文武
责任编辑／高振华
责任印制／王京美

出　　版／社会科学文献出版社·生态文明分社（010）59367143
　　　　　地址：北京市北三环中路甲 29 号院华龙大厦　邮编：100029
　　　　　网址：www.ssap.com.cn
发　　行／社会科学文献出版社（010）59367028
印　　装／三河市龙林印务有限公司

规　　格／开　本：787mm×1092mm　1/16
　　　　　印　张：19.75　字　数：304 千字
版　　次／2024 年 8 月第 1 版　2024 年 8 月第 1 次印刷
书　　号／ISBN 978-7-5228-3431-3
定　　价／98.00 元

读者服务电话：4008918866